MARTINI BUCERI AUSPICIIS OPERA ORDINIS THEOLOGORUM
EVANGELICORUM ARGENTINENSIS EDITA

MARTINI BUCERI OPERA LATINA

VOLUME I

PUBLIÉ PAR

CORNELIS AUGUSTIJN, PIERRE FRAENKEL

ET

MARC LIENHARD

LEIDEN
E. J. BRILL
1982

Cet ouvrage est édité avec l'aide de la Nederlandse Organisatie voor Zuiver-Wetenschappelijk Onderzoek (Organisation néerlandaise pour le développement de la recherche scientifique)

ISBN 90 04 06489 3
90 04 06490 7

MARTINI BUCERI
OPERA LATINA

STUDIES
IN MEDIEVAL AND
REFORMATION THOUGHT

EDITED BY

HEIKO A. OBERMAN, Tübingen

IN COOPERATION WITH

THOMAS A. BRADY, Jr., Eugene, Oregon
E. JANE DEMPSEY DOUGLASS, Claremont, California
LEIF GRANE, Copenhagen
GUILLAUME H. M. POSTHUMUS MEYJES, Leiden
DAVID C. STEINMETZ, Durham, North Carolina
ANTON G. WEILER, Nijmegen

VOLUME XXX

MARTINI BUCERI OPERA OMNIA
SERIES II
OPERA LATINA
VOLUME I

LEIDEN
E. J. BRILL
1982

TABLE DES MATIERES

AVANT-PROPOS

La figure et l'activité du réformateur strasbourgeois Martin Bucer (1491-1551) retiennent de plus en plus l'attention des historiens et des théologiens étudiant le XVIe siècle. De nombreux travaux lui ont été consacrés comme le montre bien la bibliographie établie pour la période de 1951 à 1974 par Mechthild Köhn dans le volume de Mélanges *Bucer und seine Zeit*, offert à Robert Stupperich pour ses 70 ans.

La réalisation de ces différentes études qui jettent une lumière nouvelle sur bien des aspects de l'histoire religieuse et politique du XVIe siècle a été grandement facilitée par la publication intégrale des écrits de Bucer, mise en œuvre depuis 1952. Sous l'égide d'un comité international constitué à cet effet, les écrits de Bucer (env. 150 titres) ont été classés en trois sections. La section I dirigée par R. Stupperich comprend les écrits rédigés par Bucer en langue allemande. Entre 1960 et 1975, six volumes ont paru dans cette section, un autre est sous presse. De la section II, les *Opera latina*, patronnée par la Faculté de théologie de Strasbourg, deux volumes ont paru: les t. XV (De regno Christi 1550), en 1955, et XV bis (Du royaume de Jésus-Christ, trad. de 1558), en 1954. Les deux volumes étaient édités par François Wendel. La section III comprend la *Correspondance* de Bucer (environ 2500 lettres). Le tome I (jusqu'en 1524), publié par Jean Rott, a paru en 1979.

Le présent volume s'inscrit dans la série des *Opera latina*. On s'étonnera peut-être d'y voir réunis des écrits de Bucer datant d'époques différentes. Vu l'avancement inégal des travaux d'édition, il n'a pas été possible de réunir les petits écrits latins d'une période donnée, par exemple 1524-1527. Mais l'inconvénient nous paraît finalement mineur. Chaque écrit de Bucer constitue une entité en soi.

Les trois écrits publiés dans ce volume sont tous des textes de controverse. Le *De Caena Dominica*, écrit en opposition au Franciscain Murner, expose les conceptions eucharistiques de Bucer. Six ans plus tard, l'*Epistola apologetica* est encore un écrit apologétique de Bucer qui entre en discussion avec l'un de ses maîtres Erasme. Enfin, la *Refutatio locorum Eckii*, élaborée par Bucer au cours de son enseignement théologique dans le cadre de la Haute Ecole de Strasbourg, combat un des plus célèbres ouvrages de polémique anti-protestante de l'époque: l'*Enchiridion* de Jean Eck.

D'autres textes importants de Bucer sont prévus pour l'édition au cours des prochaines années, en particulier ses commentaires sur l'Epître aux Ephésiens, sur l'Evangile selon Jean, sur les Psaumes, sur l'Epître aux Romains ainsi que divers traités concernant le ministère ecclésiastique.

En attendant, nous avons l'agréable devoir de remercier MM. Augustijn et Fraenkel qui ont bien voulu mettre leur haute compétence au service de cette édition. Nos remerciements vont également à Jean Rott, cheville ouvrière infatigable et sûre de toute entreprise touchant Bucer de près ou de loin. Son aide nous a été précieuse tout au long des travaux d'édition. Nous disons également notre reconnaissance à nos collègues latinistes Huguette Fugier et Georges Lagarrigue pour leur aide lors de l'établissement du texte, ainsi qu'à nos collègues théologiens Rodolphe Peter et Bernard Roussel, eux aussi associés à divers moments à la mise en œuvre de ce volume.

Enfin, nous nous plaisons à souligner que cet ouvrage a pu paraître grâce à une subvention de la "Nederlandse organisatie voor zuiverwetenschappelijk onderzoek".

Marc Lienhard
Professeur à l'Université des
Sciences humaines de Strasbourg.

DE CAENA DOMINICA

ÉDITÉ PAR

MARC LIENHARD

INTRODUCTION

1. Contexte historique, circonstances et date de rédaction

Le mouvement évangélique n'avait pas attendu l'année 1524 pour atteindre la ville de Strasbourg[1]. Les écrits de Luther et de ses adeptes y étaient diffusés avec succes depuis 1520. Des prédicateurs favorables au mouvement évangélique étaient à l'œuvre avant 1524[2], en particulier le pléban de la cathédrale: Matthieu Zell. L'édit du Magistrat du 1.12.1523[3] donnait d'ailleurs une certaine latitude à la prédication évangélique, tout en faisant preuve de prudence.

Mais c'est seulement en 1524 que se produiront un certain nombre de changements significatifs au plan paroissial et cultuel. On citera d'abord l'installation de prédicateurs évangéliques dans la plupart des paroisses strasbourgeoises[4]. Plus importante dans la perspective du *De Caena Dominica* fut la mise en œuvre d'un certain nombre d'innovations liturgiques[5]. Le 3 décembre déjà, lors de la célébration du mariage de Zell, Bucer avait distribué la cène sous les deux espèces[6]. A la fin de janvier, Zell commença à baptiser en langue allemande. Le 16 février, le vicaire de Zell, Thiebaut Schwartz célébra la messe en allemand, et sous les deux espèces, dans la chapelle Saint-Jean de la cathédrale[7]. Altbiesser en fit de même à Saint-Martin[8] et Firn à Saint-Thomas le 19 février. Plusieurs bourgeois, dont le sénateur Frédéric Ingolt y communièrent sous les deux espèces[9]. D'autres églises suivirent à partir

---

[1] Voir à ce sujet les travaux de A. Jung, T. W. Röhrich (*Gesch.*), J. Adam (*Evangelische Kirchengeschichte*); M. Usher-Chrisman, (*Strasbourg and the Reform*) et M. Lienhard, *La Réforme à Strasbourg.*

[2] M. Lienhard et J. Rott, *Die Anfänge.*

[3] AMS, R 3, f° 121, et AST 47 (24, 1) n° 4. Réimprimé dans Röhrich, *Gesch.* t. I, p. 455-456 et B. Moeller, *l'édit strasbourgeois.*

[4] Adam, *Evangelische Kirchengeschichte*, p. 67-70.

[5] Pour des informations plus complètes, voir outre les ouvrages mentionnés en note 1, les travaux de Smend, Hubert et Bornert.

[6] Diaire de Nicolas Gerbel, AST 38 f° 22°.

[7] L'évènement est relaté dans une lettre du vicaire épiscopal Jean de Odernheim à l'évêque, du 19 février 1524 AST 176 (Var: eccl. XI) f° 402 v°-403 r°. Il y est question seulement des deux espèces. Le même vicaire adressa une protestation au Conseil de la ville dans laquelle il parle de la célébration de la messe en allemand. AMS, Arch. St. Pierre le Vieux n°. 1, 26, p. 54-55; A. Br. n° 4505.

[8] Selon la lettre du vicaire à l'Evêque (voir note précédente).

[9] Protocole de Wurmser, AST 192, 1524, f° 11 v°.

du 26 février [10]). Fin juin, les prédicateurs décidèrent de ne plus célébrer de vigiles ni de messes pour les défunts [11]).

Comment se présente la nouvelle «messe»? Le formulaire liturgique utilisé par Schwartz a été conservé [12]). Il est pour l'essentiel une traduction de l'ordinaire de la messe tel qu'on pouvait le trouver par exemple dans le missel du diocèse de Strasbourg édité en 1520 par Thomas Anshelm à Haguenau [13]). Sur bien des points, il restait très traditionnel: ni l'élévation, ni le signe de la croix n'étaient supprimés. On continue à se tourner vers l'autel. Cependant des changements apparaissent. Ainsi l'offertoire était remplacé par un appel au sacrifice au sens de Rom. 12 1. Les prières du Canon consécutives à la Préface, en particulier en mémoire des saints, ont disparu. Par contre on intercède pour les autorités et on demande l'envoi du Saint-Esprit. Certaines prières, telle que la confession des péchés, dites jusque là par le prêtre en son nom propre et à la première personne du singulier ont été transposées à la première personne du pluriel pour être dites par toute la communauté. Par ailleurs, des textes bibliques tels que 1 Tim. 1, 15 ou Rom. 12, 1 ont été introduits dans l'ordinaire de la messe: A l'insu des prédicateurs, l'imprimeur Wolfgang Köpfel publia le 24 juin 1524 un formulaire de la messe: «*Teutsche Mess und Tauff wie sye yetz und zu Strassburg gehalten werden* [14]). Ce formulaire était très proche de celui de Schwartz. Mais la préface avertit le lecteur «qu'il ne doit pas s'attendre à ce que la forme indiquée soit rigoureusement et obligatoirement suivie partout». Dans un premier temps, en effet, les innovations ne se faisaient pas selon un même formulaire ni partout en même temps.

La nouvelle façon de célébrer la messe ainsi que la prédication évangélique ne manquèrent pas de frapper les esprits. Il semble que les innovations aient rencontré un certain succès. La messe allemande attira notamment les gens de la campagne [15]). Les processions traditionnelles du 25 avril (la Saint-Marx) et celles de la semaine sainte perdirent de leur vogue [16]).

Mais il faut évoquer également certaines résistances. Il y avait des Strasbourgeois qui hésitaient à abandonner les pratiques et croyances traditionnelles. Dans sa lettre à l'évêque du 19 février, le vicaire épiscopal

[10]) *Ibid.*, f° 13 r°.
[11]) QGT, t. VII, EI, p. 8, note 2.
[12]) AST 80 (Cart. 41, 1).
[13]) Smend, p. 146.
[14]) Cf. Hubert, p. LXIV-LXVI, p. 57 ss.
[15]) *Cent. Schw.*, p. 30 (mai 1524).
[16]) Adam, p. 74-75.

affirmait que «beaucoup de gens honorables ont assisté avec indignation» [17]) à la première messe allemande célébrée par Schwartz. Le 21 mai, la confrérie des forgerons demanda la célébration d'une messe [18]). Les processions continuèrent. Une partie du clergé en place s'opposait aux novateurs. Le vicaire du Grand Choeur Wolff Obrecht affirma publiquement que celui qui recevait le sacrement sous les deux espèces recevait le diable [19]). Le curé de Saint-André, Jean Minderer et son vicaire Paul Freuder refusèrent de célébrer la messe en allemand et sous les deux espèces. Leur église sera fermée le 10 février 1525 [20]). Dans sa plainte au Magistrat de la ville, le vicaire épiscopal Jean Odernheim demanda à celui-ci de réprimer «l'hérésie de Bohême» [21]). Le Magistrat pria les prédicateurs d'éviter les innovations [22]). Il proposa aussi une dispute entre les prédicateurs et les représentants de la foi traditionnelle. Si cette proposition devait se heurter au refus de l'évêque, le Magistrat entendait faire «ce qui conviendrait le mieux en vue de la préservation de la paix chrétienne» [23]). La dispute n'eut pas lieu.

Les partisans de l'Eglise traditionnelle essayèrent également de réagir sur le plan théologique, en particulier par des publications. Environ un tiers des publications antiprotestantes parues chez Grüninger, l'unique imprimeur strasbourgeois demeuré fidèle à la cause traditionnelle, étaient consacrées à la question de la messe. L'*Assertio septem sacramentorum adversus Martinum Lutherum* [24]) fut rééditée en 1522 et 1523 et traduite par les soins de Murner [25]). Grüninger édita plusieurs écrits de Cochläus et d'Emser relatifs aux sacrements [26]), ainsi que deux traductions

---

[17]) Voir note 7.

[18]) A. Br. n° 4522.

[19]) A. Br. n° 4518 (28 avril 1524).

[20]) A. Br. n° 4585; Cf. Le mémoire des prédicateurs évangéliques au sujet de l'opposition qu'ils rencontraient après de certains clercs. BDS I. 373-376, 31 août 1524.

[21]) Voir note 7.

[22]) *B Cor.*, n° 60, p. 221.

[23]) A. Br. 4505, Röhrich, *Gesch.* I, 200.

[24]) L'*Assertio septem sacramentorum* de Henri VIII, parue en 1521 exerça une certaine influence dans la controverse sur la messe. Voir au sujet du traité: *WA* 10, II, 175-176; Schmidt, *Rép.* I, n° 188; Laemmer, *Die vortridentinische katholische Theologie des Reformationszeitalters*; Iserloh, *Der Kampf*, p. 27-31; C. S. Meyer, *Henri VIII burns Luther's Books.*

[25]) *Bekennung der süben Sacramenten wider Martinum Lutherum*, 1522; Schmidt, *Rép.* I, n° 189. Une autre traduction faite par Emser parut la même année.

[26]) De Cochläus, *De gratia sacramentorum liber unus* (1522); Schmidt, *Rép.* I, n° 192; *Glos und Comment auff den XIII Artickel, von rechtem Mesz halten widr Luterische zwispalt* (1523); Schmidt, *Rép.* I, n° 207; *Glos und Comment uff CL IIII Artickeln gezogen usz einem Sermon Doc. mar. Lutersz von der heiligen mesz und nüem Testament* (1523); Schmidt, *Rép.* I, n° 200; Emser, *Missae christianorum Lutheranam missandi formulam Assertio*, (1524); Schmidt, *Rép.* I, n° 219.

allemandes partielles de l'*Assertionis Lutheranae Confutatio* de John Fisher, évêque de Rochester [27]). Murner s'inspirera largement des traités de Henri VIII et de Fisher.

Le thème de l'hérésie hussite revint à l'ordre du jour [28]).

Le provincial des Augustins, Konrad Treger entreprit de réfuter les conceptions évangélique en publiant le 12 mars 1524 *Cent paradoxes* ou thèses. Il y reprochait aux prédicateurs d'affirmer à tort que durant des siècles, l'Eglise se serait trompée dans l'administration des sacrements et qu'elle aurait succombé à l'idolâtrie en offrant à nouveau le corps du Christ [29]). Il rédigea également une *Vermanung* dans laquelle il mettait en garde les Suisses contre l'«hérésie bohémienne» des prédicateurs strasbourgeois. Mais cet écrit ne parut que le 20 août [30]).

Mais l'adversaire qui fut plus directement à l'origine de la publication du *De Caena Dominica* était le franciscain strasbourgeois Thomas Murner [31]). En effet, fin mai 1524 celui-ci avait abordé la question dans une série de cours publics dispensés dans les locaux du couvent des Franciscains.

On sait combien ardemment il avait, depuis 1520, attaqué les conceptions de Luther [32]). Mieux que d'autres défenseurs de l'Eglise traditionnelle, il avait su utiliser l'arme du pamphlet et trouver des accents assez populaires pour défendre ses convictions. Il avait été le premier à critiquer les conceptions de Luther relatives à la messe, en publiant dès 1520 sa

---

[27]) Le traité de John Fisher, évêque de Roffa, *Assertionis Lutheranae Confutatio* (1523) joua un rôle jusque lors du concile de Trente pour préciser les positions catholiques face à Luther. Voir à son sujet H. Laemmer; T. E. Bridgett, *Life*; F. P. Bellabriga, *De doctrina*; Rouschausse, *La problématique antitluthérienne*; les éditions strasbourgeoises de traductions partielles du traité: *Von dem hochgelerten und geistlichen Bischoff Johannes von Roffa uss engeland seynes grossen nutzlichen buchs CXXXIX artickel wider M. Luther sein hie verteutscht zu nutz dem christlichen volck zu bedencken irer selen selikeit*, (10 décembre 1523); Schmidt, *Rép.* I, n° 204, *Von dem hochgelerten geistlichen Bischoff Jo. von Roffen ... zwen artickel verteutscht von Dr. Jo. Cochleus* (9 août 1524); Schmidt, *Rép.* I, n° 214.

[28]) Albertus Krantz, *Hystoria von der alten hussen zu Behemen*, Grüninger, 1523; Theophilus Pectonus, *Compendiosa Boemice seu Hussitanae Haereseos ortus et eiusdem damnatorum articulorum descriptio*, Grüninger, 1524, Schmidt, *Rép.* I, n° 210.

[29]) Au sujet de Treger voir: A. Vermeulen, *Der Augustiner Konrad Treger*, et *BDS* II, 15-174; pour la réponse de Bucer à cette critique *BDS* II, 103-111.

[30]) *BDS* II, p. 23-24.

[31]) Voir à son sujet les articles de: W. Kosch et de Jos. Lefftz ainsi que la thèse de F. Büchner, *Thomas Murner*; les travaux plus anciens de W. Kawerau, *Thomas Murner und die deutsche Reformation*, et de Th. v. Liebenau, *Der Franziskaner Dr. Thomas Murner*, sont toujours utiles, mais non dépourvus d'inexactitudes.

[32]) Cf. A. Jung, p. 251-261; Kawerau, p. 11-45, 55-57, 61-80.

Christenliche und briederliche ermanung [33]) dirigée notamment contre le *Sermon von dem Neuen Testament* de Luther.

Il y rejetait l'affirmation que la pratique de la messe aurait été inventée pour rapporter de l'argent aux prêtres. Elle était au contraire un sacrifice salutaire pour les vivants et les morts. La messe instituée par le Christ comportait elle-même un certain nombre de pratiques et d'ajouts que Luther voulait supprimer. Et puis les ajouts faits au cours des temps étaient tout aussi valables que certaines formulations doctrinales qui n'étaient pas contenues telles quelles dans l'Ecriture sainte. Murner combattait l'usage de la langue vernaculaire dans la messe car elle était, selon lui, soumise à trop de changements et, prononcées en allemand, certaines prières devenaient ridicules. Par ailleurs, le concept de testament ne convient pas entièrement pour définir la messe, en particulier parce que l'héritier a droit au testament alors que seule la foi a accès au testament du Christ ou qu'il y a des différences parmi les héritiers alors que face au testament du Christ nous sommes tous égaux. Seul le prêtre peut célébrer la messe car c'est lui seul qui consacre. Le sacrifice sanglant du Christ sur la croix ne peut certes pas être répété, mais il nous a ordonné «de sacrifier le même sacrifice qu'il est lui-même sous la forme du pain et comme désignation sacramentelle de sa souffrance et par la célébration spirituelle dans la messe, de le sacrifier souvent en mémoire de lui c'est-à-dire de méditer spirituellement comment il s'est sacrifié une fois corporellement» (p. 62). Murner note encore qu'il ne faut pas lier le pardon des péchés uniquement à la messe. Le sacrifice du Christ est la source de tous les sacrements.

Murner aborda également la question de la messe dans son pamphlet: *Von dem grossen Lutherischen Narren*, paru le 19 décembre 1522 [34]). D'après ce pamphlet, les luthériens considéraient la messe comme superflue, comme une idolâtrie, voire comme une invention du diable. Et Murner de s'élever contre l'opinion déniant toute utilité à la messe et prétendant qu'elle n'aurait pas de fruit ni dans la mort ni dans la vie, qu'elle ne serait d'aucune aide dans le purgatoire, étant seulement un testament et non un sacrifice. Et Murner décrit l'état d'abandon d'un mourant, privé de l'aide de la messe en faveur des défunts. Il s'oppose aussi à la communion sous les deux espèces et à l'idée que les prêtres ont voulu tromper les laïcs. Au contraire, ce sont Luther et ses partisans

---

[33]) Grüninger, Schmidt, *Rép.* I, n° 174. Voir l'analyse faite par Iserloh: *Der Kampf*, p. 13-19 et les remarques de J. Beumer, *Der Minorit Thomas Murner*.

[34]) *Thomas Murners Deutsche Schriften*, t. IX, Strasbourg, 1918.

qui ont supprimé les sacrements et méprisé tout ce qui était cher à l'ensemble de la chrétienté.

Murner ne se contenta pas d'avancer ses propres arguments contre les conceptions de Luther. Il diffusa aussi le traité de Henri VIII dirigé contre le Réformateur. Après la réponse de Luther à Henri VIII [35]), Murner prit la défense du roi dans un pamphlet paru à la Saint-Martin de 1522 [36]). Il essaya également d'enrayer l'avancée du mouvement évangélique à Strasbourg même. On ne retiendra ici que son combat en faveur de la messe. Dans la préface de la *Verwarnung* (due à Capiton) parue le 1er avril 1524, l'éditeur Wolf Köpffel évoque ainsi des déclarations de Murner au sujet de l'institution de la cène, prononcées au cours d'une prédication le dimanche des rameaux (20 mars). Murner aurait dit qu'il ne croyait pas en l'Evangile, mais seulement dans ce que l'Eglise avait accepté [37]).

Le 29 mars Murner partit pour Nuremberg où se tenait la diète. Ce voyage ne manqua pas d'agacer les Strasbourgeois, car Murner se plaignit auprès du légat du pape Campeggi des innovations intervenues dans la ville [38]). Murner fut de retour à Strasbourg le samedi après Pentecôte, c'est-à-dire le 22 mai [39]).

C'est à ce moment, c'est-à-dire fin mai, qu'il entreprit de réfuter les conceptions évangéliques sur la cène par une série de 6 cours sur 1 Cor. 11. Dans une lettre adressée à Schwebel début juin [40]), Gerbel rapporte que Murner aurait provoqué les prédicateurs à disputer avec lui, «mais seulement par écrit, et non oralement. L'essentiel des opinions de Murner est que la messe était un sacrifice et qu'après la consécration comme il l'appelle, il n'y avait plus de pain ... Capiton, Bucer, Lambert [d'Avignon] ... qui a écrit au sujet des sectes répondent jour après jour aussi bien dans leurs prédications que dans leurs cours aux affirmations irréfléchies et impertinentes de cet homme. Une foule énorme de laïcs s'y presse ce qui provoque l'indignation de Murner qui juge que les cours des savants ne concernent en rien les laïcs ... Tout cela se passe dans le couvent des Franciscains et en présence de nombreux auditeurs. C'est tout-à-fait comme un Gymnase. Trois fois par semaine,

---

[35]) *WA* 10, II, 175-222; 223-262.
[36]) *Ob der künig uss engelland ein lügner sey oder der Luther*, Schmidt, *Rép.* I, n° 191.
[37]) *Verwarnung der diener des worts und der brüder zu Strassburg ...*, Aij v° A. Br. N° 4520 (7 mai 1524), Jung, p. 269.
[38]) *Pol. Cor.* I, n° 167; Kawerau, p. 86-88.
[39]) Kawerau, p. 88.
[40]) *Cent. Schw.*, p. 65-68. La lettre peut être datée à cause de la mention du mariage de Hédion qui eut lieu le 30 mai (cf. *Cent. Schw.*, p. 30).

Capiton lit sur Jérémie, trois fois Bucer sur les Psaumes, Lambert lit tous les jours sur Ezechiel et enfin Murner sur Paul» [41]).

Les cours de Murner provoquèrent des troubles, ses auditeurs lui reprochant notamment de ne pas répondre aux arguments des prédicateurs évangéliques. Selon Murner une foule de deux cents hommes révoltés l'aurait un jour entouré et aurait menacé sa vie. Seule l'intervention du chevalier Louis Voeltsch et de soixante personnes l'aurait sauvé, affirmation rapportée par Murner dans diverses lettres et que Bucer essaie de ramener à des proportions plus justes [42]). Dans une séance du 3 juin, les troubles furent évoqués au sein du Conseil de la ville [43]). L'Ammeistre régnant fit savoir qu'il avait dû faire interrompre les cours des uns et des autres à cause des troubles. Le Conseil autorisa la reprise, mais seuls y auraient accès ceux qui, clercs et laïcs, savaient vraiment le latin.

Tout en refusant de s'engager dans une dispute officielle avec ses adversaires, Murner ne se laissa pas moins entraîner dans une discussion qualifiée par Bucer de «disputatiuncula». Elle donna lieu à un conflit de procédure. Chaque parti avait préparé des thèses et voulait que l'autre prît position à leur sujet. Murner fit observer que c'était lui qui avait provoqué les autres et qu'il fallait se situer par rapport à ses thèses ce qui obligea Bucer à improviser une réfutation sans avoir eu connaissance auparavant des thèses de Murner [44]). D'après ses dires «sa réfutation fut faite avec succès selon le jugement de ceux qui étaient présents [45]). Selon Urbanus Rhegius, Bucer aussi petit que Zachée aurait terrassé le grand Philistin Murner [46]). Nous ne connaissons pas la date exacte de la dispute. Elle eut probablement lieu aux alentours du 3 juin.

Le calme ne semble pas être revenu entièrement. Le 15 juin, le Magistrat interdit à Murner et à Gebwiler d'écrire [47]). Il faut admettre par ailleurs que Murner a réussi à troubler certains esprits. En effet, dans une lettre à Capiton de fin juillet-début août [48]), Bucer estime que Hédion, prédicateur à la cathédrale devrait «exhorter le peuple à la constance, lui expliquer qu'il faut des contradicteurs et que Murner

---

[41]) *Cent. Schw.*, p. 66-68.
[42]) *De Caena Dominica*, p. 56 (les notes se rapportent à la présente édition).
[43]) A. Br. n° 4525.
[44]) *De Caena Dominica*, p. 21.
[45]) *Ibid.*
[46]) Jung I, p. 108. Lettre à Capiton du 16 septembre 1524, AST 40, n° 59, f° 437 r° (photocopie p. 711).
[47]) A. Br. n° 4529.
[48]) *B Cor.,* n° 70, p. 262-263.

n'a pas pu prouver que la messe était un sacrifice, que les propositions impies de celui-ci ont déjà été réfutées oralement, qu'elles le seront par écrit quand il les publiera» [49]).

Après la discussion, Murner avait consenti à remettre à Bucer le texte de ses cours sur 1 Cor.11. Quand Bucer rédigea son traité, il avait ainsi sous les yeux le texte écrit de son adversaire. Mais ces cours n'ont pas été conservés. Il faut les reconstituer à travers la réfutation faite par Bucer. On retrouve l'argumentation déjà employée en 1520 dans la *Ermahnung* pour tenter de prouver le caractère sacrificiel de la messe et pour mettre en question l'emploi de la catégorie de testament à propos de la cène. Mais les écrits de Henri VIII et de Fischer ont enrichi son argumentation.

Murner nie que le lien entre cène et pardon des péchés soit aussi évident que l'affirment ses adversaires. Aucune parole de promesse n'est jointe à la cène. Le Christ indique seulement qu'il versera son sang sur la croix en rémission des péchés. C'est à cause de ce sacrifice que les péchés pourront être pardonnés, même sans communion eucharistique. Le baptême et la pénitence suffisent pour le pardon des péchés. S'appuyant sur Fisher, Murner évoque également la nécessité de l'aumône et du pardon des offenses pour que nos péchés nous soient pardonnés. Il plaide d'autre part pour la doctrine de la transsubstantiation, en s'appuyant sans doute sur une série de passages patristiques ainsi que sur une certaine interprétation de Mt. 6, 11 qu'il pensait trouver notamment chez Erasme. Il combat une fois de plus l'idée que la cène serait un testament. La cène est seulement la représentation ou la confirmation du testament qui est l'Evangile même du Christ basé sur son sacrifice sur la croix. D'ailleurs le concept juridique de testament ne peut pas, pour différentes raisons, être appliqué à la cène. Quant aux passages bibliques relatifs à l'alliance tels que Es. 54.3; Hebr. 9.15, ils ne concerneraient pas la cène. Enfin Murner défend la conception sacrificielle de la messe. A la suite de Henri VIII, il distingue la consécration du Christ dans la première cène et son oblation sur la croix. Le tout est célébré et représenté par le sacrement de la messe. Selon Murner, le prêtre réalise dans la messe ce que le Christ a accompli sur la croix, donc il sacrifie. Enfin, face à l'affirmation que l'homme ne peut rien donner à Dieu, Murner fait valoir que offrir n'est pas donner, mais présenter (erbieten). Il a sans doute également abordé la question des fruits de la messe, mais cela ne ressort pas avec certitude du traité de Bucer.

---

[49]) Regeste de J. Rott, *ibid.*, p. 262.

Muni du texte de Murner, Bucer se mit au travail pour rédiger sa réfutation. Il ressort d'une lettre à Capiton de fin juillet-début août [50] que le *De Caena Dominica* n'avait pas encore paru à ce moment-là. Il fut publié sans doute peu après, c'est-à-dire au cours du mois d'août. Le texte était probablement déjà prêt au cours du mois de juillet. En effet, Bucer y fait allusion à une dispute qui l'a opposé «récemment» («nuper») à Treger. Or on sait que celle-ci s'était déroulée avant le 24 juin [51].

Nos sources ne nous apprennent rien sur l'impact qu'a pu avoir le traité de Bucer. A partir du mois d'octobre, la question de la cène allait d'ailleurs prendre une orientation nouvelle à Strasbourg puisque un différend opposera les Strasbourgeois à Luther au sujet de la présence réelle. Quant à Murner, il avait quitté la ville. En son absence son logement au couvent des Augustins fut dévasté par la populace. En 1528, il reviendra encore une fois par écrit sur la question de la messe, mais ses adversaires n'étaient plus directement les Strasbourgeois, mais les réformateurs suisses et les thèses qui avaient été défendues lors de la dispute de Berne [52].

2. Contenu du traité

Alors que les Antichrists sont à l'œuvre dans le monde et que la foi est menacée, Bucer veut s'appuyer sur les seules Ecritures car c'est là seulement qu'on entend la voix du Christ (p. 17-19). Après ces considérations générales qu'on retrouve plus explicitement dans le «Summary» et dans l'écrit de Bucer contre Treger, l'auteur s'explique sur les circonstances de rédaction du traité: les cours par lesquels Murner a voulu prouver que la cène était un sacrifice. Il faut répondre par écrit au Franciscain non seulement parce que celui-ci le demande, mais pour réfuter les arguments des antichrétiens (p. 20-22).

En un premier temps, Bucer expose la conception évangélique de la cène (p. 22-26). L'essentiel ce sont les paroles d'institution transmises par Paul (1 Cor. 11, 23 ss) et les évangiles (Mt. 26, 26 ss et paral.) Quand elles sont récitées, le pain et le vin sont le corps et le sang du Christ et reçus en mémoire du Christ. Tout ce que la cène comporte encore par ailleurs est tiré de l'Ecriture sainte et mis en œuvre en vue de l'édification de l'Eglise. La messe, au contraire, est riche en inventions humaines,

---

[50] Cf. note 48.

[51] *BDS* II, p. 21-23, 39-40.

[52] *Die gots heylige mess von gott allein erstifft, ein städt und lebendigs opffer für die lebendigen und die dodten.*

parmi lesquelles il y a en particulier le canon impie et l'idée que le Christ serait à nouveau sacrifié.

Comme Luther l'a justement enseigné, fait encore observer Bucer, la substance de la messe se compose de deux choses: les paroles de promesse et les signes du pain et du vin. Là où il y a la foi dans les paroles et qu'on consomme dans la foi, tout nous est donné à travers la messe. Dans la célébration, nous n'entendons pas seulement l'Evangile, mais nous le «sentons en quelque sorte». A l'instar de Luther, Bucer note que «le pain et le vin qui sont le corps et le sang du Christ» ont pour rôle de confirmer la promesse et d'affermir la foi. Comme Luther, il qualifie la cène de testament puisqu'elle est commémoration de la mort du Christ et que celle-ci a réalisé et confirmé l'alliance nouvelle et éternelle établie entre Dieu et nous. Mais en fait l'alliance n'est véritablement réalisée entre Dieu et nous que lorsque nous croyons dans les paroles de promesse qui nous sont annoncées dans la messe. Ainsi s'accomplit ce qu'annonce Jérémie 31, à savoir l'action de l'Esprit en nous, la connaissance et l'annonce de l'amour de Dieu et l'inscription de sa loi dans nos cœurs.

En un second temps, le traité aborde plus directement les arguments de Murner (p. 26-49). Il s'agit d'abord du lien entre messe et pardon des péchés. Il y a pardon des péchés, observe Bucer non à cause de la consommation sacramentelle, mais à cause de la foi «dans la parole de promesse jointe à la cène». Par ailleurs il est faux d'attribuer le pardon des péchés seulement au baptême et à la pénitence. Quant à la doctrine de la transsubstantiation, elle est sans raison et sans fondement biblique. La toute-puissance de Dieu et l'analogie de la coexistence des deux natures la rendent inutile. Il manifeste des réserves vis-à-vis de concept de consécration, mais affirme clairement sa foi en la présence réelle. «De même que nous parlons de 'pain' et de 'vin', nous confessons en même temps (qu'ils sont) le vrai corps et le vrai sang de notre Seigneur Jésus-Christ».

Il ne faut pas vénérer l'hostie, mais la consommer en mémoire du Christ et en annonçant son œuvre. Puis il revient sur l'idée de testament appliquée à la cène et rejetée à ce propos par Murner. Le nouveau testament repose sur le sacrifice du corps et du sang du Christ. Ceux-ci sont donnés dans la cène et le pardon des péchés est promis. On peut donc à bon droit qualifier la cène de testament comme le font d'ailleurs les paroles d'institution. Enfin Bucer critique la conception sacrificielle de la messe. Selon Murner et Henri VIII on célébrerait et représenterait dans la messe aussi bien la consécration du Christ dans la première cène que son oblation sur la croix. Selon Bucer il ne faut ni représenter le repas, ni répéter le sacrifice, même si on peut parler de représentation de sa mort. Le Christ a ordonné seulement de faire mémoire de lui. En aucun cas on ne peut dire que le prêtre accomplit ce que le Christ a accompli sur la croix.

En un troisième temps, Bucer confronte les fruits de «la messe papiste» et ceux de la messe évangélique (p. 49-54). En éliminant la promesse, la première détruit la foi et la prive de tout fruit spirituel. La trans-substantiation conduit à l'idolâtrie. La messe sacrificielle «engloutit les richesses du monde et anéantit la piété». Elle entraîne des erreurs telles que le purgatoire, le célibat des prêtres et la tyrannie d'une caste sacerdo-tale. La messe évangélique par contre affermit la foi, l'amour et la patience. Le croyant, qui entend que le Christ lui promet son corps et son sang en rémission des péchés, met sa confiance en Dieu et atteint le bonheur. Considérant le prix de sa rédemption, il combattra le péché, aimera son prochain. Il suivra son Seigneur et portera sa croix. En affirmant que les éléments demeurent inchangés dans la cène, le croyant emprisonne sa raison dans l'obéissance à Dieu. Le rejet de la conception sacrificielle supprime la fausse confiance dans l'action humaine et libère le monde de fardeaux inutiles.

Dans sa péroraison, (p. 54-58), Bucer s'en prend encore une fois personnellement à Murner, en critiquant à la fois ses idées et son attitude.

On reconnaît sans peine l'influence de Luther, en particulier du *Traité de la Captivité babylonienne* [53]), de *Von dem neuen Testament* (1520) [54]), mais également de textes plus tardifs, comme la réponse adressée par Luther à Henri VIII [55]). Qu'il s'agisse de rejeter la conception sacrificielle de la messe et la doctrine de la transsubstantiation, et de mettre en avant l'idée du testament ou de valoriser la promesse et la foi par rapport au signe, Bucer est tributaire des arguments du Réformateur de Wittem-berg. On relèvera aussi que la présence réelle ne fait pas encore problème pour lui. Toutefois il est plus réticent que Luther envers l'adoration de l'hostie, mais le *De Caena Dominica* est tout entier dirigé contre l'Eglise traditionnelle alors que l'écrit de Luther *Vom Anbeten des Sakraments*

---

[53]) *De captivitate Babylonica ecclesiae praeludium*, WA 6, 484-573.

[54]) *Ein Sermon von dem neuen Testament, das ist von der heiligen Messe*, WA 6, 349-378.

[55]) *Contra Henricum Regem Angliae*, WA 10, II, 175-222; *Antwort deutsch auf König Heinrichs von England Buch, ibid.*, 223-262.

des heiligen Leichnams Christi [56]) est destiné à infléchir un certain spiri-
tualisme qu'il pensait discerner chez les Frères de Bohême [57]).

Mais d'autres particularités dans la pensée du traité démarquent
Bucer par rapport à Luther, et annoncent des clivages caractéristiques.
A la lumière de 1 Pierre 1, 1-2, l'action salvatrice de Dieu est placée
sous le signe de l'élection [58]). «Si nous sommes des élus, nous sommes
sanctifiés par le souffle de l'Esprit pour que nous obéissions à la Parole
de Dieu par la foi, enfin nous sommes aspergés du sang du Christ,
c'est-à-dire purifiés par lui» (p. 31). A l'un ou l'autre endroit apparaît
également une certaine distanciation du don de l'Esprit par rapport à
la Parole extérieure (26, 40) [59]). La foi n'est pas simplement caractérisée
comme «fiducia», mais comme «scientia Dei» (p. 25) [60]). Typiquement
bucérien est également le souci de mettre en évidence les conséquences
éthiques de la participation à la cène (p. 23, 51, 54) [61]). On notera enfin
l'usage du mot «mysteria» pour désigner les sacrement [62]).

A quelles sources faut-il attribuer ces divers thèmes qui éloignaient
Bucer de Luther? Une certaine proximité d'Erasme est difficile à
nier [63]), mais il serait erroné de ne considérer que cette seule source,
en négligeant d'autres influences plus discrètes peut-être telles qu'un
certain augustinisme [64]). On relèvera également une certaine parenté
d'esprit avec des textes de Zwingli de 1523 [65]) se rapportant à la cène,
sans qu'il soit possible d'établir une influence de Zwingli sur Bucer.
Quoiqu'il en soit, l'intérêt du présent traité, le premier que Bucer ait
consacré à la cène [66]) est de montrer que, même largement marqué

---

[56]) *WA* 11, 431-456.

[57]) Voir à ce sujet Krüger, p. 190-192; Hazlett, p. 56-60.

[58]) Cf. *Summary, BDS* I, p. 105 ss; Lang, p. 156-197; K. Koch, *Studium pietatis*,
p. 80 ss; J. Müller, *Martin Bucers Hermeneutik*, p. 184 ss; W. P. Stephens, *The
Holy Spirit in the Theology of Martin Bucer*, p. 23 ss.

[59]) Cf. Zippert, p. 61 ss.

[60]) Cf. Krüger, p. 187-188; Hazlett, p. 53-54.

[61]) Cf. Krüger, p. 186 ss.

[62]) *Ibid.*, p. 193; Hazlett, p. 54-56.

[63]) Krüger, p. 186 ss.

[64]) *Ibid.*, p. 192.

[65]) Nous pensons en particulier au *De canone missae epichiresis*, Huldrich Zwinglis
sämtliche Werke, t. II (= CR LXXXIX), Leipzig, 1908, p. 552-608; *Eine kurze christliche Einleitung, ibid.*, p. 626-663.

[66]) On notera que dans les passages consacrées en 1523 à la cène, c'est-à-dire
essentiellement *Summary* XXXVI-XLI (*BDS* I, p. 116-123), Bucer parle de «la messe»,
alors que notre traité a pour titre *De Caena Dominica*. A la différence du *Summary*,
le *De Caena Dominica* aborde longuement la question de la transsubstantiation, il
développe le thème de la cène-testament. Par contre le thème de la préparation à la
communion n'apparaît guère, ni l'insistance sur le lien de la cène avec la «Anfech-
tung».

par les conceptions de Luther, Bucer ne les a pas moins insérées dans une perspective qui lui est propre. C'est d'autant plus intéressant que cela précède le conflit à propos de la présence réelle. Par ailleurs, le présent traité éclaire le combat au sujet de la messe tel qu'il a pu se dérouler dans la place si importante pour l'histoire religieuse du XVIe siècle qu'était Strasbourg.

3. LES ÉDITIONS

A. *L'édition de 1524*

a) *Page de titre*

DE CAENA //

DOMINICA AD //

*obiecta, quae contra ueritatem Euan=//
gelicam Murnerus, partim ipse //
finxit, partim ex Roffensi ac //
alijs pietatis hostibus, //
sublegit, //
Responsio Martini //
Buceri. //*

b) *Description*

In-8°, 30 feuillets non chiffrés à 27 lignes (113 × 67), exceptionnellement 26 lignes + 2 feuillets blancs. Signatures: A8-D8; Sans titre courant ni manchette, réclames, caractères italiques, lettre d'attente A 2r°.
Références bibliographiques:
Mentz, p. 104 n° 4
Bibl. p. 45 n° 4

c) *Lieu et date d'édition*

Ils ne sont pas indiqués, l'imprimeur non plus. La comparaison avec les *Enarrationes Martini Lutheri in Epistolas D. Petri duas et Judae unam* (Bibl. 5) traduites par Bucer, et imprimées par Herwagen en juillet 1524, permet de penser que le *De Caena dominica* est également sorti des officines de cet imprimeur: mêmes caractères italiques, 27 lignes à 113 × 67, in-8°. D'ailleurs Herwagen était l'imprimeur strasbourgeois le plus actif en fait d'éditions latines.

d) *Lieux de dépôt*

Après enquête, il s'avère que les bibliothèques suivantes possèdent un exemplaire du traité:

Staats-und Stadtbibliothek Augsburg, Th 295
Deutsche Staatsbibliothek, Berlin, DDR, 8° Dg 1685
UB Erlangen-Nuremberg Thl. V, 119ae
UB Freiburg i. Br. N 6816
UB Göttingen 8° H. eccl. eccl. 488/53
UB Iena, Abteilung Handschriften 8 MS 25533
Universitetsbiblioteket Lund
Bibliothèque Nationale Paris 0² 35 72 (2)
Bibliothèque municipale Sélestat, Supplément à Dorlan N° 37
BM, Strasbourg C 1441
Biblioth. Glowna Universytetu Toruǹ = Ob 6II 2126
UB Tübingen Gf 109.8°; Gf 147.8° ang.
Stadtbibliothek Ulm 1207
Bibliothèque du Vatican
Zentralbibliothek Zürich D 290:4
Ratsbibliothek Zwickau 16.1128 (⁵)

B) *La présente édition*

Elle reproduit sans changements le texte de l'édition originale sauf en ce qui concerne les abréviations et la typographie. Le signe -u- des typographes du XVIe siècle est rendu par V-, -v-, lorsqu'il s'agit de la consonne et par U-, -u- lorsqu'il s'agit de la voyelle. Le signe I-, -i est maintenu dans tous les cas. Le *ij* est rendu par ii. Ainsi *alijs* devient *aliis*, *deijcere* devient deiicere. Nous avons supprimé autant que possible les majuscules. Seule la première lettre des noms propres est restée majuscule.

La double consonne ß a été rendue par ss.

La ponctuation a été modernisée. Certaines pages ont été subdivisées en paragraphes.

Les erreurs typographiques sont signalées en note et corrigées dans le texte.

Les références bibliques ont été pourvues de l'indication des versets, placée entre crochets. Les citations bibliques identifiées ont été signalées de la même manière et mises en italique si le texte biblique (Vulgate) est reproduit fidèlement. Un cf. indique qu'il ne s'agit que d'une réminiscence. A défaut de pagination, les signatures de l'édition de 1524 ont été indiquées entre crochets dans le texte.

DE CAENA DOMINICA

ad objecta, quae contra veritatem evangelicam Murnerus, partim ipse
finxit, partim ex Roffensi ac aliis pietatis hostibus, sublegit, Responsio
Martini Buceri.

[A2r°] Martinus Bucerus pio lectori. Gratia et pax a Deo Patre et
Domino nostro Iesu Christo [Rm. 1, 7].

Quiᵃ) Christum hic praedicandum suscepimus, et nequaquam homines,
adnisi sumus hactenus, pro dono spiritus nobis impartito, ut nihil nisi
5 divinas scripturas populo proponamus: quod hae solae nimirum de
servatore nostro recte testentur [cf. Io 5, 39]. Homo mendacium est et
vanitas: quare nihil humanum recipimus, quibus hoc datum negotium
est, ut divina veritate nostros auditores imbuamus. Neque tantillum
nos movet, quod plures humana quam divina nostra amplectantur,
10 qui, Christo ipso testante, novimus paucos electos¹), et ecclesiam similem
lilio inter spinas [Ct 2, 2]. Tantundem movet, quod multis est saeculis a
multitudine erratum²), cum ᵇ) perditionis filius, Pauli tempore, mysterium
coeperit operari iniquitatis [2 Th. 2, 7], et iam tum multos exortos
antichristos Ioannes palam testetur [1Io. 2, 18]³). Novissimis his atque
15 periculosissimis temporibus, nempe proximis octingentis⁴) annis, quibus

---

a) Vi.
b) quum.

---

¹) Cf. *BDS* II, 86 (*Handel mit Cunrat Treger*).
²) Cf. *BDS* II, 108.
³) On notera l'emploi du terme «Antéchrist» au pluriel; voir aussi *BDS* I, 441,
BDS II, 114 et *WA* 6, 537. Dans le cours du traité (p. 21) Bucer utilisera aussi le mot
«*antichristianus*», terme plus vague. Pour la terminologie voir Preuss, *Die Vorstellungen
vom Antichrist*, p. 92 en note. Comme Luther, Bucer parle le plus souvent de l'Antéchrist au singulier, en se référant aux passages classiques: Mt. 24, 2 Thess. 2. Mais il
n'identifie pas aussi directement que Luther la papauté avec l'Antéchrist.
⁴) Les Réformateurs ont proposé diverses dates pour les débuts du temps de l'Antéchrist. Selon Luther, ce temps aurait commencé il y a 9 siècles, c'est-à-dire à l'époque
qui a suivi le pontificat de Grégoire le Grand. Dans la thèse 13 de la Dispute de
Leipzig, il parle de 4 siècles en pensant sans doute aux Decretales du 12e siècle (voir à
ce sujet Preuss, p. 158-160).
Dans sa *Verantwortung*, Bucer estime que les «inepties romaines» ont été introduites
il y a six siècles, mais qu'elles ont pris vigueur seulement il y a trois siècles. *BDS* I, 173.
Dans son *Handel mit Cunrat Treger*, il affirme que le temps de l'erreur a commencé
déjà après les temps apostoliques, *BDS* II, 108.

in Romana quam iactant Ecclesia, negari non potest, regnasse homines
sui amantes, avaros, elatos, superbos, blasphemos, et caeteris ornatos
dotibus, quas divus Paulus in altera ad Timotheum ca. 3. [1-9] [A2v°]
recenset, quis, quaeso, miretur multa irrepsisse, non dico christiano
5 indigna nomine, sed plane huic adversa et ex professo pugnantia?
Sancto coniugio, et immaculato cubili, votis et praeceptis interdixerunt,
conniventes, non solum ad obscaenissimas scortationes, atque adulteria,
sed etiam ad ea quae pudor est vel nominasse, delectum ciborum
indixerunt [5]), et severissime exigunt, nullas interim ebrietates, atque,
10 comissationes [c]), luxuriosissime aversantes, haec tamen licet Paulus
tam aperte *doctrinas Daemoniorum* vocarit et *novissimis* praedixerit
futura *temporibus* cum *discessuri essent a fide* homines, et impostoribus
spiritibus auscultaturi [1 Tim. 4, 1], cum in Ecclesia Romana quam
vocant, locum obtinuerunt, ut sitam putent hodie fere omnem sancti-
15 moniam in damnato isto caelibatu [6]) delectuque ciborum quicumque
Romanum Pontificem agnoscunt suum caput.

Eant nunc qui volent, et impossibile probent, per humanarum traditionum *zizania* triticum sanae doctrinae, solo Dei verbo nitentis, cui ea
inimicus homo superseminavit [Mt. 13, 25], oppressum ac pene extinctum [7]).
20 Facessant igitur argumenta ista, indigna theologis! Pauci vobiscum
faciunt, ostendite, qui a mille annis fuerit, ad proximum sexennium,
vestrae fidei astipulator [8]). Quin expendimus, quod sibi verbum hoc
Christi velit: *Cum venerit filius hominis, putas inveniet fidem in terra*
[Lc. 18, 8]? Et rursus: *Surgent pseudoprophetae* et seducent multos, et
25 facient *signa* et *prodigia magna*, ut electi etiam, si possibile sit, seducantur
[Mt. 24, 24] [9]). *Item nisi abbreviarentur dies illi,* antichristiani regni,
non fieret salva omnis caro [Mt. 24, 22]. Proinde aut insani [A3r°]
sunt, aut valde impii, qui, cum habeamus omnibus firmiorem propheticum
sermonem, ut divus Petrus inquit, cui ut lucernae in caliginoso loco

---

c) commessationes.

---

[5]) Cf. *BDS* I, 322 (*Dass Dr. Luthers leer*).
[6]) Cf. *WA*, 440, 15-443, 24 (*Adel*), *WA* 10, II, 76-77 (*Von Menschenlehre*).
[7]) Cf. *WA* 7, 70, 28-71, 14 (*De Libertate*); *WA* 10 II, 61-92, (*Von Menschenlehre zu
meiden*); *BDS* I, 99, 140 ss (*Summary*).
[8]) Allusion aux arguments employés par Conrad Treger, provincial des Augustins
résidant à Strasbourg, au cours d'un entretien qu'il eut avec les prédicateurs strasbourgeois au printemps 1524, cf. *BDS* II, 21-22. Voir le récit de Bucer et la réfutation
des arguments de Treger ibid. p. 38 ss. Plus loin (p. 28), Bucer fera encore une fois
allusion à cet entretien.
[9]) Cf. *WA* 6, 414, 19 ss. 447, 28 ss. (*Adel*); *WA* 8, 533 (*Vom Missbrauch*) *BDS* I,
106, 111; Voir aussi Lang, 98-99.

lucenti, debemus attendere [2 Pt. 1, 19] ac secundum eum iudicare et
instituere omnia, postulant, ut amplectamur, quae probant multi,
aut quae observata sunt diu [10]). Multo plures, item pluribus saeculis
impietatem coluerunt quam pietatem, quae igitur dementia multitudinem
5 obiicere, quam maiorem Turcha habet [11]) quam Papa, aut etiam diuturni-
tatem, quando multo longiore tempore totus orbis idolis quam Deo
vero servierit?

Igitur sciant, quincunque pugnam inire [d]) nobiscum voluerint, solis
nos niti scripturis, oves Christi esse, qui alienorum vocem audire nulli
10 [cf. Io. 10, 5] sustinemus [12]), eoque, cum *verbum Domini inaeternum
maneat* [Is. 40, 8], nos divelli ab eo non posse, quantumlibet multos,
magnos, vel etiam priscos, obiecerint. Scripturam verbum Dei esse in
confesso est, etiam apud eos qui tantum nomen iactant pietatis. De
hominibus, sive praeteritis, sive praesentibus quis pronunciabit, cum
15 omnium opera in manu Domini sint, neque scire homo possit quis
amore dignus sit an odio 9. Ecclesiast. (Ecl. 9, 1). Pii aliquot semper
fuerunt, quia nunquam sponsa sua Christus destituitur, at si solus sibi
videbatur ex cultoribus Dei relictis, Helias, homo plane spiritualis,
cui perfacile erat iudicare omnia, cum tamen septem milia sibi Dominus
20 servaverat [cf. 1 Rg. 19, 18 = Vulg. 3 Rg.] [13]), quid mirum si nos ne-
queamus multos ostendere, qui nostram fidem habuerint, ante tot
saecula, quando ille suo tempore et regno viventes igno-[A3v°]-rabat [14])?

Propterea, dum tenebris impiae doctrinae oppleta sunt omnia, et nihil
non plenum est offendiculis, respicimus ad lucernam verbi Dei lucentem
25 in loco caliginoso [2 Pt. 1, 19], hoc est, instruentem nos, dum caeca sunt
omnia, priscorum et recentium sapientia, quantumlibet multorum, dum

---

d) inre.

---

[10]) Les défenseurs de l'Eglise traditionnelle ont souvent opposé aux partisans du
mouvement évangélique l'ancienneté de la foi traditionnelle et le nombre de ceux
qui la professèrent. Les Réformateurs réfutent souvent cette argumentation cf. *WA* 10,
II, 193, 2-19; 214, 33-215, 8 (*Contra Henricum Regem Angliae*); *WA* 11, 355, 23:
«*Gerade als stund unser glaub auff langem brauch und gewonheit ... unser gott heisst
nicht 'gewonheit', sondern 'wahrheit'*». Voir à ce sujet W. Höhne, *Luthers Anschauungen*,
p. 89-91; P. Polman, *L'Elément historique*.
[11]) Cf. *WA* 10, II, 238, 13-32 (*Antwort ... Künig Heinrich*); *BDS* II, 86; 122.
[12]) Le thème des brebis qui suivent seulement la voix du Christ et non pas celle des
étrangers (Jean 10) apparaît fréquemment dans les écrits des Réformateurs cf. *WA* 6,
536, 20-34 (*De Captivitate*), *BDS* I, 113-114 (*Summary*), *B Cor* I, 300; J. Staedtke,
«die ihres Hirten Stimme hört». Zur Geschichte eines theologischen Motivs, *Ev. Th.* 1/2,
1958, 68-75. Pour tout le passage de Bucer, voir *WA* 10, II, 217-219 (*Contra Henricum*).
[13]) Cf. Murner. *Ermanung*, p. 100; Höhne, p. 15 note 21 et p. 22.
[14]) Question débattue au cours de l'entretien avec Treger, cf. *BDS* II, 40.

nihil videt ratio, et mens stupet, ad verbum Dei, inquam, respicimus,
atque exigimus ut caetera omnia, ita ritum quoque et doctrinam caenae
dominicae. Eoque, cum nihil minus quam sacrificium eam scriptura
appellet, execramur eos qui sacrificium ex ea faciunt [15]). Testamenti [16])
5 autem nomine, quando hoc scriptura habet, libenter ipsam nominamus.
Atque cum in memoriam Jesu Christi, nos sua morte adserentis, eam
celebrandam scriptura commendet, non possumus non detestari eos
qui, cum omnium incommodorum remedium fecerunt [17]), infandum
instituerunt ex ea mercatum [18]). Quae itaque de caena Domini, quam
10 missam vulgo vocant, scriptura tradidit, populo diligenter inculcavimus,
quae habendi cupiditas, aut praepostera religio hominum iuxta invexit,
reiicienda docuimus. Id rationibus rasorum ociosi gregis non nihil
detraxit, unde non leviter contra nos moti homines sunt, *quorum suus
venter Deus* [Phil. 3, 19] est. Multi contra nos furore perciti, arma
15 sumpserunt, sed vicit, ut par erat, verbum Domini, et vincet in aeternum,
invitis portis inferorum [cf. Mt. 16, 18].

Post multos insigniter hallucinatos tandem prodiit et Thomas Murner,
impugnatione evangelicae doctrinae et antea non nihil clarus, missamque
suscepit probaturum se esse sacrificium, per sancte obtestatus nos, ut
20 scriptis ei responderemus nostra [A4r°] impugnaturo per sacras scripturas. Affirmavit denique gravi adseveratione nos nullo modo excusari
posse neglectae gloriae Christi, si scriptis etiam fidei nostrae rationem
reddere negaremus.

---

[15]) Pour la conception de la messe comme sacrifice voir note 108.

[16]) Dans la tradition théologique antérieure à Luther, le concept de testament était
utilisé de façon assez générale, en rapport avec Hebr. 9, 17, pour désigner les biens
spirituels promis par le Christ. Son sang répandu sur la croix en était la «*legitima
attestatio et confirmatio*» (Biel, *lec.* 53 N). Le sang et le corps du Christ reçus dans la
cène confirment le nouveau testament. S'appuyant sur des homélies de Chrysostome
sur l'épître aux Hébreux (*MPL* 63), Luther utilise le concept de testament dès son
Commentaire sur l'épître aux Hébreux (1517-1518) et ce dans le sens qu'il lui donnera
dans les écrits eucharistiques de 1520-21, dans lesquels ce concept est central pour
définir la cène. Cf. *WA* 6, 357, 10-360, 2 (*Vom neuen Testament*) *WA* 6, 513, 14 ss.
(*De captivitate*) *WA* 8, 444 ss. (*De abroganda missa privata*). Voir à ce sujet: V. Vajta,
Die Theologie des Gottesdienstes bei Luther, p. 61-72; Hilgenfeld, *Mittelalterlich-
traditionelle Elemente*, p. 86-97. Dans les passages de Bucer consacrés à la cène et
antérieurs au *De Caena Dominica*, le concept de testament ne joue guère un rôle
important. Cf. Zippert, p. 138.

[17]) Allusion critique aux messes votives. Voir au sujet de la pratique médiévale:
A. Franz, *Die Messe*, p. 3-291.

[18]) Les critiques au sujet du trafic auquel la messe donnait lieu s'étaient répandues
à la fin du Moyen-âge. Cf. Franz, p. 292 ss. Pour les Réformateurs, voir *WA* 6, 375-376,
16 (*Vom neuen Testament*); *WA* 6, 444, 22-445, 6 (*Adel*); *BDS* I, 120-124 (*Summary*)
et p. 49 note 122.

Nos qui aliud nihil docuimus quam quae in scripturis sanctis manifeste leguntur, supervacaneum sumus arbitrati, nostris litteris rursus referre eadem, praesertim postulante Murnero, qui si veritati posset accedere, ex ipsis sanctis scripturis pridem, id quod res est, didicisset, tam in hoc
5 quam aliis religionis nostrae mysteriis, ut taceam, tot egregias atque luculentissimas Lutheri atque aliorum evangelicae veritatis professorum lucubrationes, eoque verbis coram, quando ipse magnificis suis praelectionibus nostra perpetuo impugnat [19]), experiri cupientes, quidnam novum in sanctis scripturis depraehendisset, ad amicum congressum multis
10 modis hominem invitavimus, demum instituta in hoc disputatiuncula. Sed themata nostra, suis dogmatis opposita, adduci non potuit, ut impugnaret, se dicebat, provocasse nos priores, non nos ipsum, atque ita compulit ut equidem qui tuenda mea susceperam themata, ipsius, quae, primum roganda ab ipso erant, dogmata oppugnare coeperim,
15 quo successu, iudicium esto eorum qui adfuerunt.

Ab hac disputatione tandem librum suarum praelectionum mihi tradidit, quem pridie promiserat, sed concilio suorum, stare promissioni postea negaverat. Ne itaque frustra obtestatus nos sit, ut scriptis nostra, adversus ipsum tueamur, neve antichristiani [20]) glorientur, nos Murnero
20 respondere [A4v°] non fuisse ausos, libuit demum actum agere, hoc est, a tot piissime doctis, cum explicatam rationem caenae dominicae, tum dissolutionem argumentorum quae impii contra nostra excogitarunt, rursus Murnero paucis repetere, tametsi spes sit ad modum levicula, eum veritatis sermonibus accessurum, adeo inepte sophisticatur, languens
25 circa quaestiones, atque super vanas verborum pugnas. Forte dabit Dominus, ut alius quispiam haec nostra legens, dum viderit, quam inanibus nitatur ac puerilibus nugis tantus sacrificum [21]) propugnator, desertis castris impiorum ad signa Christi transfugiet, quod si contigerit, abunde magnum operae precium fecerim, haec scribendo. Utcumque
30 ceciderit, certus sum, pro adserenda gloria Christi hoc me suscepisse negotii, quare item non dubito futurum Domini favore, ut id sua nequaquam fruge vacet, utinam autem ea cumulatissime redeat ad Murnerum suaeque farinae omnes qui occasionem iniecerunt. Eiusmodi nos erga eos odio ferimur. Tu, optime lector, pro nobis Deum et patrem nostrum,
35 per Christum Dominum precator, ut verbi sui cognitionem, quam est largitus, reddat in nobis efficacem, ne, dum aliis praedicamus, ipsi reprobi inveniamur [cf. 1 Cor. 9, 27], donet ut ardeamus, quo recte et

---

[19]) Il s'agit des cours de Murner sur 1 Cor. 11. Voir l'introduction.
[20]) Cf. note 3.
[21]) *Sacrifex*: celui qui sacrifie, cf. Du Cange, t. VII, (1938), p. 261.

utiliter lucere aliis possimus adversariis vero, tandem mentem meliorem,
ne dum usque Christo adversantur, peccent peccatum ad mortem sensuri
terribilem iudicem, quem blandum Servatorem sunt aspernati. Huius
te spiritus servet. Amen.

5   Ad te nunc Murnere, cui Dominus largiatur aures ut audias, et cor ut
intelligas! Visus es hactenus magis [A5r°] adeo quaerere, ut contra nos
aliquid dicas, quam ut verum dicas, quodque faciat ad aedificationem
ecclesiae. Missam nostram, hoc est, rationem caenae dominicae, quam
talem et docemus et celebramus, qualem tradiderunt ii, qui acceperunt a
10 Domino, impugnare instituisti, nugacissimis cavillis incessens multa,
cum prorsus horum nihil adhuc intellexisse te, tuis cum verbis, tum
scriptis testeris. Quare primum, quam nos caenam dominicam, ex
Apostolicis litteris didicerimus, tibi paucis exponam, deinde ad ea quae
contra nos tibi videris, argumenta, tam ipse excogitasse, quam ex
15 Roffensi [22]) tuo et Anglorum Rege [23]) sublegisse, respondebo, omnia
quam potero breviter et aperte, oratione ut in calamum influxerit: ut
citra eruditionis ostentationem, quae utique vere ostentari a me nulla
potest, ita sine convitiis, et verborum acerbitate, quibus nullus delector.

Paulus, quem unum adduxisse satis sit, ita scribit Corinthiis: *Ego*
20 *enim accepi a Domino, quod et tradidi vobis, quod Dominus Jesus, in*
nocte qua tradebatur, accepit panem, et actis gratiis, fregit, et dixit:
Accipite, edite, hoc est corpus meum, quod pro vobis frangitur, hoc facite
in meam commemorationem. Similiter et poculum, postquam cenatum
erat, dicens: Hoc poculum novum testamentum est, in meo sanguine, hoc
25 *facite, quoties biberitis, in meam commemorationem. Quotiescumque*
enim hunc panem edetis et poculum hoc bibetis, mortem Domini annuntiate,
donec veniat: [1 Cor. 11, 23-26] [24]). Ex his verbis [A5v°] quae divina
certo credimus, didicimus ut, cum caenam celebrare volumus dominicam,
primum omnium, verba ista Christi [25]), quae cum hic Paulus, tum
30 Evangelistae in suis libris scripta reliquerunt: *Accipite, edite, hoc est*
corpus meum, quod pro vobis traditur vel frangitur: item, *Accipite et*
bibite ex hoc omnes, hoc poculum novum testamentum est in meo sanguine
qui pro vobis funditur [Mt. 26, 26b-28, Lc. 22, 19-20], recenseamus:
praesente pane et vino, quae iis Domini verbis recensitis, ut ipsa sonant,

---

[22]) John Fisher, *Assertionis Lutheranae Confutatio.* Cf. introduction.

[23]) Henri VIII, *Assertio,* cf. l'introduction.

[24]) On notera que Bucer donne séparément la version paulinienne des paroles
d'institution et le texte des synoptiques. Luther les combine. Ex. *WA* 6, 512, 37-513, 5
(*De captivitate*). Voir à ce sujet, Hilgenfeld, p. 13-40.

[25]) Cf. *WA* 6, 355, 24-356, 19; 363, 6-19 (*Vom neuen Testament*); *WA* 6, 512, 26-513,
13; 518, 17 ss. (*De Captivitate*).

non dubitamus, corpus et sanguinem eius esse [26]), mox in commemorationem [27]) ipsius, panem hunc, utique corpus Domini, edimus, et vinum,
hoc est, sanguinem eius bibimus, annuntiantes, quam haec repraesentant,
mortem Servatoris nostri, pro abolitione peccatorum nostorum obitam,
5 qua certo victoriam partam nobis, peccati, mortis et inferni, gloriamur,
ut liceat Domino servire in laetitia, quantumlibet nos peccatum in
carne urgeat, et cruce exerceamur, *mortificationem Domini Jesu in*
corpore circumferentes, ut et vita Jesu in corpore nostro manifestetur
[2 Cor. 4, 10] [28]).
10 Ecce haec summa est missae nostrae, ita nos caenam dominicam
agitamus, nam si praeter haec aliqua adiicimus, ea ex Evangelicis historiis, vel aliis sanctae scripturae libris, ad aedificationem ecclesiae
desumimus. Si iam Evangelica haec nostra missa, quae omnia [e]) habet,
quae de hac re nobis Evangelicae litterae tradiderunt, et nihil prorsus
15 humani dici non potest, nescio quam vos aliam evangelicam tradere
possitis. Vestram certe, quae humana commenta tot habet ad-[A6r°]-
iecta, vel impium et absurdum illum canonem [29]), et praesumit, quod
Dominus nusquam instituit, nempe rursus Christum sacrificare, nam
missam sacrificium facitis, nihil minus quam evangelicam nominare
20 convenit.
Iam plebem erudituri, cum Luthero docemus substantiam missae evan-

---

e) oma, Exemplaire de Iena: correction manuscrite en marge: omnia.

---

[26]) Cf. *BDS* I, 330, 2-4: «*Welche Wort, so sy also, wie Christus befohlen hat, gesprochen werden, wie sy luten, also soll man glauben, das do sy der leib und das blut
Jesu Christi im brot und wein*».
[27]) La commémoration et la représentation de la mort du Christ dans la messe
sont des idées traditionnelles. Cf. P. Lombard, *Sent.* Lib. IV, Dist. 12, 7: «*memoria
et repraesentatio veri sacrificii et sanctae immolationis factae in ara crucis*» (*MPL* 192
col. 866). Thomas d'Aquin *S. th.* II 83 a 1: «*celebratio hujus sacramenti est imago
quaedam repraesentativa passionis Christi, quae est vera ejus immolatio*». Biel, *lec.* 16 A,
21 K, 53 U: le sacrement est «*signum memoriale et repraesentativum istius summi
sacrificii quod Christus obtulit in cruce, in qua sustinuit mortem in corpore et sanguinem
fudit in pretium redemptionis nostrae*».
Les Réformateurs insisteront sur le rôle de la Parole pour opérer la représentation
et la commémoration. Cf. *WA* 6, 373, 16.
[28]) L'idée que la représentation de la mort de notre Sauveur doit aussi se manifester
dans la vie du chrétien individuel se trouve également dans l'*Enchiridion* d'Erasme.
LB V, 31B; Hol. 74, 4 ss., Krüger, p. 186-187.
[29]) Cf. *WA* 6, 524, 4 ss. (*De captivitate*), *WA* 8, 526, 25-527, 13 (*Vom Missbrauch*);
WA 10, II, 213, 15-22; 256, (*Contra Henricum*); *BDS* I, 236. Le 29 août 1523, Zwingli
avait publié un écrit critique sur le Canon: *De canone missae epichiresis, CR* LXXXIX,
p. 552-608; C'est en 1525 que Luther développera sa critique du canon dans *Von dem
Greuel der Stillmesse* (*WA* 18, 22-36).

gelicae [30]), hoc est, traditae nobis in Evangelicis litteris, quaque Evangelion hoc plausibilissimum, pro nobis traditum Domini corpus et fusum
eius sanguinem, non audimus modo, sed edendo simul corpus hoc, et bibendo sanguinem, velut sentimus, sitam in duobus, in verbis promissionis,
5 et in signis panis et vini [31]), ut si illis certam habeas fidem, et fide haec
sumas, omnia christianae missae sis assecutus [32]). Num nos ingentem promissionem agnoscimus, quod Dominus dixit, suum se pro nobis corpus
tradere et fundere sanguinem, ita ut peccatis expiemur? Deinde magnifica
huius gratiae signa, panem et vinum, quae sunt corpus et sanguis Domini,
10 arbitramur, cum ut ipse iussit ea in ipsius memoriam, sumimus. Dominus
Abrahamo promiserat se ipsi et semini eius fore in Deum, quod ut
firmius crederent, circumcisionis adiecit signum [Gn. 17, 10-11] [33]),
ita hic promisit, hostia sui corporis et sanguinis, nostra peccata expianda,
cui quod certiorem fidem haberemus, signa panis et vini, id est, panem
15 hunc sanctum, suum corpus, et vinum, quod ipsius sanguis est, sumenda
nobis commendavit [34]). Ecquis in memoriam Servatoris nostri, panem
hunc edat, et calicem bibat, cui ea non sint σφραγίδες, et velut obsignatio
quaedam pro-[A6v°]-missionis, quam in verbis Evangelicis expressam
audivit, nempe, se, hostia corporis et sanguinis Domini, in cruce patri
20 oblata, ab ipso Christo, ut abolitionem peccatorum, ita aeternam vitam
consecuturum?

Ad haec, quando incomparabile illud mortis dominicae pro nobis
obitae beneficium, in caena Domini ita commemoramus, ut fides in
Deum, quo cum hac morte, in gratiam reditum est, hoc est, *novum*
25 *testamentum*, novum et aeternum inter nos et Deum foedus [35]), sancitum
et pactum, ut filii eius iam et haeredes [36]), summa cum fiducia, patrem
ipsum invocantes, alacri animo expectemus, dum Christus apparuerit
in paterna gloria, tum et nos huic similes, in claritate filiorum Dei ap-
parituri [cf. 1 Io. 3, 2], confirmetur, ac velut renovetur, caenam dominicam

---

[30]) *WA* 6, 512, 32 (*De captivitate*).
[31]) Cf. *WA* 6, 518, 13 (*De captivitate*).
[32]) Cf. *WA* 10, II, 211, 36 ss. (*Contra Henricum*).
[33]) Cf. *WA* 6, 358, 37 (*Vom neuen Testament*).
[34]) Cf. *WA* 6, 358, 35: «*Weyter hatt gott in allen seynen zusagen gemeyniglich
neben dem wort auch ein zeychen geben zu mehrer sicherung oder sterck unsers glaubens*»,
et *WA* 6, 358, 14-360, 2; 6, 515, 20 ss.; 8, 440, 35; 8, 516-517 (*Vom Missbrauch*); cf.
BDS I, 117-118 (*Summary*).
[35]) Cf. *BDS* I, 251 (*Grund und Ursach*).
[36]) En conformité avec le concept de testament, les bénéficiaires de la nouvelle
alliance, c'est-à-dire les croyants sont appelés aussi héritiers. Biel, *lec.* 53 0 «*Unde et
nobis haereditas filii, beatitudo, scilicet Christi, promittitur et datur ex testamento
morte Christi confirmato*».

testamentum appellamus, neque sine scripturae auctoritate, etiam si, in
verbis caenae Domini, hoc nomen expressum minime legeretur. Nam
circumcisio Genesis 17 [11], quae signum testamenti erat, et ipsa בְּרִית,
hoc est testamentum vel foedus appellatur, ut si tantum sumptionem
5 corporis et sanguinis Domini testamentum appellassemus, non haberes
tamen quod ulla ratione diceres cavendum a nobis ut praesentissimo
veneno. Iam hoc non dicimus, sed cum caena Domini sit, nobis et
promissio Christi, quod corpus et sanguis eius pro nobis tradatur, et
manducatio panis, calicisque potatio, quam Dominus instituit, eoque
10 cum hic habeamus tam quod nobis Dominus pollicetur, quam quod
vicissim a nobis requirit, integram plane ha-[A7r°]-bemus in caena
dominica rationem testamenti vel foederis.

Pactum fuit foedus inter Deum et Abraham semenque huius. Hic
Dominus Abrahae atque semini eius promisit se futurum in Deum, datu-
15 rumque ipsis terram Chanaan. Invicem ab ipsis exegit, ut circumcideretur
omnis masculus. Ita hic promissum est a Christo, suo corpore ac sanguine, quae in cruce pro nobis obtulit Deo patri, nostra purganda esse
peccata, quod non fit sine fide (fide enim purificantur corda) quae utique
est illa scientia Dei de qua Hieremiae 31 [33], eaque non sine spiritu
25 Dei, qui est lex illa quam ibidem in corda nostra se inscripturum Deus
est pollicitus, invicem vero requiritur a nobis ut in memoriam haec eius
faciamus [37]), quid praeterea ad rationem exiges testamenti illius novi
et aeterni? Nos scimus haec omnia fide constare, eoque ab omni abstracta
tempore, atque ideo fieri haec omnia, cum creduntur. Pro me sane
30 corpus Domini traditum non est, nisi credidero, pro me traditum quod
nullus huius ad me nisi per fidem redire fructus possit. Quare ista in
verbis caenae Domini promissio, non est in cruce expleta, neque enim
tunc peccatis abluti sumus, qui non eramus, sed abluimur nunc, cum
credimus. Credimus autem, ubi ista Domini promissio in missa nobis
35 praedicatur [38]), ideo nunc testamentum Domini sancitur, et foedus inter
nos et Deum coit aeternum.

Sed quid multis opus. Divus Paulus Gala. 3 [16-17] ait: *Abrahae
dictae sunt promissiones et semini eius*, et mox, hoc autem dico *testamentum confirmatum a Deo*. Vide pro-[A7v°]- missionem vocat testa-

---

[37]) Cf. *WA* 6, 359, 29-360, 2. D'après Hilgenfeld le devoir de faire mémoire du Christ
ne ferait pas partie, dans la tradition, des obligations impliquées par le testament. *Op.
cit.*, p. 94.

[38]) On relèvera encore l'importance de la prédication ainsi que de la foi. Celle-ci est
la confirmation de l'alliance entre Dieu et l'homme, voire même le véritable moment
où cette alliance se réalise.

mentum, et piaculum [39]) erit, iudice Murnero, caenam Domini, in qua
summa inest omnium promissionum, unquam generi humano factarum
divinitus, nempe, peccatis, oblatione corporis et sanguinis Domini,
nos penitus purgandos, vocare testamentum? Praesertim cum ita Christus
5 ipse appellarit, dicens: *Hoc poculum novum testamentum est, in meo
sanguine*, procul dubio hoc volens. *Poculum hoc, sanguis meus est, qui
pro vobis funditur in remissionem peccatorum* [Mt. 26, 26; Lc. 22, 20],
ut his purgati, vere populus patris sitis, et ipse Deus ac pater vester,
pacto iam novo [cf. Ier. 31, 31] inter vos et patrem meum, et quidem
10 sempiterno foedere. Corpus namque [f]) Domini non fuit pro nobis
traditum, nisi dum sanguinem fudit, tum sese obtulit, quare sanguis
testamenti, et ipsum testamentum vocatur, id est, novum pactum, inter
nos et Deum non quod traditio corporis, quae fundendo utique sanguinem
facta est, huc non pertineat, et expers sit nominis testamenti. Iam ut
15 supra quoque dictum est, haec omnia nobis fiunt, quando credimus,
cum isti promissioni fidem habemus. Quare caenam Domini, hoc est,
cum dicta promissio fide auditur, atque haec, sumptione corporis et
sanguinis deinde roboratur, eoque nos fide purificati, certo scimus
Deum nos in filios adoptasse, iure utique testamentum novum appellamus,
20 cum plane omnia fiant contingantque nobis, quae Hierem. [31-34]
novi testamenti esse scribuntur. Merito enim sanguinis Christi, spiritu
suo nos Deus afflat [40]), ut hoc merito ipsum propitium nobis creda-[A8r°]-
mus, a minimo usque ad maximum omnes cognoscentes Dominum,
quoniam bonus est et misericors, totique impulsu legis libertatis, quae
25 spiritu sancto in nostra inscripta corda est, ita nos comparamus ut
annuntiemus virtutes eius, qui nos in admirandam lucem suam vocavit [41]).

Porro quod caenam Domini testamentis similem facimus iis quae ab
hominibus fieri solent, sua, haeredibus testantibus, ne hoc quidem
humanum commentum est, sed auctoritate scripturae invectum. Ad
30 Hebraeos nono [16-17] scribitur, ubi *testamentum est, mortem intercedere
oportet testatoris, testamentum enim per mortem confirmatur, siquidem
non valet, vivente testatore* [42]). Si licuit huius auctori Epistolae alludere

---

f) nanque.

---

[39]) *Piaculum erit...* Ce serait un péché que de...
[40]) Ici transparaît l'insistance si typique de Bucer sur l'action de l'Esprit, fondée
certes sur l'œuvre du Christ, mais pas toujours dépendante d'une médiation par la
Parole. Zippert, p. 111 ss. et p. 144-145.
[41]) Cf. Chrysostome, *In epist. ad Hebraeos*, (*MPL* 63); *WA* 57 III, 211, 22-27 (*Hebr.*);
WA 6, 357, 14 ss.
[42]) La tradition théologique voyait l'héritage essentiellement dans la vie éternelle.

ad testamenta quibus haeredes homines scribunt et sua nuncupant bona,
nobis idem esse nefas nemo vir pius iudicabit. Christus testatus est nobis
remissionem peccatorum, eoque gratiam patris et vitam aeternam, ea
numquam plane consequeremur, nisi mortem testator noster oppetiisset.
5 Mortuus est aut propter peccata nostra, et *resurrexit propter iustifica-*
tionem nostram [Rm. 4, 25], et confirmatum testamentum est, nosque
haereditatem adimus legatam, si credimus. Non video equidem, quid
hic praeter scripturas humani commenti admistum g) quisquam possit
queri. Haec sunt quae ut ex litteris sacris de caena Domini didicimus,
10 ita populum summa cum fiducia docemus, neque veremur anathema
dicere, quincunque aliud de hac re docere fuerit ausus. Nunc ad argumenta
respondendum Murneri, ex quibus cuivis patere possit, qui ea nostris
contulerit [A8v°], eum non intelligere neque quid loquatur neque quid
affirmet. Andabatarum more pugnans, nisi nolit videri intelligere quo
15 fucum Papistis aliquot crassulis faciat, videaturque nostra impugnasse,
cum sua ipsius insana figmenta impugnarit 43).

   Primum itaque, postquam missae rationem quam ad Anglorum Regem
Lutherus scripsit 44), in secunda lectione sua adduxit, adiuncta Roffensis
exclamatione in Lutherum 45), dicit negandum verbum ullum esse
20 divinae promissionis ex sacris litteris, a Christo, missae, seu potius
caenae dominicae, ut Paulus nominat adiunctum, haec verba eius,
petitque ut Lutherus secus doceat. Cumque sibi ipsi ex *Captivitate*
Babylonica 46) respondit illud apud Matthaeum [Mt. 26, 28]: *Hic*
est sanguis meus novi testamenti qui pro multis effunditur in remissionem
25 *peccatorum*, addit: Quid hic aliud testatur Matthaeus, quam Christum
dixisse fundendum esse sanguinem suum in remissionem peccatorum 47)?
Ecquid aliud nos dicimus Murnere? Christianum hominem decebat, et
virum ita studiosum veritatis, ut te iactas, nihil impugnare quod nondum
intellexisset. Si unquam dignatus fuisses, amice, non dico, mecum, sed
30 cum quovis ex auditoribus nostris, de his commentari, discere poteras,

---

g) admistum, BMS: correction manuscrite: admixtum.

Luther donne la priorité à la rémission des péchés et en fait découler la vie éternelle.
WA 6, 358, 14 ss. (*Vom neuen Testament*). Hilgenfeld, p. 89 et 94.
   43) Erasme, *Adages* II, 4, 33 (*LB* II, col. 533 E-F).
   44) *Contra Henricum Regem Angliae*, *WA* 10, II, 175-222, *Antwort deutsch auf*
König Heinrichs von England Buch, *WA* 10, II, 223-262.
   45) Fisher, p. 86-87, 263 ss.
   46) *WA* 6, 504, 11-14; 513, 29-31.
   47) Fisher, p. 265 (Matthaeus et Marcus) «*aliud non testantur, quam quod Christus*
dicit fundendum esse sanguinem suum pro multis in remissionem peccatorum».

longe aliter Lutherum et nos docere atque tibi finxisti. Sed hoc pacto,
Papistis tuis te parum approbasses, si maluisses veritatem nobiscum
discere, quam cum ipsis impugnare. Vide autem tibi, *Deus dissipat
ossa eorum, qui hominibus placent* [Ps. 52, 6].

5   [Br°] Quam bellum autem, quod mox subiicis! Nam hic certe inquis,
remissio peccatorum non ob sumptionem sed effusionem fiendam in
cruce promittitur [48]). Num quis tibi aliud docere nos affirmavit? Quaeso,
quis unquam somniavit ob sumptionem quemquam peccatorum consequi
remissionem? Nostra certe ex diametro huic pugnant, qui remissionem
10 peccatorum gratiae Dei meritoque Christi, et nulli nostro operi acceptam
referimus. Sed habeo gratiam, qui tamen confiteris, his verbis remissionem peccatorum promitti, neque contra nos est quod addis non ob
sumptionem, quod nostrum nemo somniavit quidem, sed ob effusionem
in cruce fiendam, quod libenter tecum confitemur, nisi quod addimus,
15 remissionem peccatorum tum fieri, cum creditur fieri. Sed qui convenit
hoc, cum eo, quod praemisisti, negandum, scilicet, ullum promissionis
divinae verbum, caenae dominicae adenctum ex sacris litteris? Haec
enim verba adiuncta sunt ex institutione Domini, *hic est calix sanguinis
mei, novi testamenti, qui pro multis effunditur* [Mt. 26, 28], his verbis ipse
20 fateris remissionem peccatorum promissam, qua fronte igitur iubes
negare, ullum divinae promissionis missae adiunctum? Quod dicis
non ob sumptionem esse promissa, sed ob effusionem quod ultro confitemur et nos, num igitur non est hic promissio? Num non ex fiducia
Evangelii, quod liber sis a traditionibus humanis deposuisti cucullam,
25 sed quod videris tibi, id ex regula tua posse defendere, num igitur non
deposuisti cucullam? Ob amorem infirmiorum fratrum tibi hic respondeo,
et non [Bv°] quod tua digna responsione argumenta censeam, nihilominus tamen respondeo. Dialecticam Reverendus pater Chunradus
Treger [49]) Augustinianus, audio, in nobis desiderat, cum ipse tamen
30 nuper ex eo quod ecclesia errare non possit in tradendis articulis fidei
inferebat [50]), igitur audiendam etiam si extra scripturam aliquid praecipiat
parum dialectice, quasi articulum aliquem fidei ipse comminisci queat in
scriptura non contentum hunc, inquam, logicum patrem praestiterat,
quando ipse tantopere dialecticam callet, ut tibi atque Roffensi tuo

---

[48]) Fisher, p. 265: «*Hic certe remissio peccatorum, non ob sumptionem, sed ob
effusionem in cruce fiendam promittitur*».
    [49]) Allusion à la dispute (inofficielle) que les prédicateurs strasbourgeois eurent avec
Treger, cf. *BDS* II, 21-22.
    [50]) *BDS* II, 40 (*Handel mit Cunrat Treger*) et surtout 88-94, 101-102: «*uss gleicher
kunst und dialectick*».

adhibuisset praeceptorem, quo certius didicisses colligere in nos scripturus et lecturus.

Multo magis autem ridiculum, quod adiicis pro ratione. Nam effusionis merito, inquis, plurimi, qui numquam eum sanguinem potaverunt
5 peccatorum sunt assecuti remissionem. Quid hoc Murnere ad chordam? Si etiam diceremus sumentibus atque consecrantibus (quod vestrum vocabulum est) [51]) promissam gratiam verbis caenae dominicae, ob opus ipsorum, adhuc quid faceret contra nos, quod multi remissionem assecuti sunt, qui sanguinem Christi nullum potarunt? Argumentabor ego
10 similiter, plurimi consecuti sunt plenariam remissionem peccatorum sine confessione vestra, oblatione, indulgentiis, et semel omnibus rebus quae vestra habet synagoga, ergo nulla ex his omnibus remissio peccatorum expectanda est. Puto rideres, sic ineptientem, at ridendus tibi erat, et Roffensis tuus sic delirans haud imitandus. Atque hoc uno verbo
15 tibi coram indicassem libentissime, si sustinuisses audire, nec [B2r°] oportuisset, miseras istis naeniis, quibus nihil infantilius, perdere chartas.

Aeque argutum est, quod in quarta lectione, his nugis, quas ibi repetis, ex Roffensi tuo adiecisti. Ut quid enim ais superflueret aliud remissionis peccatorum sacramentum fingere, post baptismum originalia peccata
20 delentem, et paenitentiam abolentem universa alia actualia scelera [52]). Sic tu loqueris, primum enim indicas nescire te quid sit vel peccatum originale vel actuale, deinde oblitus es quod anathema [53]) nobis sunt, quicunque ullam vim peccata remittendi sacramentis tribuunt [54]). Postremo ut haec nugamenta vestra, baptismum delere originalia, et
25 paenitentiam [55]), quam vos finxistis sacramentum, actualia, admitteremus,

---

[51]) On notera la réserve de Bucer vis-à-vis du terme «*consecrare*». Erasme critiquait l'interprétation du mot ·*benedicere*' dans le sens de *consecrare*. Il ne s'agissait pas, selon lui de «*pingere gestu manus signum crucis, sed laudes Deo canere et verba boni ominis dicere*», *LB* VI, 205, 16. Luther soulignait que les paroles de consécration étaient des paroles de promesse, mais il était moins critique vis-à-vis du terme. Cf. Vajta, p. 185, note 95, J. Diestelmann, *Konsekration*.

[52]) Fisher, p. 266.

[53]) Ms. d'époque: dans l'exemplaire de la BMS: «*Anathema [sit] qui dicit sacramenta re[mittere] peccata; sed [Christus] delet peccata*».

[54]) *WA* 6, 502, 13 (*De captivitate*): «*Nulla manducatio vivificat nisi fidei*». *WA* 12, 583, 8-11 (*Ain Sermon auf das Euangeli Johannis VI*), éd. strasbourgeoise: «*Also auch hie, wie wohl auch das zaichen ain rechte speys ist, aber wer es nicht nimpt im hertzen, den hillft es nicht. Dann es macht niemandt frumm noch glaubig, sonder es fordert, das ainer zuvor fromm und glaubig sey*». Ce sermon figure dans un recueil de prédications de Luther éditées par Jean Schott à Strasbourg en 1523: «*XXVII. Predig D. Martin Luthers newlich uszgangen Anno XXIII*», Benzing, N° 33.

[55]) Biel, *Lec.* 85 R= ce sont le baptême et la pénitence qui opèrent le pardon des péchés plus que la messe. Murner, *Ermanung*, p. 63: le fait de dire que la cène remet tous les péchés dévalorise les autres sacrements.

num supervacaneum propterea esset, sacrum corporis et sanguinis
Christi, ut et hoc peccatorum remissionem queramus? Cum vos tamen
etiam aquae benedictae vestrae tribuatis quorundam remissionem
peccatorum, neque ut puto negetis verum, quolibet gemitu pro peccatis,
5 oratione, iniuriae fraternae remissione, ac plerisque aliis rebus peccata
solere remitti.

Proinde nisi omnino aures audiendi tibi negaverit Dominus, audi
paucis quod res est. Cum Dominus ait, effundetur pro nobis(!) in remissionem peccatorum sanguis hic meus, corpus hoc meum pro vobis
10 traditur, testamentum hoc novum est in sanguine meo [Mt. 26, 28;
et paral.], duo dicuntur: unum quod corpus datur, quod sanguis funditur,
quod ex huius denique fusione sanguinis testa-[B2v°]-mentum novum
sancitur, alterum autem quod pro nobis datur corpus, utique adserendis quod pro nobis fundatur sanguis, utique emundandis, quod testa-
15 mentum novum nobiscum, merito huius sanguinis et traditionis statuitur,
ut consecuti remissionem peccatorum, filii Dei simus et haeredes, iam in
cruce traditum corpus, fusum sanguinem testamenti, quis neget, atque
hinc peccatorum remissionem expectandam, quis non confiteatur? Sed
nos tamen nequaquam adserimur, nulli mundamur, novum testamentum
20 haud consequimur, nisi ubi, audientes Christum promisisse, corpus hoc,
nobis tradi, sanguinem fundi ut nos remissionem assequamur, his
firmam habeamus fidem.

Ergo si Christum respicias et Patrem, qui praedestinavit [56]) nos
antequam essemus, plane iam pridem praestitit, nimirum in cruce,
25 quod verbis caenae Domini promiserat, at si nos attendas, qui fructum
istius imolationis, tum assequimur, cum credimus, *fides* autem sit *ex
auditu,* [Rm. 10, 17], non verborum ecclesiae, sed Christi [57]), ideo iure
optimo dicimus, in verbis caenae Domini esse promissionem. Nam
quantumque dicas, quae Christus in caena promisit, praestitisse in cruce,
30 nobis tamen praestita nondum sunt, sed cottidie per fidem ea accipimus
quare et promissionem illam cottidie item repetimus, donec, extincto
ultimo hoste, qui mors est [cf. 1 Cor. 15, 26], peccatis in totum puri,
sentiamus *Deum esse omnia in omnibus.* [1 Cor. 15, 28]

---

[56]) Voir page 16 note 1.

[57]) Murner et les autres partisans de la doctrine traditionnelle s'appuient sur le
fameux mot de Saint-Augustin: «*Evangelio non crederem, nisi me catholicae ecclesiae
commoveret auctoritas*» (*Contra epist. Manichaei* V, 6, *MPL* 42, 176); cf. *Thomas
Murners deutsche Schriften,* t. VI, p. 198. Voir à ce sujet: *WA* 2, 430, 12-23 (*Resolutiones . . . Lipsiae*); *WA* 8, 491-492; *WA* 10, II, 256. Bucer: «*Wir sind Gott und Christ-
gläubig, nicht kirchgläubig*» [*BDS* II, 92, 31: *Handel mit Cunrat Treger*] et *BDS* I, 314
(*Dass D. Luthers leer*).

Igitur quod ipse quoque fateris promissam, in verbis (B3r°) caenae
Domini remissionem peccatorum, sed quam, ob effusionem sanguinis
in cruce factam, consequamur, nobiscum plane sentis, si tantum agnosceres effusionem istam tum nobis salutarem, quando verbis illis Christi
5 in caena novissima nobis propositis, habemus fidem. Ita namque scribit
Paulus Roma. 3 [24-25] *iustificati gratis, per gratiam ipsius, per redemp-*
tionem quae est in Christo Jesu, quem proposuit Deus propitiatorium,
per fidem in sanguine ipsius. Hic vides merito quidem sanguinis Christi,
et ex gratia Dei, redemptionem et peccatorum liberationem assequi nos,
10 at non nisi per fidem.

Quod pulchre et divus Petrus indicat in sua salutatione prioris Epistolae, ita scribens: *Electis advenis secundum praescientiam Dei patris, in*
sanctificationem spiritus, in obedientiam et aspersionem sanguinis Jesu
Christi [1 Pt. 1, 1-2], hic vides primum omnium esse, ut secundum Dei
15 praedefinitionem [58]) electi simus, deinde spiritus afflatu sanctificamur, ut
obediamus nimirum verbo Dei, per fidem, tum demum sanguine Christi
aspergimur, hoc est, per ipsum mundamur, qui [59]) alioqui, quantumlibet,
in cruce fusus sit, eo nunquam mundabor. Quando itaque et nos ex
multis illis sumus in quorum peccatorum remissionem sanguis [h]) ille
20 fusus est, et pro quibus traditum illud corpus, impleta nobis promissio
non erit, donec fructum mortis dominicae per fidem consequimur, haec
ex auditu est promissionis Dei, [B3v°] hanc ex traditione dominica,
in missis nostris semper repetimus, ut fides nostra, cui dum hic agimus
semper multum deest, augescat.

25 Qui audetis igitur caeci, tam impudenter negare ullum divinae promissionis verbum adiunctum caenae dominicae, quod ilico tamen rursus
conceditis, imo ultro fatemini? Si intelligitis nullam gratiam, aut peccatorum remissionem, promissam, celebrantibus, quomodocunque
caenam dominicam, aut sumentibus, decebat id vos apertis verbis dicere,
30 hoc enim et nos confitemur, fidei, non sumptioni, peccatorum remissionem

---

h) sanguinis.

---

[58]) On notera *l'ordo justificationis* envisagé par Bucer: élection, sanctification par
le souffle de l'Esprit, obéissance à la Parole de Dieu par la foi, purification par le
sang du Christ. Une séparation s'opère ainsi entre la Parole et l'Esprit. La doctrine
eucharistique de Luther repose sur la relation entre la promesse et la foi, l'importance accordée par Bucer à la prédestination change la perspective.

Chez Biel on trouve la distinction entre le sang du Christ répandu pour tous, mais
efficace pour le salut seulement chez les élus: «*Efficit enim salutem in solis predestinatis*
et electis. Hi enim soli per ipsum consequuntur remissionis gratiam, et future hereditatis
gloriam». *Lec.* 53 Q.

[59]) Sous-entendu *ego.*

acceptam ferentes, iam autem non modo non intelligetis, quae magnificis
et ampullosis verbis impugnaturos vos pollicemini, sed pro doctrina
pietatis, quam miseri aversamini, statuitis vobis ipsi idola, insanarum
cogitationum vestrarum.

5   Non tam impie enim quam ridicule receptui canens, velut depugnatum
tibi esset, ais. Verbum igitur promissionis divinum missae, a Christo
servatore adiunctum, eiusdem missae partialem esse substantiam, nullis
est sacris litteris elicitum, et scripturis canonicis probatum. Quare
primam substantiae missae partem, creditam in fide ecclesiae offerentis
10 et suscipientis [60]), gratiam ponere oportet, et nullis sacris litteris edictam,
vel a Christo institutam atque promissam. Haec verba tua Murnere,
tam latina quam theologica. Ubi fortissimus pugnator hic arma tua,
ex scripturarum arma-[B4r°]-rio producta? Gratiam ais creditam in
fide ecclesiae offerentis et suscipientis, oportere ponere primam partem
15 substantiae missae. Unde hoc oportet, quae verba scripturae huc te
adegerunt? Sed quando probabis ecclesiam quicquam in caena Domini
offerre? Fide ecclesia, hoc est, quam vera ecclesia habet, certum est,
gratiam obtineri a Deo peccatorum ea autem nequaquam verbis ecclesiae
sed Dei nititur [61]).

20   Qui enim possit ecclesia, scilicet homines pii, nobis divinum favorem
promittere, nisi Verbum Dei hunc pollicentis habeant, ut plane habent?
Sed nititur hoc Dei verbo fides, non quia ecclesia, sed quia Deus ipse
illud locutus est [62]). At quid laboro sani aliquid e tuis verbis expiscari,
quando ipse procul dubio, quidnam sibi ea velint, compertum non
25 habeas.

Si quis esset apud te locus reliquus hortationi, hortari te mallem
et obnixe obtestari, ut abnegares temetipsum, atque prudentiae tuae
nullus initereris, omni fiducia tua collocata in Deum, atque agnosceres
animalem hominem non posse capere, quae sunt spiritus Dei [cf. 1
30 Cor. 2, 14], eoque orares Patrem per Christum, ut bonum spiritum tibi
largiretur, nam quo nunc agitaris contra sanctum Dei Evangelion,
bonus non est, legeres tum solas scripturas, non inferens, quod tibi
arridet, sed inde discens, quid probet Dominus.

Hoc namque pacto salvus fieri posses, quem modo [B4v°] tam non
35 dubito praecipitem ruere in gehennam, quam certus sum Christum Deum
meum pro me mortem obiisse. Vere, vere Papa nullum habet paradisum,

---

[60]) Cf. Biel, *Lec.* 26 H.
[61]) Cf. p. 15 note 2.
[62]) Cf. p. 15 note 2.

ut nec legati eius, aut tumidus ille Faber [63]), qui fortasse vanis promissis te inflat, atque ut contra stimulum calcitres [64]), impellit.

Sed ne morer pium lectorem, iam respondendum est, ad ea quae obiecisse tibi videris, contra id quod alteram partem missae evangelicae, 5 signum panis et vini dicimus. Primum ais, pro more tuo, hoc constanter vobis negandum esse, nulla ibi (ut iterum tuis verbis utar) remanente neque substantia panis, neque vini, Christo panem ostendente, ac dicente *hoc est corpus meum* [65]). Bellum sane argumentum, si Deo impossibile esset, efficere ut simul sint et verus panis, et verum corpus 10 Domini, verum vinum et verus sanguis Christi. Quin datis hanc gloriam Deo, ut cum scriptum sit, *Accepit panem, egit gratias et fregit, deditque discipulis, et ait*: *Hoc est corpus meum* [Mt. 26, 26; Lc. 22, 19; 1 Cor. 11, 23b-24], hoc inquam, quod in manibus habeo, panis iste. Credere nobis permittatis, Deum sua potentia efficere [66]) ut hic sit et verus panis, 15 et nihilominus etiam verum corpus servatoris. Neque enim, puto, dices, Deo impossibile ut simul verum panem homo relinquat, et tamen det adesse suum verum corpus. Quare argumentum tuum simile est huic. Murnerus iste, ex voto suscepit peregrinationem ad statuam quandam divae [B5r°] Virginis, et reliquit eum febris quartana [67]), ergo iam liber 20 est aestu febrium. Neque sudat sanguinem, dum praelegit sua commenta de missa, quod nuper in frequenti auditorio dicebat, licet nihil tale in eo appareret. Diceres mox, possibile est, quod liberatus fuerim febri, et ea tamen ita repeti erit me ut nunc missam nostram sacrificatricem defendens, vere sanguinem sudem, neque vos videatis.

25 Deinde ad locum in Actis Apostolicis, ubi scribitur: *Erant autem perseverantes* [i]) *in doctrina Apostolorum, et communicatione fractionis panis.* [Act. 2, 42]. Item paulo post: *Frangebant panem circa domos,* Act. 2 [46] dicis, ambigua haec esse, et potius de communi convivio, quam sacramento sonare. Non multis hac in re equidem tecum certavero, 30 sed Roffensis [68]) tuus adeo non dubitat de corpore Christi haec dicta

---

i) perservernates.

---

[63]) Il s'agit très probablement de Jean Fabri qui était à l'époque vicaire général de Constance. Cf. *RE*³ V, 717-720; Helbling, *Johannes Fabri.* «*Für die oberdeutschen Reformatoren wurde* (*er*) *zentraler Stratege und Einpeitscher der Gegenreformation*», Oberman, *Werden und Wertung*, p. 307. Voir encore *ibid.* p. 281-293, 304-310, 323-329.
[64]) Erasme, *Adages*, I, 3, 46, (*LB* II, col. 131 A-C).
[65]) Henri VIII, *Assertio*, Br°-Cr°, Fisher, p. 85-86. Les arguments de Henri VIII sont combattus par Luther *WA* 10, II, 202-208; 245-249 (*Contra Henricum*).
[66]) Cf. *WA* 6, 511, 7-12.
[67]) Fièvre intermittente revenant tous les quatre jours.
[68]) Fisher, p. 283.

ut hinc probare conetur iure papam laicis altera interdixisse Eucharistiae specie, ut vos loquimini. Ex quo cum mutuaveris, et tamen discipulis illis duobus, qui die resurrectionis eius, Emauntem [69]) petierant [cf. Lc. 24], Christum illic corpus suum, sub panis specie tantum tradidisse,
5 miror cur hic ab eo dissentias. Sed ad rem, et argumentis certis, Christus habens in manibus suis verum panem, dixit, hoc est corpus meum. Item de vino, et possibile est, simul manere panem et tamen verum adesse corpus, sicut verum est, Deus homo est, et simul, et tamen sunt, verus Deus et verus homo [70]). Sine ratione itaque et scriptura, vos
10 invehitis somniatam vestram transsubstantiationem [71]). Deinde Paulus aperte panem appellat corpus Domini, et san-[B5v°]-guinem calicem, non semel, sed bis, nempe 1. Corin. 10[11] et 11[24] metonymia usus, continens pro contento usurpando. Igitur cum nos panem nominamus et vinum, loquimur ut Apostoli, cum vos affirmantes, nihil hic reliquum
15 panis et vini esse, praeter accidentia, loquimini ut Thomistae [72]), vel ut maxime vos purgetis, hoc probro, Ambrosiistae [73]) vel Patristae [74]).

Quod autem Matthaeum, vel potius tuum Matthaei interpretem obiicis, qui vertit panem supersubstantialem [75]), in oratione dominica, et contendis, cum Paulus, corpus Domini, panem adhuc vocat, esse panem super-
20 substantialem intelligendum, etiam si recte vertisset, quo scripturae

---

[69]) Erasme, annotation de Lc. 24, 13 (*LB* VI, p. 328F): «*Graeci scribunt* Ἐμμαὺς *per duplex m, ut sit dictio trisyllaba, et inflectitur Emmauntos, ti, tem, sicut Pityus, Pityuntos. Emmaunti mutatum est postea nomen, Nicopolis dicta est*».

[70]) L'analogie établie par Luther entre la doctrine des deux natures du Christ et la doctrine eucharistique (permanence du pain à côté du corps du Christ) (*WA* 6, 511, 34-512, 2) avait été critiquée par Henri VIII, *Assertio* D [4] v°.

[71]) Cf. Pierre d'Ailly, *Sent.* IV qu. 6F: «*Et licet ita esse non sequatur evidenter ex scriptura nec etiam nec videre meo ex determinatione ecclesiae, qui tamen magis favet ei et communi opinioni sanctorum et doctorum, ideo teneo eam*», et Biel *Lec.* 41 I; *WA* 6, 456-457, 4 (*Adel*); 508 ss. 508, 20-21: «*Haec autem opinio Thomae adeo sine scripturis et ratione fluctuat*».

[72]) Devenue *fides ecclesiae* par le 4e concile du Latran (1215), la doctrine de la transsubstantiation est en fait antérieure à Thomas d'Aquin. Mais ce dernier l'a considérablement développé. Voir *S. th.* III, qu. 73-78. Luther lui en attribue la paternité cf. 6, 456, 36 (*Adel*). 6, 508, 11-22 (*De Captivitate*) 10, II, 202, 20 ss. (*Contra Henricum*). Il est plus nuancé dans *Vom Anbeten des Sakraments* où il qualifie la doctrine de «*münchstraum, durch Thomas Aquinas bekrefftigt und durch Bepste bestettigt*» (11, 441, 22 ss.). En fait, Luther et Bucer sont tributaires de la critique que faisaient les occamistes de la transsubstantiation.

[73]) *De sacramentis* IV, 14: «*Ubi accesserit consecratio de pane fit caro Christi*» (*MPL* 16, 458). Ambroise emploie les mots *convertere, mutare* (*De myst.* IX, 52) et *transformare* (*De fide* IV, X, 124) pour exprimer l'effet de la consécration. Cf. Les remarques de Luther au sujet d'Ambroise: *WA* 10, II, 202, 25 ss. (*Contra Henricum*).

[74]) Dans son *Assertio*, Henri VIII se référait à Hugues de St. Victor, Augustin, Grégoire, Théophile, Cyrille, Ambroise.

[75]) Fisher, p. 85.

loco probas, sic Pauli verba accipienda? Hic dicit, *panis quem frangimus*
[1 Cor. 10, 16] obsecro, frangitur etiam panis supersubstantialis? Si
rursum adduxeris Domini verba dicentis de pane, *hoc est corpus meum*,
iam responsum est, quod corpus Domini est, eo non oportere abesse
5 panem, utrumque enim esse potest, quod natura etiam, multo facilius
credet quam quod idem sit Deus et homo.

Sed miseret me impudentiae, dicam an dementiae tuae, qui hic Lutherum accusare palam ausus sis falsarii nomine, quod ἄρτον ἐπιούσιόν
Matth. 6 [11] panem cotidianum verterit [76]), cum vester quoque interpres,
10 idem omnino verbi apud Lucam. 11 [3] sic verterit, atque sic versum vos
canatis in missis vestris, doceatis in contionibus vestris. Neque excusabit
te, quod hoc nomine virum et doctissimus Emserus [77]) prior calumniatus
sit, decebat enim veritatis vindicem, Chri-[B6r°]-stum veritatem, non
Emserum ex mendaciis consutum hominem, sequi.

15 Sed risu dignissimus, qui ex Erasmo, cuius verba nequaquam intellexis-
ti, canonem nobis intelligendi scripturas condis, idque declarante, ut ais,
Matthaeo. Nam inquis, ubi cumque et in quibuscumque sacrae scripturae
auctoribus panis legitur, id procul dubio, Matthaeo declarante, panis
coelestis est et supersubstantialis [78]). Gratiam habemus tibi tanto theologo,
20 qui huius modi eleganti et tam universali canone, lucem sanctis scripturis
intulisti. Iam scimus, septem illos et quinque panes, quibus tantam
multitudinem Christus pavit [cf. Mt. 14 et 15], caelestes fuisse et super-
substantiales. Quin et ducenti illi panes, quos Davidi Abigail in deserto
attulit [cf. 1 Sm. 25, 18], caelestes erant. O stupor, o febris quartanae
25 somnium, immo o deplorata animi tui cum caecitas tum impudentia.
Etiam si maxime verum esset, quod somnias, nempe caelestem panem
intelligendum, numquid ideo panis non erit? Deinde fortiter oblivisceris,
quod communicationem fractionis panis, Act. 2 [42] paulo superius
dixisti vulgare potius fuisse convivium quam communionem sacramenti.
30 Eo igitur loco canon hic tuus non tenet. Tales regnum Antichristi
debet habere propugnatores, qui pueris etiam ridendos sese exhibeant!

Cum Paulo ergo sines nos panem dicere et vinum, neque falsum dicere,
etiam a consecratione, quam vocatis [79]), neque idolatriae hinc nos reos
perages. Ut enim panem et vinum dicimus, ita simul verum corpus

---

[76]) Fisher, p. 85.
[77]) Hieronymus Emser, l'un des adversaires de Luther de la première heure. **Cf.**
Enders, *Luther und Emser, C Cath* 4 et 28 et les études de P. Mosen et G. Kawerau.
[78]) «*Quanquam hunc locum verteres interpretantur de doctrina coelesti*; *sic enim
dixit panem suum, ut frequenter dixit sermonem suum*» (Ann. de Jean 6, 34: *LB* VI,
366 F).
[79]) Voir note 51.

verumque sangui-[B6v°]-nem Domini nostri Jesu Christi confitemur.
Signa autem vocamus, quod plane significent nobis, fidemque nostram
quavis σφραγίδι ʲ) firmius corroborent ⁸⁰), Dominum Christum pro
adserendis nobis mortem oppetiisse, seseque patri pro nobis obtulisse,
5 dum ut iussit ipse, ea in memoriam eius sumimus. Reducunt in memoriam
nobis hostiam illam sanctissimam qua redempti sumus et scilicet,
iudice Murnero, alienum ab Evangelio est, vocare signa corpus et sanguinem Domini! At inquies, signum panis et vini dicitis. Et quae huius
absurditas? Numquid tu sacramentum dicis baptismi, hoc est, signum?
10 Non ideo puto, quod baptismum significet, sed quod ipse sit baptismus,
qui significet spiritu interius nos baptisatos ⁸¹). Ut vero es argutus? O
deplorandam argutiam, sic tremendo verbo Dei illudere hominem
vanissimum! Resipisce ab hac nugacitate, Murnere, manet te indubie
iudicium tuum, tibi olim importabile!
15   Nos cum Paulo panem et vinum appellamus corpus et sanguinem
Domini, ea magna signa, non panis et vini ut haec signent, neque etiam
corporis et sanguinis Domini, sed redemptionis nostrae et salutis,
quis neget? Est hoc ab Evangelio tam alienum quam est, ut tuis utar
verbis, cacodaemon a creatore suo discretus. Vere te exagitat cacodaemon,
20 et tam insanis nodis blasphemare ᵏ) sancta Dei mysteria compellit.
Nam si vel naturae sensus in te integer esset, non posses ridendum adeo
te praebere omnibus quibus Evangelion vel a limine est salutatum, dum
impu-[B7r°]-gnas, quod nunquam intellexisse te, ipse testaris, ut taceam,
quod tam impie, et in perpetuam tibi perniciem ludis sanctissima Christi
25 sacra.
    Mitto hic innumera tua convicia, tuas sententias, ut impias, ita aequae
insulsas, mitto bis ineptam, de signis philosophiam, quam quo grandescat
liber, et non desint tibi siliquae tuis porcis obiiciendae, intempestive
invehis, ad hoc in praesenti tantum respondebo, quod ais in 4. lectione.
30   Iam plane pervideo quam prudenter egeritis, populum monendo, ne
hostiam consecratam in die corporis Christi ⁸²) circunferat honorandam,
ut pote vestrae missae nullam substantiae partem, quasi non veniat
hostia consecrata mox adoranda ⁸³), etiam si in alium usum, ut fingitis,

---

j) d'après l'abréviation.
k) blesphemare.

---

⁸⁰) Cf. *WA* 6, 358, 35 ss. (*Vom neuen Testament*) *BDS* I, 117 (*Summary*).
⁸¹) Voir note 106.
⁸²) Fête-Dieu, *RE*³ VI, 298 ss.
⁸³) Au sujet de l'adoration du sacrement: cf. Thomas d'Aquin *S. Th.* III, Qu. 78,
art. 2, Biel, *lec.* 50 L; *RE*³ XX, 74-75. Luther: «*Wer nicht glaubt, das Christus leyb*

fuerit instituta. Ita ne Murnere Lynceo [1]) perspicacior [84])? Nos vero
finximus, panem sanctum, corpus Domini, institutum in alium usum
quam ut seculari pompa illud circumferatis? Ecquis ille est qui dixit:
Accipite et manducate [Mt. 26, 26], non circumferte sericati, coronati,
5 sonantibus cimbalis, vernantibus floribus, ardentibus cereis, perstrepenti-
bus vocibus, superbientibus comitibus.

Bellum vero, quod subiicis, et tali tam heroico pugili admodum dignum!
Vos autem ostendite ex Evangelio hostiam consecratam non adorandam
venerandamque. Respondeo primum dictu quo scripturae loco didicisti,
10 panem quem frangimus vocari hostiam consecratam, quin appellas
corpus Domini? Deinde ex evangelicis Pauli scriptis, atque aliorum
Evangelistarum, habemus, corpus [B7v°] Domini edendum, et sanguinem
bibendum, in ipsius commemorationem, hoc est, ut, manducando hunc
panem et bibendo calicem, qui unus huius mysterii [85]) usus est externus,
15 quem tradente Domino acceperimus, mortem Domini annunciemus,
qua cum annuntiatione haud video, quid aeque pugnare queat atque
illa vestra ter mundanissima pompa. Sed mundanis mundana placere
necesse est. Postremo iudica ipse, nisi totus mente captus es, utri instituti
sui, rationem habeant meliorem, nos qui, in memoriam dominicae
20 mortis, panem et poculum Domini sumimus, an vos, qui magnis boatibus
et ingenti fastu corpus Domini adorando circumfertis? Quod nos agimus,
Dominus instituit, quod vos, somniavit Thomas Aquinatensis [86]).
Nos audimus, quem Pater doctorem nobis audire praecepit Christum,
vos promittenti indulgentias, quem ignoratis, auscultatis Papae. Nos
20 verbum Dei habemus, unde nostra mysteria [87]) fide constant, vos verbum
hominis secuti, aedificatis in harena. Sed cuperem audire quid Judaeo
respondere velles roganti qui fiat ut corpus Domini tanta sit veneratione
vobis isto festo, quod adservatum toto anno in templis colitis tam
negligenter. Verum haec extra institutum sunt.

---

1) linceo.

---

und blut da ist, der thut recht, das er wider geystlich noch fleischlich anbetet. Wer aber
glewbt, als es denn tzu glewben gnugsam erweyset ist, der kan freylich dem leyb und blut
Christi seyn ehrbietung nicht versagen on sunde» (*WA* 11, 447, 5 ss., *Vom Anbeten des*
Sakraments) et «*Derhalben sagen wyr nu, das man die nicht verdammen noch ketzer*
schellten soll, die das sakrament nicht anbeten, denn es ist nicht gebotten, unnd Christus
ist nicht darumb da» (*Ibid.*, 448, 3 ss.).
    [84]) Erasme, *Adages*, II, 1, 54, (*LB* II, col. 427 F-428 C).).
    [85]) Voir l'introduction et Krüger, p. 193.
    [86]) Bucer simplifie abusivement en attribuant la pratique et la théorie de l'adoration
du sacrement au seul Thomas d'Aquin, cf. *RE*³ XX, p. 74-75.
    [87]) Voir note 85.

Pergo igitur ad tertium quod impugnas, nempe testamentum esse caenam Domini [88]), rogare tamen antea libet unde didiceris verba quae in caena Domini utrique dicenda praedicamus, quaeque tuae missae tertiam partem facis, verba esse consecrationis, et non magis promissionis,
5 cum ipse fatearis, promissam in eis remissionem peccatorum, praeser-[B8r°]-tim in verbis calicis, nihil aut de consecratione [89]) ullae scripturae commemorent, neque ipsa verba tale aliquid prae se ferant, maxime si vobis transsubstantiationis commentum placet, quod enim consecratur, idem manens, cum profanum antea erat, nunc sanctum redditur [90]),
10 hoc est, a communi usu remotum, iam apud nos panis haud manet, sed mutatur in corpus Domini, verba igitur transsubstantiationis, non consecrationis recte diceretis. At vobis proprium est nescire, neque quid loquamini, neque quid affirmetis, ideo missis vestris somniis, id, quod institui, agam, hoc est, ostendam ut nugaciter nugeris, dum tibi videris
15 impugnare, id quod missam testamentum vocamus.

Primum enim, quod contra hoc obiicis, maxime pro nobis facit. Ais enim: stet ergo nobis secundum infallibile et christianum documentum, nobis unum esse Testamentum novum, quod est Evangelion Christi, sua morte confirmatum et fundatum [91]). Adducis deinde testimonium
20 Epistolae ad Hebraeos [8, 10], citantis Hieremiae locum 13[= 31], satis indicans, te haud dum intellexisse quae ipse affirmas quae ve allegas. Testamentum novum itaque est, et foedus, quod Deus spirituale cum veris Israelitis ferit, legem suam, quam natura odit, in visceribus eorum collocat, atque in cor eorum inscribit, ut iam sit omnis voluptas eorum
25 in lege et doctrina ipsius, ipse eis in Deum, et illi vicissim ipsi in populum, ipsumque cognoscant iam omnes, sed quae horum omnium caussa? Quia propitiabor, inquit, iniquitati eorum, et peccati eorum non memorabor am-[B8v°]-plius [cf. Hbr. 10, 17]. Iam unde hoc? Indubie propter sanguinem Christi. *In quo redemptionem habemus, per sanguinem eius*
30 Ephesi. 1. [7], *in eo posuit Dominus iniquitatem omnium nostrorum*

---

[88]) Cf. Murner, *Ermanung*, p. 56-58, Fisher, p. 263-265. Henri VIII conteste moins l'application de la catégorie de testament à la cène. Il en laisse le soin à d'autres. Mais ce que dit Luther n'est pas nouveau. Et si la cène est un testament, pourquoi ne serait-elle pas aussi une bonne œuvre et un sacrifice? Cr° ss. Iserloh, *Der Kampf*, p. 27-28.

[89]) Voir note 51.

[90]) Thomas d'Aquin *S. th.* I q. 73 a1: «*Dicendum quod sacramentum dicitur ex eo quod continet aliquid sacrum ... et ideo sacramentum Eucharistiae perficitur in ipsa consecratione materiae*», Ibid. II q. 85 a3: «*Nam sacrificium dicitur ex hoc, quod homo facit aliquid sacrum*».

[91]) Biel, *lec.* 53 N: la mort du Christ sur la croix est «*sui testamenti legitima attestatio et confirmatio*».

[Is. 53, 6], oblatus est, quia ipse voluit. Igitur cum traditio corporis eius sancta haec oblatio facta sit, fuso sanguine, recte et significanter testamenti appellatio, ad calicem, quo effusio sanguinis exprimitur, addita est, non quod corpus huc non pertineat, cuius enim sanguis 5 funderetur, sed quod corporis oblatio fuso sanguine consumata sit.

Ad haec, nunc, si expendas testamentum hoc novum, foedus esse inter Deum et nos, ut quemadmodum ipse nos suum populum, ita nos eum Deum nostrum agnoscamus [cf. Hbr. 8, 10-11], quod non nisi fide fit, haec vero esse nequeat, nisi verbis his eius credam. *Quia propitius* 10 *ero iniquitati eorum* etc. [Hbr. 8, 12] quod credere haud possum, si mea merita intuear, et non solum, ut dictum est, fusum pro nobis sanguinem Christi, facile intelliges, caenam dominicam rectissime testamentum appellari novum. Quantumlibet siquidem deus misericors est, et filium suum pro nobis in mortem tradidit, nisi haec credidero, certus 15 mihi propter hunc peccata omnia condonata, mecum novum istud foedus pactum nondum est. Neque enim adhuc mihi Deum salvatorem agnosco, sed trepido saevum iudicem damnatorem. In caena autem Domini, Christus ita loquitur: *Accipite et edite, hoc est corpus meum, quod pro vobis traditur: accipite, bibite, hic est calix novum testamentum,* 20 *in meo sanguine, qui pro vobis funditur* [Mt. 26, 26; Lc. 22, 19]. Quasi dicat: Confidite, ta-[Cr°]-metsi nati sitis filii irae [Eph. 2, 3], et vestra etiam scelerata vita, iram patris mei graviter contra vos provocaveritis, confidite tamen, inquit, quia ecce hoc corpus pro vobis traditur hic sanguis meus pro vobis funditur [Lc. 22, 19-20], si creditis, novum 25 testamentum est, et iam vobis sancitur, in meo hoc sanguine, qui licet in cruce semel fusus sit, funditur nihilominus pro nobis, cum credimus, quia peccata nobis, non nisi cum credimus, abluit, fide enim purificantur corda Act. 15 [9].

Haec confirmat, quod praesenti tempore locutum Dominum, tam 30 Evangelistae, quam Paulus testantur. *Hoc,* inquit, *est corpus meum,* quod *pro vobis* [1 Cor. 11, 24] datur. Paulus habet: *frangitur.* Hic est calix sanguinis mei, qui *pro vobis funditur* [Lc. 22, 20], ut nimirum tunc haec fieri intelligas, cum creduntur. Nam quod Murnerus dicit, praesens tempus usurpatum pro futuro [92], propter rei certitudinem, nullo loco 35 ex Novo Testamento verum ostendet. Prophetae suum habent morem; in Novo autem Testamento aperte et distincte omnia citra confusionem temporum dicuntur.

Proinde qui Jesum habemus summum pontificem, non habuimus

[92] A la suite de Henri VIII, Murner distingue la cène, où le Christ n'a fait que commencer son sacrifice, de son oblation sur la croix, *Assertio,* Cij v°.

tantum, qui certi sumus, eum nobiscum manere usque ad consumma-
tionem saeculi [Mt. 28, 20], quandocunque in caena dominica nostra,
ista Christi verba vel recensemus, vel audimus, praesentem Christum
loqui nobis, non dubitamus, cui non credere, cum summa sit impietas,
credimus firmiter [93]), ut sicut dicit, *hoc est corpus meum, quod traditur
pro vobis, hic sanguis meus, qui funditur pro vobis in remissionem peccatorum* [Lc. 22, 19-20; Mt. 26, 28], ita etiam tunc redire ad nos [Cv°]
huius traditionis et effusionis fructum, nempe peccatorum veniam,
ut iam Deum vere nostrum agnoscamus, quod cum fide fiat, quam antea
Pater ob sanguinem Christi per Spiritum suum, legem nimirum suam
scribens in visceribus nostris, infudit. Nonne tum, quando ita verbis
Christi in caena dominica fidem habemus, adque confirmandam hanc,
corpus eius sumimus et sanguinem, testamentum novum nobiscum
sancitur, innovatur et confirmatur? Quae igitur, caece Murnere, tanta
in his verbis: missa testamentum novum est, impietas, ut tuos hinc
fugere iubeas, non secus atque a praesentissimo veneno? Fateor culinae
et ventribus vestris nocet haec doctrina, at piis mentibus nihil potest
aeque salutare praedicari.

Verum qui ad Christi sacra totus stupes, haec indubie capere non potes,
quamquam nunc iterum repetita. Igitur apertis te verbis urgebo scripturae. Confiteris novum testamentum Evangelion esse, sed nullum plau-
sibilius Evangelion quam hoc: *Hoc meum corpus, quod pro vobis traditur,
hic meus sanguis, qui pro vobis funditur* [Lc. 22, 19-20]. Quid enim laetius
quam audire tanta nos hostia redimi, indubie a peccato, morte et inferno?
Ergo si novum testamentum Evangelion est, et hoc, nostra missa est.
Est enim omnium evangeliorum summa, Christum pro nobis redimendis
corpus suum et sanguinem obtulisse missa utique testamentum est [94]).
Deinde Christus, teste Luca et Paulo, ait: *Hic calix novum testamentum
est, in meo sanguine* [Lc. 22, 20; 1 Cor. 11, 25], et iam paulo supra diximus,
hic non excludi, sed [C2r°] includi, etiam traditionem corporis, neque
enim ut vos Papistae, haec separamus, quae coniuncta a Domino accepimus. Missam itaque testamentum vocando, Christum sequimur,
non cordis nostri figmentum [95]), id quod vos facitis, dum vocatis sacrificium.

Si autem obieceris Matthaeum et Marcum, vocantes sanguinem

---

[93]) «*Credimus firmiter*»: expression traditionnelle, souvent utilisée au commence-
ment des confessions de foi, par exemple lors du 4e concile de Latran, Mansi 22,982.
[94]) Cf. *WA* 8, 524, 22-24 (*Vom Missbrauch*).
[95]) «*Ihr erdichten geschwetz damit sie die Mess ein opffer machen*». *WA* 8, 525, 32.

testamenti [Mt. 26, 28; Mc. 14, 24], non testamentum, respondeo, hebraismum esse, ut sicut filius perditionis, pro filio perdito dicitur, et pauperes sanctorum, pro sanctis pauperibus, ita etiam hic convenit, sanguinem novi testamenti intelligas, qui sit novum testamentum, non
5 quidem per se, sed dum per fidem eo aspergimur. Idque ea ratione, qua Christus *nostra iustitia et sanctificatio* dicitur 1. Corin. 1, [30], cum sit auctor nostrae iustitiae et sanctificationis. Ad haec, si verba urgere tecum libeat, magis adeo pro nobis sonant, quippe si ita interpretemur: Sanguis testamenti est, hoc est caenae dominicae, quo nimirum, ipsa
10 et rem et nomen testamenti obtinet, de quo supra abunde diximus. Vere enim, dum caenam Christi, ita, ut ipse instituit, agitamus, pactum, foedus et testamentum novum, atque aeternum nos inter et Deum conditur, instauratur et stabilitur.

Quare magna est impudentia tua, qui in fine tertiae lectionis tuae
15 ausus sis dicere: ideoque et calix ille non est neque fuit novum testamentum, sed novi testamenti vel representativus, vel confirmativus per sanguinem Christi [96]). Haec verba tua execranda: Christus dicit, *hic calix novum te*-[C2v°]-*stamentum est* [Lc. 22, 20; 1 Cor. 11, 25], Murnerus vero: Calix ille neque est, neque fuit novum testamentum.
20 Os impurum [m]), destruat te Deus et confundat, ut resipiscas! Audesne [n]) Christo Deo nostro impurissime ita contradicere? Eadem impietate in quarta lectione pleraque de testamento nuncupatorio et morali nugaris, et negas ullo Christum pacto nuncupatorium instituisse, quia temporalia bona nulla habuerit, quis te non iuret in Anticyras relegandum impie? [97])
25 An sola temporalia bona sunt? Remissionem peccatorum credentibus et aeternam vitam testatus est, atque nuncupavit, et tu negas nuncupatorium testamentum instituisse? Sed agnosco argutiam. Iureconsulti nihil de his, ut animales fuerunt, meminerunt, bonis, huius modi nuncupationem ignorarunt, ergo Christus, auctore Murnero, nihil suis nuncupavit:
30 vide quam firmis nostra argumentis impugnes!

Aeque vanum est, quod cum Roffensi [98]) deinde obiicis, si calix testamentum novum est, excluditur a missa sacramentum corporis.

---

m) imuprum.
n) auden.

---

[96]) Fisher, p. 263: «*Neque enim affirmant (Paul et Luc) calicem esse testamentum novum. Sed intelligi volunt calicem esse, novi testamenti, vel repraesentativum, vel confirmativum: perinde acsi dixissent. Hic calix confirmat testamentum novum, per sanguinem meum*». Voir aussi *ibid.* p. 264 et 265.

[97]) Erasme, *Adages*, I, 7, 52 (*LB* II, col. 318 E-319 A).

[98]) Fisher, p. 264.

Iam enim bis supra admonui, nos haec non separare, quae Christus
quoque nullus separavit. Quin eo ipso quod calix testamentum est,
in ipsius sanguine, oportet adesse corpus, cuius alioqui sanguis funderetur? Tam abest, ut ipsum excludatur! Magis autem ridiculum quod
5 paulo post subiungis, si testamentum sit missa, nihil valuisse ante
mortem eius, quod testamentum morte confirmetur, neque valeat,
vivente testatore [99]), Hebrae. nono [17]. Quid quaeso haec ad versum?
Testamentum plane non valet, ut legata cuiquam obtingant, nisi testato-
[C3r°]-re mortuo, igitur non est testamentum, quod a vivente instituitur?
10 Nos aeternam vitam legatam nobis a Christo, nulli consequimur, donec
mors eius completa fuerit in omnibus illius membris, ubi mors in victoriam
fuerit absorpta, igitur negabimus eam nobis testatam atque promissam?
Quid stultius vero eo, quod in sexta lectione his nugis adiicis? Si testamentum, inquis, Christus nuncupativum reliquisset, illius legata ab homine,
15 hoc est, ab haerede nos petere [100]) ius exposceret. Quid igitur, si quis ex
asse me haeredem testamento nominet, et mortuo testatore [o]), bonis
eius immediate succedam, non erit propterea testamentum hoc nuncupatorium, quia a nullo alio haerede legata accipiam? Video, cum doctorem
te iactes iuris divini et humani, utrumque tamen te ignorare. Utcumque
20 tamen sit de ratione humanorum testamentorum, oportuit de divino
hoc et spirituali disputantem, spiritualia spiritualibus comparare.
1. Corin. 2 [10ss].

  Postremo replicas eamdem cantilenam [101]), scilicet unum novum esse
testamentum, nempe Evangelion, non animavdertens, id pro nobis
25 facere, qui summam Evangeliorum, hoc est, divinae gratiae promissionum,
in caena Domini habemus, cui ut firmissime credamus, adest, praeterea
et sanctissima σφραγίς panis et vini, hoc est, corpus et sanguis Domini.
Iam testamentum illud unicum atque aeternum, pactum illud novum,
inter Deum et nos alio non constat quam ipsius promissione et nostra
30 fide. Haec ubi coniuncta sunt, vere ipse est Deus noster nos-[C3v°]-que
ipsius populus [cf. Ps. 95, 7; Apc. 21, 3], qui tantum bonorum ab eo
accipimus quantum possumus credere.

  Quod vero adductis aliquot scripturae locis, primo ex Isaia: *Feriam
vobiscum pactum sempiternum, misericordias David fideles* [Is. 55, 3],
35 altero ex Heb. ubi Christus *novi testamenti mediator* [Hbr. 9, 15] dicitur,

---

  o) tastatore.

---

99) Voir note 110.
100) Cf. Murner, *Ermanung*, p. 57.
101) Erasme, *Adages*, II, 5, 76 (*LB* II, col. 574 C).

tertio ex eadem Epistola capite decimo tertio, ubi dicitur, *Deus pacis,*
qui eduxit de mortuis magnum pastorem ovium in sanguine testamenti
aeterni [Hbr. 13, 20] etc ... ais: Has igitur et his similes sacrarum
literarum allegationes, de missa non intelligendas quis nesciat? Sed de
5 Christi lege, et praedicato testamento, ac doctrina in remissionem
peccatorum? Respondeo: has maxime ad veram missam pertinere.
Nam in hac proponitur redemptio per Christum, quae fideles illae sunt
misericordiae David promissae. Hoc eodem mediatore, testamentum
aeternum nobis conditur, per ipsius sanguinem, in remissionem peccato-
10 rum, quod satis ex superius adductis pio cuivis potest patere, ac prorsus
nemo nisi tu, cum caecis tuis Papistis nescire. Sed plus nimio, his nugis
tuis respondendo, temporis et chartarum insumo quas puer quivis
rusticus, qui tantum semestre tempus nostras contiones audisset, citra
negotium confutaret.
15   Post haec, quasi satis nugarum nondum invexisses, ex Roffensi tuo [102]),
contra id quod dicimus, sacramenti rationem promissione Dei et instituto
ab eo signo aliquo visibili constare, satisque esse, si promissioni credas,
ut gra-[C4r°]-tiam assequaris, adducis quod propter eleemosynam
promittatur, purgatio animi, et propter orationem exauditio, et denuo ob
20 fraternae iniuriae condonationem peccatorum omnium remissio. Addis
denique: Credas quantumlibet velis, si non ista feceris, promissionis
effectum assequeris numquam. Ut insigni vero acrimonia praediti sunt
Murnerus et Roffensis, egregium par propugnatorum Papae! Christus
inquit: qui credit in me, habet vitam aeternam [cf. Io 3, 16 passim],
25 quae ubi adest, puto remissa peccata, et animum purgatissimum. Si
Roffensi auctore, mentitur Christus, quia quantumlibet credas, inquit,
promissionis effectum assequeris nunquam, nisi ista feceris. O caeca
capita! Quin ostenditis locum scripturae, ubi propter ullum tuum opus
tibi promissum quicquam a Deo existat. Dixit: Remittite, et remittetur
30 vobis [cf. Lc. 6, 37], sed nusquam: propterea quod vos remittitis,
remittetur vobis. Consequentiam Christus indicavit his verbis, non
causam. Neque enim possis ex animo iniuriam fratri condonare, ut
gratum Deo sit, nisi praeditus antea sis charitate, at haec donum Dei est,
qui quod propitius fuit antea tuis peccatis, per Spiritum suum, in cor
35 tuum caritatem diffudit. Itaque remisisse eum tua peccata oportet,
priusquam tu ex animo cuiquam, propter Deum offensam remittas.
Tam abest ut, ab eo quod tu remittis, tuorum contra ipsorum pendeat
condonatio. Fides operatur per dilectionem, et non contra, quare antea,

---

[102]) Fisher, p. 266.

fide, purgatum cor tuum sit oportet quam tu recte quicquam facias
[C4v°]. Ita dicitur: Petite et accipietis, sed non propterea quod petitis
[cf. Mt. 7, 7], sed quia misericors et benignus Pater promisit se audituros
nos, cum oramus. *Gratia salvati estis,* inquit divus Paulus, Ephesiorum
5 secundo [8-9], *per fidem, et id non ex vobis, donum enim Dei est, non
ex operibus, ne quis glorietur.* Et tamen dicitur legisperito: *hoc fac et
vives* [Lc. 10, 28]. Si enim vera fides adfuerit, bonis operibus, nempe
efficax enim per charitatem, haud vacabit, sed non propter haec, verum
propter gratiam Patris, et Christi meritum, vivemus, ista autem nihilomi-
10 nus sequentur vere bona opera.

Parem dementiam prodit, ubi cum signum visibile requiri, ad hoc, ut
quid sacramentum vere dicatur, affirmamus, sed institutum divinitus, ut
nostram possit fidem corroborare, ipse tuus ille venerabilis et doctissimus
pater et dominus Ioannes episcopus Roffensis, ex oratione sacramentum
15 facturus, signum visibile assignat motum labiorum, vel elevationem
manuum [103]): in eleemosyna vero id quod pauperi datur signum visibile
esse. Et cum iniuria fratri condonatur, id quoque certis indiciis et signis
fieri, unde et haec sacramenta haberi debeant, quippe cum utrunque
suam habeat promissionem. Bis stulti et caeci nos loquimur de signis,
20 quae ad confirmandam promissionis fidem, Deus ipse promissionibus
suis adiicit, et vos, ut soletis quodlibet, facere, ex quolibet, qui estis
magistri nostri [104]), quicquid visibile est, nobis signum facitis. Promiserat
Deus victoriam Gedeoni, cui, quo certiorem haberet fidem, velleris
signum adiecit [cf. Idc. 6] [105]), ita promisit nobis baptismum spiritus
25 [C5r°] quo a Patre et Filio et Spiritu sancto baptizamur interius, hoc
ut crederemus firmiter, externum baptismum [106]), signi vice, adiecit,
ad eundem modum, aeternum et novum testamentum in suo nobis
sanguine est, pollicitus, id ut indubitantius persuasum nobis teneremus
corpus et sanguinem suum, in signum et σφραγίδα, in pane vinoque

---

[103]) Cf. note 102.
[104]) Désignation ironique, cf. *BDS* II, 50 note 31. *WA* 10, II, 190, 34 (*Contra Henricum*) et 209, 21.
Mélanchthon à propos des théologiens de la Sorbonne (*CR* I, 297, 311: *Widder das
wuetende urteyl der Pariser Theologisten*).
[105]) Cf. *WA* 6, 358, 38-39 (*Vom neuen Testament*).
[106]) Cf. p. 21 et *BDS* I, 254 ss. (*Grund und Ursach*). La distinction entre d'une part
la promesse et la grâce du baptême reçues seulement par la foi et d'autre part le signe
c'est-à-dire l'immersion dans l'eau, se trouve aussi chez Luther. Cf. *WA* 6, 518, 12-13;
526 ss. (*De Captivitate*). Mais celui-ci ne peut pas séparer baptême intérieur et baptême
extérieur: « *Cave ergo sic discernas baptismum, ut externum homini, internum deo tribuas*»
(*WA* 6, 530, 27). Chez Bucer l'accent sera plus unilatéralement mis sur le baptême
intérieur en rapport avec la doctrine de l'élection. Cf. Lang, *Der Evangelienkommentar*,
p. 218 ss.; Zippert, p. 207-214.

sumendum instituit. Proferte iam locum miseri, ubi, ut exaudiendum tanto firmius te credas orantem, Christus motum labiorum manuumve elevationem dederit in signum. Qui fit autem ματαιολογοί p) καὶ φρεναπά-ται [Tit. 1, 10] ut quae tam luculenter docet Lutherus, ut quivis idiotae
5 intelligant, vos soli non capiatis, et tamen audetis ea impugnare? Sed cum sitis mali, quomodo possetis bene loqui. Vae vae vobis, tam impudenter, sanctum Dei Evangelium blasphemantibus! *Bonum dicitis malum, et malum bonum ponentes tenebras lucem, et lucem tenebras, amarum in dulce, et dulce in amarum. Vae qui sapientes estis in oculis*
10 *vestris, et coram vobis metipsis prudentes* Isa. 5. [20-21].

Iam demum respondendum erat argumentis, quibus Murnerus videri vult probare missam esse sacrificium, sed ea ipse nondum enixus est, elephantinam fere aequans in pariendo tarditatem. Sed quid pareret, parturient montes [107]) et nascetur ridiculus mus. Hunc statum causae
15 fecit, hunc libro suo titulum inscripsit, ut probet missam esse sacrificium, et cum tot inania et frivola, arrodens nunc hoc nunc illud Lutheri, lectionibus suis infarcierit, vix tandem uno et altero verbo [C5v°] huius commeminit, sed nihil per scripturas, quibus solis recepit se nostra deiecturum. Nos cum nullae scripturae, de caena dominica vel
20 verbum faciant in Novo Testamento, quam quattuor illa loca, apud Matthaeum 26 [26-29] Marc. 14 [22-25], Lu. 22 [19-20], et Paulum 1 Cor. 11. (23b-26) nisi quod hic et 10. cap. [16-21] uno etiam verbo eius commeminit, in his vero locis omnibus, nulla syllaba insit quae significet missam sacrificium esse [108]), libuit nostram responsionem
25 absolvere, dilutis, uno et altero argumentulo, quibus sibi nostra op-pugnare videtur.

Ipse negat, ullum verbum promissionis missae adiunctum, cum haec missae insint verba, *hoc est corpus meum, quod datur pro vobis, hic sanguis meus qui pro vobis funditur* (Lc. 22, 19-20), quae tamen fatetur
30 promissionem in se continere, nisi quod addit eam in cruce completam [109]),

---

p) ματαιολογί.

107) Horace, *De arte poetica*, 139.

108) Cf. *WA* 8, 421, 432, 493 (*De abroganda missa privata*): «Wo steht geschrieben, da die Messe ein Opfer ist» (*ibid.* 493, 20), *WA* 6, 523-526; 10, II, 208, 35-214; 249 ss.; *BDS* I, 117.

109) Murner, *Ermanung*, p. 62: «als er sich deglich opffert durch priesterliche ge-dechtnis seiner heiligen leidens geistlich under der gestalt des brots und des weins». On relèvera que dans le *Commentaire sur les Psaumes* (1529), Bucer accepte l'idée d'une certaine répétition du sacrifice dans la commémoration: «*Unus est sanguis Christi Jesu, qui commissa nostra expiat, et nos patri reconciliat, Hebrae. 9. Pro hoc et nos in Eucharista solennes agimus gratias, ac idem pia commemoratione, et gratiarum actione, velut repetimus*» (p. 38 a, à propos de Ps. 4, 6), Zippert, p. 158, note 37.

quasi si maxime ita esset, ob id iam esse verba promissionis nequeant.
Panem negat et vinum in missa remanere, cum Paulus aperte duobus
locis corpus Domini panem appellet et sanguinem vinum, nec dicat
falsum. Negat haec signa esse, cum Dominus sumenda in memoriam
5 sui, ea instituerit, quod fieri utique non potest sine redemptionis nostrae
attestatione. Negat denique testamentum esse calicem, cum duobus scripturae locis, id Christus apertis verbis dicat. Cur igitur nos ei admittamus,
quod nulla penitus fretus scriptura fingit, missam scilicet sacrificium
esse, praesertim, quod in ea sacrifices isti, Deo, Christum denuo offerant,
10 imo sacrificent? Alioqui cum in caena dominica, me-[C6r°]-moria
habeatur, sanctissimi sacrificii, quo se ipsum pro nobis Christus Patri
obtulit, et omnis huus fructus ad pie caenam dominicam agitantes
redeat, non negarim sacrificium posse dici missam, sed non in qua
sacrificulus sordidus aliquid Deo offerat, verum in qua, unico Christi
15 sacrificio, dum id fide recolimus, aeternum illud testamentum consequimur, ut peccatis expiati, filii et haeredes simus Dei.

Sed audiamus, ut arguli isti homines, nos nostris verbis irretiant.
Lutherus inquit, testamentum involvere mortem testatoris [110]). Hoc,
inquit Murnerus, totis manibus excipimus. Nam si Lutherus nobis
20 instet sacerdotes offerre non posse quia Christus in caena non obtulit,
recordetur verborum suorum, testamentum involvere mortem testatoris,
nec ante vires et robur sumere, et tota perfectione compleri, quam eo
moriente, qui testatus est. Quam ob rem non ea solum pertinent ad
testamentum, quae prius fecit in caena, sed etiam oblatio eius in cruce,
25 nam in cruce consummavit sacrificium quod inchoavit in caena [111]),
eoque totius rei commemoratio, nempe consecrationis in caena, et
oblationis in cruce, uno celebratur ac representatur sacramento missae [112]).
Haec egregie Murnerus! Sed non videt, miser, ea ne tantillum quidem
pro se facere. Libenter fatemur testamentum involvere mortem testatoris,
30 et gratias agimus tibi, qui tandem in viam redieris, et testamentum
nobiscum confitearis, vicissim damus tibi testamentum morte confir-
[C6v°]-mari, ut legata, ante testatoris mortem, obtingere nequaquam
haeredibus, ultro affirmemus, eoque plane oblationem in cruce ad testa-

---

110) Cf. *WA* 6, 357, 14-27 (*Vom neuen Testament*); 513, 14-33 (*De Captivitate*);
WA 8, 521, 5 ss. (*Vom Missbrauch*); *BDS* I, 117 (*Summary*).
111-112) *Assertio* C ij v°: «*Quam obrem non ea solum pertinent ad testamentum, quae
prius fecit in caena, sed etiam oblatio eius in cruce, nam in cruce consummavit sacrificium
quod inchoavit in cruce eoque totius rei commemoratio, nempe consecrationis in coena
et oblationis in cruce, uno celebratur ac repraesentur sacramento missae, atque adeo
verius mors repraesentatur quam coena*». Voir aussi Murner, *Ob der Künig*, M 2 v°-M 3
r°; Iserloh., *Der Kampf*, p. 27 ss.

mentum quoque pertinere, ut ea plane nitatur, quod est in caena promissum, remissio, scilicet peccatorum, sed quid haec omnia ad hoc, ut missa sacrificium sit, quod vos sacrificetis? Verum, inquis, consummavit in cruce sacrificium quod in caena inchoavit. Proba hoc, mi Murnere,
5 per scripturas, in caena Christum sacrificium inchoasse. Memoriam sane instituit sacrificii, nihil autem sacrificii incoepit.

Addis eoque totius rei commemoratio, nempe consecrationis in caena et oblationis in cruce, uno celebratur ac repraesentatur sacramento missae [113]). Mallem diceres promissionis, non consecrationis. At demus
10 haec tibi: quid inferes? Memoriam sacrificii aeterni, hoc est quo unico Christus perfecit in aeternum sanctificatos, Heb. 10 [14] [114]), fiendam in caena dominica, etiam ipsi docemus, at cum unica haec oblatio satis sit ut in aeternum sancti simus, quo probabis vobis denuo licere ipsum sacrificare? Quod autem his subiungis, atque adeo, verius mors re-
15 praesentatur, quam caena, ad quem, quaeso, dicis? Quis caenam repraesentari vel somniavit. Caena agitatur, mors vero repraesentatur: hanc et annuntiare nos Paulus recte hortatur. Si, obsecro, non veniebat in mentem tibi huius, si mors repraesentatur, ergo et sacrificium in caena dominica repraesentatur, non fit. Si in caena dominicae omnia
20 fierent quae promittuntur et repraesentantur, optime sane ageretur nobiscum, nam et pec-[C7r°]-catorum remissionem plenam, quam non nisi absorpta morte in victoriam [115]), consequemur, nobis ipsis faceremus, aut certe a Domino acciperemus. Nam et ea promittitur, mortemque Domini ad erigendum huius spem, iubet Paulus annunciare nos,
25 donec veniat [cf. 1 Cor. 11, 26].

Audio te in praelectionibus tuis secasse tempora aliquot, et tandem eo rem perduxisse ut affirmaris sacerdotem in caena dominica facere tam ea quae Christus in cruce fecit [116]) quam quae in caena, et ideo

---

[113]) Cf. Fisher, p. 267.

[114]) Cf. *WA* 8, 415; 486 (*De abroganda missa*): Iserloh., p. 10: «*In dieser Schrift bringt Luther einen neuen Geschichtspunkt, der in der Kontroverse weiter eine grosse Rolle spielen sollte. Er führt hier zum erstenmal, allerdings noch mehr beiläufig, den Hebräerbrief, mit seiner Lehre von der Einmaligkeit des Opfers Christi gegen den Opfercharakter der Messe an*»; Zwingli, *De canone missae epicheresis*, p. 585. Chez Bucer voir encore *BDS* I, 117 (*Summary*), 213 (*Grund und Ursach*) et *BDS* II, 110 (*Handel mit Cunrat Treger*).
En 1520, Murner avait bien fait la distinction entre le sacrifice corporel et sanglant du Christ qui est unique et le sacrifice par la commémoration (*Gedechtnis*) du prêtre, *Ermanung*, p. 62.

[115]) Cf. *BDS* I, 119.

[116]) Fisher, p. 267: «*Et sicut Christus in cruce obtulit deo patri hostiam in odorem suaevitatis, sic sacerdos in missa Christum offert, corpus videlicet et sanguinem Christi, hostiam et sacrificium pro peccatis, id quod omnes orthodoxi patres affirmant unani-*

missantem utique sacrificare, quia Christus in cruce sacrificaverit. O
stupor et impietas! Cur igitur non vestra deplorati offertis corpora,
quod ipse fecit, quid corpus ipsius toties crucifigitis? Ad haec, si ita
cum caena dominica oblationem in cruce factam coniungitis ut denuo
5 fieri hanc a sacerdote contendatis, quamobrem, non et resurrectionem
coniungitis, ascensionem Spiritus sancti missionem, denique et iudicium
extremum, haec enim omnia necessario pertinent ad hoc ut peccata
nobis plene remittantur, id quod in missa est promissum. Ut enim
mortuus est propter scelera nostra, ita surrexit propter iustificationem
10 nostram [Rm. 4, 25], neutrum autem contingere nobis potest, nisi
misso Spiritu sancto. Hunc mittere non potuit, nisi auspicato regno suo,
postquam ascendit super caelos. Denique plenam redemptionem nulli
consequemur, nisi ubi mortale hoc corpus induerit immortalitatem.
Hoc itaque pacto, faciemus ex caena dominica omnia, nempe con-
15 secrationem, oblationem, sumptionem, mortem, resurrectionem, ascensionem, iudi-[C7v°]-ciumque extremum, atque sacerdotes dicemus
consecrare, offerre, manducare, mortificare, e mortuis suscitare, evehere
in caelum, Spiritum sanctum mittere, ad iudicium Christum reducere.
O perdita ingenia, qui ita impietati vos emancipastis, ut etiam tentetis
20 impossibilia tanto cum vestro dedecore! Tam est enim possibile ut
probetis missam esse sacrificium ex scripturis quam probare Christum
non esse nostrum summum et aeternum sacerdotem, qui unus multis
temporariis sempiternus successit, qui pro nobis in caelestia sancta
sanctorum semel ingressus [cf. Hbr.9,25ss], aeternam nobis redemptionem
25 paravit. Huc enim it sane, quod molimini, ut nimirum excluso Christo,
vos ut hactenus regnetis in cordibus hominum inde bene pastis ventribus
cuteque nitida, deliciantes. Sed ponite spem huius regni recuperandi,
spiritu oris sui Christus cepit interficere idolum vestrum durate paulisper,
adveniet, adveniet Dominus, et illustratione adventus sui, regnum
30 vestrum penitus abolebit! Amen!

Post haec nostra confutaturus, magnifice ridet argumentum, quo
probamus in missa nihil offerri cum Christus dixerit: accipite, quod
qui accipiat, nihil offerat, quandoquidem offerre sit aliquid dare. Ibi
Murnerus noster per febrim quartanem forte somniavit offere non esse
dare, sed praebere Germanice, erbieten[117]), quasi qui aliquid ita praebeat,

---

miter», *Assertio* Ciijr°: «*Quod si negari non potest, nisi ab eo qui in re maxima seria
valde velit nugari, bonum opus fecisse Christum, nec istud etiam negari potest, in missa
bonum opus facere sacerdotem, quippe non aliud facit in missa quam Christus in coena
fecit et cruce*». L'idée se retrouve aussi bien chez Murner, *Ob der künig*, J[4] r°-v°, K v°.
Elle est combattue per Luther *WA* 10, II, 213, 7-14, *WA* 10, II, 255, 30 ss.

[117]) Murner, *Ob der künig* N[4] r°: «*opffere heisset erbieten und dare geben ... heisst
nit geben, aber dare ... wir kinen got wol erbieten, aber wir kinnen im nit geben*».

erbietet, non det simul, quamquam forte nihil sui det. Sinam has et similes nugas, quando omnino responsione indignae sunt, intactas, ut [C8r°] in eis sese delectet, atque suos auditores, quorum labris hae lactucae aptissimae sunt.

5 Unum tantum adiecero, qui fructus [118]) ex missa papistica percipiantur, quando ille fructus nostrae missae hos recensuit [119]), missam non esse bonum opus, non esse sacrificium, soli sacerdoti prodesse, plebi inutilem, mortuis nihil fructiferam, neque vivis salutarem, impium, pro quavis necessitate [120]), legere missam, quae omnia ita ut scripta a nostris sunt, 10 vera agnoscimus, neque probabunt secus se habere sexcenti Murneri.

Nam accipimus in caena Domini, nihil operamur Deo, ut cum do fratri eleemosynam. Quare cum solus sacerdos caenam dominicam agitat, ad solum utique et fructus redit, non ad plebem, saltem ex opere sacerdotis, multo minus ad mortuos, sed neque ad vivos, qui non simul 15 communicant [121]). Unde non impium solum, sed et insanum, pro qualibet necessitate offerre missam.

Porro vicissim nunc audi missae tuae fructus. Primo quod negetis adesse promissionem et testamentum, fidem praecipitat et omni fructu spirituali spoliat.

20 Quod negetis, panem et vinum manere, Paulum arguit mendacii, et idola commentorum hominum, adoranda statuit pro oraculis sancti Spiritus.

Quod vero sacrificium ex ea faciatis, opes exhaurit mundi [122]), vastat

---

[118]) Les fruits de la messe: un sujet souvent abordé dans la tradition théologique; voir à ce sujet: Franz, p. 36-72; Iserloh, Der Wert der Messe p. 44-79, Hilgenfeld, p. 252 ss.; *Die älteste deutsche Gesamtauslegung der Messe*, p. CXII-CXIII, LXX-CXXI. Pour Luther voir *WA* 6, 518, 29 ss. (*De captivitate*); *WA* 6, 363, 20 ss. (*Vom neuen Testament*).

[119]) Cf. Murner, *Ob der künig*, Jr°-v°.

[120]) Voir note 17.

[121]) Bucer et les autres réformateurs réagissent contre l'affaiblissement de la dimension communautaire de la messe (cf. *Die älteste deutsche Gesamtauslegung der Messe*, p. CXXIIss). Ils rejettent les messes privées. Cf. Vajta, p. 87 ss. A noter la condamnation par le concile de Trente de l'idée: «[*sacrificium Missae*] *soli prodesse sumenti*». (Sess. XXIII, can. 3), Mansi 33, 131.

[122]) Luther et ses partisans reprochaient à la pratique courante de la messe de s'orienter essentiellement en fonction des intérêts matériels du clergé et d'appauvrir le reste de la société. Cf. *WA* 6, 451, 452, (*Adel*), *WA* 10, II, 187, 18-19. (*Contra Henricum*) *Ibid.* 209, 23-210, 14; 250, 11-251, 2; *WA* 12, 207, 17: «*Tum cepit Missa esse monopolium sacerdotale, totius mundi opes exhaurierns, divites, otiosos, potentes et voluptuarios et immundos illos coelibes toto orbe ceu vastitatem ultimam exundans. Hinc Missae pro defunctis, pro itineribus, pro opibus. Et quis illos titulos solos numeret, quorum missa facta est sacrificium?*». Le thème en question trouvait une grande résonnance dans les pamphlets, cf. Franz, p. 318-324. Dès 1520, Murner s'était élevé contre les accusations ainsi portées contre les prêtres, *Ermanung*, p. 43-45.

honestatem universam, pietatem omnem profligat, et ne redeat, orbem
hostibus eius implet.

[C8v°] Huic namque commento omnibus, scripturis adverso, debemus
ista sacrificum omne genus examina, qui in profundissimo otio, summis
5 deliciis, viventes, non solum substantiam orbis vorando [cf. Nm. 16, 32],
inopes corpore necant, sed perditissime juxta luxuriantes cladem
inferunt totius honestatis, atque salutis [123]). Qui cum omne imperium
aut sibi vendicarunt, aut certe libidini suae fecerunt obnoxium, non ipsi
solum peccant impune, sed efficiunt ut fere in solam hanc honestatem
10 pietatemque animadvertatur. Hinc structum quoque purgatorium [124])
est, atque incensum, quo materies esset saepe cum lucro sacrificandi,
hinc postremo et invectus est spurcissimus ille rasorum coelibatus [125]),
quo sacrificum dignitas, ementita sanctitatis specie, pluris emeretur,
et interim tamen a libidine eorum sceleratissima nihil intentatum relin-
15 queretur. Hinc tot superstitiones excogitatae, quibus dementati praepostere religiosuli sacrificium hoc commendatius reddiderunt, segetem
pinguiculis [q]) ventribus feracissimam. Hinc nundinationes istae im-
pudentissimae simul ac sceleratissimae, quibus nunquam saturi sacri-
ficuli, cauponantes divitum facultates, avertunt miseros a Deo, et faciunt
20 confidere in nihili [126]), niti in bacillum arundineum [cf. 4 Rg. 18, 21;
Is. 36, 6]. Hinc tyrannis [127]) illa nocentissima invaluit, qua etiam saevire
coeperunt in conscientias nostras sacrifices, tam sancti, scilicet, et adeo
supra humanam sortem, quod solos sacrificare se posse mentiti sint,
pro qualibet hominum necessitate evecti. Hinc et interi-[Dr°]-tus con-
25 secutus est totius scientiae Dei, nam ut augustior res esset missa, quo
minus vulgus quae in ea dicuntur intelligeret, peregrina lingua in sacris
omnibus obtinuit [128]).

---

q) pinguniculis.

---

[123]) Cf. B Cor., N° 37, p. 170, 4ss.

[124]) Pour les rapports entre la croyance dans le purgatoire et les messes pour les
défunts, voir Franz, p. 218 ss., Zwingli, *De canone missae epichiresis*, p. 593, 26: «*Sic
enim prodeunt: In misse canone oramus pro defunctis. Ergo est purgatorium*»; pour la
critique du purgatoire, voir Zwingli, *ibid.*, 593 ss.; *BDS* I, 338-339, (*Dass Dr. Luthers
leer*).

[125]) Cf. *WA* 6, 440 (*Adel*), Murner, *Ermanung*, p. 109.

[126]) Sous-entendu: «in rem» ou «in causam».

[127]) Pour l'idée que la papauté et tous ses vices, en particulier la tyrannie des clercs
reposait sur la messe, voir *WA* 8, 443 (*De abroganda*) 8, 520 (*Vom Missbrauch*) *WA* 10,
II, 258, 14, ss (*Contra Henricum*).

[128]) Cf. *WA* 6, 362 (*Vom neuen Testament*); Murner, *Ermanung*, p. 46, 53 ss.;
BDS I, 331, 339-340 (*Dass Dr. Luthers leer*).

Quam licet ne ipsi quidem sacrifices intelligerent, abstulerunt tamen, huius praetextu, semel omnem, non dico iudicandi, sed et legendi sacra, facultatem laicis, quo ilico factum, cum ipsi ad ea sint, quod asinus ad lyram [129]), ut nobis omnia mysteria Christi fuerint, velut verba libri
5 signati, quae litteratis pariter et illitteratis, prorsus incognita extiterunt, imo eo ventum fuit ut imposturae humanae occupaverint omnia, adeo ut sacrorum Bibliorum nulla penitus ratio habita sit, non paucis etiam hodie risui sint, qui tamen ex ipsis victitant [130]). Ecce hos fructus vestrae preclarae missae debet orbis, quem ut demerearis, dum hanc restituere
10 in integrum laboras, ipse videris.

Quanquam hoc facilius veniam impetrabis, quod conatus tuus magis ridiculus sit quam pernitiosus. Cui enim tua, nisi stipiti aut omnino a Domino proiecto approbaveris plus quam puerilia commenta?

Verum si sustines audire, et nostrae missae tibi fructus paucis explicabo.
15 Primum quod promissionem et testamentum agnoscimus caenam domini-cam, ita nimirum ut a Domino accepimus, fidem cordium in Deum erigimus, qua iusti, Deo veritatem et misericordiam tribuentes, et proximis impendentes caritatem, vivamus iam non nobis, sed Domino [Rm. 14, 2]. Cum enim audiunt qui praeordinati sunt ad vitam Christum,
20 suum corpus et [Dvᵒ] sanguinem promisisse hostiam, qua omnia ipsorum expientur peccata, aeternique participes testamenti filii et haeredes Dei evadant, qui non tota fiducia in Deum iacta, Patrem ipsum vera fide invocent, et ab ipso toti pendeant, iam hinc plane beati? Nam cum expendunt quanto sint pretio redempti, et in hanc dignitatem evecti,
25 nihil aeque habent invisum atque peccatum, ad quod domandum, carnis suae, in qua nihil boni deprehendunt, desideriis, modis omnibus obluctan-tur, utque redemptori suo et Patri, vel aliqua ex parte gratos sese ostendant, quandoquidem agnoscunt aliud Deo Parti et Domino nostro Jesu Christo non probari, quam ut ita agant cum proximis, perinde atque
30 secum actum confitentur, ultro se servos praebent omnibus, universos, nihil inde aucupantes, libere pro virili sua demerentes. Denique cum mortem recolent magistri et domini sui, quam servos et discipulos ipsos nefas est detrectare, etiam hinc animantur ad ferendam suam crucem animosius. Ut sicut fides eorum hinc incrementa sumit, ita omnia iuxta
35 pietatis ornamenta et fructus, modestiam atque continentiam, dilectionem et benignitatem, tolerantiam et fortitudinem, auctiora ac splendidiora in ipsis videas.

Deinde, quod panem et vinum manere, ineffabilemque bonitatem

---

[129]) Erasme, *Adages*, I, 4, 35, (*LB* II, col. 164B); Wander, I, p. 858, Nᵒ 97 et 100.
[130]) Cf. *WA* 6, 460, 6 ss. (*Adel*); *BDS* I, 310-316 (*Dass Dr. Luthers leer*).

Dei certam nobis significare [131]) affirmamus, primum Deo potentiae
suae gloriam neutiquam ut vos derogamus, deinde modum sapiendo
minime transilientes, in ob-[D2r°]-sequium [132]) Dei, quem loqui nobis
in scripturis certi scimus, intellectum nostrum captivamus [cf. 2 Cor.
5 10, 5], ne excaecati vobiscum cogitationem nostrarum idola adoremus.
Postremo liberi super vacaneis istis cogitationibus, quomodo trans-
substantietur panis, manentibus accidentibus, et qua sub quantitate
corpus Christi hic contineatur [133]), quove instanti hic adsit, et similibus,
innumeris quibus vos ipsos omni veritate spoliatis, magis adeo animo
10 expendimus, quem panem frangamus, quemque calicem bibamus,
nimirum Domini et servatoris nostri Jesu Christi, cuius iucundissima
haec memoria, dici non potest, ut exhilaret, ut ad omne opus bonum
reddat alacres, atque consoletur, si in media etiam morte [134]) atque
inferno quis periclitetur.
15 Demum quod negamus sacrificium, falsam et perniciosissimam in
humanum opus fiduciam tollimus, ut orbis tot inutilibus oneribus imo
pestibus, hoc est, impiis sacrificibus liberetur, monstramus viam, neque
sine successu, sublatoque ementito discrimine inter sacrifices atque
laicos, ostendimus, unde vera, veri sacerdotii, dignitas, promiscue
20 omnibus Christo fidem habentibus [135]), contingat. Utque uno verbo
dicam quibuscumque missam nihil minus quam sacrificium esse, sed
magis testamentum et promissionem persuasimus, ut plane patentia
Verbi Dei, pluribus quam sit e re, ventrium vestrorum iam persuasimus
ab his semel imposturas, et superstitiones universas, tyrannides impias
25 rasorum, totumque illud scelerum mare quod ab ipsis in orbem inundavit,
submovimus, atque profligavimus.

[D2v°]. Hi sunt missae nostrae fructus, Murnere, quibus tametsi clerus
tuus, praesentis vitae fructum, quod quereris, perdere queat, quando eum,
luxu et delitiis metitur (necessarium enim victum nemo illis auferet)
30 populus tamen, quem spiritu suo afflatum, nostrae missae Dominus
accedere fecerit, futurae vitae fructum cumulatissimum percipiet.

---

[131]) Dieu peut se servir de la plus humble des réalités crées pour agir en faveur de
l'homme, cf. *WA* 10, II, 207 ss. (*Contra Henricum*).

[132]) Cf. *WA* 6, 511, 18-21 (*De Captivitate*).

[133]) Allusion à la discussion scolastique au sujet de la quantité du corps eucharistique
du Christ et de sa relation locale avec l'hostie dans laquelle il est contenu, cf. Thomas
d'Aquin *S. th.* III qu. 76, Biel, *Lec.* 43 E ss.; *RE³* XX, 67-71.

[134]) Cf. l'antienne médiévale (8e siècle): «*Media vita in morte*».

[135]) Pour le sacerdoce universel, voir *WA* 6, 564 ss. (*De captivitate*); *WA* 7, 56-57 ss.
(*De libertate*); *BDS* I, 83 (*Summary*); 321, 326 ss., 331 (*Dass Dr. Luthers leer*); J.
Müller, *Martin Bucers Hermeneutik*, p. 197 ss. Les conceptions de Luther étaient
critiquées par Murner (*Ermanung*, p. 59-60) et Henri VIII, *Assertio* (C ij v°-H iij v°).

Neque enim poterit non summe frugiferum esse quod instituit Christus.
Iam nihil in missis nostris, vel dicimus vel facimus, quam quod Christus,
cum dixit et fecit, tum dicendum et faciendum mandavit. Hostiam
corporis sui et sanguinis promisit in remissionem peccatorum, hanc
5 promissionem repetimus et amplectimur fide. Testamentum sanciri hac
hostia nobis admonuit, et hoc replicamus atque credimus, panem, qui
corpus suum est, edendum, et poculum, quod sanguis eius est, praebuit
bibendum, haec accipientes, ut iussit, manducamus et bibimus, in
ipsius memoriam, qui haec nos facere mandavit, idque damus operam ut
10 memoria mortis eius, quam annuntiamus, confirmati toti ipso fidamus,
peccatis deinceps morituri, et victuri iustitiae.

Quod praeterea in caena dominica agamus, nulla nos scriptura docet,
et nos oves Christi alienorum voces haud debemus audire [cf. Io. 10, 27].
Quid igitur, obsecro, evangelicae missae, in hac nostra desideres? Aut
15 quae causa, quod scribere impudens tibi permiseris missam nostram
ita redolere Evangelion, qualiter solent, taxus olens, et eruca salax,
ac gra-[D3r°]-vis herba cicutae, asaque 136) fetida, amaracum fragrare
et redolere. Haec verba tua in lectione quarta festiva, ut tibi videntur,
quaeque tibi fortasse nihil nisi thus redoleant. Sed re vera olebunt omni
20 pio lectori stercus, intolerabilis cum dementiae, tum impietatis.

Quid quaeso vestra missa olet, quam, ut aliquo sublimiori vocabulo
honestares, missam Jesu Christi appellasti, quasi alia huius esse possit,
quam evangelica? Quis, obsecro, Evangelistarum, consecrationis, doni,
oblationis, sacrificii et huiusmodi figmentorum vestrorum, vocabula
25 scripta reliquit? Si missa vestra Jesu Christi est, cur contenti non estis
dixisse quae ipse dixit, qua re cum ipse praebuerit discipulis corpus suum
edendum et sanguinem bibendum, vos haec praesumitis offerre? Sed
canonem totum 137) illum sacrosanctum cui auctori fertis acceptum?
Denique cum in memoriam sui Christus caenam hanc instituerit celebran-
30 dam, qui fit ut vos ex ea remedium feceritis omnium incommodorum 138),
indeque quaestum institueritis, quo in orbe impurior neque at excogitari?
Stercus humanarum traditionum 139), et fetorem inferni vestra scelerata
missa olet, auctorem referens Antichristum, nostra autem, in qua non
pilum 140) latum ab instituto Christi discedimus, neque verbulum quod
35 non ex scriptura sancta depromptum sit, adiungimus, nihil potest

---

136) Résine puante dont l'odeur rappelle celle de l'ail. Cf. *Mittellateinisches Wörter-*
buch, t. I, col. 1012.
137) Voir note 29.
138) Voir note 17.
139) Cf. *WA* 6, 557, 17-18. 558, 4 (*De Captivitate*).
140) Cf. *WA* 10, II, 217, 15 (*Contra Henricum*).

praeter Evangelion spirare, et auctorem referre Dominum nostrum
Jesum Christum, quem precor, ut patefactis missae vestrae [D3v°]
horrendis abominationibus, quod iam coepit, efficiat, ut omnes de eis
sentiant id quod sunt, nempe meras esse atque confessas idolatrias et
5 blasphemias, pestes et pernicies totius pietatis et honestatis. Fac Domine
et servator noster, fac, cito, ut basis haec hactenus sane plus quam
firmissimi Antichristiani regni missa ista sacrificatrix, ruat, conteratur
penitus et evanescat, quo ita, ut ab ipso accepimus, omnes qui christiano
censentur nomine, caenam Domini manducent, non offerant, quo aucta
10 ipsorum fides, magis ac magis per charitatem efficax [cf. Gal. 5, 6] [141]),
fructu bonorum operum perpetuo abundet ad omnes [2 Cor. 9] Amen.

Haec Murnere, ne frustra queri possis, te nos obtestatum esse, ut
scriptis responderemus tuis obiectis, neve gloriari hostes pietatis, nos
tecum etiam scriptis congredi, non audere, denique ne nihil videre in
15 gratiam tuam laboris velle suscipere, qui vino, quod ubique praedicas,
unum cadum verbis adiiciens, me donasti, hae inquam, ut paucula, ita
etiam rudia, si humanam spectes eruditionem, tumultuario, ut vides, ad
tuas lectiones sex, quas mihi legendas tradidisti, respondere licuit.
Rudia plane sunt et inculta, si humanam vel eruditionem vel facundiam
20 requiras, at si sacra spectes, tibi plane et toti regno Antichristi iniusta.

Symmystae mei, qui mecum hic in verbo Domini laborant, id potuissent multo cum eruditius, tum luculentius, at quando frivola adeo tua
sint argumenta, qui-[D4r°]-bus velut arundine, turrim David [cf. Ct. 4,
4] firmissimam demens deiicere conaris, ut quivis e plebe nostra idiota,
25 ad confutanda ea satis esse possit, volui equidem ipsos melioribus et
sanctioribus rebus occupatos, hoc onere levare, hac vice, post hac et te
tuaque omnia contempturus, quem nimirum ita alienum a cognitione
Dei, ac scripturarum scientia, in hac dissentatione deprehendi, solasque
verborum pugnas sectantem, idque summa impudentia, in re tanti
30 momenti, ut sectarum te hominem, qualem Paulus iubet vitari [cf. Tit. 3,
10], nequeam profecto amplius dubitare. Admonitus es non semel
atque iterum sed fere cottidie, plus septies admoneris, nec tamen resipiscis,
a laqueis [r]) Diaboli, quibus captivus ad ipsius voluntatem teneris [2
Tim. 2, 26]. Quare omnino verendum, te subversum penitus ac proprio
35 tuo iudicio condemnatum peccare, quamobrem vale dictum his tibi
puta, ne iota post haec a me expectaturus, nisi didiceris antea, canonicis
scripturis hunc habere honorem, ut, agnoscens nullam scripturae in-

---

r) laqueo.

---

[141]) Cf. *BDS* I, 29-68 (*Das yhm selbs*); Zippert, p. 55-56.

terpretationem propria fieri interpretatione, quod Petrus inquit cap. 2
[20] in altera sua Epistola, ab ipsa ut discas te compares, non velut
Spiritum sanctum docturus tua in eam somnia inferens ⁸), quod fere
utique facis, ut illud est, in prima lectione tua, ubi ex hoc verbo Christi ad
5 Petrum, *Oravi pro te*, Petre, *ut non deficiat fides tua* [Lc. 22, 32] ¹⁴²), colligis
totum pondus et negotium, causam fidei agendi, in Petrum reiectum, quasi
non omnium credentium communis haec [D4v°] causa sit et aeque
confessio fidei ad omnes, et defensio pertineat atque ipsa fides. Sic
nuper illud, *Vos amici mei estis, si feceritis quae praecipio vobis* [Io.
10 15, 14], rapiebas, quod adultos ad gratiam oporteret et salutem cooperari,
quasi vero non Deus esset, qui operatur in nobis et velle et operari
[Phil. 2, 13], et facere quae Dominus praecepit, signum sit nos amicos
Dei esse, et nihil minus quam causa. Horum omnium, uno et altero
verbo posses admoneri, imo semihora de tota nostra controversia
15 satisfacere tibi poteram, ut etiam facturum me aliquoties obtuli. Sed
omnia sic agis et instituis, ut videaris, veritatem fugere, quaerere contentionem, huiusmodi morem ecclesiae Dei non habent, quare valere
te sinemus.

Quod autem idololatras, impostores, et pauperum vastatores voratores-
20 que vos appellamus, dum humana commenta divinis oraculis praefertis,
hoc est, hominem pro Deo adoratis, indeque quaestum instituitis, ne
indigne feratis, neque enim noceret appellari, sed nocet esse, et nostrum
est severiter arguere eos qui christianum nomen iactant, ut sint sani in
fide et *Iudaicis fabulis, mandatisque hominum, aversantium a veritate.*
25 Tit. primo [14] minime attendant. Reliquos execrari oportet, quod et
Christus fecit et Apostoli, ne quem seducant, e grege Christi. Neque
offendat quod quidam nostrum hic [D5r°] nati non sunt, ut enim nova
creatura simus, renascamur, renati per Spiritum, curae esse nobis
decet, non ubi homines, hoc est peccatores, nati sumus, magni pendere.
30 Zelum tribuere vobis quoque non possumus, quem Paulus Iudaeis
tribuebat [cf. Rm. 10, 2], quia non ut illi scripturis haeretis, sed aperte
humana commenta illis praefertis, adeo ut etiam prae istis, quae scriptura
docet, prorsus damnetis.

Missae nostrae tu ausus es Daemonem malum auctorem facere, cum

---

s) inferas.

---

¹⁴²) Dans son «*Von dem bapstenthum*» de 1520, Murner avait utilisé ce verset pour
défendre la papauté, p. 19. Henri VIII s'y réfère également dans son *Assertio* (Fij r°).
Voir aussi *WA* 6, 412, 4 (*Adel*).

in ea, nihil neque dicamus neque faciamus quam quod dicere et facere
nos Christus ipse iussit, et vestram quam oportet sacrificium esse, quod
nulla scriptura habet, sed hominum insatiabilis excogitavit impietas,
quae hoc praetextu, ignavissimos homines, sacrifices, non solum rerum
5 sed et conscientiarum dominos effecit, in perniciem semel totius pietatis
et honestatis, adorandam nobis proponitis. Non haec zelo Dei tribui
possunt, sed Antichristi. Si enim pro Deo zelaretis, tam vilia vobis
verba eius sanctissima esse non possent. Proinde expectate, a nobis,
quicquid a salutis vestrae cupidissimis expectare fas est, sed ut impietatem
10 vestram zelum appellemus, aut ei non totis viribus adversemur, ne
expectetis. Mori etiam pro salute vestra possumus et optamus, vestra
commenta contra veritatem non impugnare tam non possumus quam
Christum negare, nedum vobis blandiri. Nullum patiemur vos dilectionis
in nobis officium desiderare, im-[D5v°]-pietatem autem vestram incessere
15 tum desinemus, quando vivere desinemus. Sed non nisi armis Deo
potentibus, solo, inquam, verbo Dei, laicos, quos miris modis irritatis
vos, pro virili, ut hactenus adhortabimur, ne cui vestrum sint molesti,
id quod et ipsi admodum student, tam abest ut quicquam ab his vobis
timeatis, multo minus nos eorum fretos in vos odio, quicquam contra
20 vos tentaturos, Amen.

Tu autem his civibus et fratribus tuis, sane pessimam gratiam, pro sua
erga te et tui similes evangelicae puritatis impugnatores modestia,
gratiam retulisti, qui in tuo libro scripseris, a praelectione tua, quodam
die ducentos viros seditiosos, te circumdedisse [143]), atque verbis pessimis
25 multa improperasse, actumque fuisse de vita tua, nisi e manibus seditio-
sorum, te eripuisset nobilis quidam iuvenis Ludovicus Felsth, cum
sexaginta, ut credis, vi te eripiens, atque in domum tuam conducens.
Quod mendacium est, et luculentissimum et impudentissimum [t]) testibus
tuae quoque factionis hominibus, praecipue vero eodem equite
30 Ludovico [144]). Nemo aderat qui non seditioso cuique infensissimus sit,
nec est quisquam ullo verbo tibi vel tantillum improperatus, tantum
quidam fores occluserant, et appellabant ut nobis responderes, quos

---

t) Correction faite à la main sur certains exemplaires dont celui de Sélestat et de
Strasbourg: au lieu de *luculentissimum* et *impudentissimum* le texte avait *luculentissimis*
et *impudentissimis*.

[143]) Voir l'introduction.
[144]) Felsth= Völtsch. Chevalier strasbourgeois né en 1500, membre d'une famille
patricienne qui joua un rôle politique actif à Strasbourg jusque vers 1524. Il était
vassal de l'évêque de Strasbourg. Cf. Th. A. Brady, *Ruling class*, p. 361 et 370 et
Lehr, t. III, p. 421.

impiis mendaciis semper traducebas in tuis praelectionibus, nec adigi
poteras, ut responderes tua refutantibus. Iam [D6r°] longe abfuit ut
vitae tuae quisquam insidiatus sit, aut vim facere tentarit. Nihilominus
cum tu haec non effutias solum in tuis colloquiis, sed etiam in litteras
5 mittas, tam aperta, et foeda mendacia, diffamantur interim innocentes
cives tui, male audit seditionis nomine patria, cum haec multo tran-
quillissima sit, civesque qui verbum Domini receperunt, omnium
tolerantissimi, qui nimirum ᵘ) innumeras cottidie ac infandas calumnias
et iniurias aequissimis animis devorant ac decoquant, et ab iis quidem
10 qui papistici gregis carcinomata sunt, ac nihil nisi ἐτώσι ἄχθη ἀφούρης ¹⁴⁵).
   Sed bene habet, beatos Christus pronunciat qui ob nomen suum
mendaciis infamantur [cf. Mt. 5, 11], blasphemos autem et mendaces
manet iudicium, quod et Diabolum, qui ut mendacii, ita et mendacium
ipsorum pater est [cf. Io. 8, 44]. Non est novum, seditionis nomine
15 veritatis professores traduci. Quid aliud audiebat apud Pharaonem
Moses [cf. Ex. 5], apud Achab Helias [cf. 1 Rg. 18 = Vulg. 3Rg. 18],
apud optimates Israël, prophetae universi? Quo denique alio nomine
Christus cruci est adiudicatus? Omnes apostoli, nonne hoc titulo in-
terierunt, et tot martyrum examina? Cum horum adversarii universi,
20 contra Deum factorem suum et factiosi et seditiosi essent. Ita et rasi
tui, cum imperium invaserint Christi, atque in locum eius sanctum,
adorandos seipsos collocarint, et contra leges Dei ac naturae, maiestates
[D6v°] blasphement, ut Petrus inquit [cf. 2 Pt. 1, 10], nullam penitus
potestatem agnoscentes, ubi regnum incipit, verus Rex vindicare suum,
25 et verbo suo potentissimo tyrannide ipsos deiicere, coniurationem
vocant, seditionem, factionem, et quid non? Omnia enim, inquit Dominus
apud Isaiam, quae loquitur populus iste, coniuratio est, at ipso iubente,
timorem eorum non timemus, neque pavemus [Is. 8, 12]. Dominum
exercituum sanctificantes, qui est pavor noster [Is. 8, 13]. Verum nihil
30 vos a nobis metuite, nisi solum verbum Dei, qui mucro est [cf. Eph.
6, 17; Hbr. 4, 12], quem in vos hactenus strinximus, et porro stringemus,
caetera omnia cedentes ¹⁴⁶). Brachium seculare vestrum sit, nos brachio

---

u) niminum.

---

¹⁴⁵) Cf. Homère, *Iliade* 18, 104; Erasme, *Adages*, II, 3, 48 (*LB* II, col. 501 F).
¹⁴⁶) Murner ne cessait de reprocher à Luther et aux partisans du mouvement
évangélique d'entraîner le peuple à la violence. Voir: P. Lucke, *Gewalt und Gegengewalt*, en particulier, p. 82 ss. Dans *Ob der Künig*, Niij, Murner s'adresse à Luther
par ces mots: «*das du des bundtschuhes grossmutter bist*». Un certain nombre de violen-
ces se produisirent d'ailleurs à Strasbourg durant l'été 1524 dont furent victimes
Treger et Murner, cf. *BDS* II, 24-28.

Domini fidimus. Exercitus, ferrum, ignis, bombardae, principes saeculi, opes, gloria, et potentia ista carnis, a vobis sint, nobiscum autem Dominus. Sanguinem vestrum, nemo est, in nostris castris, qui petat, qui pro vobis sanguinem fundere, si id saluti vobis esse queat, recepimus. Facultatibus vestris nemo inhiat, qui propriis renuntiavimus. Gloriam vestram nulli ambimus, qui elegimus esse peripsema mundi [1 Cor. 4, 13], potestati vestrae, tantum eam contra Verbum Domini, ne extendite, nostrum nemo resistet, qui nos totos divinae voluntati, a qua omnes potestates ordinatae sunt, consecravimus. Tantum permittite nos Christo fidere, et ab huius verbo solo pendere, neque vos illi et vestra somnia ipsius sanctissimis legibus praeferte, et nihil situm erit in nobis, quod non et in vestro sit situm fano [147]). Christus te respiciat!

---

[147]) Erasme, *Adages*, II, 7, 70 (*LB* II, col. 631 B).

EPISTOLA APOLOGETICA

HERAUSGEGEBEN VON

CORNELIS AUGUSTIJN

EINLEITUNG

I. Vorgeschichte.

Ende Januar 1530 schrieb Bucer über Erasmus' *Epistola contra pseudevangelicos* an Ambrosius Blaurer: «Mitto tibi elegantem Erasmi epistolam, cui forsan respondebitur» [1]). Offenbar hatte er sich noch nicht entschieden, ob er die Schrift beantworten sollte. Drei Monate später war seine Antwort, die im Namen der Straßburger Prediger verfaßte *Epistola apologetica*, fertig. Damit war ein Höhepunkt in der seit Jahren sich entwickelnden Entfremdung zwischen Erasmus und den Straßburgern erreicht.

Bekanntlich war das Verhältnis des Erasmus zum Straßburger Humanistenkreis ausgezeichnet gewesen; die humanistische Bewegung hatte in der Stadt ein ausgesprochen erasmianisches Gepräge [2]). Auch die jetzigen Prediger waren ehemalige Geistesverwandte des Erasmus [3]). Seit dem Anfang der zwanziger Jahre hatte sich das geändert. In Straßburg war Huttens *Expostulatio* gedruckt worden, sowie Brunfels' und Albers Schriften, in denen Hutten verteidigt wurde [4]). Dort wohnte Capito, den Erasmus als den Instigator von Eppendorf und Brunfels betrachtete und den er im Verdacht von allerlei Praktiken im Abendmahlsstreit hatte [5]). Hedio war der einzige, dem er noch einigermaßen traute [6]). Hinter dieser Reihe von Mißverständnissen und unangenehmen Zwischenfällen steckte aber ein grundsätzlicher Gegensatz. Charakteristisch ist der bekannte Brief der Straßburger Prediger an Luther vom

---

[1]) T. Schieß, *Briefwechsel Blaurer* I, Nr. 158, S. 205, vgl. auch S. 204.

[2]) Vgl. den begeisterten Brief des Erasmus vom Jahre 1514, der sofort gedruckt wurde: Erasmus, *Epist.* 305, Allen II, S. 17-24; vgl. weiter E.-W. Kohls, *Die theologische Lebensaufgabe*; vgl. auch S. 77, Z. 11-13.

[3]) Vgl. S. 191, Z. 14-17, wo Bucer selbst daran erinnert.

[4]) In der Juni oder Anfang Juli 1523 erschienenen *Expostulatio* behandelt Hutten die Frage, warum Erasmus, nach seiner anfänglichen Begünstigung der Reformation, schließlich ihr Gegner geworden war. Diese Schrift gibt ein sehr negatives Bild von Erasmus, der sich gegen die Beschuldigungen verteidigte in der *Spongia*. Diese erschien Anfang September 1523, unglücklicherweise kurz nach dem Tode Huttens. Im Jahre 1524 erschienen dann die *Responsio* von Brunfels und das *Iudicium* von Alber, in denen sie Hutten gegen die Beschuldigungen der *Spongia* verteidigten; vgl. die Einleitung zu Erasmus' *Spongia*, *ASD* IX, 1.

[5]) Vgl. C. Augustijn, *Erasmus en de Reformatie*, S. 213-217.

[6]) Vgl. Erasmus, *Epist.* 2616, Z. 1-6, Allen IX, S. 458. Vgl. auch C. Augustijn, *Érasme et Strasbourg 1524*.

November 1524 [7]). Die ungestümen Angriffe auf Erasmus, die der Brief enthält, finden ihren Grund in der Überzeugung, Erasmus habe falsch gewählt. Seine Stellungnahme hatte etwas Unfaßliches an sich. Auch Erasmus sah die Kluft als eine unüberbrückbare. Das zeigt z.B. der Brief an Bucer vom Jahre 1527, in dem er seine Stellungnahme zu verdeutlichen sucht [8]). Aus dem ganzen Brief ergibt sich, daß die Ideale der Reformation dem Erasmus ein verschlossenes Buch bildeten.

Im Jahre 1529 verschärfte sich das Verhältnis. Im Kreise der ober- deutsch-schweizerischen Reformatoren war man sehr empört über das Ende August oder Anfang September des Jahres publizierte *Opus Epistolarum* des Erasmus [9]). In diesem großen Briefbuch, kurz nach Erasmus' Abreise aus Basel erschienen, gibt Erasmus in gewißer Hinsicht Rechenschaft über seine Stellungnahme. Von den mehr als 1000 Briefen, die es enthielt, wurden 400, so gut als alle aus den Jahren 1522 bis 1529, jetzt zum ersten Mal ediert. Unter diesen gab es viele Briefe, in denen Erasmus sich kritisch über die Lage in der Schweiz und in Oberdeutsch- land äußerte, besonders auch über Straßburg. Schon während des Druckes wußte Ökolampad Zwingli anzuzeigen, daß es mehrere Briefe gab «in quibus tu, Pellicanus et Capito passim nominatim perstrin- gamini» [10]). Auch Bucer war dieses Charakteristikum nicht entgangen: «... illos vel unus Erasmus falsis adeo, sed diris et importunis criminibus per tot iam epistolas impetiit» [11]).

Seinerseits hatte Erasmus in diesem Jahre aber auch gute Gründe, sich über Straßburg zu beklagen. Seit 1528 wohnte der geldrische Huma- nist und ehemalige Freund des Erasmus, Gerard Geldenhouwer (Gelden- hauer, Noviomagus) in der Stadt [12]). Er hatte schon einen vielbewegten

---

[7]) Vgl. *B Cor.*, Nr. 83, Z. 221-239, S. 295 f.; *WABr* 3, Nr. 797, Z. 207-224, S. 386 f. Sie äussern sich dort kritisch über Erasmus, besonders über dessen *De libero arbitrio*, mit einem Seitenhieb auf die *Spongia*. Sie teilen mit, daß Erasmus in den Niederlanden, besonders in Köln, viel Einfluß hat und bitten Luther, jedenfalls *De libero arbitrio* zu beantworten. Ein Jahr später, im Oktober 1525, nannte Capito Erasmus kurz und bündig «Bileam»; vgl. E. Staehelin, *Briefe* 1, Nr. 291, S. 406. Damit folgte er Farel nach; vgl. Erasmus, *Epist.* 1496, Z. 139-142; 1510, Z. 17-19, Allen V, S. 548f., 570; *Cat. lucubr.*, Allen I, S. 31, Z. 11-13; *Epist. ad fratr. Infer. Germ.*, *LB* X, Sp. 1618A.

[8]) Vgl. Erasmus, *Epist.* 1901, Allen VII, S. 229-233.

[9]) Vgl. für die hier erwähnten Fakten: Allen I, S. 600; Allen VIII, Einleitung zu *Epist.* 2203, S. 249.

[10]) Vgl. *ZwBr* IV (*CR* 97), Nr. 883, S. 228, Z. 4f.

[11]) Vgl. S. 141, Z. 22-24; vgl. auch S. 222, Z. 20-22.

[12]) Es steht nicht fest, wann Geldenhouwer nach Straßburg gekommen ist. Jeden- falls erwarb er schon den 24. Oktober 1528 das Bürgerrecht; vgl. C. Wittmer, J. C. Meyer, *Le livre de bourgeoisie*, Nr. 8714. Den 23. August 1533 schrieb Johannes Sturm an Bucer: «Tu meo nomine vicissim saluta Gerardum Noviomagum; cuius bene-

Lebenslauf hinter sich [13]). Bis 1524 war er Hofhumanist des Utrechter Bischofs Philipp von Burgund gewesen, nachher stand er kurze Zeit im Dienst des Middelburger Abtes Maximilian von Burgund. Seit 1525 war er ein überzeugter Anhänger Luthers. 1526 war er schon vorübergehend in Straßburg gewesen, und dort hatte die reformatorische Bewegung ihn begeistert. Bald ging er nach Worms, wo er im Kreis der spiritualistischen Reformatoren Denck und Hätzer sich ganz zu Hause fühlte. Im Jahre 1526 hatte er in drei an Philipp von Hessen, Karl von Geldern und an die deutschen Fürsten im allgemeinen gerichteten öffentlichen Briefen, Rechenschaft über seinen neuen Glauben gegeben. Ende 1527 oder Anfang 1528 befürwortete er in einem Brief an Karl V. und in der kleinen Schrift *De terrifico cometa* eine weitgehende religiöse Toleranz. In Straßburg wurde er gut von der evangelischen Partei aufgenommen. Bucer nannte ihn «pius Christi exul» und «hominem admodum probatum, doctum et pium planeque prudentem» [14]). Im Jahre 1531 erhielt er sogar eine finanzielle Unterstützung [15]). Indessen führte er mittels der Firma von Egenolff [16]) einen richtigen Feldzug zugunsten der Toleranz [17]). Im Jahre 1529 gab er dreimal ein Fragment von Erasmus' *Apologia adversus monachos hispanos* aus, in der dieser sich kritisch über das Töten von Ketzern äußerte. In zwei von diesen Editionen waren auch einige der erwähnten Schriftchen von Geldenhouwer selbst mit aufgenommen. Zwei dieser Publikationen wurden außerdem noch in deutscher Übersetzung herausgegeben. Für Erasmus war diese Tätigkeit Geldenhouwers nicht ungefährlich. Äußerungen aus einer Schrift vom Jahre 1527 hatten zwei Jahre später, nach dem Erscheinen des Wiedertäufermandats vom 4. Januar 1528 einen anderen Klang bekommen, umsomehr als sie jetzt die Einleitung zu den viel weitergehenden Idealen Geldenhouwers bildeten. Ein Brief von Geldenhouwer, in dem dieser über seine Armut klagte, um eine Empfehlung

---

volentiam cum ante annos quinque isthic essem, sum expertus»; A. G. Strobel, *Histoire du Gymnase Protestant de Strasbourg*, S. 109.

[13]) Vgl. für ihn: J. Prinsen, *Gerardus Geldenhauer Noviomagus*; J. Prinsen J.Lz., *Collectanea*; J. Lindeboom, *Het Bijbelsch Humanisme in Nederland*, S. 172-189; H. de Vocht, *Literae ad Craneveldium*, Register s.v.; O. Hendriks A. A., *Gerardus Geldenhouwer Noviomagus*; C. Augustijn, *Gerard Geldenhouwer und die religiöse Toleranz*. Vgl. auch die Einleitung zu Erasmus' *Epist. c. pseudevang.*, ASD IX, 1.

[14]) T. Schieß, *Briefwechsel Blaurer* I, Nr. 158, S. 204; Nr. 241, S. 294 (Regest).

[15]) Vgl. O. Winckelmann, *Das Fürsorgewesen* 2, S. 242.

[16]) Vgl. für Egenolff: F. Ritter, *Histoire de l'imprimerie*, S. 314f.; für seine Tätigkeit in Straßburg: J. Benzing, *Christian Egenolff zu Straßburg und seine Drucke (1528 bis 1530)*, in: *Das Antiquariat* 10, S. 88f., 92; 11, S. 139 (Nachtrag).

[17]) Vgl. C. Augustijn, *Gerard Geldenhouwer und die religiöse Toleranz*, S. 147f.

für eine Poetikprofessur bat und Beschwerde gegen ehemalige Freunde
erhob, deren Ungnade er sich zugezogen hatte, brachte das Maß zum
Überlaufen [18]). Um die Jahreswende 1529-1530 erschien Erasmus'
Epistola contra pseudevangelicos beim Freiburger Drucker Faber Em-
meus [19]).

Die Schrift ist an erster Stelle eine Apologie. Im ersten Teil [20]) folgt
Erasmus wahrscheinlich dem Gang von Geldenhouwers Brief, wirft
ihm sein ganzes Benehmen und besonders die von ihm publizierten
Schriftchen aus dem vergangenen Jahre vor und erörtert in diesem
Zusammenhang ziemlich weitläufig die Frage der Hinrichtung von
Ketzern. Im zweiten Teil [21]) erweitert Erasmus dieses Thema zu einem
geharnischten Angriff auf die ganze reformatorische Bewegung. Eine
ständige Vergleichung zwischen alter Kirche und Reformation zeigt,
daß die hohen Ansprüche der Reformatoren keinen realen Grund haben.
Er zeichnet ein düsteres Bild: alles hat die Reformation zerstört, nichts
gebessert. Er gibt auch Beispiele: seine eigenen Erfahrungen mit Pellikan,
die Versuche, ihn im Abendmahlsstreit zu blamieren, Bucers Übersetzung
des Psalmenkommentars von Bugenhagen, dessen eigener pseudonym
erschienene Psalmenkommentar. Durch ihre eigene Schuld haben die
Reformatorischen erreicht, daß die Tyrannei der Theologen und Mönche
verschärft und alle Freiheit in der Erörterung von theologischen Fragen
verschwunden ist. In einem dritten Teil [22]) behandelt Erasmus die
Frage, was jetzt getan werden könnte. Er rät zur Mäßigung und Toleranz.
Viele Änderungen sind notwendig, nie aber wird die Kirche oder die
Gesellschaft vollkommen sein.

Die große Zahl von Editionen und Übersetzungen zeigt schon genügend, daß Erasmus' Worte gewirkt haben. Die Schrift war besonders im

---

[18]) Nach dem Jahre 1520 (Erasmus, *Epist.* 1141, Allen IV, S. 339f.) ist vom Briefwechsel nichts erhalten; vgl. aber die Einleitung zu *Epist.* 1436, Allen V, S. 426f.;
Erasmus, *Epist.* 1437, Z. 212-215, Allen V, S. 437f. Erasmus zeigte wohl ein gewißes
Interesse an Geldenhouwer; vgl. Erasmus, *Epist.* 1545, Z. 1-4; 1778, Z. 17-21, Allen
VI, S. 21, 451. Der *Epist.* 1775, Z. 10-12 erwähnte Noviomagus ist nicht Geldenhouwer,
sondern Theodoricus Born. Erasmus hat Geldenhouwer nach 1520 noch finanziell
unterstützt; vgl. Erasmus, *Epist.* 2329, Z. 89f., Allen VIII, S. 454. Vgl. für den Inhalt
des hier genannten Briefes die Einleitung zu Erasmus' *Epist. c. pseudevang.*, *ASD* IX,
1.
[19]) Vgl. die Einleitung zu Erasmus' *Epist. c. pseudevang.*, *ASD* IX, 1.
[20]) Erasmus, *Epist. c. pseudevang.*, *LB* X, Sp. 1573A-1577D.
[21]) *LB* X, Sp. 1577D-1583D).
[22]) *LB* X, 1583D-1587D). Dieser Teil zeigt, daß er auch weitergehende Ziele ins
Auge fasste. Der Augsburger Reichstag stand vor der Tür und auf diese Weise erteilte
Erasmus seinen Rat im Hinblick auf den Reichstag.

Niederrheingebiet beliebt und ist das lange Zeit geblieben [23]). Einer der Gründe dieser Popularität war ohne Zweifel das Zusammengehen von Persönlichem und Allgemeinem: aus den einzelnen Fakten konnte, so suggeriert die Schrift, der Leser seine Schlüße ziehen. Daß die Schrift es besonders auf die oberdeutsch-schweizerische Reformation abgesehen hatte, konnte keinem entgehen und war auch selbstverständlich: in diesem Raum waren die größten tatsächlichen Änderungen vor sich gegangen und hier hatte Erasmus diese aus der Nähe miterlebt. Bucer sagt dann auch, Erasmus richte seine Anschuldigungen besonders auf diese Städte, da sie «severiores in novando fuerunt» [24]). Die Reaktion der Reformatoren war natürlich ungünstig. Sie fürchteten die Schadenfreude der Katholiken [25]) und waren sogar der Meinung, Erasmus wolle in dieser Weise sich wieder bei den Gegnern einschmeicheln [26]). Ökolampad sah die Schrift als eine «mordacem ... epistolam» [27]) an und, als Capito nicht sicher wußte, ob eine Antwort notwendig sei [28]), drang er bei diesem darauf, daß jemand sie erwidern sollte [29]). Besonders in Straßburg war man, wie der kölnische Gelehrte Peter Medmann im April dem Erasmus meldete [30]), sehr entrüstet. In der Tat war die Stimmung dort sehr geladen [31]). Erasmus hatte sich wider alle Evangelischen und also wider alle Christen gewandt! Geldenhouwer, der in Straßburg vorteilhaft bekannt war [32]), sollte ihm öffentlich widerstehen [33]).

---

[23]) Das ergibt sich schon aus den vielen Editionen. Mir sind neun bis 1536 bekannt. Dazu gehören drei autorisierte Editionen aus Freiburg, eine aus Paris, zwei aus Krakau, eine aus Köln und drei aus Antwerpen. Diese letzte vier also aus dem Niederrheingebiet. Außerdem gibt es noch drei deutsche Editionen.

[24]) S. 86, Z. 8-11. Vgl. S. 222, Z. 20-22.

[25]) Vgl. z.B. was Bucer, zwar nicht ohne Übertreibung, darüber schreibt: S. 221, Z. 34-S. 222, Z. 3. Er kritisiert besonders die Veröffentlichung einer deutschen Übersetzung; vgl. S. 221, Z. 29-33.

[26]) Vgl. E. Staehelin, *Briefe* 2, Nr. 722, S. 414; *ZwBr* IV (*CR* 97), Nr. 958, S. 401, Z. 3f.; vgl. auch Erasmus, *Epist.* 2439, Z. 47-50, Allen IX, S. 151.

[27]) Vgl. *ZwBr* IV (*CR* 97), Nr. 958, S. 401, Z. 1-6.

[28]) Vgl. E. Staehelin, *Briefe* 2, Nr. 722, S. 414.

[29]) Vgl. E. Staehelin, *Briefe* 2, Nr. 723, S. 415. Ökolampad teilte Capitos Ansicht, daß eine Erwiderung der *Epist. c. pseudevang.* eine neue Schrift des Erasmus hervorrufen würde, aber er war der Meinung, daß man in Straßburg wohl einen tüchtigen Opponenten finden könnte.

[30]) Vgl. Erasmus, *Epist.* 2304, Z. 13-15, Allen VIII, S. 414; vgl. auch *Epist.* 2308, Z 14f., Allen VIII, S. 418.

[31]) Vgl. Erasmus, *Epist.* 2356, Z. 5f., Allen VIII, S. 498: «Totum Argentoratum et omnes ecclesiastas concitavit in me».

[32]) Vgl. für Bucers Meinung über Geldenhouwer Anm. 14; vgl. auch Capito an Ökolampad: «Erasmus Gerardum Noviomagum nostrum atrociter proscidit»; E. Staehelin, *Briefe* 2, Nr. 722, S. 414.

[33]) Vgl. Erasmus, *Epist.* 2440, Z. 1-3.20f., Allen IX, S. 152, mit Anspielung auf

Offenbar war Geldenhouwer dazu gern bereit. Um den 20. März wurde die *Epistola contra pseudevangelicos* von ihm «scholiis illustrata» ediert [34]. Erasmus war darüber sehr entrüstet [35]. An sich waren die Scholia aber völlig unbedeutend. Größenteils waren es kurze und nichtssagende Bemerkungen, in denen Geldenhouwer ohne Begründung die Behauptungen des Erasmus zurückwies [36].

Nebenbei hatte Geldenhouwer in seinem Nachdruck der *Epistola contra pseudevangelicos* schon eine andere Antwort angekündigt [37]. Aus seinen Worten ergibt sich, daß er sich selbst als Mitarbeiter an ihr betrachtet. Dennoch ist klar, daß die *Epistola apologetica* die Arbeit Bucers ist und daß die Mitarbeit Geldenhouwers sich zum Beisteuern von Zitaten aus dem Briefwechsel des Erasmus beschränkt [38]. Wir haben schon gesehen, daß Bucer unmittelbar nach dem Empfang der Schrift des Erasmus mit dem Gedanken einer Antwort gespielt hat. Besonders in den Niederlanden wurde auch darum gebeten [39]. Anfang März war er mit seiner Antwort beschäftigt, aber er wußte noch nicht, ob er sie zum guten Abschluß bringen könnte [40]. Er stellte sich selber hohe Anforderungen. Er wollte alle unnötige Schärfe vermeiden und

---

Gal 2, 11; *Epist.* 2310, Z. 3-6, Allen VIII, S. 421. Jedenfalls widerspiegelt der Brief des «Grunnius» die Stimmung in Straßburg vom Frühjahr 1530.

[34]) Vgl. für diese Schrift die Einleitung zu Erasmus' *Epist. ad fratr. Infer. Germ.*, *ASD* IX, 1.

[35]) Vgl. Erasmus, *Epist.* 2295, Z. 39-41, Allen VIII, S. 396. Für den Inhalt hatte Erasmus nur Verachtung; es waren «muliebria convicia»; vgl. Erasmus, *Epist.* 2293, Z. 2, Allen VIII, S. 393.

[36]) Am meisten empörte ihn die Behauptung des Erasmus: «Si Paulus hodie viveret, non improbaret opinor praesentem ecclesiae statum, in hominum vicia clamaret»; Erasmus, *Epist. c. pseudevang.*, *LB* X, Sp. 1587A. Dazu bemerkt Geldenhouwer: «O impudens, ne quid aliud addam, dictum. Vide, lector, quisquis es, Epistolam ad Galatas, vide et huius Annotationes et Paraphrases. Miseret me hominis tam graviter labentis, quare verbum non amplius addam. Qui stat, oret Deum, ne cadat. Haec hactenus propter infirmiores fratres, qui forte hac epistola nonnihil offensi sunt, non adnotare non potuimus. Caeterum vindicta et ultio Domini est»; Geldenhouwers Nachdruck der *Epist. c. pseudevang.*, f°C6v°. Die letzten zwei Sätze beziehen sich offenbar auf die ganze Schrift.

[37]) Geldenhouwer bemerkt u.a. in seinem Nachdruck der *Epist. c. pseudevangelicos*, f°B7v°: «His respondimus, et in Philalethe nostro si non eleganter tamen simpliciter et vere Dei gratia respondebitur. Neque terrebit nos Erasmi eloquentia, quo minus veritatem intrepido corde et ore profiteamur».

[38]) So dachte auch Erasmus; vgl. seine Bemerkungen in der *Epist. ad fratr. Infer. Germ.*, *LB* X, Sp. 1624D; 1628F.

[39]) Vgl. Erasmus, *Epist.* 2615, Z. 307-309, Allen IX, S. 452. Schon 1524 teilen die Straßburger Prediger Luther mit, daß der Einfluß des Erasmus in den Niederlanden groß sei; vgl. *B Cor* I, Nr. 83, Z. 229-233, S. 296; *WABr* 3, Nr. 797, Z. 215-219, S. 386f.

[40]) Vgl. T. Schieß, *Briefwechsel Blaurer* I, Nr. 159, S. 206.

nicht dem bisher so oft gemachten Fehler verfallen «quod hactenus tantum nostrorum affectuum admiscuimus bonumque nostrum nostra ipsorum incontinentia hominum maledicentiae exposuimus» [41]). Die Arbeit ging rasch vorwärts. Das Manuskript wurde um Mitte April abgeschlossen [42]) und Anfang Mai war die Schrift als ganze im Druck erschienen [43]). Sie wurde von der kürzlich gegründeten Firma von Schöffer und Schwintzer vorgenommen [44]).

II. DIE AUSGABE

Der Titel lautet: EPISTOLA // APOLOGETICA AD SYNCE- // RIORIS CHRISTIANISMI SECTA // tores per Frisiam orientalem, & alias infe- // rioris Germaniae regiones, in qua Euangelij // Christi uere studiosi, non qui se falso Euangeli- // cos iactant, ijs defenduntur crimini- // bus, quae // in illos ERASMI ROTERODAMI // epistola ad Vulturium Neocomum, intendit. // Per ministros Euangelij, ecclesiae // ARGEN-TORATEN. // Act. XXV. // Multa & grauia crimina intendebant // aduersus Paulum, quae non pote- // rant probare. // M.D. XXX. // Die Schrift zählt 120 Blätter in 8°, signiert A1-P8, I3 zu unrecht signiert: H3. Auf f°P8r°steht als Unterschrift des Briefes: «Argentorati. XXII.

---

[41]) *Ibid.*; vgl. S. 103, Z. 5-8; S. 189, Z. 21-23.

[42]) Die *Epistola apologetica* ist datiert, f°P8r°: «XXII. Cal. Mai. M.D. XXX.» Ein solches Datum besteht aber gar nicht. Der 10. April kann gemeint sein, aber es liegt wahrscheinlich ein Druckfehler für «XVII. Cal...» vor. Jedenfalls ergibt sich ein Datum um den 15. April. Bucer zitiert S. 209, Z. 6-9, die auf den 15. März datierte *Epist.* 2284 des Erasmus (Allen VIII, S. 377) und S. 155, Z. 16-18, S. 166, Z. 6 f., die auf den 17. März datierte Schrift *Consult. de bell. turc.* des Erasmus (Allen VIII, S. 382). Am 4. April war die *Epistola apologetica* noch nicht abgeschlossen; vgl. Bucers Brief an Conrad Sam in Ulm, 4. April 1530 (das Original ist 1870 verbrannt, eine Abschrift findet sich in TB III, 218): «... missurus brevi, ut spero, quibus pro illis (i.e. Lutheranis) pugno adversus Erasmum. Scribo enim Apologiam contra illius Epistolam quam ad Vulturium scripsit.»

[43]) Offenbar hat Bucer jedenfalls Blaurer und Zwingli Exemplare gesandt, in denen der letzte Teil fehlte. Er sandte Blaurer am 18. (oder 8.) April ein Exemplar, in dem die letzten drei Quaternionen fehlten; vgl. T. Schieß, *Briefwechsel Blaurer* I, Nr. 162, S. 209. Am 4. Mai sandte er Zwingli die letzten zwei Quaternionen; vgl. *ZwBr* IV (*CR* 97), Nr. 1019, S. 567, Z. 8f., wo «quas» statt «quos» gelesen werden muß. Damals war die Schrift also fertig. Wolfhart teilt in einem Brief an Farel mit: «Bucerus nunc aedidit Apologiam in Erasmum»; A.-L. Herminjard, *Correspondance* 2, Nr. 289, S. 248f. Da dieser Brief datiert ist «post Pascha», kommt man damit nicht zu einem genaueren Erscheinungsdatum. «Post Pascha» kann jedes Datum von Ostern (dem 18. April) an bis zwei Wochen später sein. Die Schrift konnte nicht mehr zur Frankfurter Messe mitgenommen werden; vgl. S. 225, Z. 4-6. Diese wurde vom 3. bis zum 19. April abgehalten.

[44]) Vgl. für ihre Firma: F. Ritter, *Histoire de l'imprimerie*, S. 321; QGT, E I, Nr. 185, S. 238f.

Cal. Mai. M.D. XXX.». Danach folgt: «Petrus Schaefer, & Iohan. Apronianus communibus expensis excudebant» [45]). Es gibt nur eine Edition (A). Diese wird im Folgenden abgedruckt, wobei Interpunktion und Einteilung in Absätze den heutigen Normen angeglichen sind und die Liste der Errata in den Text eingearbeitet wurde.

III. INHALT UND NACHGESCHICHTE

Die ausführliche Schrift Bucers entspricht den von ihm selber angesetzten Forderungen. Sie wirkt, auch durch den Zeitpunkt ihrer Abfassung, kurz vor dem Augsburger Reichstag quasi als offizielle Verteidigung und Rechtfertigung der Straßburger Reformationsmaßnahmen und darüber hinaus der reformatorischen Bewegung überhaupt. Auch ist sie eine würdige Widerlegung der Beschuldigungen in Erasmus' *Epistola contra pseudevangelicos*. Bucer benutzte dabei auch das *Opus Epistolarum* vom Jahre 1529, einerseits zur Illustration der jetzigen feindlichen Haltung des Erasmus der Reformation gegenüber, anderseits zum Beweis, daß dieser nicht nur früher, sondern auch jetzt noch viele der Beschwerden gegen die katholischen Kirche teilte.

Die *Epistola apologetica*, der Form nach ein an die Evangelischen im Niederrheingebiet gerichteter Brief, hat außer dem Prolog und Epilog zwei Hauptteile. In der Einleitung [46]) behauptete Bucer, daß eine Verteidigung der Reformation erforderlich sei, nicht nur um Geldenhouwers willen, sondern in erster Linie da Erasmus sich gegen die vielen Bekenner Christi richtete, die die Welt jetzt kannte. Obwohl er Erasmus hochschätzte, verhinderte ihn das nicht, seine Pflicht zu erfüllen. Im ersten Hauptteil [47]) bot Bucer einen weitläufigen Überblick über die Lehre, die die Bekenner der Reformation lehrten und über das Leben, das sie führen wollten. Der Teil ist interessant, da sich ergibt, daß Bucer im Jahre der *Confessio Tetrapolitana* auch ein Bekenntnis grundverschiedener Art bieten konnte. Das Bekenntnis schließt sich eng an das historisch Gewachsene an. Im Widerspruch zu Erasmus betont Bucer, daß die Reformatoren keine Neuerer seien: sie wären nicht der Meinung, daß die Wahrheit mehr als tausend Jahre ganz begraben gewesen sei und daß

---

[45]) Mir sind Exemplare bekannt in der Zentralbibliothek von Zürich und in der Herzog August Bibliothek von Wolfenbüttel (vgl. *Bibl.*, Nr. 30, S. 50), im Trinity College in Dublin und in der Bodleian Library in Oxford (vgl. M. A. Pegg, *German Reformation Pamphlets*, Nr. 3747, S. 290), in der BNUS (vgl. F. Ritter, *Répertoire bibliographique* 2, Nr. 698, S. 465f.) und in der Bibliotheek der Vrije Universiteit in Amsterdam. Vgl. für diese Schrift N. Peremans, *Erasme et Bucer*, S. 91-119.

[46]) Vgl. S. 75, Z. 1-S. 86, Z. 16.

[47]) Vgl. S. 86, Z. 17-S. 122, Z. 14.

sie sie wieder ans Tageslicht bringen müßten. Vielmehr sei ihre Absicht, wieder der alten Lehre des Evangeliums gemäß zu leben. Das Polemische fehlt aber nicht. Bucer greift entschieden Abläße, Messe, Mönchsleben und Bilderverehrung an. Eine der interessantesten Stellen ist Bucers Verteidigung der von der städtischen Obrigkeiten im oberdeutsch-schweizerischem Gebiet durchgeführten Reformation. Jede Obrigkeit hat seiner Meinung nach, im Gehorsam an Gott, ein eigenes Recht und eine eigene Pflicht zur Reformation, gegebenenfalls wider die höheren Obrigkeiten. Es ist m.W. das erste Mal, daß diese Frage prinzipiell behandelt wurde. Im Absatz, der das Leben der Evangelischen behandelt, richtet Bucer sich gegen die zahlreichen nicht-biblischen Zeremonien und preist das Ideal des Dienstes am Nächsten.

Der weitaus größte Teil [48]) ist dem Zurückweisen von Erasmus' Anschuldigungen gewidmet. Bucer teilt diese in drei Gruppen ein. Erstens [49]) hatte Erasmus behauptet, die Protestanten bedienten sich allerlei Listen zur Förderung ihrer Sache. Demgegenüber betont Bucer, daß sie Christi Sache wahrnehmen und das nicht in unwürdiger Weise. Er verteidigt die Handlungsweise von Pellikan, Leo Jud und Geldenhouwer. Im besten Teil [50]) der *Epistola apologetica* behandelt Bucer die zweite Anschuldigung des Erasmus, die Evangelischen hätten nicht das Recht, ihre Sache mit derjenigen der Apostel zu identifizieren und ebensowenig, alles abzustellen, was die Kirche schon 1400 Jahre als Lehre und Bräuche kannte. Für Bucer lag der Kampf seiner eigenen Zeit auf einer Linie mit dem der Apostel. Den Vorwurf der Uneinigkeit im eigenen Kreis wies er zurück: diese beschränke sich auf unwesentliche Punkte. Am meisten zeigte er sich betroffen durch Erasmus' These, die Predigt des neuen Evangeliums habe die Menschen böser statt besser gemacht. Beredt zeigte er, wieviel Besserungen die Reformation gerade in sittlicher Hinsicht veranlasst habe. Wieviel Mühe gab man sich nicht, in Oberdeutschland und in der Schweiz, trotz aller Fehler, um einen neuen, recht christlichen Lebensstil einzuführen! Wieviele seien arm geworden, wie groß sei die Beharrlichkeit in den Verfolgungen gewesen! Zwang gab es bei den Reformatoren nicht. In diesem Zusammenhang behandelte er die Ereignisse in den Städten und die Taten von Capito, Hedio, Zwingli und Farel. Ausdrücklich distanzierte er sich vom Bauernaufstand, der keine reformatorische Bewegung gewesen sei. In alledem versuchten sie, die Welt dazu zu bringen, der Lehre der Apostel wieder nachzu-

---

[48]) Vgl. S. Vgl. S. 122, Z. 15-S. 220, Z. 13.
[49]) Vgl. Erasmus, *Epist. c. pseudevang.*, LB X, Sp. 1580C-1582C.
[50]) Vgl. S. 131, Z. 32-S. 198, Z. 21.

folgen. Die dritte Anschuldigung des Erasmus war, das Vorgehen der Reformatoren habe die Tyrannei von Theologen und Mönchen verschlimmert und zum Verlust aller Freiheit geführt. Bucer [51]) gestand offen, es gäbe in der Tat keinerlei Freiheit mehr. War es aber gestattet, zu schweigen? Nur das Allerschlimmste wollte man jetzt bessern. Im Nachwort [52]) fasste Bucer seine Ergebnisse zusammen. Obwohl ungern, sah er sich um der Sache des Evangeliums willen gezwungen, gegen Erasmus Stellung zu nehmen. Am Ende bat er Gott um Beistand für alle Evangelischen, die bedrängt wurden.

Baum ist der Meinung «daß diese Schrift nicht allein das Beste ist was er lateinisch geschrieben hat, sondern auch die beste Apologie für den sittlich heilbringenden Einfluß der Reformation...» [53]) In der Tat ist Bucer in seinen Erörterungen oft imponierend. Außerdem bringt die Schrift interessante Einzelheiten über die Reformationsgeschichte Straßburgs. So liefert Bucer Angaben über das Gehalt der Hauptpfarrer [54]), über die Zahl der im Winter 1529/30 gespeisten Armen [55]) und über die geltenden Sittenmandate [56]). Interessant sind auch die Bemerkungen über die aristokratische Verfassung der Reichsstädte [57]) und die Ausführungen über das Schweizer Söldnertum [58]). Die Sprache ist öfters ermüdend und schwerfällig, zu lange Sätze wirken verwirrend [59]) und bisweilen ist die Konstruktion nicht korrekt [60]). Ferner ist es auffällig daß er öfters, sogar auf dem Titelblatt, das Neue Testament nicht nach der Vulgata sondern nach der Erasmus-Übersetzung zitiert [61]).

Über die Aufnahme der Schrift ist wenig bekannt. Ökolampad war der Meinung, sie sei nicht scharf genug [62]). In Augsburg ging aber das

---

[51]) Vgl. S. 198, Z. 22-S. 203, Z. 14.
[52]) Vgl. S. 220, Z. 14-S. 221, Z. 28.
[53]) Vgl. J. W. Baum, *Capito und Butzer*, S. 465.
[54]) Vgl. S. 197, Z. 14-16.
[55]) Vgl. S. 142, Z. 8-11.
[56]) Vgl. S. 159, Z. 6-S. 160, Z. 4.
[57]) Vgl. S. 170, Z. 33-S. 171, Z. 3.
[58]) Vgl. S. 145, Z. 6-11; S. 166, Z. 19-S. 167, Z. 6.
[59]) Vgl. S. 95, Z. 6-24; S. 109, Z. 18-S. 110, Z. 19; S. 164, Z. 3-S. 165, Z. 5.
[60]) Vgl. S. 165, Z. 4; S. 190, Z. 3. Außerdem ist er in der Anwendung der Modi öfters nachläßig.
[61]) Vgl. S. 67; S. 88, Z. 3-5; S. 92, Z. 28-30; S. 93, Z. 30f.; S. 100, Z. 21-24; S. 110, Z. 4f.; S. 114, Z. 13f.; S. 116, Z. 29f.; S. 119, Z. 18-24; S. 119, Z. 30f.; S. 122, Z. 5f.; S. 145, Z. 22f.; S. 183, Z. 1f. 13f.; S. 187, Z. 32; S. 189, Z. 23f.; S. 190, Z. 16; S. 195, Z. 33-35; S. 203, Z. 24-27.28-32.34f.; S. 225, Z. 16f. 18f.
[62]) Vgl. *ZwBr* IV (*CR* 97), Nr. 1018, S. 565, Z. 12: "... tametsi multo plura potuisset".

Gerücht, Erasmus sei vor Wut gestorben [63]). Erasmus war durch diesen Angriff erschüttert, er hielt die Schrift für «prolixam ... ac pulcre dentatam» [64]), ein Lügen- und Hohngewebe [65]), so töricht, daß sogar die Evangelischen sich darüber lustig machten [66]). Besonders lag ihm auf dem Magen, daß Bucer öfters über seine «luculenta mendacia» gesprochen hatte [67]).

Nach dem Erscheinen von Geldenhouwers Edition der *Epistola contra pseudevangelicos* hat Erasmus schriftlich Beschwerde beim Straßburger Rat erhoben [68]). Da der Name des Druckers und der Editionsort nicht erwähnt seien — so behauptet mindestens Erasmus — liege ein Verstoß gegen eine Ratsverfügung vor [69]). Erasmus forderte Maßnahmen gegen den Drucker [70]). Gegen die *Epistola apologetica* hat er keine offizielle

---

[63]) Vgl. Erasmus, *Epist.* 2324, Z. 9-11, Allen VIII, S. 445; *Epist.* 2400, Z. 29-31, Allen IX, S. 70.

[64]) Erasmus, *Epist.* 2615, Z. 308f., Allen IX, S. 452; vgl. *Epist.* 2321, Z. 29f., Allen VIII, S. 442.

[65]) Vgl. Erasmus, *Epist.* 2329, Z. 91f., Allen VIII, S. 454; *Epist.* 2358, Z. 17f., Allen IX, S. 2; *Epist.* 2371, Z. 31, Allen IX, S. 21; *Epist. ad fratr. Infer. Germ., LB* X, Sp. 1624E.

[66]) Vgl. Erasmus, *Epist.* 2486, Z. 28-33, Allen IX, S. 260; vgl. *Epist.* 2365, Z. 18-20, Allen IX, S. 12f.: «... declaravit suam sapientiam».

[67]) Vgl. Erasmus, *Epist. ad fratr. Infer. Germ., LB* X, Sp. 1592F; 1594D; 1618B; 1624B; 1628C; 1629A.

[68]) Erasmus, *Epist.* 2293, Allen VIII, S. 393f.; vgl. *Epist.* 2294, Z. 5-10, Allen VIII, S. 394.

[69]) Vgl. Erasmus, *Epist.* 2293, Z. 4-6, Allen VIII, S. 393. Straßburg hat 1504 die Zensur eingeführt. Seitdem versuchte der Rat mittels mehrerer Verordnungen den Druck und Verkauf ohne Erlaubnis des Rates zu verhindern. In dem Zensurmandat vom 12. September 1524, dessen Text vollständig bekannt ist, wird nicht geboten, den Namen des Druckers und den Ort zu erwähnen. Daß es jedoch ein Mandat gegeben hat, in dem etwas Ähnliches verordnet war, könnte man schließen aus einer kurzen Zusammenfassung Röhrichs über die Zensur in der Herausgabe der Auszüge aus Wenckers Chronik, die anfängt mit dem Satz: «Um den Unfug mit den Schmähschriften ein Ende zu machen sollte von nun an niemand was drucken lassen, ehe es auf der Canzley examinirt oder von E. E. Rath erlaubt, und soll der Drucker seinen Namen beysetzen bey Leibesstrafe». Am Ende dieser Zusammenfassung wird das Mandat vom 12. September 1524 erwähnt. Der Satz müße also aus einem verlorengegangenen Mandat, das vor dem Jahre 1524 verordnet wurde, herkommen. Vgl. für diese Zusammenfassung: Jean Wencker, *Chronique*, Nr. 3029, S. 153. Auch wenn es ein solches Mandat nicht gegeben hat, sind die Worte des Erasmus nicht ohne Berechtigung, da man gewöhnlich die Angabe des Druckers und des Orts ausließ, wenn man der Zensur aus dem Wege gehen wollte. Vgl. für die Bücherzensur in Straßburg in dieser Zeit und das Mandat von 1524: F. Ritter, *La police de l'imprimerie*, S. 161-163, besonders S. 161, Anm. 1 und S. 163, Anm. 4; QGT, E I, Nr. 12, S. 22, Anm. 3. Ich verdanke die hier erwähnten Angaben, sowie auch S. 197, Anm. 614, Drs. C. H. W. van den Berg (Hilversum). Es sei ihm dafür herzlich gedankt.

[70]) Erasmus war der Meinung, daß Schott, auf den er schon seit 1523 böse war, der Drucker sei; vgl. Erasmus, *Epist.* 2293, Z. 6-8, Allen VIII, S. 393. Vgl. für die

Beschwerde eingereicht. Er hat Bucer mit der *Responsio ad epistolam apologeticam* (öfters *Epistola ad fratres Inferioris Germaniae* genannt) geantwortet [71]).

Der Bruch hat sich von Seite des Erasmus nicht geheilt. Bucer hat im Jahre 1532 Erasmus einen ausführlichen Brief geschrieben und darin, wie Erasmus sagt, geschrieben «me de tota religione vobiscum sentire» und das besonders betreffs der Abendmahlslehre ausgearbeitet [72]). In seiner Antwort hat Erasmus versucht, zu erklären was ihn von der Reformation fernhielt.

Mein ehemaliger Assistent Carel W. van der Mey hat mir in mancher Hinsicht bei dieser Edition geholfen. Dafür sei ihm freundlich gedankt.

N.B. In den Anmerkungen wird natürlich sehr oft auf Erasmus' Briefe und Schriften verwiesen. Einige Male wird der Leser einen Hinweis auf Einleitungen von Erasmus' Schriften in *ASD* IX, 1 finden. Dieser Band wird Anfang 1982 erscheinen.

Ursache der Verärgerung des Erasmus 1523 die Einleitung zu seiner Schrift *Epist. ad fratr. Infer. Germ.*, *ASD* IX, 1.

[71]) Vgl. für diese Schrift, *LB* X, Sp. 1589-1632.

[72]) Vgl. Erasmus, *Epist.* 2615, Allen IX, S. 445-457. Diesen Brief hat Erasmus wahrscheinlich nicht weggeschickt; vgl. Einleitung *Epist.* 2615, Allen IX, S. 445.

SOMMAIRE

L'auteur montre d'abord comment et pourquoi entre 1520 et 1530 les relations entre Erasme et les réformateurs strasbourgeois se sont progressivement détériorées. Les Strasbourgeois ont été favorables à des adversaires d'Erasme tels que Hutten et Eppendorf. En fait, leur conception de la Réforme était incompréhensible et inacceptable pour Erasme. En publiant en 1529 son *Opus Epistolarum*, ce dernier livre au public un ensemble d'appréciations critiques sur les Strasbourgeois. Dans son *Epistola contra pseudevangelicos* parue à la fin de la même année, Erasme prend à partie un de ses anciens amis Geldenhouwer, un humaniste réfugié à Strasbourg et qui plaidait pour la tolérance, en utilisant des textes d'Erasme. Dans son *Epistola*, Erasme traçait un sombre tableau des effets de la Réformation: celle-ci avait tout détruit et n'avait rien amélioré. Au contraire, la tyrannie des théologiens et des moines s'était renforcée. On ne pouvait plus discuter librement des questions théologiques. L'écrit d'Erasme a connu un assez grand succès. Il a été souvent traduit et réédité.

Les Strasbourgeois se sentirent tout particulièrement visés. Après la publication par Geldenhouwer d'une édition de l'*Epistola*, munie de scolies sans grande portée, Bucer rédigea son *Epistola apologetica* qui parut début mai 1530. C'est presque une apologie officielle des réformes introduites dans l'Eglise de Strasbourg, voire du mouvement évangélique en tant que tel. Dans l'introduction, Bucer justifie son écrit en invoquant l'attaque portée par Erasme contre les nombreux confesseurs du Christ dans le monde. La première partie donne un large aperçu sur la doctrine des adeptes de la Réformation et sur la vie qu'ils entendaient mener. Bucer polémise contre les indulgences, la messe, la vie monastique et la vénération des images: Dans un passage particulièrement intéressant, il affirma le droit et le devoir de chaque autorité d'introduire la Réformation fût-ce à l'encontre des autorités supérieures. Il critique également les nombreuses cérémonies non-bibliques auxquelles il oppose l'idéal du service du prochain.

Dans la seconde partie qui est la plus étendue, il réfute les accusations d'Erasme. Il prend la défense de Pellican, Jud et Geldenhouwer. Il affirme que le combat des évangéliques se situe sur le même plan que celui des apôtres, minimise le désaccord entre les évangéliques et met en évidence les améliorations apportées par la Réformation sur le plan moral ainsi que la fidélité des évangéliques dans la persécution. Quant à la diminution de la liberté, elle tient au fait que, face aux excès, les théologiens ne peuvent pas garder le silence. Dans l'épilogue, Bucer affirme que c'est à son corps défendant, à cause de l'Evangile, qu'il a rédigé cette *Epistola* contre Erasme.

Le traité du réformateur strasbourgeois est souvent impressionnant, en particulier par son argumentation. En même temps, il renferme une série d'informations intéressantes sur l'histoire de la Réformation à Strasbourg: traitement des pasteurs, nombre de pauvres nourris en hiver 1529/30, mandements relatifs aux moeurs etc. Mais le style souvent difficile et des passages obscurs en diminuent la valeur.

On sait peu de chose sur la réception de l'*Epistola*. Oecolampade estima qu'elle n'était pas assez dure. Erasme la reçut avec indignation et répondit par une *Responsio* (connue sous le nom de *Epistola ad fratres Germaniae Inferioris*). La rupture entre Erasme et les Strasbourgeois ne sera plus jamais surmontée.

EPISTOLA APOLOGETICA

[A2a] Epistola apologetica pro evangelii vere studiosis.

Qui Christi evangelion Argentorati adnunciant eiusdem professoribus et sectatoribus per Frisiam Orientalem et alias Inferioris Germaniae regiones incrementa sancti Spiritus praecantur.

5   Nisi nota vobis essent, charissimi fratres, quae olim in christianos conficta et tantum non orbi persuasa crimina fuere, certumque teneretis sic esse sortem nostram ut in nos conspirent ac pro se quisque quantis possit viribus oppugnent non hi solum, qui et mundo mali habentur, sed etiam quos ille cum religionis tum eruditionis ac aliis plausibilioribus
10 nominibus admiratur, haudquaquam mirum esset — quae atrocia quotidie de nobis nostrisque ecclesiis sparguntur scriptisque clarissimorum hominum confirmantur ac seculorum etiam memoriae consecrantur —, si pridem et vobis ac bonis omnibus, qui nostra ipsi non viderunt et audierunt, omnium mortalium sceleratissimi luceque hac
15 indignissimi haberemur, utpote qui sacratissimum Christi Serva-[A2b]-toris nostri evangelion, per se hominibus nondum Spiritu superno donatis ac ideo sibi ipsis tantum studentibus invisum, nostris praeterea flagitiis infamatum plus invisum redderemus.

   Sed [1]) in vobis ipsis pridem experti estis quam verum praedixerit
20 Servator fore, ut de his qui ipsi nomen dederint, *omne malum dicatur* sed falso [Mt. 5, 11], odioque sint ipsi omnibus hominibus [cf. Mt 10, 22]. Etenim si in Christum ipsam innocentiam et iustitiam adeo saevire potuerunt quique inter Iudaeos, gentem selectam Deo, doctissimi iuxta et religiosissimi; si ipsum, quo nihil vidit orbis unquam divinius, quippe
25 qui ipse Deus esset, Beelzebub vocarunt [cf. Mt 10, 25] hi, penes quos omnis tum integritatis et sanctimoniae laus erat; si non isti solum sed etiam plurimi fratrum synceriores apostolos et inter hos maxime Paulum insectati sunt tam dire et crudeliter, ut ab hoc omnium apostolorum facile principe — quo nemo unquam maiore studio offensas cavit
30 quorumlibet [cf. 2 Cor 6, 3], nemo aeque studuit *fieri omnia omnibus* [1 Cor 9, 22], nemo denique in negocio evangelico laboravit enixius [cf. 1 Cor 15, 10] — universi [2]) propemodum per Asiam christiani, apud quos tam praeclara spiritus apostolici documenta dederat, abalie-

---

[1]) *Peculiare filiis Dei male audire in hoc seculo.* (Marg.).
[2]) *2. Timot. 1* [15] (Marg.).

narentur; si [3]) priscos Christi confessores, tanto innocentiae studio
flagrantes, passim tamen infanticidii [4]) et horrendi incestus traduci
contigit: haud debet videri insolens neque ipsi propterea duntaxat nobis
displicere, quod [A3a] in nos quoque qui, etsi Christi aliquod studium
5 habemus, infinito tamen adhuc ab ipsius, longissime a Paulina, plurimum
quoque a martyrum illorum innocentia et pietate absumus, quicquid in
mundo visendum est desaeviat. Imo debet hoc ipsum nobis, quos nostra
alioqui peccata iure deiiciunt, animos erigere, quippe qui utcunque in
multis omnes delinquamus [cf. Iac 3, 2], certi tamen simus ea quae in
10 nobis mundus persequitur aut plane falsa esse aut certe ex Dei praescripto
suscepta.

Nam [5]) quod pontifex nos pridem proscripsit coelis, quod monarchae
interdicunt terra, quod devovent diris passim ecclesiastae, quod scribunt
in nos docti pariter et indocti, quod novorum in nos cruciatuum quotidie
15 exempla eduntur, quod — ut verbo dicamus — in nos furit quicquid
fere uspiam est mortalium, una sane caussa est, quod ut a solo Christo
omnem salutem et iusticiam citra hominum operam et merita expectandam, ita legem eius non nisi officiosa in proximos dilectione impleri
confitemur.

20 Etsi enim novandarum rerum studium aliaque multa hostes evangelii
impingant, quorum scilicet Christum ipsum, Paulum ac quicunque olim
tyrannidi Satanae pro regno Dei adversati sunt, non accusatos tantum
sed et damnatos legimus, de nullis tamen adhuc, quamvis sustulerint iam
per Germaniam et Gallias variis et inauditis adeo mortis [A3b] generibus
25 quam plurimos, aliis nominibus supplicium sumpserunt quam quod
ecclesiam contempserint, quod de sacramentis dignitateque sacerdotali
perperam senserint eoque heretici fuerint, id est — ut res ipsa dicatur — per
unum Christum veniam peccatorum consortiumque regni coelorum sibi
speraverint sperandumque aliis docuerint. Nam eos, qui vel seditione
30 vel aliis flagitiis supplicium meriti sunt, hic defendere nolumus, sicut
nec ipsi, quicquid praetexuerint, evangelio vivere studuerunt. Porro [6])
dum mentiendi interim de nobis nullum finem hostes Christi faciunt,
eisque doctrinam et vitam quam profitemur criminibus infamant quanquam falsis, ut indubie plurimos omnium ordinum minime malos etsi
35 non adeo doli mendaciorumque vafros non tam a nobis (id enim perparum

---

[3]) *Crimina de ecclesia martyrum iactata.* (Marg.).
[4]) Die bekannteste Stelle findet sich bei Minucius Felix, *Octavius* 9, 5-7, *MPL* 3,
Sp. 272f., *CSEL* 2, S. 13, Z. 16-S. 14, Z. 7.
[5]) *Ut hodie habeantur christiani.* (Marg.).
[6]) *Caussae huius defensionis.* (Marg.).

referret) quam ab ipsa evangelii veritate alieniores reddant, extorsit magis adeo quam impetravit a nobis ipsum Christi studium, in quem horum blasphemiae, dum eius sacrosancta philosophia tam dire infamatur, recidunt, tum amor fratrum, quibus hinc grave offendiculum
5 obiicitur (fratres siquidem nobis sunt quotquot Dei sunt, etiam si pleraque Christi nondum teneant), ut edita hac in publicum Epistola praecipua istorum crimina diluere instituerimus tum doctrinae tum vitae cui nos addiximus ratione quam simplicissime reddita.

Hoc [7]) vero dum in animo volveremus iamiamque calamum arrepturi,
10 prodiit — quibus avi-[A4a]-bus novit Christus — Epistola Erasmi ad Vulturium, in qua vir hic, non reliqua solum sed et sacra eruditione ingens nobisque semper ob egregia non in bonas solum sed et sacras literas merita magni habitus, ea omnia ferme in nos semel effudit — utcunque titulus solum iis qui se falso iactant evangelicos minetur —,
15 quae saevissimi quique non nostri sed veritatis hostes toto hoc tempore, quo coepit annunciari Christi evangelion syncerius, confinxerunt voceque et scriptis sparserunt. Dolet nobis ut nihil aeque — et Deum testamur non tam nostri quam ipsius caussa, quanquam et eorum quos falso authoritas tanti viri movebit ut quales nos haec eius Epistola depingit
20 credant —, quod nostri accusationem, et talem, suscipere sustinuit.

Attamen dum unus plus omnibus qui hactenus in nos stylum strinxerunt, caussae non nostrae sed Christi, quam quales quales sumus agimus, officiat, quamlibet nolimus cogit nos veritas ipsa, cogit observantia Christi charitasque eorum qui illius sunt, etsi eum plane nondum agnoscant
25 atque ideo citius hisce criminationibus ledantur, huius potissimum accusationi respondere. Praeterquam enim quod praecipua, quae summi veritatis hostes in nos iacula torserunt, dexteritate sua vastaque illa dicendi vi figit penitius, ea valet apud plurimos — et non immerito — gratia simul et authoritate, ut quamlibet vanis criminationibus unus
30 fidem conciliare possit, idque apud eos quoque, quos et religionis nomine suscipias. [A4b]

Non dicemus autem qua conscientia hanc nostri criminationem suscipere in animum induxerit: de animo enim Dei non hominis est iudicium; non eloquemur, quae nobis forsan videantur caussae huc illum impulisse:
35 non est siquidem christiani quenquam gravare suspicionibus; quid denique hac nostra tam seria accusatione spectarit sibique quaesierit, cum ipse unus id certo sciat, silentio praeteribimus; quod [8]) unum, nisi

---

[7]) *Cur contra Erasmum instituta sit defensio.* (Marg.).
[8]) *Ad quid Epistola haec scripta.* (Marg.).

prodere Christi ᵃ) gloriam fratrumque salutem velimus, dicere in quam
ipse induxit compellit necessitas, dicemus verumque esse simpliciter et
paucis probabimus, hoc nempe: plurima, quae cum alias tum in Epistola
ad Vulturium de doctrina pariter et vita nostra scripsit, a vero abesse.
5 Quod tamen vere dici a nobis non ante credi postulamus, quam cum
his rationibus illud verum esse probaverimus, ut nulla caussa sit viro
bono contradicendi.

Nulli autem volumus per haec Erasmum huius tam efferatae malitiae
crudelitatisque palmariae insimulare, ut qui atrocissima haec sua crimina
10 in innocuos Christi confessores (alioqui quorumlibet pessimorum libidini
expositos ac eiusmodi pridem mendaciis oppressos, ut in nullos quamlibet sceleratos diriora quotidie non decernantur tantum, sed et designen-
tur) ipse confinxerit, utcunque fateri oporteat nimis levibus testibus ea ad
ipsum deferentibus eum vel fidem [A5a] habuisse vel suspicione hactenus
15 accessisse, quum illa de nobis in publicum scribere non indignum se
duxerit theologus et is, a quo nihil nisi sanctum, nihil nisi verissimum
merito expectetur, qui denique huius iam aetatis ⁹) est, in qua hoc geri
omnia addecet circumspectius iuxta et sanctius, quo ut amplior contigit
prudentia, ita vicinior quoque ille dies instat, cum de quovis ocioso
20 tantum verbo reddenda ratio est [cf. Mt 12, 36].

Porro ¹⁰) frustraneum hunc nostrum conatum propulsandi quorum nos
hic vir accusat, plurimi iudicabunt primum, quod non nobis tantum
sed etiam scriptis ¹¹) nostris publico interdictum sit, neque capitale
modo sed gehenna quoque dignum piaculum nostra legisse. Soli nanque
25 sumus in quos indicta caussa omni suppliciorum genere desaevire fas
est. Quid igitur profecturi simus nostra quamlibet vera defensione,
cum tot regna tot sint provinciae, in quibus nihil tam immane in nos
confingi potest, quin legere liceat et credere oporteat? Si cui autem
verbum, quod nostri defensionem resipiat, vel imprudenti exciderit,
30 redire mox illud per iugulum necesse sit. Deinde, ut etiam locus defensioni
nostrae detur et nostra quoque legere nefas non sit — quod tamen
antequam monarchae quidam admittant, videntur cessuri citius regna

---

ᵃ) Christi *scripsi*: Christo *A*.

---

⁹) Erasmus war zwischen 1466 und 1469 geboren. Vgl. R. Stupperich, *Erasmus*,
S. 15-17.
¹⁰) *Quibus graventur christiani praeiudiciis.* (Marg.).
¹¹) Das Wormser Edikt (1521) verbot, Luthers Schriften zu kaufen, zu lesen und
zu drucken; alle theologischen und erbaulichen Schriften mußten die Druckerlaubnis
der Ortsordinarius haben. Alle späteren Bestimmungen stützen sich auf dem Wormser
Edikt.

sua —, sic animos omnium iampridem adversarii nostri occu-[A5b]-
parunt eaque de nobis praeiudicia quibusvis instillarunt, ut paucissimi
sint, qui non quaecunque a nobis proficiscuntur, simul atque nostris
inscripta nominibus viderint, abiicienda, conspuenda et cremanda
5 putent. Postremo, ut reges non claudant scriptis nostris orbem, non
obstringat religio illa inspexisse, facessat denique et importunum illud
et exitiale nostri odium, quod non animum modo sed et oculos a nostris
rebus omnibus avertit, quis tamen non amentis esse iudicet sperare
nostram caussam defendi posse, praesertim a nobis nulla adeo tum
10 ingenii facultate tum dicendi usu praeditis, cum illam tam serio oppugnare
coeperit Erasmus, qui iis eloquentiae viribus valet, ut nemo hactenus
quicquam sine ridiculo et dedecore apud quam plurimos — eosque haud
quaquam notae plebeiae — defenderit quod ille accusarit, aut accusarit
quod ille defenderit? Non minus enim quam olim Cicero in iudiciis
15 studiosorum duntaxat regnare creditur.

Haec profecto eiusmodi sunt, fratres, ut non modo nos, sed quemvis
etiam aliqua dicendi facultate naturaeque bonitate gaudentem deterrere
a scribenda defensione nostra potuerint.

Verum [12]), utcunque nihil omissum sit quo purgationi nostrae nullus
20 omnino in orbe pateat locus, nulli eam uspiam cognoscere sustineant,
tum per eos quoque [A6a] viros accusemur, qui dicendo facile obtineant
quidvis, cedant nemini, idque in caussa qualibet: non dubitamus tamen
eum, cui Pater cunctam in coelo et terra potestatem dedit [cf. Mt 28, 18],
ut hactenus — nequicquam repugnantibus summa vi hominibus —
25 evangelion suum non paucis regionibus invexit, ita porro quoque illud
provecturum, eique qua minimum putatur viam aperturum; haereditas
siquidem eius sunt gentes universae et termini orbis propria possessio
[cf. Ps 2, 8]. Quod enim potuit, cum primum mortales doctrina sua
vivifica donaret, ut illam — tanto studio, tanta diligentia oppugnante
30 potestate romana, quae id temporis tanto erat potentior quanto unitior
quoque latior — in toto nihilominus orbe praevalere fecerit, id illi
modo erit multo facilius. Hic idem mitigare caecas in nos mortalium
iras odiumque mendacibus collectum criminibus potentiore veritate
dispellere multis iam in locis praeclare coepit. Cur igitur spem poneremus
35 idem illum et in reliquo orbe facturum?

Denique, sicut ad commendationem negocii, quod gerimus, nulla
quamlibet exculta et potens satis sit facundia ingenii humani, ubi defuerit
persuasor Spiritus sanctus, ita ubi hic adspiraverit, quavis sane etiam

---

[12]) *Qua spe sit haec instituta defensio.* (Marg.).

maxime barbara oratione sic poterit illud approbari, ut nihil contra possit etiam si qua esset ciceroniana violentior. Plus itaque sancta prece quam accurata dicendi facultate opus nobis fuerit, [A6b] qua nimirum bonum Spiritum ab optimo Patre Deo cum nobis tum his, quorum gratia
5 scribimus — nempe quos regno coelorum destinatos ad tempus mendaciorum fumus caligare nonnihil ad veritatem facit —, exoremus, ne quid regno Christi indignum, cui uni prolatando inservire in votis est, vel nobis excidat vel illi credant.

Nam cum nihil queat rerum divinarum percipere qui Spiritu filiorum
10 Dei caret, multo minus illa ut par est quisquam, si hoc adflatus non fuerit, proloquetur. Ideoque oramus et hortamur quotquot Christi religio tenet, hunc ipsum coelestem Doctorem, qui iuxta Servatoris promissum in omnem inducit veritatem [cf. Io 16, 13], de hac caussa cognituri quam ardentissimis votis a Patre coelesti flagitent, nullo hic sive aliorum
15 sive suo iudicio fidentes. *Sua* enim, non aliena *fide iustus vivet* [Hab 2, 4; Rm 1, 17] iudicabitque et aget omnia.

Nolumus hic dicere quales sint adversarii nostri; Erasmum etiam multis nominibus admiramur. Ut autem ter maximus sit, simul tamen homo est, atque ideo ex se nihil nisi vanitas, mendacium et nihilue moque nullis
20 morbis, nullis erroribus non obnoxius.

Iam [13]) si Petrus etiam post acceptum Paracletum adeo perverso ad evangelion pede ingressus fuit, ut Christi gloria credentiumque salus Paulo extorserit illum palam coram omnibus reprehendere [cf. Gal 2, 11-14]; si tota ecclesia Hierosolymi-[A7a]-tana tam diu iudaeae
25 gentis praerogativam cerimoniarumque ad pietatem per se nihil facientium observationem in non levem obscurationem redemptionis factae per Christum, cuius ipse gentes aeque atque Iudaeos effuso in illos non secus atque in hos suo Spiritu [cf. Act. 11, 1-3; 15, 5] participes fecerat, mordicus adeo tenere potuit; si Paulo ipsi et Barnabae, quo pari aposto-
30 lorum nihil orbis vidit absolutius, circa Marcum eiusmodi παροξυσμὸς [b]) acciderit ut a se invicem divellerentur [cf. Act 15, 39]; si denique Tertullianus [14]), Origenes, Cyprianus aliique sanctissimi martyres tam non contemnendis erroribus obnoxii fuerunt, nemo recti iudicii inficiari poterit quin et hodie fieri queat, ut minime malis optima tamen displiceant.
35 Cum enim in omnibus rebus vehemens sit philautia, in contentione

---

[b]) παροξυσμὸς *scripsi*: παροξισμὸς *A*.

[13]) *Quibus erroribus boni quoque fuerint obnoxii*. (Marg.).
[14]) Auch Erasmus nennt 1532 u.a. diese drei Väter als Beispiele dafür, daß jeder Theologe auch Falsches hervorbringt; Erasmus, *Enarr. in Ps.*, *LB* V, Sp. 432CD.

ingenii consuevit esse violentissima. Deinde nemini hominum insolens erit ut, postquam errori sese concesserit, erga dissentientes affectu incipiat esse amariore; quo submovente charitatem ilico non fenestra sed ostium plane patet omnibus, quae gignere ex se solet simultas et aemulatio.
5 Hoc malo tam non vindicat ampla eruditio exactumque iudicium, ut ipsum etiam augeat; quo enim quisque plus se his valere sentit, eo longius abesse vult ab errore, etiam cum illo totus tenetur implicitus.

Suetonius [15]) Tranquillus habetur [16]) inter historicos fidei certissimae, qui [A7b] nihil odio, nihil studio, omnia veritati detulerit, at hic [17])
10 tamen in Nerone christianorum institutum, quod nihil nisi ipsissima iustitia et innocentia est, superstitionem vocavit maleficam. Cornelius Tacitus, qui et ipse gravissimus scriptor etiam a Plinio [18]) Secundo non vulgaribus laudibus celebratur, libro Historiae suae 15. scripsit [19]) superstitionem esse exitiabilem. Et alio loco verba faciens de christianis,
15 quos ne hostes ullius poterant flagitii — quamvis horrenda et innumera de eis spargerent — convincere, dicit [20]) per flagitia invisos et novissima exempla esse meritos.

Porro Plinius ipse, qui [21]) non minus aequitatis et iustitiae quam eruditionis et eloquentiae titulo haberi eximius voluit, de christianis ad
20 Traianum scribens suamque diligentiam praeses approbare volens principi gravissimo, memorat [22]) se confessos Christi nomen iterum et tertio rogasse, supplicium minatum esse, perseverantes duci iussisse, quod — qualecunque esset quod profiterentur — certe pertinaciam et inflexibilem obstinationem debere puniri non dubitasset, etiamsi ipse
25 scribat nihil se de illis comperisse quam quod soliti essent stato die ante lucem convenire carmenque Christo quasi Deo dicere secum invicem seque sacramento non in scelus aliquod obstringere, sed ne furta, ne latrocinia, ne adulteria committerent, ne fidem fallerent, ne depositum appellati abnegarent, [A8a] quibus peractis morem sibi discedendi fuisse
30 rursusque coeundi ad capiendum cibum, promiscuum tamen et innoxium. Narrat post haec se ex duabus ancillis, quae ministrae dicebantur, quid esset veri et per tormenta quesivisse, sed nihil aliud invenisse quam superstitionem pravam et immodicam.

---

[15]) *Gravissimi scriptores falsissima tamen de christianis in literas retulerunt.* (Marg.).
[16]) Vgl. für den Ruf Suetons W. Steidle, *Sueton und die antike Biographie*, S. 9f.
[17]) Vgl. Suetonius, *De vita caesarum* 6, 16, 2.
[18]) Am bekanntesten ist bei Plinius dem Jüngeren die Stelle *Epist.* 6, 16, 1-3.
[19]) Vgl. Tacitus, *Annales* 15, 44.
[20]) *Ibid.*
[21]) Vgl. Plinius der Jüngere, *Epist.* 8, 2, 2.
[22]) Vgl. Plinius der Jüngere, *Epist.* 10, 96 (97), 3-8.

Haec age tam praestantium non minus iudicii rectitudine quam cultu integritatis virorum elogia parumper excutiamus!

Tacitus Plinii amicus [23]) et familiaris, quem nihil dignum scitu quod hic nosset latere potuit, quique huic tam gravis historiae scriptor fuit,
5 ut eius [24]) inseri Historiis etiam orarit, propterea quod haudquaquam falso augurio auguraretur eas perpetuas fore, hic tantus vir tamque probatus veritatis testis scripsit christianos per flagitia invisos, novissima exempla meritos; interim autem Plinius a defectoribus nihil aliud discere potuit, quam christianos solitos se sacramento non in scelus aliquod
10 obstringere, sed ne furta, ne latrocinia, ne adulteria committerent, ne fidem fallerent, ne depositum [c]) appellati abnegarent, quibus peractis morem sibi discedendi fuisse rursusque coeundi ad capiendum cibum, promiscuum tamen et innoxium.

Ut vero haec inter se conveniunt! Ut consonant tanti testes, etsi
15 invicem noti ac familiares! Quae illa quaeso, Tacite, flagitia ob quae invisi erant christiani et quibus novissima scribis exempla [A8b] meritos? Sed cur tu, Plini, institutum horum ausus es dicere superstitionem pravam et immodicam, de quo etiam per tormenta nihil sceleris comperisti, imo summum studium ne quis in scelus aliquod rueret? Quod enim ante lucem
20 statis diebus convenirent, cum id et tui observarent, pravum esse iudicare haud debuisti.

Hoc unum igitur, quod Christo tanquam Deo supplicarent eiusque auspiciis ad sedulam virtutum meditationem sese mutuo incitarent, illa immania flagitia erant, cur Tacitus scripserit hanc professionem supersti-
25 tionem esse exitiabilem et extremis dignam suppliciis, Plinius superstitionem pravam et immodicam, Tranquillus novam et maleficam.

Atqui isti suorum interim, qui [25]) Febrem, qui Orbonam, qui malam fortunam atque hoc genus alia insana portentosaque figmenta colebant — ut taceam pudenda quae etiam de diis selectis commenta ipsi iactabant,
30 a quibus scelerum tantum exempla proponebantur — non superstitionem sed religionem censebant. Id vero, ut Tranquillum et Tacitum mittamus, dignum erat praeside humaniore, qualis videri volebat Plinius, ut nondum cognita christianorum caussa perseverantes duci tamen iuberet? Quasi vero quaelibet animi obfirmatio pervicacia et obstinatio, et non potius

---

[c]) depositum *scripsi*: depositi *A*.

---

[23]) Vgl. bes. Plinius der Jüngere, *Epist.* 7, 20.
[24]) Vgl. Plinius der Jüngere, *Epist.* 7, 33, 1.
[25]) Vgl. Cicero, *De natura deorum* 3, 25, 63; Plinius der Ältere, *Naturalis historia* 2, 5, 16.

constantia saepe atque celsitudo dici debeat, praemiis quam [B1a] suppliciis excipi dignior. Scribit [26]) siquidem de se: «Neque enim dubitabam, qualecunque esset quod faterentur, pervicaciam certe et inflexibilem obstinationem debere puniri». Grave dictum a praeside: «qualecunque
5 esset».

Hinc autem videtis, fratres, minime novum esse, ut in nobis sapientes saeculi ulciscantur et puniant quod quale sit ignorant. Nullum credunt hi Deum certo, etsi ille se animis eorum insinuet praesentius quam velint. Inde est, quod non Romani solum, sed omnes veri Dei ignari ius faciendi
10 deos religionesque constituendi sibi vendicarunt, quo vel uno errorem suum ipsi graviter admodum traduxerunt, quippe qui eo de se testati sint divinitatem sibi non ex sese, sed «humano arbitratu» ut inquit Tertullianus [27]) pensitari. Porro ut sibi persuadent [28]) istiusmodi in hoc tantum deorum opinionem introductam, quo metu futuri iudicii homines
15 melius in officio continerentur, caeterum non esse cur deorum religio quenquam teneat, ita nefas esse iudicant, si eum quisquam deum colere detrectet, quem ii colendum praecipiunt, sub quorum degit imperio. Id igitur cum christiani constantissime semper renuerunt verum Deum docti, constantiam eorum non hic solus sapiens et aequus ut sibi
20 videbatur [d]) religionis vindex, sed et alii huius farinae sub titulo impiae pervicaciae et obstinationis debere puniri non dubitarunt. [B1b] Tanti est religio sophis huius mundi. Forsan ab avunculo [29]) suo Plinius didicerat praecipuum imposturarum telum esse religionem, et irridendum putare agere curam rerum humanarum illud — quicquid est — summum.
25 At quot [e]) interim innocentissimi homines ab hoc praeside, ignorante [30]) nomen ipsum christianum etiam si flagitiis careat, an flagitia cohaerentia nomini punienda essent, neci adiudicati sunt!

Quando igitur sanctissimum hunc et doctissimum virum nihil tantae crudelitatis et perversitatis puduit, adeo ut iniquissimum hoc suum
30 iudicium Caesari tanquam praeclarum industriae iustitiaeque singularis documentum de se referendum duxerit, nec indecorum Tacitus putavit

---

[d]) videbatur *scripsi*: videbat *A*.
[e]) quot *scripsi*: quod *A*.

---

[26]) Plinius der Jüngere, *Epist.* 10, 96 (97), 3.
[27]) Tertullian, *Apologeticum* 5, 1, *CSEL* 69, S. 14.
[28]) Wahrscheinlich denkt er besonders an die in Cicero's *De natura deorum* 3 geäußerten Ansichten. Seit Minucius Felix wurden diese in der christlichen Polemik benutzt.
[29]) Vgl. Plinius der Ältere, *Naturalis historia* 2, 5, 14-27, bes. 2, 5, 20.
[30]) Sc. utrum.

Historiae suae, quam ut veritatis testem in multa secula paraverat,
inserere christianos tam atroci nec minus falso crimine notatos, quippe
qui [31]) per flagitia invisi extrema meriti supplicia essent — quibus tamen
nihil post conditos homines vixit inculpatius —, mirum nemini videri
5 debet, si et hodie eruditi ac boni (ut vulgo habentur) viri de nobis scribant
et iudicent, quod a vero simul et aequo absit quam longissime, praesertim
cum ii qui in nos hodie stylo et poenis saeviunt, longe maiora ex nostri
insectatione vel sperare commoda vel vitare incommoda quam illi, quos
memoravi, queant.

10   Et ut absit omnis iuxta [B2a] spes et metus, odium simul et studium,
habere tamen oportet hoc saeculo suam fidem illud Servatoris: fore ut
qui etiam occidant nos, putent *se obsequium praestare Deo* [Io 16, 2].

Sed haec memorantes, quemadmodum querimus bonos excitare, ut
probe cogitent quid ferat sors eorum qui se Christo consecrarunt, quod
15 sit mundi etiam in laudatissimis quibusque ingenium, quantopere
denique errori obnoxii sint etiam probatiores, ne nos inauditos et causa
nostra incognita ad cuiusquam praeiudicium damnent, ita nulli volumus
videri Erasmum iudicasse huc amentiae prolapsum, ut vitandi periculi
causa contra conscientiam suam nostra oppugnet, nedum spe quaestus;
20 tantum abest, ut ἀθέοις istis Tacito, Plinio et huius farinae omnis religionis
irrisoribus eum adnumeremus, quippe qui Deo quottidie gratias agamus
pro tam multis egregiis viri scriptis, quibus supra quam nos eloqui
possumus regnum Dei adiutum et promotum est. Interim tamen quicquid
illum impulerit quidve spectarit, non tam atrocibus, — etsi longe atrocis-
25 simis — quam falsis criminibus Christi studiosos et alias, hac autem ad
Vulturium Epistola ut iratius, ita saevius — ne quid gravius dicam —
petiit, quae tam non licet dissimulare Christo consecratos quam idem
fallere [32]) ipsi [B2b] Domino et Redemptori nostro deserta simul ipsa
evangelii veritate et proditis iis, qui illi vel iam nomen dederunt, vel
30 ut dent divinitus selecti sunt.

Quare cum hac modo in accusatione fidem et authoritatem viro
derogare quaerimus, idque hactenus tantum ut fides authoritasque
Christi salva apud suos permaneat, debet id nobis ille condonare, ut
quibus propria quoque vita chariorem esse oportet veritatem, ac
35 quicquid in his offenderit, suis potius vanis delatoribus quam nobis veri
defensoribus imputare.

Antequam vero rem ipsam aggrediamur, dicendum quosnam defenden-

---

[31]) Vgl. Tacitus, *Annales* 15, 44.
[32]) «fallere» wohl im Sinne von «entgehen», aber hier inkorrekt mit dem Dativ
konstruiert.

dos et quorum doctrinam et vitam purgandam susceperimus. Titulus
nanque Epistolae, cum qua negocium nobis est, illos tantum petit, qui
se falso iactant evangelicos, cum quibus nos nihil volumus commune
habere, nedum eorum caussam tueri. Sed nihil mirandum, si rhetor
5 tantus eo nos in inscriptione statim nomine insignivit, quod iure tribui
probare per omnem fere Epistolam conatur. Ipsa [33]) Epistola satis clamat
se scriptam esse in eos, qui ob syncerioris christianismi studium ab iis,
quae praescribit pontifex romanus, exigunt vulgo episcopi, dogmatizant
academiae, recesserunt pluris humanis traditionibus oracula Dei facienda
10 putantes, maxime ubi his illae pugnant.

In eorum certe se sectam scri-[B3a]-bere ipse testatur, cui Gerardus
Noviomagus, ad quem scribit, vir plane pietate et eruditione haudquaquam vulgaris — ipse verso nomine vocat Vulturium Neocomum —
praeter ipsius consilium nomen dedit, quique [34]) templis idola exegerunt,
15 preces solennes ecclesiasticorum qui vocantur submoverunt, missam
abrogarunt, religionem confessionis secretariae solverunt, delectum
ciborum et praecepta a pontificibus ieiunia remiserunt, plerasque
cerimonias obliterarunt, hominum traditiones refixerunt, permiserunt
omnibus coniugium ac novos ritus templis invexerunt aliaque multa
20 novarunt. De his nanque ut praepostere tentatis per omnem Epistolam
queritur.

Atqui ista omnia docentur designataque sunt per plurimas ecclesias
Saxonum, omnes Hessorum, multas Francorum, Nurmbergensium,
Augustanorum, non paucas Silesitarum et Moravorum, universas
25 Tigurinorum, Bernatium, Argentoratensium, Constantiensium, Basilien-
sium, Sanctogallensium, Curiensium, Milhusianorum, Schafhusianorum,
Lindovensium, Ulmensium, Reutlingensium, Vormaciensium, Franco-
fordensium, Frisonum orientalium aliasque sane permultas. Satis igitur
liquet in has Christi ecclesias scriptum esse quicquid de intempestiva
30 dogmatum ac rituum innovatione haec Epistola taxat, ut quae de morum
improbitate crimi-[B3b]-natur, ad eos pertineant, qui horum zizania
et vomicae sunt.

Quanquam cum scribat se aliquando vidisse [35]) redeuntes a concione
— opinor Basileae — veluti a malo spiritu afflatos vultibus omnium
35 iracundiam ac ferociam miram prae se ferentibus, quales discedunt

---

[33]) *Qui hac Epistola defendantur.* (Marg.).
[34]) Erasmus zählt alle hier erwähnten Vorwürfe in seinem Angriff auf Geldenhouwer
auf; vgl. Erasmus, *Epist. c. pseudevang.*, *LB* X, Sp. 1578B-1580C.
[35]) Vgl. Erasmus, *Epist. c. pseudevang.*, *LB* X, Sp. 1578DE.

milites a concione ducis ad praelium et ad θοῦριν ᶠ) ἀλκήν exhortati,
inter quos praeter unum seniculum nemo ei viris aliquot honestis comitato
detulerit honorem, et post quaedam, ut sibi [36]) nostro nomine de
admixtu malorum obiecit, iubet ad bonos vertere oculos et affirmat,
5 quae forsan sua sit infelicitas sibi adhuc neminem contigisse nosse, qui
non videatur se ipso factus deterior, ipse abunde testatur perpaucos se
omnium, qui evangelii studio pontificiis cerimoniis et legibus renunciarunt,
ab his quae hac Epistola crimina congerit, excipere. Quamvis ut Tigurini,
Argentoratenses, Bernates, Constantienses, Basilienses et qui cum his
10 praecipue faciunt severiores in novando fuerunt, ita in hos [37]) forsan
potissimum omnem accusationem suam intendit. Nam apud Basilienses [38])
egit aliquot annis et Lutherum [39]) videtur taxare mitius, Melanchthonem [40]) etiam laudare.

Illos ipsos itaque nos, quos scimus evangelio vere studere, non se
15 evangelicos falso iactare, defendere instituimus alienosque ab iis, quas
inurere notas haec Epistola conatur, demonstrare.

[B4a] Primum autem vindicabo quam profitemur doctrinam, deinde
quam meditamur vitam. Doctrina enim cum Dei sit, maiore bonorum
damno quam vita traducitur. Verum ut planius liqueat, quam in ea non
20 haereant quae Erasmus de illa scribit, breviter ac simpliciter per capita
exponemus, quaenam doceamus et quo nostra dogmata omnia spectent.
In quo Deum καρδιογνώστην [cf. Act 1, 24; 15, 8], quem nemo fallere
potest, testamur: nihil prorsus affingemus, nihil dissimulabimus, nihil
supra verum exaggerabimus, nihil quoque infra extenuabimus, ita omnia
25 ut ipsi eorum nobis coram Deo conscii sumus ingenue fatebimur. Quod ut
nos candide et synceriter facturi sumus, ita sit nobis propitius Christus
servator et iudex omnium.

Admodum [41]) inclementer enim nobiscum egit Erasmus — ut suppri-
mam, quae hic etiam Dei studium videri possit exprimere —, ausus in
30 illa ad Vulturium Epistola scribere nos [42]) iactare evangelicam veritatem
iam plus mille annis sepultam revocare in lucem; et affirmare [43]) totum

---

ᶠ) θοῦριν ἀλκήν *scripsi*: θούριον ἄλκιν *A*.

---

[36]) Vgl. *ibid.*, Sp. 1582 B.
[37]) Vgl. S. 120, Z. 20-22.
[38]) November 1521 bis April 1529.
[39]) Vgl. Erasmus, *Epist. c. pseudevang.*, *LB* X, Sp. 1580AB.
[40]) Vgl. *ibid.*, Sp. 1582 A.
[41]) *Verba Erasmi quibus philoevangelicorum doctrinam falso traducit.* (Marg.).
[42]) Vgl. Erasmus, *Epist. c. pseudevang.*, *LB* X, Sp. 1577DE.
[43]) Vgl. *ibid.*, Sp. 1577 F.

orbem ignorasse Christum ab apostolis praedicatum ac pro Deo coluisse idola, tum quotquot in apostolorum vicem successerunt excaecatos nihil vidisse in sacris literis, deinde post mille trecentos annos a nobis, nescio quibus novis evangelistis, ad veritatis cognitionem illum revocari;
5 item postulare [44]), ut intra novem annos mundus aspernetur quod ante annos mille a maioribus est traditum et in nostra dogmata pedi-[B4b]-bus eat ac manibus, nullis vaticiniis prophetarum, nullis miraculis, nulla vi Spiritus vitaeve sanctioris moribus commendata; exigereque [45]) ut credant catholici ecclesiam annis mille quadringentis caruisse Christo,
10 sed sponso stertente sponsam pro Deo coluisse larvas et idola, et in sacris literis enarrandis fuisse prorsus caecam, miracula sanctorum nihil aliud fuisse quam praestigias daemonum.

Differo dicere qualia haec sint, nec urgeo quod nemo mortalium huiusmodi aliquid vel temere effutitum a nobis audivit, nedum aut pro suggesto
15 dictum aut in literas relatum. Hoc unum postulo ut collata iis, quae tot hominum myriades quottidie a nobis audiunt, quae tot iam pridem aeditae testantur nostrae lucubrationes, quae hic denique optima modo fide percurremus, iudicentur.

Neque enim nos unquam vel somniavimus evangelicam veritatem
20 sepultam fuisse plus mille annis aut ecclesiam annis mille quadringentis caruisse Christo et stertente sponso sponsam pro Deo coluisse larvas et idola et in enarrandis sacris literis fuisse prorsus caecam; neque postulavimus, ut quae ante annos mille a maioribus tradita sunt quisquam aspernaretur — nedum mundus — et in nostra dogmata pedibus iret ac
25 manibus; deniqe a nobis nemo audivit miracula santorum fuisse nihil aliud quam praestigias. Plurimi omnibus saeculis [B5a] egregios sane evangelii fructus, nimirum omnimodam sui abnegationem, quibuslibet inservientem dilectionem, morum singularem candorem et placiditatem tulerunt; quis igitur ausit dicere sepultam fuisse evangelicam veritatem,
30 Christum ecclesiae suae abfuisse aut — quod nimis odiose nobis tribuitur — sponso stertente sponsam adorasse larvas et idola?

In multis utique — quod nemo sanus negaverit et ipse Erasmus tot in locis lucubrationum suarum minime dissimulavit — erratum est, etiam publicitus; nec protinus Christi ecclesia censenda est, quae illius
35 se nomine iactat, cum Dominus multos ignoret, qui in nomine ipsius etiam prophetarunt et multas fecerunt virtutes [cf. Mt 7, 22]. At interim nunquam defuerunt, qui simul germanam Christi fidem operibus praeclare testati sunt, qui, ut scripturarum pleraque non recte acceperint — quod

---

[44]) Vgl. *ibid.*, Sp. 1582 D.
[45]) Vgl. *ibid.*, Sp. 1582 DE.

nullis non usu venit —, sic a summa legis minime aberrarunt, tam abest
ut in enarrandis scripturis prorsus caeci fuissent.

Sic cum adventum antichristi Paulus futurum praedixerit *secundum
operationem Satanae cum omni potentia et signis ac prodigiis mendacibus*
5 *et cum omni deceptione iniustitiae in iis qui pereunt* [2 Th 2, 9 s.] [46]) et
nullis omnino saeculis imposturae Satanae per mendacia signa
defuerint, videmur iure monere, ut sicut doctrinam ita et portenta
quae praedicantur quisque diligenter iuxta [B5b] illud Domini praeceptum, quod tredecimo Deuteronomii legimus, examinet, ne qua forsan
10 in hoc a Domino impostoribus permittantur, ut nostram tentando
fidem probet [cf. Dt 13, 1-3].

Sanctorum autem signa, quae in confirmationem scilicet evangelii
divinaeque gloriae illustrationem facta sunt, absit ut non tanquam
praeclara virtutis Christi ostenta suspiciamus. Praestigias esse daemonum
15 haec illi mentiantur, quibus pluris sunt daemones mendaciorum authores
quam Christus aeterna veritas, qui suis promisit maiora eos quam ipse
miracula designaturos [cf. Io 14, 12].

Adeo autem non postulamus aspernari quae ante annos mille a
maioribus tradita sunt, ut nulla sit alia caussa ob quam dire adeo in
20 nos mundus desaeviendum putet, quam quod illis ipsis revocandis
tantopere studemus. Nos enim nihil aliud molimur, unum hoc satagimus,
ut doctrinae, quam Servator ipse et apostoli eius ante annos mille
quadringentos tradiderunt, ac inde legi quoque et prophetis multo
adhuc antiquioribus, ab omnibus quoad liceat vivatur.

25 Quemadmodum ergo ex his didicimus, ita docemus [47]): Deum unum
verbo virtuteque sua et condidisse ex nihilo et servare, agere perficereque
omnia; visumque illi esse, quemadmodum [48]) peccatum per unum
hominem et per peccatum mors irrepsit — idque ita, ut non tantum
hominum genus, sed universa quoque creatura corru-[B6a]-ptioni
30 obnoxia facta sit —, sic per unum hominem sed eundem Deum, nempe
verbum [49]) virtutemque suam, peccatum rursum in electis filiis suis
abolere cumque solida iustitia vitam quoque eis largiri immortalem
et beatam; qua consummata ac ita illis revelate iam id apparentibus
quod sunt, nimirum filiis Dei, manifestaque in eis sorte divina reliqua
35 etiam *creatura* [50]) *a servitute corruptionis liberetur* hocque pacto instau-

[46]) In der Übersetzung des Erasmus.
[47]) *Summa doctrinae quam sequuntur ecclesiae, quas accusat Epistola Erasmi* (Marg.).
[48]) *Rom. 5* [12-21] (Marg.).
[49]) *Iohan. 1* [1] (Marg.).
[50]) *Rom. 8* [21] (Marg.).

rentur [51]) per illum quaecunque sunt in coelo et in terra. Per hunc itaque unum Deum inter et homines sequestrum ac mediatorem, quicquid ullis unquam mortalibus divinae bonitatis, quicquid iustitiae et salutis impartitum est, contigisse confitemur. Instaurari siquidem per eum
5 omnia oportet, per quem sunt condita. Ideoque [52]) quicquid patribus divinioris beneficii vel promissum vel exhibitum legimus, in eo agnoscimus Christum sese prodidisse ac velut adumbrasse.

Ipse sane est, qui desperabundos primos parentes in spem salutis erexit [cf. Gn 3, 15], ipse Abelo studiosum pietatis animum adspiravit
10 [cf. Gn 4, 4], ipse Noah tanta innocentia et religione eximium reddidit [cf. Gn 6, 9], ipse Abraham natalibus excitum sedibus patrem populi sui constituit [cf. Gn 12, 1-3; 17, 5], ipse Israëlis populum vindicatum in libertatem [cf. Ex 12] extinctis Aegyptiis lege sua donavit [cf. Ex 20, 1-17], totque ac tam stupendis bene-[B6b]-ficiis cumulavit, ipse in
15 Davide ac Salomone aliisque piis populi iudaici principibus suo regno tam praeclare prolusit, omnia autem adhuc tectus et mundo incognitus.

Cum vero appetiisset quod divinitus huic rei decretum erat tempus [53]), ex diva virgine Maria, quam nullus congressus viri sed adumbrans virtus Altissimi gravidam eius reddiderat, natus homo [54]) est nostri per
20 omnia uno peccato excepto similis, patibilis et mortalis, etiam si ut peccato ita morti quoque nihil deberet; hacque mortali carne indutus, in mundo tempore dispensationis ac ministerii, quod Pater definierat, versatus Deumque se ac unicum orbis reparatorem esse tum vita tum
25 doctrina et miraculis contestatus, mortem tandem, qua humanum genus Patri reconciliaret, volens oppetiit; a qua cum tertio statim die resurrexisset et indubitata immortalitatis suae regnique documenta per dies quadraginta suis exhibuisset, coelos conscendit sedensque ad dextram Patris — hoc est verus homo proxima a Patre potestate pollens, qui ut
30 Deus habet eandem — Spiritum [55]) paracletum, alterum ecclesiae patronum, ductorem et defensorem, apostolis visibili specie immisit, eo testatus se datorem esse Spiritus illius vivifici, per quem regnum suum deinceps praeclarius quam antea ac etiam in omni orbe esset administraturus; hoc [g]) [B7a] est eos, quos sibi Pater ex universis hominibus

---

[g]) hoc *scripsi*: hos *A.*
[h]) Gala. 4 *scripsi*: Gala. 3 *A.*

---

[51]) *Ephe. 1* [10] (Marg.).
[52]) *Christus in patribus.* (Marg.).
[53]) *Gala.*[h])4 [4] (Marg.).
[54]) *Christus incarnatus.* (Marg.).
[55]) *Spiritus paracletus.* (Marg.).

donasset, animis sic innovaturus, ut divina iam solide cognoscere, amare
et sectari inciperent; hoc est seminarium penes se haberent vitae ut
optimae ita sempiternae et beatae. Hic ergo Spiritus, haec vis, hoc
numen apostolos impulit animose quam late orbis patet Domino Iesu
5 testimonium perhibere ipsum Christum, id est illum sanctorum regem
esse, quem qui susceperint, aeternam vivant vitam, qui minus, aeternum
pereant. Hic ergo Spiritus praeter admirandas sapientiae et linguarum
dotes aliasque plane coelestes facultates stupenda etiam et innumera
prodigia edere apostolis dedit — quo nimirum non minus magnifica
10 virtutis divinae declaratione evangelion commendaretur universis
gentibus, quam lex fuerat commendata soli populo ebraeo —, quae
statim apostolis suo munere defunctis edi ea duntaxat frequentia qua
ante desierunt, cum iam scilicet orbis satis ad inquirendum de evangelio
erat per miracula excitatus; omni nanque creaturae quae sub coelo est,
15 Pauli adhuc tempore adnunciatum fuerat [cf. Col. 1, 23]. Quamlibet autem
iam inde a morte apostolorum perrara in ecclesia Spiritus hic portenta et
prodigia fecerit — quod toties nihil officere pietatis[i]) studiosis divus
Chrysostomus [56]) testatur —, idem tamen apud omnes, qui Christi interim [B7b] fuerunt et hodie sunt, perseveravit hodieque perseverat, quando
20 nemo Christi esse queat quem hic Spiritus [57]) non adflaverit; utque
nullis sese ostentat miraculis, ita hoc tamen in sanctis omnibus, sine
quo constare illis salus haudquaquam potest — cum sine miraculis
possit —, operatur ut Deum cognoscant, ament et aemulentur, cuius
ὁ ψυχικὸς homo nihil prorsus percipere potis est [cf. 1 Cor 2, 14]:
25 id vero est eos a Christo baptizari Spiritu, regenerari e supernis, innovari
mente, ut qui impuri antea sua tantum querebant, iam in omnibus soli
gloriae Dei et saluti hominum dediti sint, securi de se ob illud Spiritus
huius testimonium [58]), quo persuasus ipsorum spiritus Deo fiducia [59])
plane filiali audet acclamare: «Abba, Pater!»
30   Haec cum ita habeant, fateri cogimur, quicunque hoc divino afflatu

---

[i]) pietatis *scripsi*: pietati *A*.
[j]) Gala. 4 *scripsi*: Gala. 3 *A*.

---

[56]) Vgl. Johannes Chrysostomus, *De sancta Pentecoste homilia* 1, 4, *MPG* 50,
Sp. 459f.; *Expositio in Psalmum* 142, 5, *MPG* 55, Sp. 454; *Homilia 32. in Matthaeum*,
MPG 57, Sp. 386f.; *Homilia 24. in Johannem*, *MPG* 59, Sp. 143f.; *Homilia 10. in
Acta apostolorum*, *MPG* 60, Sp. 92f.; *Homilia 6. in Epistolam I. ad Corinthios*, *MPG* 61,
Sp. 50f.; *Homilia 8. in Epistolam ad Colossenses*, *MPG* 62, Sp. 358f.
[57]) *Rom. 8* [9] (Marg.).
[58]) *Rom. 8* [16] (Marg.).
[59]) *Gala.*[j]) *4* [4-6] (Marg.).

destituti fuerint, eos divina percipere non posse, multominus sectari,
eoque nihil nisi servos [60]) peccati et Satanae permanere, donec per hunc
ipsum germanae libertatis Spiritum Filius illos liberos reddiderit, et si
istuc nunquam eis contingat, in peccatis suis indubie morituros.

5   Nihilominus[61]) autem—quando ignoranter peccantes veniam consequi
ex Dei misericordia (ut Paulus [62]) de se gloriatur) soleant et Servator ipse
dicat Iudaeos illos suos hostes excusationem habituros fuisse, si non
venisset et loquutus eis fuisset [cf. Io 15, 22] signisque tam potentibus
convicisset, sit denique in omnium cordi-[B8a]-bus [63]) tantum divinae
10 legis inscriptum, ut propriis cogitationibus accusentur et damnentur
etiam sine cognitione legis scriptae quicunque desertis virtutibus sceleribus sese dediderint — omnino affirmamus neminem non ut sua culpa ita
sua sponte suoque arbitratu delinquere, idque tam plene, ut nulla
omnino pars culpae Deo ipso quoque iudice imputari queat. Sed tum
15 demum hoc in animis impiorum iudicium penitus sese proferet, cum —
depulsis a mente quos praesentis vitae aestus suffundit fumis — ipsi
se recte inceperint consyderare. Ita rursus, cum nihil a quoquam Deus
probet nisi ex amore studioque sui profectum, quamlibet ad Christum [64])
non possit non venire quem Pater traxerit et non sequi quem in hoc
20 destinatum ille vocarit, adserimus nihil tamen boni a quoquam nisi
volente idque suo libero arbitrio fieri. Docens siquidem illos per Spiritum
suum Pater ea in Christo suo bona eorum animis tamque manifesto
ostendit, ut nequeant se non totos illi addicere cupidissime, idque iudicio
arbitratuque hoc certiore, quo verior certiorque est haec Patris per
25 Spiritum suum doctrina et persuasio, et voluntate animique libentia
tanto proniore, quanto superant quae in Christo cognoscuntur bona
alia quaevis.

Quid? Ne ipsa quidem ab his vita diligitur tam necessario atque Christus, et simul tamen ea electionis libertate ut nihil aeque, quia ni-[B8b]-hil
30 iudicio exactiore simul et voluntatis inclinatu pleniore. Hactenus ergo
liberum homini arbitrium tribuimus, et simul tamen Deum agere omnia
in omnibus sineque numinis eius adspiratione singulari non modo ad
vere bona neminem posse eniti, sed ne cognoscere quidem illa — ita
ut pro stultitia [k]) quoque ea habeat — confitemur.

---

[k]) stultitia *scripsi*: stultia *A*.

---

[60]) *Iohan. 8* [34. 44] (Marg.).
[61]) *Quatenus homini liberum arbitrium.* (Marg.).
[62]) *1 Timo. 1* [13] (Marg.).
[63]) *Rom. 2* [14 s.] (Marg.).
[64]) *Iohan. 6* [44] (Marg.).

Hacque [65]) causa, quia visum Domino est hominem non ut saxum, ut lignum aut bestiam citra propriam impellere electionem, sed potius ut rationale animal, ut divinitatis aliquo modo particeps ducere, legem suam dedit totque promissa minasque adiecit, quibus tamen ita ad
5 instituendum suos ut ad alendum cibis et curandum corpora rebus utitur medicis. Sicut enim — nisi ipse virtutem sufficiat, qua et in alimentum vertatur cibus et virium instaurationem adferat pharmacum — utraque res si non damno, certe oneri est potius quam id quod audit, ita quicquid sacrum vel legerit quis vel audierit, per se plantationis
10 quidem et rigationis vicem obtinet, sed inefficacis infructuosaeque quam diu non dederit incrementum Deus [cf. 1 Cor 3, 6]. Nec hoc solum, sed irritatur praeterea illo animus Satanae obnoxius, ut contra auditam veritatem etiam saeviat, ad omnia Dei multo quam antea stupidior et insensatior factus; id quod ex sexto Iesaiae [9 s.] Servator ipse aliquoties
15 [cf. Mt 13, 14 s.; Io 12, 39 s.] et Paulus [cf. Act 28, 25-27] testati sunt.

Inte-[C1a]-rim autem sic moderari res humanas Deo placuit, ut singuli inter se membrorum instar habeant et, quamvis ipse unus sua virtute omnia in omnibus perficiat, nobis tamen uti dignetur cooperariis; hinc semper eos, quos vitae destinavit, Pater Spiritu suo in unum coegit
20 deditque quod in membris videre est, ut quisque pro sua portione aliorum commoda promoveret et in commune adferret, quo alii vim Dei rebus ipsorum paterne consulentis experirentur. Cum primis itaque sacerdotes suae voluntatis interpretes dedit, qualis Abraham, Malchizedek, Isaac, Iacob, et similes his fuere. Inde lege data totam in id ministerii tribum
25 selegit, pollicitus simul prophetas suo verbo instructos se illis daturum [cf. Dt 18, 14-22], quemadmodum Moschech dedisset [cf. Dt 34, 10], donec prophetarum princeps Christus adveniret. Hic quoque, ubi coelos corpore petiit, *dedit* [66]) *alios quidem apostolos, alios prophetas, alios evangelistas, alios pastores et doctores, ad instaurationem sanctorum*
30 *in opus administrationis, in aedificationem corporis Christi* etc., dabitque dum tempus illud erit, in quo ex parte ut cognoscimus ita et prophetamus [cf. 1 Cor 13, 9], dum supererunt ad caenam evangelicam Christique nuptias adhuc vocandi.

Quo itaque commodius coelestis doctrina et traderetur et perciperetur,
35 summam voluit rerum omnium suos inter communionem esse planeque cor-[C1b]-poris unius — cuius Christus ipse caput sit — rationem modumque inter se obtinere; ad quam ineundam conservandamque, demittens se ad humani ingenii morem, certa quoque symbola (nostri ea,

---

[65]) *Usus doctrinae et exhortationis.* (Marg.).
[66]) *Ephe. 4* [11 s.] (Marg.) in der Übersetzung des Erasmus.

quod illis vitae coelestis velut professio sit, sacramenta vocarunt) dedit:
plura priscis, quod illi pueri instar multis formandi elementis mundi,
hoc est initialibus externisque institutiunculis essent, nobis pauciora,
quod Spiritum modo impartiat opulentius, qui quo efficacius ad omnem
5 pietatis functionem format atque impellit intus, hoc paucioribus opus
est admonitoriis foris. Unde praeter doctrinae adhortationisque minis-
terium, quod manuum impositione apostoli deferebant — velut testantes
tales se Deo offerre et sistere, hoc donandos Spiritu ampliore, quo ad
munus designarentur divinius —, solum ipse quidem baptismatis
10 sacraeque usum caenae, quibus ritibus nihil erat non apud Iudaeos modo,
sed universas quoque gentes vulgatius, instituit.

Quia [67]) vero christianismus institutum est vitae coelestis, in qua sit
agente sanctos Spiritu Christi iugis solidae iustitiae meditatio con-
tinuaque cum vitiis dimicatio, symbolis hisce, quibus in gregem Christi
15 cooptamur studiumque conversationis illo dignae profitemur, omnia
quae in sanctis efficit Spiritu suo Servator, tribui identidem solent [1]).
Baptismo [68]) siquidem dicuntur ablui peccata, mori nos sepelirique
[C2a] cum Christo, exui homine vetere et indui novo, hoc est Christo,
novaque demum creatura evadere, id quod est salutem plenam et sem-
20 piternam consequi; non id autem quod salvet depositio sordium in
carne [cf. 1 Pt 3, 21], ut divi Petri verbis utar, hoc est exterior illa tinctio
corporis, sed in Christum fides ad omnem iusticiae functionem efficax,
quam ex bona conscientia omnis nescia fuci baptismo in ecclesiam Dei
recepti profitentur. Salvari nanque quid aliud sit quam vires restitui
25 recte, hoc est ex praescripto Dei eoque beate et aeternum vivendi?
Id nulli nisi Christo, innovantis Spiritus largitori, quem non statim ut
quisque abluitur aqua, sed cum sibi visum fuerit donat, transcribere
licet. Plurimi sane et apostolis baptizati sunt, qui huius vim Spiritus
nunquam senserunt. Proinde cum divus Paulus, scribens Ephesiis,
30 lavari ecclesiam a peccatis per baptisma dixisset, statim adiecit *per* [69])
verbum, hoc est vim Dei regeneratricem; et ad Titum [70]), cum vocasset
illud: *lavacrum regenerationis*, continuo adiunxit: *Spiritus sancti*, nimirum
ne quid huius ei, quod per nos exhibetur, tribueremus.

---

[1]) solent *scripsi*: solet *A*.
[m]) Ephe. 5 *scripsi*: Ephe. 6 *A*.

---

[67]) *De baptismo.* (Marg.).
[68]) *Rom. 6* [1-11] (Marg.).
[69]) *Ephe.*[m] 5 [26] (Marg.) in der Übersetzung des Erasmus.
[70]) *Tit. 3* [5] (Marg.).

Iam vero cum baptismo initiari debeant atque ecclesiae velut inseri
quicunque ad familiam Dei attinent, et ad hanc apud nos quoque non
minus quam apud veteres infantes attinere creduntur, quod Dominus
non [C2b] minus nostri quam illorum seminis Deus sit, uti credentes
5 omnes germana Abrahae soboles sumus [cf. Gal 3, 7], hos quoque
Christo per sacrum lavacrum consecramus; cum nanque foederis,
quod nobiscum Deus icit, nostra sacramenta velut symbola et tesserae
quaedam sunt, admonemur illis tam eorum quae Deus nobis quam quae
vicissim nos Deo praestare deceat.

10   Baptismo itaque in primis praedicatur Deum Christo suo consecratos
sordis vitae pravae abluere novaque donare; tum monemur nos ut
sedulam per omnem vitam operam navemus, quo caro, in qua nihil
puri, tota tandem intereat. Quando igitur et infantibus ille suum Spiritum
impertit, sanctificans [71]) saepissime statim a matris utero quos ad
15 gloriam nominis sui ante condita secula delegit, et illis symbolum huius
baptisma conferimus, sic ipsi [72]) parvulos nostros (quoad eius nostrum
esse potest), uti iussit, sancta prece apportantes benedicendos, simul
praesentem ecclesiam adhortantes, ut eorum tanquam iam a Deo
adoptatorum curam quam diligentissimam gerat, sollicita eos per
20 doctrinam et exhortationem moribus Christo dignis formare, cui illos
per sacram tinctionem dedidit.

In [73]) eucharistia, quae una in vicem successit tot tamque multiplicium
sacrificiorum sicut baptismus in locum toties repetendae olim ab aqua
expiati-[C3a]-onis, ut offertur nobis caro [74]) et sanguis Domini in
25 cibum spiritalem et in aeternam vitam alentem, ita vicissim exigitur a
nobis ut huic, quem memoramus pro vivificandis nobis mortem, cui
nihil debebat, oppetiisse, consecrati studeamus summa charitate cum
omnibus ipsius nomen invocantibus *unum* [75]) *esse corpus, unus panis.*
Porro cum vita iusti sit illa, qua Deo in omnibus nititur, fiducia — ex
30 qua et amore Dei accensus totus in eo est, ut Deum quendam omni et
innocentia et beneficentia iis, quibuscum vivit, exprimat —, tum pane
illo coelesti vereque vivifico nos pasci fruique agnoscimus, quum ut se
hostiam ille Patri pro nobis obtulit tradito suo in mortem corpore
fusoque sanguine, sic consyderamus, sic praedicamus et gratias pro

---

[71]) *Ephe. 1* [4. 6] (Marg.).
[72]) Vgl. für die Taufordnung F. Hubert, *Ordnungen*, S. LVII-LIX, 37-43; *BDS* I,
S. 187-190. In *Grund und Ursach* (1524) gibt Bucer schon eine ähnliche Zusammenfassung; vgl. *BDS* I, S. 258, Z. 24-30.
[73]) *Quae credant circa eucharistiam.* (Marg.).
[74]) *Iohan. 6* [25-66] (Marg.).
[75]) *1. Cor. 10* [17] (Marg.).

tanto beneficio agimus: ut auctior iam inde in Deum Patrem fiducia amorem quoque eius et studium, unde totus virtutum chorus prosilire solet, magis magisque accendat.

Sunt qui praeterea contendant et corporaliter praesentem Christi
5 carnem et sanguinem sumi, alii [76]) sub panis speciebus, alii sub ipso pane. Verum cum Servator porrecto pane simpliciter dixit: *Hoc est corpus meum* [Mt 26, 26], et id iuxta scripturae loquendi proprietatem non minus demonstratio ad intellectum — ut cum proposito typo disperdendae Hierusalem Ezechieli an-[C3b]-gelus dicebat: *Hoc* [77]) *est Hierusalem,*
10 cunque Christus inflans in discipulos diceret: *Accipite Spiritum sanctum* [cf. Io 20, 22] — quam ad sensum esse possit, tum [78]) sic accipi hanc orationem Christo ipso, ut vero Deo ita et vero homine, cuius — ut etiam divus Augustinus scripsit [79]) — corpus in uno esse loco oporteat, munere eius, qui semper ea nobiscum gessit quae, quod pietatis pro-
15 movendae aliquod momentum adferant, saluti sint, ratione novi testamenti, quo omnia maxime spiritu iustitiae incrementa continuo percipiente constant, iis denique quae Dominus ipse Iohannis sexto de sui carnis manducatione disseruit [n]), quam non nisi salvificam commendavit [cf. Io 6, 25-66], dignius videatur — pugnet autem cum his sensus
20 diversus —, affirmamus quae Christus in caena illa novissima dixit et gessit ad eos tantum pertinere qui sunt eius discipuli, et tales quibus et novi testamenti competat consortium, qui capaces sint remissionis peccatorum, hoc est, pro quibus ille corpus suum impendit et sanguinem insumpsit.
25 Tum hortamur, quando in coelestibus Christus nunc regnet et advenerit hora illa cum adorare Patrem in spiritu et veritate conveniat [cf. Io. 4, 23], sursum corda — id quod ab [80]) antiquo in hoc sacro moneri Christi

---

[n]) disseruit *scripsi*: diseruit *A.*

---

[76]) Bucer meint die Anhänger der Transsubstantiationslehre. In seiner *Vergleichung D. Luthers und seins Gegentheyls* (1528) unterscheidet er in derselben Weise; vgl. *BDS* II, S. 373, Z. 12-16.

[77]) *Ezech. 5* [5] (Marg.). Die Vulgata hat: «Ista».

[78]) Das Subjekt dieses Satzteiles ist «sic accipi hanc orationem». Die Konstruktion ist folgende: sic accipi hanc orationem ... munere eius ... ratione novi testamenti ... iis denique ... dignius videatur.

[79]) Vgl. Augustin, *Tractatus in Iohannis Evangelium* 30, 1, *MPL* 35, Sp. 1632, *CC* 36, S. 289, Z. 17f.: «Corpus enim Domini in quo resurrexit, uno loco esse potest». Im Mittelalter wird diese Aussage zitiert: «... uno loco esse oportet». Vgl. z.B. *Decretum Gratiani,* c. 44 D. II. de cons., Friedberg 1, Sp. 1330; Thomas von Aquin, *S. Th.,* p. III., q. 75, a. 1.

[80]) Das «sursum corda» gehört tatsächlich zu den ältesten Teilen der Meßliturgie; vgl. J. A. Jungmann, *Missarum Sollemnia* 1, S. 20.

grex consuevit — Christo dediti habeant, panem et vinum sumant,
sed non sola, sed panem [C4a] vinumque Domini, unde non modo
corporis et sanguinis Christi admoneantur, sed animis simul hisce, ita
ut corpus panem percipit et vinum, in vitam Deo dignam — hoc est
5 beatam et perpetem —, vere alantur Spiritu vegetati alacresque ad
quaevis pietatis officia redditi, ut iam re ipsa testentur se longe alia
quam solum panem vinumque sumpsisse. Ad hunc sane modum et
patres [81]) de hoc mysterio locuti sunt. Vocarunt panem eucharistiae
Domini corpus, sed vocatur etiam baptismus Christi induitio [cf. Gal 3,
10 27] et in mortem eius sepelitio [cf. Rm. 6, 4]. Attamen quem non Christus
ipse suo innovans Spiritu se ipso vestierit et repressis naturae huius
cupiditatibus mortis suae consortem reddiderit, quid quaeso Christi
vel mortis eius nanciscitur, quem nos tingimus? Solenne utique fuisse
patribus externo verbo, sacramentis aliisque ceremoniis etiam humanitus
15 institutis, ut festa sunt et alia permulta, quo augustioribus haec verbis
commendarent, tribuere quae ex se quidem tantum representant, nemo
qui cum iuditio illos legerit, ignorat.

Quamlibet autem indubitato credamus eum, quem memoravimus,
ipsissimum esse huius sermonis Domini sensum, diversum autem illum
20 non falsum modo, sed parentem etiam abominationum innumerabilium,
attamen — quando hac loquendi figura Dominus usus est: *Hoc est
corpus meum, hoc* [82]) *est sanguis meus* [Mt 26, 26. 28 p.], [C4b] ut
aliquam saltem, qui illum sequuntur, occasionem opinionis suae habere
videantur —, etsi nec qui sub panis speciebus nec qui sub ipso pane
25 Christi corpus contineri volunt simpliciter haec verba accipiant panemve
id ipsum quod Domini corpus esse adfirment, nulli eos tamen abiicimus:
eos duntaxat, qui una Christum fatentur unum omnem salutem nostram
perficere et a nobis iuxta mandatum suum novum ea tantum exigere,
quibus ad proximos utilitas aliqua perveniat. Humanum siquidem est
30 labi et errore nemo nisi ipsa veritas liberare potest. Tum, quo esset
occasio et dissentientes complecti, nunquam dedit hactenus quidem etiam
selectissimis suis Christus, ut ubique eadem viderent.

Quod abiiciunt nos alii, id sicut et reliquos fratrum errores, dum
Christi Spiritum prae se tulerint, sic ferimus ut, quamvis invitos,

---

[81]) Ökolampads Schrift *Quid de eucharistia veteres . . . senserint dialogus* (1530)
war noch nicht erschienen, als Bucer dies schrieb. Erst diese Schrift sollte einen ent-
scheidenden Einfluß auf Bucers Abendmahlsverständnis und auf seine Konkordien-
versuche haben. Vgl. J. V. Pollet, *Martin Bucer* 1, S. 115, Z. 12-15; W. Köhler,
Zwingli und Luther 2, S. 204-207, 223-228.
[82]) Die Vulgata hat: «hic».

fratrum [83]) tamen numero illos habeamus, nihil dubitantes quandoque fore ut sentiant aliud.

Haec sunt quae de eucharistia et credimus et docemus. Verba Christi vera agnoscimus; panem eucharistiae corpus Domini et vinum sanguinem 5 eius haud gravatim vocamus; dare Christum hodie suis discipulis corpus suum et sanguinem, sed in cibum animae, in cibum vitae aeternae, unde et corporibus illorum beata sua expectanda est immutatio, etiam magnifice gloriamur.

[C5a] Hoc unum non docemus, Christum Deum nostrum, panem 10 coelestem, panem vivificum perituram pariter ventris escam fieri. Satis superque enim dilectionem in nos suam morte pro nobis obita, ut ipse quoque memoravit [cf. Io 10, 11. 15; 15, 13], testatus est. Nec opus est hinc fidem fulciri resurrectionis, cum toties promiserit se in die novissimo resuscitaturum eum, qui manducasset ipsum, ita ut docuit 15 Ioannis sexto [55].

Iam [84]) quid sentiamus et de munere regendi pascendique ecclesiam aperiemus. Agnoscimus primum neminem quicquam huius posse accipere, nisi datum illi sit e supernis, ut divus Ioannes testatus est [cf. Io 3, 27]; et Paulus ait [85]): *Quomodo* enim *praedicabunt nisi mittantur?* 20 neque [86]) enim sufficimus nos tale aliquid ex nobis vel cogitare; omnia [87]) siquidem Spiritus Dei homini nondum renato stultitia sunt, nec potest ea percipere. Quodcumque igitur munus sit sive apostolicum, sive episcopale, sive doctrinae et exhortationis, sive denique ministerii circa externa membris Christi dispensanda, quando haec omnia ad 25 instaurationem faciunt ecclesiae, in qua scilicet omnis [88]) potestas ad aedificationem duntaxat data est, confitemur id oportere demandari divinitus nec quenquam nisi vocatum a Deo posse illo fungi, quicquid constituant homines. Proinde ante omnia spectandum docemus, quam quisque doctrinam adferat, quonam quae tradit spectent; [C5b] neque 30 dubitandum, si sana illa fuerint atque ex principe ista lege dilectionis Dei et proximi dimanent, a Deo missum quisquis ea attulerit, atque adeo Deum ipsum reiici, si talis reiiciatur.

Deinde cum omnis scriptura magistratibus — quos ideo deos, quod Deum potestate omnibus praepositi singulari praecellentia referant 35 [cf. Ps 81, 1. 6], vocat — nihil non subiiciat, agnoscimus non minus

---

[83]) Vgl. für diese Haltung S. 171, Z. 23-28.
[84]) *De officio et dignitate ministrorum ecclesiae.* (Marg.).
[85]) *Rom. 10* [15] (Marg.).
[86]) *2. Cor. 3* [5] (Marg.).
[87]) *1. Cor. 2* [14] (Marg.).
[88]) *2. Cor. 10* [8] (Marg.).

hodie qui Christum praedicant principibus debere dicto esse audientes
quam apostoli illis et paruerunt ipsi et parendum [89]) ab omni anima
docuerunt; verum istuc ut apostoli, ne quid gloriae Deo propriae con-
cedatur hominibus.

5   Postremo cum nusquam par sit tam decenti ordine cuncta atque in
republica Christi geri, quod nusquam alibi vera sapientia sic domicilium
suum habeat, nolumus [o]) quenquam pro suo arbitrio munus aliquod
in ecclesia sumere nec a quovis deligi quemlibet. Nihilque moramur
quaecunque [90]) sit ratio ministros in ecclesia constituendi, modo con-
10 stituantur qui sint Christi quique Dei mysteria bona fide dispensent,
quod unum requirendum Paulus [91]) praecipit. Satis namque res ipsa
clamat quicunque tales fuerint, eos datos esse divinitus, quacunque
demum ratione muneri suo praefecti fuerint. Sive Romanus [92]) igitur
sit sive Engubianus episcopus, Petri vel Pauli successor, a Christi plebe
15 electus an a Timotheo vel Tito aliquo constitutus, nobis perin-[C6a]-de
est, modo claves habeat regni coelorum, modo pascat Christi gregem,
modo sit ad praedicandum Christum idoneus et fida sedulitate promptus.

Quod si quis aut nequeat aut nolit, cum sint nostra omnia — ut
divus Paulus gravissimus testis adfirmat — ipse quoque Paulus, ipse
20 Apollo, ipse Cephas, nedum horum successores, sed et vita et mors,
tam praesentia quam futura, omnia inquam (secundo enim id dicit)
nostra sint, nos vero nullius quam Christi, ac id sicut ille Dei [cf. 1 Cor
3, 21-23], fas non erit, ut quenquam alienum audiamus, ut ob quamlibet
excelsam dignitatem, sacrosanctam autoritatem alio quam quo vocat
25 Christus animum flectamus. Salva erit itaque apud nos omnibus aeque
Romano atque aliis episcopis ecclesiasticae functionis ordinibus sua
potestas, sua praerogativa, sua denique quae vocant iura, tantum his,
si non in aedificationem, saltem non utantur in destructionem. Sinant
nos eius esse, cui nos qui finxit Pater donavit, quique sibi sanguine suo
30 redemit.

At [93]) dum hoc a se isti impetrari non sinunt et persequi Christum

---

[o]) nolumus *scripsi*: volumus *A*.

---

[89]) *Rom. 13* [1-7] (Marg.).

[90]) In Strassburg waren die Prediger auf Antrag der einzelnen Pfarrgemeinden vom
Rat angestellt. Vgl. J. Adam, *Kirchengeschichte Strassburg*, S. 67-70.

[91]) *1. Cor. 4* [1] (Marg.).

[92]) Vgl. Hieronymus, *Epist.* 146, 1, 7, CSEL 56, S. 310f.: «ubicumque fuerit episcopus, sive Romae sive Egubii sive Constantinopoli sive Regii sive Alexandriae sive
Tanis, eiusdem meriti, eiusdem et sacerdotii»; aufgenommen in das *Decretum Gratiani*,
c. 24 D. XCIII., Friedberg 1, Sp. 328.

[93]) *Unde ortum quod hodie est ecclesiarum scisma.* (Marg.).

quam praedicare aut praedicandum permittere aliis, quibus id unice
in votis est, malunt, cur cessarent sacrosanctum nomen eius celebrare
qui in eo uno omnem salutem sibi reponunt? Quare averti per hominum
commenta veritatem fratribus, pro quibus etiam mors oppetenda est,
5 paterentur? Si lapides citius in laudem Christi vocem daturi sunt [cf.
Lc 19, 40] quam illa queat taceri, [C6b] quomodo tacebunt discipuli,
utcunque fremant contra sacerdotum principes?

Nemo certe, qui Deum esse, qui Christum credit humani generis
servatorem, continere se poterit, quo minus id de Deo, de Christo suo
10 testetur quod credit, praesertim cum videt non sileri modo quid ille
nobis factus est: *iustitia* [94]), *sanctificatio et redemptio*, verum etiam haec
partim aliis rebus tribui, nec tam divorum meritis et intercessioni —
agnoscitis eorum verba [95]) — quam sacrificis quibusque et monachis,
eisque sic vulgo viventibus, ut nulla alia hominum natio (liceat fateri
15 quod cantatum pueris nemo non deplorat) flagitiis omne genus aeque
madeat. Nam qualescunque isti sint, certam tamen salutem adferre
praedicant suas missas, suas preces, indulgentias, fraternitates, denique
et vestes ac prope quicquid contigerint. Quin et statuis ac signis bona
humanae salutis portio adscribi pridem caepit. Quae iam habetur ab
20 istis contio, quae non istiusmodi Christi blasphemiis, quales in hac
Epistola Erasmus ipse quoque execratur — hominem [96]) gignere ex
se opera meritoria, benefactis mereri vitam aeternam, etiam de condigno,
beatam virginem imperare Filio cum Patre regnanti ut exaudiat huius
aut illius preces — et multo adhuc immanioribus perstrepat? Ad quas
25 si recte, ut ipse fatetur, piae mentes inhorrescunt, qui possint eae-[C7a]-
dem occasione data Redemptoris sui gloriam non vindicare confutatis
mendaciis impietatis tam nefariae? Nequit [97]) certe non loqui quisquis
vere crediderit [98]). Id vero cum sensim et multa cautione per eas ecclesias,
quas defendimus, fieri initio coepisset, quantas, bone Christe, tragaedias
30 illi nugivendi excitarunt, quantum moverunt turbarum, neque id absque
sanguine innoxio, ubicunque illis successerunt conatus! Quorum sane
furores satis ipse quoque Erasmus — quamlibet civilis veritatis promus —
probe expertus est; nec [99]) dubium actum pridem de eo fuisset, nisi

[94]) *1. Cor. 1* [30] (Marg.).
[95]) Die Worte der Kollekten der verschiedenen Heiligenmessen; vgl. A. Franz,
Die Messe, S. 166-172.
[96]) Vgl. Erasmus, *Epist. c. pseudevang.*, LB X, Sp. 1583C.
[97]) *Psal. 116* [10] (Marg.). Bucer folgt der hebräischen Zählung der Psalmen.
[98]) *2. Cor. 4* [13] (Marg.).
[99]) Vgl. für den Angriff der spanischen Mönche S. 129, Anm. 219, und für die hier
gemeinten Aussagen des Erasmus *Epist.* 1690, Z. 118-123; 1716, Z. 57-62; 1735,
Z. 24-31, Allen VI, S. 312, 349, 380.

summi etiam monarchae serio defendendum suscepissent. Sed haec
ipse non solum de hispaniensibus illis monachis abunde in libris et
epistolis suis testatus est.

Quid autem faciendum interim fuit iis, qui instincti divinitus ecclesiis,
5 quibus etiam ex episcoporum qui vulgo dicuntur autoritate praefecti
erant, Christum praedicarant unum iustitiam et salutem largiri in se
credentibus, quique non omnia ab ipso certa fiducia sibi peterent, eos
neque iustos nec salvos evadere posse, quicquid coluissent divorum vel
sacrificiorum fecissent; ad haec nulla Christum bona opera morari quam
10 quae iuxta novum vereque suum praeceptum in usus cederent proximis?
Episcopi enim toti ab illis stabant, qui ista vociferabantur haeretica
ferro et igni punienda. Mis-[C7b]-sis et statuis fidere homines malebant,
unde maior redibat quaestus; ne nostros audire quidem sustinebant.

Formabantur interim articuli per fisci [100]) — sic loquuntur — pro-
15 curatores, quibus per «credit» vel «non credit» respondendum erat,
statimque vel ipsum Christi evangelion abiurandum vel ecclesiae lupis
cedendae. Exigebatur quod et Erasmus [101]) queritur ut comprobaretur [102])
alba [103]), quod aiunt, amussi quicquid hactenus invectum erat; imo ne
hoc quidem satis, extendebatur funiculus in diversum, et iis quae ultra
20 modum excesserant aliquid etiam adiungebatur. Hic animo credentium
evangelicas litteras non esse nugas obversabatur illud: *quemcunque*
puduerit mei ac meorum sermonum in generatione hac adultera et peccatrice,
pudebit illius et Filium hominis, ubi venerit in gloria Patris sui cum angelis
sanctis [Mc 8, 38] [104]), tum illud quod ex Paulo supra adduxi: nostra
25 esse omnia, nos vero Christi [cf. 1 Cor 3, 22 s.], nec potestatem in
ecclesia cuiquam nisi ad aedificationem datam [cf. 2 Cor 10, 8]. Hinc
animis sumptis nostri, quamlibet ab episcopis damnarentur dirisque
devoverentur, partes tamen suas esse duxerunt haerere ecclesiisque suis
id petentibus Christum ut coeperant annunciare, hoc est testari ab uno
30 Christo nostri iustificationem · esse expectandam. Quod cum facere
oporteret non dissimulanter, non obscure, non ti-[C8a]-mide, sed
aperte, sed clare, sed fortiter ut par erat infinito omnibus supereminentis
principis precones, excutienda profecto fuerunt in quaecunque populus
fiduciam suam partiri a male conciliatis suis non doctoribus sed seduc-

---

[100]) Er war im Inquisitionsverfahren der Ankläger. Vgl. für seine Rolle H. C. Lea,
History of the Inquisition 2, S. 241-243, 478-481.

[101]) *Erasmus ad archiepiscopum Toletanum.* (Marg.).

[102]) Vgl. Erasmus, *Epist.* 2134, Z. 134-137, Allen VIII, S. 111f.

[103]) Vgl. Erasmus, *Adag.* 488, *LB* II, Sp. 215E-216B: «nullo delectu ac citra discrimen».

[104]) In der Übersetzung des Erasmus.

toribus, non pastoribus sed plane lupis didicerat. Hic movenda fuit omnis illa imposturarum sentina, quibus pseudoecclesiastici illi ad tantas pervenerunt opes, in tantam dignitatem et potentiam. Examinandae erant quaestuosae illae mortuorum naeniae, dicendum quid veri haberet 5 harum fundus purgatorium, exploranda quae passim praedicabantur de feracissimo illis cultu divorum. Retegere oportuit quantum vel in sola missa — non tam superstitionum foecunda quam feraci quaestus — lateret impietatis, quantum abominationum. Id ubi tentari cepit, coelum [105]) terrae, terram coelo miscebant superstitionum defensores; 10 conclamatum erat; nihil amplius induciarum, nedum pacis sperari potuit. Ubi Christus vim avertit nec concessit ferro et igni grassari, cruentissimis pugnatum scriptis est.

Hic ut alius alio vehementior Christique zelo flagrantior, dicta multa et scripta etiam a nostris sunt, quae si in se consyderes, acerba satis 15 videri possunt; si vero Christi maiestatem pro qua pugnabatur, rei qua de certamen erat execrandam indignitatem, tum illorum qui volebant hanc defensam confessam malitiam, [C8b] plus quam mitia et humana merito habebuntur, maxime si conferantur iis, quae in impietatem scripta reliquerunt non solum sacri vates, sed et apostoli atque sancti 20 patres. Quod enim convicium atrocius quam vocari hostes veritatis [cf. 2 Th 2, 12], ventris servos [cf. Rm 16, 18], *malas bestias* [Tit 1, 12], *lupos* [Mt 7, 15; Act 20, 29], *serpentes* [Mt 23, 33], *progeniem viperarum* [Mt 3, 7], diabolos [cf. Io 6, 71; 8, 44; Act 13, 10], *antichristos* [1 Io 2, 22] et id genus alia? Atqui his et Christus ipse et apostoli, summa mansuetudinis 25 et lenitatis [p]) exemplaria, inimicos veritatis prosciderunt.

Origenes [106]) in episcopos et diaconos sui temporis, cum adhuc sanguine ecclesia rigaretur, omnia illa quadrare scripsit quae Christus dixisse legitur in scribas et pharisaeos Matthaei vigesimotertio.

Quam dire et divus Hieronymus [107]) nominatim in Romanos sacerdotes 30 debacchatus sit, nemo nescit. Nec est tamen, qui dubitet illo tempore infinito melius quam modo res ordinis ecclesiastici habuisse .

Bernardi aetate, ut iam longius a Christi praescriptis illi recesserint et pluribus sceleribus detestandi fuerint, in hoc tamen malorum profundum,

---

[p]) lenitatis *scripsi*: levitatis *A*.

---

[105]) Vgl. Livius, *Ab urbe condita* 4, 3, 6: «quid tandem est cur caelum ac terras misceant»; vgl. Erasmus, *Adag.* 281, *LB* II, Sp. 142A. Erasmus erwähnt die Aussage im gleichen Wortlaut wie Bucer. Er ist also wahrscheinlich dessen Quelle.
[106]) Vgl. Origenes, *Commentar. in Matthaeum series* 9f., 12, 14, *MPG* 13, Sp. 1612A-1613C, 1616A-D, 1619B-1620B.
[107]) Vgl. Hieronymus, *Epist.* 22, 28, *CSEL* 54, S. 185f.

in quo nunc sepulti iacent, nondum venisse satis constare putamus.
At ille nihilominus quam horrendis notis insignit eos in libris De consyderatione [108]) et aliis. In sermone ad concilium Remense quid quaeso
atrocissimorum tacuit conviciorum? Postquam sane multa et inusitata
5 [D1a] in eos torsisset, ita colligit [109]): «Propter hoc non est hoc tempore
ornare sponsam sed spoliare, non est custodire sed perdere, non est
defendere sed exponere, non est instituere sed prostituere, non est
pascere gregem Domini sed vastare et devorare dicente Domino de
illis: *qui devorant plebem meam ut cibum panis*» [Ps 52, 5] etc. Et ne
10 videretur in paucos aliquos sic invehi, mox subiicit [110]): «Quem dabis
mihi de numero episcoporum, qui non plus invigilet subditorum eva-
cuandis marsupiis quam vitiis extirpandis?»; et paulo post [111]): «Propterea relinquamus istos, quia non sunt pastores sed traditores»; et sub
finem, cum dixisset illud Psalmi: *amici mei et proximi mei adversum*
15 *me appropinquaverunt et steterunt* [Ps 37, 12], «iusta» inquit [112]) «omnino
quaerimonia, nec ad ullam iustius quam ad nostram referenda aetatem.
Parum est nostris pastoribus quod non servant nos, nisi et perdant».
In [113]) Cantica Canticorum quodam loco nihilo mitiora in eosdem
scripsit palam testatus ministros Christi esse, sed servire antichristo
20 et effecisse ut ecclesia Christi nunquam habuerit deploratius. Ad eundem
tractavit eos modum et in sermone quodam ad synodum pastorum
habito, ubi in faciem illis dixit [114]): «De patrimonio crucis Christi
non facitis codices in ecclesiis, sed pascitis pellices in thalamis vestris,
impinguatis canes, [D1b] adornatis equos, phaleratis pectora et capita
25 deaurando», et post quaedam [115]): «Vae qui dicunt pax et non est pax
[cf. Ier 6, 14]. Pacem habet ecclesia ab extraneis, sed filii nequam, filii
scelerati saeviunt in eam, qui propriam matrem eviscerant, ut se pariant
in honorem».

Sed quis enumeret quae hic in corruptissimum sua iam tempestate
30 ecclesiasticorum ordinem saevissima sane passim scripsit et dixit?
Cum itaque inficias ire nemo possit nostro seculo mala, quae ille taxat,

---

[108]) Vgl. Bernhard von Clairvaux, *De consideratione*, passim, *MPL* 182, Sp. 727-808.
[109]) *MPL* 184, Sp. 1084C. Die Schrift gilt seit langem nicht mehr als Werk von
Bernhard von Clairvaux.
[110]) *MPL* 184, Sp. 1084D.
[111]) *Ibid.*
[112]) *Ibid.*, Sp. 1085A.
[113]) Vgl. Bernhard von Clairvaux, *Sermones in Cantica Canticorum* 33, 15, *MPL* 183,
Sp. 959A.
[114]) *MPL* 184, Sp. 1092B. Auch diese Schrift gilt nicht als Werk von Bernhard von
Clairvaux.
[115]) *MPL* 184, Sp. 1092D-1093A.

omnia crevisse in immensum stareque in praecipiti, adeoque constuprata
haec esse tempora ut — quod de suis dixit Livius [116]) — «nec vitia nostra
nec remedia pati possimus», quid quaeso acerbum satis pro rei indignitate
omnino dici queat, si modo dum serio res agitur, debeat rem quantum
5 licet adaequare oratio? Hoc tamen ingenue fateor [117]), hac in re a nobis
quoque peccatum esse, qui non in loco semper acerbi fuerimus, nec ita
orationis vehementiam moderati simus, ut studium iuvandi homines,
non ledendi satis eluxisset. Sannas quoque et scurriles iocos nostra
modis omnibus indignos functione, quamlibet et haec sibi ex nostris
10 quidam plus satis indulserint, detestamur. Sed qui non offendit lingua,
inquit Iacobus, sapiens vir est [cf. Iac 3, 2]. Et quanto tolerabilius est
praeter decorum tam [D2a] execranda exagitasse mala quam illa non
admittere, sed nolle castigata! Atque ut plus satis aspera nostrorum
saepe fuerit oratio, rectius tamen illos qui talia committunt quam nostros
15 qui arguunt putaverim accusandos.

Porro hac ubi ratione res incruduit, nihil iam meditari aliud adversarii
nostri coeperunt quam huc principes incitare, ut e medio tollerent
quicunque ipsos non plane adorarent. Tam enim abfuit ut aliquid etiam
de confessis malis remisissent, ut auxerint — etsi videbantur iam augeri
20 non posse —, id quod non uno in loco ipse Erasmus queritur [118]).
Si [119]) qui pii principes de libera cogenda ecclesiarum synodo in medium
attulissent, non irrisi modo sunt, sed etiam gravari multorum periculis
haudquaquam vacante invidia coeperunt. Nec videntur pridem iam
aliter animati quam ut cupiant extirpatos funditus nos, etiamsi sciant
25 coelorum et terrae ruinam sequuturam. His debemus quod — praeter
carnificinam non per solam Germaniam tam strenue toto hoc sexennio
in homines nihil aliud quam de [q]) Christo vere merentes exercitam —
nulla [120]), ut Erasmus ad Pelicanum scripsit, principum coeat amicitia
nisi hac conditione, ut extinguatur factio lutherana, ut Caesar sibi non
30 videatur Caesar esse, ni id perficiat. Taceo quam [D2b] idem cum alias
tum in hac ipsa Epistola detestatur [121]) blasphemiarum in Christum et

---

[q]) de Christo *scripsi*: Christo *A.*

[116]) Livius, *Ab urbe condita* 1, prol. 9.
[117]) Vgl. die Einleitung, S. 66f.
[118]) Vgl. Erasmus, *Epist.* 1653, Z. 24f., Allen VI, S. 240; *Epist.* 1901, Z. 71-76,
Allen VII, S. 232; *Epist.* 2205, Z. 71-123, Allen VIII, S. 253f.
[119]) Ab 1521 wurde auf jedem Reichstag die Forderung eines «freien christlichen
Konzils in deutschen Landen» erhoben. Vgl. H. Jedin, *Geschichte Trient* 1, S. 135-215.
[120]) Vgl. Erasmus, *Epist.* 1640, Z. 36-38, Allen VI, S. 221.
[121]) Vgl. Erasmus, *Epist. c. pseudevang.*, LB X, Sp. 1583B-D; *Coll.*, ASD I, 3,
S. 473, Z. 82-86. 104f.; *Epist.* 2178, Z. 15-19, Allen VIII, S. 195.

tyrannidis praecipue in eius confessores tum in quosvis duplicatam audaciam et impudentiam.

Adempta autem hunc in modum omni spe redeundi cum his in gratiam salva gratia Christi, cumque insanum esset de libero concilio vel somniare
5 (nam sic scribit rerum istiusmodi nostra quidem sententia haud vanus augur Erasmus [122]) monacho cuidam: «Nec est quod spectemus concilium. Sero veniet obstante principum dissidio; et si fuerit institutum, sedecim annis agetur de rebus longe aliis quam de ceremoniis»), non potuimus tamen prodere evangelicam veritatem aut cedere tantis veritatis hostibus
10 ecclesias sanguine Christi vindicatas. Videbamus prorsus Dei nobis voluntate evangelizandi necessitatem indictam. Non secedebamus a quoquam nos, sed abiiciebamur ab omnibus qui ecclesiasticarum rerum potiebantur. Non coniurabamus in factionem propriam, sed coniurare illi in nos orbem etiam provocabant. Christianorum titulum illorum
15 ecclesiis nunquam ademimus, scientes errare apud eos oviculas Christi non paucas, multas etiam iam toto pectore spirare ad pascua ovileque Pastoris sui; ipsi autem nostros coetus omnes immanibus quibusque et diris conviciis notatos Satanae adiudi-[D3a]-carunt.

Quanto studio optabamus cum infirmis infirmari [cf. 1 Cor 9, 22]!
20 Quam non gravatim purificationis vota et nuncupare et solvere cum Paulo [cf. Act 21, 22-26] libuisset, etiam ubi nihil eramus contaminati, sed feceramus quod iusserat Christus. Timotheos denique circumcidere nulla fuisset molestia [cf. Act 16, 3]. Sed deerat omnis spes lucrandi: nemo vel pilum remittere ex manifestissimis non erroribus tantum,
25 sed et sceleribus, ita ut et hodie videtis comparatos, sustinebat. Abiecti igitur et — quantum in illis est — omni viventium communione eiecti, devoti quoque et destinati omnis generis cruciatibus et tormentis — idque ab iis qui papae, id est patres, qui episcopi, hoc est animarum nostrarum curatores, a doctoribus et pastoribus nostris — quid fecis-
30 semus aliud quam quod conati sumus: toto scilicet corde, tota anima ad Christum unicum animarum nostrarum pastorem nos convertissemus, et satis superque experti nihil posse iustitiae et iniustitiae, luci et tenebris, Christo et Belial commune esse [cf. 2 Cor 6, 14 s.], istis pseudoeccle-siasticis, non autem ecclesiae vale dixissemus, hoc est desiissemus uvas
35 sperare a sentibus, ficus a tribulis [cf. Mt 7, 16].

Adhortari igitur nostros coepimus iam advenisse tempus, cum etiam parentes, uxores et liberos, immo et propriam animam odisse oporteat propter Christum [cf. Lc 14, 26]: operae ergo precium esse omnia

---

[122]) Erasmus, *Epist.* 1887, Z. 50-52, Allen VII, S. 200.

[D3b] prae hoc abnegare, utque ab uno hoc expectamus omnia, ita nihil non ad eius praescriptum reformare; a mundo iam tormenta et cruces expectari posse; ut in doctrinam Christi nobiscum conspiret, nondum posse; quemadmodum igitur quisque suum portet onus necesse
5 sit [cf. Gal 6, 5] et sua iustus fide vivat [cf. Hab 2, 4] oporteat, quemlibet pro se privatim, quamlibet domum, quamlibet rempublicam, quemlibet principem dare operam debere, ut tanto plus deferre Christo suo, quanto ille cuncta praecellit, iure videatur.

Cum igitur horae [123]) illae, quas vocant, nullo spiritu, nullo cum
10 fructu, tantum pecuniae et ventris caussa dicerentur admixtaque illis essent multa impia, quibus tribuebatur divis quod solius Dei est, ut pellere morbos, adferre vitae commoda, liberare peccatis, viam munire in coelos et multa alia ad quae nemo pius non inhorrescat, testati sumus id quod res est, illis irrideri irritarique Deum. Quod ipse Dominus iis
15 abunde confirmavit, quae de ceremoniis a se ipso institutis, dum praeter innocentiae studium adhiberentur, dixit Esaiae primo [10-17] et multis in locis aliis.

Quin si etiam nihil impii in se haberent ac etiam cum aliquo Dei studio dicerentur, adhuc tamen, cum et pluribus verbis oneratae sint
20 quam suum queant fructum vel ipsis dicentibus afferre, tum contra [124]) tam apertum Spiritus sancti edictum per Paulum evulgatum [cf. 1 Cor 14] in lin-[D4a]-gua, qua nequit plebs aliquid doceri vel exhortatione officii sui admoneri, dici cantarique solitae sint, ecclesia [r]) christianorum submovendae erant aut certe sic emendandae, ut et dicentibus et audienti
25 populo frugem bonam afferrent.

Ad hanc itaque emendationem diligenter primum inhortati sumus ipsos, qui ex hisce horis perquam laute vereque pontificaliter vivunt, quod cum negligerent, magistratus — cuius partes sunt publica mala tollere — ut prohiberent illos Deo sic illudere hortati sumus. Quod quam pie feceri-
30 mus, paulo post [125]) rationem reddemus.

Idem factum et de exequiis mortuorum [126]), quae ecclesiasticis supra dimidium opum quas possident advexerunt. Ut vero impudenter his

---

[r]) ecclesia *scripsi*: ecclesiae *A*.

---

[123]) *Quare sublatae horae canonicae.* (Marg.).
[124]) Im Meßgutachten vom Frühjahr 1529 stützten die Prediger sich auch auf 1 Cor 14 zur Verteidigung der Volkssprache und infolgedessen der deutschen Predigt an Stelle des lateinischen Singens in der Liturgie. Vgl. *BDS* II, S. 542, Z. 23-27; S. 543, Z. 4-9. Vgl. auch S. 118, Anm. 162.
[125]) Vgl. S. 145, Z. 24-S. 146, Z. 26.
[126]) *Cur abolitae neniae mortuorum.* (Marg.).

tam illusum Deo quam impostum orbi est! Nulla scriptura purgatorium
docet et, si qua maxime esset huiusmodi christianorum, qui cum aliqua
labe hinc migrant, conditio, ut in alio luerent seculo quod hic admisissent,
quae tamen audacia tam magno ista nulli intellecta murmura hoc
5 vendere nomine, quasi demulctus illis Deus flammam purgatorii vel
mitiget vel restinguat, quibus nihil aliud tamen quam execrandum in
modum divina luditur maiestas! Quod qui non intelligit monitus, huic
mirum, si unquam in mentem venit, quid Deus sit quidve a nobis poscat.
    Sunt ergo in hoc sacratissimi illi hymni nobis per tot secu-[D4b]-la
10 et tantas aliorum librorum clades servati, non solum ut pro naeniis
absque mente demurmurati quaestui serviant — ut taceam alia — ocio-
sorum, sed praeterea obscurent etiam, immo oblitterent meritum sanguinis Domini nostri Iesu Christi! Nam cum huic omnis scriptura
peccatorum expiationem tribuat, ausi fuerunt isti mundo persuadere
15 tum demum ad miseras animas vim expiatricem sanguinis Christi
pervenire, cum eam ipsi suis illis cantionibus et preculis evocassent.
Mitto quae alia ab ethnicis mutuata in ecclesiae usum invexerunt:
aquam lustralem, cereos, frondes, odores, vestes pullatas. O tenebras,
o mortem! Quam optabile quibusvis tormentorum generibus transmitti
20 ad Christum quam hic diversari diutius, si has tantas tanque perniciosas
tenebras pergant amare homines prae vivifica Christi luce benignis adeo
irradiante fulgoribus!
    Lugere autem modice mortuos et resipiente spem resurrectionis
funere illos terrae demandare, cum hoc quoddam sit germanae dilectionis
25 officium, cuius nullum unquam sanctorum piguit, etiam laudamus.
Reliquis nostris officiis sicut vivi tantum frui possunt — quid enim
vel verbis vel rebus iuvemus mortuos? —, ita solis vivis ea quoque
impendere hortamur.
    Precari [127]) posse nos pro vita hac functis nonnulli putant, sed haud
30 scio an hi intelligant, quid sit [D5a] vera precatio. Neque est enim haec
opus voluntatis nostrae, sed Spiritus scrutatoris profundorum Dei,
qui nunquam ut Dei voluntatem mutet, sed semper ut suam potius
illius conformet, inenarrabilibus in sanctis gemitibus preces instituit
[cf. Rm 8, 26] ante omnia orans, ut Dei nomen sanctum in hoc seculo
35 habeatur, ut obtineat ubique eius regnum, ut obtemperetur ab omnibus
agentibus in terra eius voluntati ea propensione, qua qui inhabitant
coelos [cf. Mt 6, 9 s.].
    Deinde nullam omnino in omni scriptura fusam a sanctis pro vita

---

[127]) *An praecandum pro defunctis.* (Marg.).

functis precem legimus. Nam inter legitimos scripturae libros satis constat historiam Machabaeorum [cf. 2 Mac 15, 12-14] nondum receptam esse. Sed ut possit fidelis animus et pro mortuis precari, quod forsan Dei et post hanc vitam in electis nomen sanctificetur, perficiatur regnum 5 eius et consumetur voluntatis eius obedientia (sicut enim consiliorum Dei latitudinem nemo novit, ita quantum pateant inenarrabiles illi Spiritus in sanctis gemitus nemo eloquetur), cum nihil horum tamen scriptura doceat — quae tamen ad omne opus bonum instruit [cf. 2 Tim 3, 17] —, nihil tale affirmandum est ei, qui eo loco in ecclesia 10 ministrat ut Dei verba duntaxat loquatur; tantum abest ut liceat publicam hanc observationem facere ita, ut facta est ab ecclesiasticis, imo omnibus aliis, quod quaestuosior esset ceremoniis praelata.

[D5b] Iam cum in missa[128]), quascunque videre est et in horis illis et mortuorum naeniis, superstitiones et abominationes in immensum accu- 15 mulatae sint, idque eo maiori cum offendiculo simplicium quo diviniora hic omnia et tanquam a Christo ipso nimirum corpore praesenti sanctifi- cata habeantur, hanc minime omnium ferendam christianis censuimus.

Nam praeter sacratissima Dei verba sine mente demurmurata multae etiam horrendae blasphemiae et vanissima illa per tot peregrinos gestus 20 tantique constantem cultum impostura in hoc miseris mortalibus ven- duntur, et quidem maximo, ut evanescente in Christum fiducia omnis salus expectetur a missantibus. Unde proh dolor factum est, ut hodie tot millia omnem pietatem in audiendo missam reponant, quo cum defuncti sunt, putant nihil sibi posse officere Deo in totum illum diem 25 quicquid vivant abunde placato, praesertim si ad missam certas quasdam nec parum superstitiosas preculas utcunque effutierint. Hanc tam importunam tanque horrendam totius innocentiae ruinam per missam invectam huic praecipue debemus, quod persuasum vulgo fuit sacrificum, quoties missam facit, Christum suis manibus corpore prae-[D6a]-sentem 30 Patri de novo [129]) offerre eoque impetrare ab illo — sed his praecipue, qui dono aliquo missae participes se fecissent — quidvis [130]), sane non animi tantum sed et corporis bona universa. Hanc tam abominandam imposturam altera suffulserunt: missam [131]) eiusmodi esse, ut qualis

---

[128]) *Cur abrogata missa.* (Marg.).

[129]) Das «de novo» ist natürlich keine Kirchenlehre, es lebte aber im Volksglauben. Vgl. für die Theologie *DThC* X, 1, Sp. 1068-1076.

[130]) Die Lehre der seelischen und körperlichen Wirkungen oder Früchte des Meß- opfers war der für das späte Mittelalter charakteristischste Teil der Lehre und Haupt- thema der Predigt über die Messe. Vgl. A. Franz, *Die Messe,* S. 36-72; J. A. Jungmann, *Missarum Sollemnia* 1, S. 170f.

[131]) Auch hier gibt Bucer den Volksglauben wieder. Die Theologie lehrte, daß die

qualis sit qui eam habeat, meriti tamen sit infiniti et ad obtinendum
divinitus quidvis efficax, cum omnis scriptura testetur nulla re aeque
irritari Deum atque simulato eius cultu, et dum quae sacra ipse dedit,
impuris mentibus tractantur. Id quod — ut verba, quibus hoc Deus
5 diligentissime per omnes vates suos inculcavit, praetereamus — ultrice
flamma qua alieno tantum igni usos Nadab et Abiu selecti sacerdotis
chara pignora hausit [cf. Lv 10, 1 s.], plaga qua sustulit Oza sacerdotem
[cf. 2 Sm 6, 6 s.], lepra qua insignivit regem Usiam [cf. 2 Par 26, 16-21],
peste denique qua grassabatur in Corinthios indigne sacram Christi
10 sui caenam agitantes [cf. 1 Cor 11, 30] aliisque similibus ultionibus
abunde testatus est, nulla autem gravius quam qua — ut divus Paulus
primo ad Romanos [28] scripsit — solet istiusmodi fucos in sensum
dare reprobum, ut ea admittant scelera, iis madere incipiant flagitiis,
quibus iam vel pueris videantur id quod sunt: tam nimirum alieni ab
15 omni vero cultu [D6b] ministerioque Dei, quam sunt nudi omni innocentia et iustitia. Quae ultio si in ullos unquam saeviit dire, saevit in
missatores dirissime, quod iam diu totus publice deplorat orbis. Quis
enim, qui Deum modo credit, non totus contremiscat quoties vel cogitat,
quam vixerint vitam iam seculis aliquot pontifices, cardinales, episcopi et
20 ordo ecclesiasticus totus? Vere stupenda Dei lenitas est, qui vel ob
solas missas non totum pridem orbem everterit, quando in Corinthiis
ilico ut caenam irreverenter agitare coepissent pestem immisit tam saevam,
quandoquidem haec apud nos non irreverenter modo, sed et perverse,
sed inusitata impietate ad totius pietatis extinctionem et omnium scelerum
25 fomentum tot iam annis usurpata est, quoque plus veneni orbi propinaret,
tantopere etiam frequentata. Privatas enim missas veteres [132]) prorsus
ignorarunt. Hic [133]) sane cum arae nuper submoverentur, deprehensum
est nullam earum, quae privatis quidem missis factae erant etiam in
primo templo, stetisse supra annos ducentos viginti; tot namque annos
30 habuerunt quae fuerunt omnium antiquissimae. Haec ergo simulatque
nobis divinitus datum est agnoscere, ut par fuit Christi quoque plebibus
adnunciare ea studuimus. Cunque ab his, quibus missae nulla alia quam
lucri causa charae et observatae fuerunt, non possemus hoc impetrare —

Kraft des Meßopfers durch die Devotion des Spenders und die Disposition des Emp-
fängers beschränkt wird; vgl. *DThC* X, 1, Sp. 1075-1078.

[132]) Obwohl die Privatmesse auch schon im Altertum stattfand, gab es seit dem
13. Jahrhundert eine große Häufung von Privatmessen; vgl. J. A. Jungmann, *Missarum
Sollemnia* 1, S. 283-294.

[133]) L. Pfleger, *Strassburg im Mittelalter*, S. 171f. zeigt, daß seit dem Ende des
13. Jahrhunderts die Stiftungen von Meßpfründen immer zahlreicher wurden. Im
Dom gab es 1521 120 Meßpfründen.

sed [D7a] nec ipse magistratus —, ut quicquid huius est ita ut Christus
instituit gererent, tollendas penitus docuimus, utpote in quibus ludibrio
haberetur mors Servatoris, qua ut vita nobis reparata est, ita nihil est,
quod pari religione, pari pietate celebrari conveniat.

5 Iam cum sic habeant horariae illae preces, tales sint mortuorum exe-
quiae horis prope exequatae, missa denique totius habita religionis
caput tanta christianismi pestis, quid de monastica vita [134]) censendum
sit facile liquet, quando hodie qui huic sese addicunt nihil aliud a reliquis
ecclesiasticis differant quam quod qui volunt inter illos esse religiosiores,
10 istas superstitiones habent et frequentiores et nonnunquam maiori fuco
vendibiles, tum in observando delectu ciborum, vestium, locorum et
temporum aliquanto sunt magis anxii, denique pro ordinis sui quisque
dignitate et tutelarium deorum doctrina et sanctitate digladiantur
insanius meritaque cum sua tum divorum suorum vendunt impudentius.
15 Reliqui sic vivunt, ut nullum sit mortalium institutum bonis aeque
abominabile; id sic notum pro dolor orbi est, ut ostendere pluribus
opus non sit.

Cum [135]) ergo [136]) qui ex praecepto Dei parere magistratibus, morem
gerere parentibus, inservire debebant omnibus, in talem impietatis
20 et omne genus scelerum servitutem quan-[D7b]-dam voto obedientiae [137]) quod vocant sese abiiciunt — ob quam nulli prorsus nisi vitae
talis exactoribus contra tot aperta Dei praecepta obtemperare liceat —;
cum quas collatas a Domino facultates primum familiaribus [cf. Gal 10,
6] deinde aliis Christi minimis [cf. Mt 25, 40] bona dispensari fide
25 oportebat, voto illo ementitae paupertatis [138]) coenobiorum praepositis
non iam iuxta voluntatem Dei — veri Domini in scripturis aperte
adeo testatam — dispensandas, sed (ut res ipse clamat) vel in cumulum
reponendas vel certe in detestandos usus dilapidandas semel contra dant
(ut enim alia taceam, an non execrandum tanto [139]) luxu vestiri ornarique
30 lapides et ligna, et interim egere, algere et perire tot viva membra et

---

[134]) *Cur abrogatum institutum coenobiticum.* (Marg.).
[135]) *Quid sentiatur de votis.* (Marg.).
[136]) Es gibt vier beigeordnete Nebensätze, die anfangen mit «Cum ergo», «cum quas»,
«cum denique» und «sic ergo cum». Der Hauptsatz fängt an mit «vota ista adseruimus».
[137]) *Votum obedientiae.* (Marg.).
[138]) *Votum paupertatis.* (Marg.).
[139]) An sich ist dies ein weitverbreiteter Topos. Der Gedanke liegt aber nahe, daß
Bucer Erasmus' Worte aus dem berühmten Kolloquium *Convivium religiosum* para-
phrasiert: «Unde mihi videntur vix excusari posse a peccato capitali, qui sumptibus
immodicis aut extruunt aut ornant monasteria seu templa, quum interim tot viva
Christi templa fame periclitentur, nuditate horreant rerumque necessari(ar)um inopia
discrucientur»; vgl. Erasmus, *Coll., ASD* I, 3, S. 257, Z. 787-790.

templa Christi?); cum [140]) denique quibus hanc potissimum curam esse
conveniebat ut caste et sancte viverent — sique id sibi non esset datum
absque uxore praestare, sentientes id in se Domini dictum: «non est
bonum homini esse soli» [cf. Gn 2, 18] locum habere, *honorabile inter*
5 *omnes coniugium et cubile impollutum* [Hbr 13, 4] [141]) non aspernaren-
tur —, voto castitatis huc se adigant, ut aut ea torqueantur ustione
cui connubium Paulus verioris castitatis maximus adsertor ingenue
praefert [cf. 1 Cor 7, 9], aut certe in ea labantur dedecora, ut nullis
bonis non sint maxime detestabiles; [D8a] sic ergo cum se hisce obe-
10 dientiae, paupertatis et castitatis votis, legitimae obedientiae, iustae
paupertati, syncerae castitati ii, qui vitam monasticam ut ea hodie
comparata est profitentur, subducunt — aversandae invicem omnis
superstitionis et impuritatis servituti se ipsos mancipantes, ingenti
precio sanguinis Christi in hoc redempti, ut spiritu et corpore sancti
15 Deo, qui eos et condidit, viverent —, vota ista adseruimus impie nuncu-
pari, magis impie solvi, impiissime denique velle servare — ut dicunt —
perpetua, eoque nihil posse aeque pium ab his, qui istis ligati compedibus
sunt, fieri quam diruptis illis quam primum se Christo redemptori,
Deo Patri conditori restituere.
20   Si sane servo non licet mutare dominum et filio familias ne matrimo-
nium quidem non emancipato a patre contrahere, qui liceat creaturae se
imperio subducere Creatoris sui, vindicato sanguine potestate Vindicis
sui? Id quod omnino in monachatu fieri manifestum est, quo non solum
homines se legibus subducunt Dei, quae quemque suis magistratibus,
25 suis parentibus, suis proximis addicunt, sed praeterea ei se vitae dedunt,
quae — ut dictum — tot modis cum Christi institutis pugnat.
   Eadem ratione et reliquorum sacerdotum de celibatu [D8b] votum
posthabendum iis adfirmamus, quicunque castrationis propter regnum
coelorum accipiendae capaces non sunt [cf. Mt 19, 12], nullo siquidem
30 hominum voto fieri potest, ut non pie scripserit Paulus: *propter forni-*
cationem vitandam *unusquisque suam habeat uxorem, unaquaeque suum*
maritum [1 Cor 7, 2]. Nec est quod quidam nugantur precibus posse
donum castitatis obtineri a quovis, cum Christus [142]) dixerit non omnes
huius dicti esse capaces. Certe si doctrina [143]) daemoniorum est nuptias
35 prohibere, non poterit et haec celibatus voto indicta necessitas alii
magistro ferri accepta. Quid enim refert, qua ratione efficias, ut coniugium

---

[140]) *Votum castitatis.* (Marg.).
[141]) In der Übersetzung des Erasmus.
[142]) *Matth. 19* [12] (Marg.).
[143]) *1. Timo. 4* [3] (Marg.).

negetur ei, qui sine eo caste vivere nequit? Et horum itaque tot modis suavi Christi iugo [cf. Mt 11, 30] adversantem servitutem solvendam per magistratum docemus prohibendumque, ne cui liceat istis quenquam porro pedicis irretire, tum interdicendum et iis, quibuscunque hoc
5 hominum genus publica sive religionis sive morum offendicula obiicit.

Superest de statuis 144) et signis, quae impie 145) quidam nos e templis eiicienda docere putant; quibus si non satisfecerint tot per omnem scripturam huius rei tanque graves execrationes, haud scimus qua ratione placari queant.

10 Scimus iactari Christi libertatem in externis; at si quis hac aliter quam in publicam utilitatem utitur, carnis licen-[E1a]-tia est, non libertas Christi [cf. Gal 5, 13]. Iam dicere vel tantillum imagines posse monendo conducere pietatis studiosis, quanta quaeso haec Dei blasphemia est? Nam simul cum hoc affirmatur, adseritur Deum interdixisse
15 suo populo quod ad pietatem promovendam aliquid potuerit conferre illi, cui tamen ipse testatus est se quicquid illi ullo modo posset saluti esse, tradidisse [cf. Io 15, 15; Act 20, 27]. Pius igitur nihil dubitabit quin, si signa istiusmodi monendo studium Dei aliqua ratione accendere possent — cum ille populo tam multos alios, quibus suae bonitatis
20 admonerentur, externos ritus instituit — et hanc illi commoditatem neutiquam invidisset. Est multorum, quae isti populo Deus praecepit, libertas, sed quae pietatem per se nec promovent nec remorantur suoque tantum tempore ad conservandum illum commode in vera religione a gentium commercio seiunctum profuerunt. At signa illa vivam et ad
25 omnem pietatem efficacem rerum, in quibus Deus ipse sui aliquam imaginem exhibet, admonitionem oblitterant, et quasi avocatam ab illis mentem sibi advertunt, evanidaque quadam et nullius ad emendandos mores aucta reverentia Dei momenti delusam 146) imaginatiuncula sensim solida Dei admiratione atque religione solvunt.

30 Qua sane caussa et sancti patres et vere pii aliquot romani principes nulla pacto ferenda illa in templis duntaxat iudica-[E1b]-runt 147), non minus tamen quam nos libertatis christianae gnari. Et nostros itaque magistratus haec ut tollerent, hortati 148) sumus. Sed peculia-

---

144) *Cur submota signa.* (Marg.).
145) Vgl. Erasmus, *Epist. c. pseudevang.*, *LB* X, Sp. 1578C.
146) Sc. mentem.
147) Bucer hatte das in seiner Schrift *Das einigerlei Bild* ausgearbeitet; vgl. für was die Väter betrifft, *BDS* IV, S. 174, Z. 18-S. 177, Z. 33; für was die Fürsten betrifft S. 177, Z. 34-S. 178, Z. 28.
148) Ende 1524 hatte der Magistrat einen Anfang mit der Entfernung der Bilder gemacht. Am 14. Februar 1530 wurde die endgültige Entfernung beschlossen. Wie

rem [149]) hac de re libellum ad hunc mercatum francofordiensem dedimus.

Verum [150]) sunt permulti qui putent, si etiam haec ita, ut nobis habentur, et mala sint et impia, non esse tamen partes magistratus illa
5 tollere et, ut hoc quoque concedant, non interesse id magistratus cuiusvis. Hos autem ut in aliis omnibus, ita et hac in re scripturarum convenit autoritatem sequi. Nemo sane melius Deo, quid sit cuiusque officium, praeceperit.

Cum ergo is a populi sui magistratibus tam saevere omnem exegerit
10 submoveri superstitionum offendiculorumque caussam, ut supplicio [151]) afficere iusserit qui ceremonias invexissent alias quam ipse praecepisset, id non minus ad nostros quoque magistratus pertinere arbitrati sumus quam ad ipsos pertinet studium gloriae Dei salusque populi, quem in fide illorum esse non alia ratione is voluit, qui condidit quique Filii
15 morte sibi redemit, quam ut inprimis curent suum in illo nomen sanctificari, advenire suum regnum, fieri suam voluntatem idque tam studiose, tam libenter quam illi obtemperant caelites [cf. Mt 6, 9 s.]. Libertas est legis Mose, sed sic ut Spiritus nos moderetur legis illius conditor. Hic igitur si quem agit, qui duceret alio quam quo vocavit in lege, in
20 his duntaxat quae per se momentum habent ad pietatem, ad iusticiam pu-[E2a]-blicam, ad morum honestatem? Sunt enim minime pauca, ut superius [152]) quoque diximus, quae ad continendum in officio Dei populum, habentem instar pueri sub paedagogi disciplina constituti [cf. Gal 3, 23 s.], suo tantum tempori deservierunt; ea ut abrogata
25 modo sunt quantum ad literam attinet, ita par est, ut tanto curent christiani ex libero spiritu sollicitius, ne quid dicant aut faciant, quod non ut ad utilitatem sanctorum ita et ad [153]) Dei gloriam aliquid conferat. Paulus [cf. Rm 13, 1-7] et Petrus [cf. 1 Pt 2, 13-16] novi testamenti populo quam sacrosancta sit autoritas magistratus commendantes,
30 testantur in hoc divinitus constitutum, ut mala vindicet, bona provehat.

Iam quid aeque malum et intolerabile bonis quam palam irrideri ludibrioque haberi Deum? Quid autem aliud quam illusio apertaque

---

weit die Beeinflußung der Prediger ging, ergibt sich aus einem Brief Capitos an Zwingli vom 13. Januar (1530), aus dem hervorgeht, daß sie über Zwingli sogar die Zürcher einschalteten; vgl. *ZwBr* IV (*CR* 97), Nr. 957, S. 398, Z. 1-4.
[149]) *Das einigerlei Bild . . . nit mögen geduldet werden,* datiert den 6. März 1530, zur Verteidigung der Entfernung der Bilder aus den Kirchen dem Ratsbeschluß des 14. Februars gemäß; vgl. *BDS* IV, S. 161-181.
[150]) *Quae partes magistratus.* (Marg.).
[151]) *Deuter. 13* (Marg.).
[152]) Vgl. S. 111, Z. 21-24.
[153]) *1. Cor. 10* [31] (Marg.).

contumelia Dei est, tanquam cultum [154]) eius etiam magno vendere
quod ipse molestam sibi et non ferendam esse abominationem [155])
passim apertis adeo verbis testatur? Pellebat e templo Christus et facere
ex illo spelaeum latrocinii eos dicebat, qui ad commoditatem sacrifi-
5 ciorum, quae ex lege Dei fiebant, hostias vendebant aesque ad com-
mutanda numismata aut etiam mutuum dandum in promptu habebant,
tantum hac caussa quod cultum praetexentes Dei inhiarent quaestui
[cf. Mt 21, 12 s.] Hic ergo cum specimen exeruit regni sui quodque
principibus et magistratibus faciendum esset ipse principum Princeps
10 ostendit, qui ferant quos huius obtinet agitque Spiritus eos, qui non
pecudes, non vile aes, sed ipsa sacra Dei verba eaque exe-[E2b]-crandis
blasphemiis contaminata sibi merere faciunt, unde postea affatim sup-
peditet, quo non ipsi solum, sed quamplurimi praeterea, qui ipsis in
deliciis sunt, materiam omnis luxuriae et libidinis, superbiae et tyran-
15 nidis habeant?

Sed quid opus verbis? Ubi modo illud satis perpenditur: *ego Dominus
Deus tuus zelotes,* ulciscens *iniquitatem patrum in filios* [Ex 20, 5] etc.,
nemo est qui non stupeat unde factum sit, ut istos Dei illusores non
pridem aut dehiscens terra vivos absorpserit aut certe demissa caelitus
20 flamma hauserit, praesertim posteaquam probe moniti sunt, ut ipsi
aeternae veritati fucus, ut summae iustitiae tam impudens malicia
detestabilis sit et execranda. Quis non totus inhorrescat se quandoque
tam impiae affinem illusioni fuisse? Quem non exanimet vel illud modo
cogitasse, quod habet Psalmus quinquagesimus [156]) [16]: *Impio autem
25 dixit Deus: «Quid tibi, ut enarres statuta mea et assumas foedus meum
per os tuum? Tu autem odisti disciplinam et proiecisti verba mea post
te».*

Sic ergo cum habeant ceremoniae partim contra Dei verbum, partim [s])
praeter studium Dei, nomine cultus ipsius non exhibitae tantum, sed
30 magno quoque venditaᶠ nemo qui iustam harum rerum inire rationem
volet, dubitare poterit ˏuicquam omnino malorum [E3a] esse, quod
pari zelo magistratus atque has Conditoris nostri contumelias tollere
debeat, nisi non sit Dei nomen ante omnia vindicandum figmento Dei,
ei praesertim, cui accaeptam ab illo potestatem in hoc potissimum

---

[s]) partim *scripsi*: partium *A.*

---

[154]) *Esaiae. 1* [10-17] (Marg.).
[155]) *Psalm. 50* (Marg.). Bucer benützt die hebräische Zählung.
[156]) Auch hier folgt Bucer der hebräischen Zählung. Er benützt die Übersetzung
des Felix a Prato in dessen *Psalterium,* f° 29 r°. Dieser Hinweis wurde mir von Dr.
Bernard Roussel (Strasbourg) gegeben. Es sei ihm an dieser Stelle herzlich gedankt.

exercere competit, ut ipse Deus ab omnibus ut par est et agnoscatur et colatur.

Sed sunt qui esse tollenda haec per magistratum concedant quidem, at non quemlibet, eo quod non uno vel altero in loco, sed in tot regnis
5 multis iam seculis nihil minus quam superstitiones Deique contumeliae habeantur. Hic rursus operae precium est, ut avocatam aliis a rebus mentem ipsi Dei verbo, quod solum fallere nequit, intendamus. Quo enim istae abominationes patent latius et a pluribus pro Dei cultu habentur, hoc magis noxiae sunt et ferendae minus, etsi iure antequam manus
10 admoveat magistratus, quales sint per scripturas diligenter ostendi debeat.

Quis Paulo iuris divini consultior, quis verbi Dei interpres certior? Hic ita scriptum reliquit: *Non* [157]) *est potestas nisi a Deo. Quae vero sunt potestates* (observa, non scribit: potestas), *a Deo ordinatae sunt*
15 [Rm 13, 1]. Si ergo nulla non sit divinitus ordinata potestas et tanto deceat quemlibet magistratum Principis Dei voluntatem pluris quam cuiusquam hominum facere, quanto hic omnibus maior est, non potest excusari quisquis malorum vindicem gladium gestat [cf. Rm 13, 4], si eum [E3b] in summa illa et quibus suprema petitur maiestas non
20 strinxerit, quicquid velit is, per quem ut potestate fungentem eminentiore gladium accepit; per quemcunque enim illi gladius commendatus sit, a Deo tamen illum accepit eique gerat oportet. Deus noster *Deus pacis* imo a Paulo vocatur [Rm 15, 33; 1 Cor 14, 33; 2 Cor 13, 11; Phil 4, 9; 1 Th 5, 23; 2 Th 3, 16], quod sicut ipse rectissime optimoque ordine
25 cuncta instituit, ita velit et nos nostra quam decentissime omnia comparare. Hinc fit quidem, ut potestates, etsi universae a Deo sint, aliae tamen aliis succenturiatae et velut subservientes iure habeantur.

Eo autem fieri nequit, ut propterea Deus unus et solus princeps — a quo quicunque imperio pollent, non potestatem modo, sed omnia seque
30 ipsos acceperunt — non tantum habeat in quosvis iuris, quantum habere videmus in suo subiectos imperio quemvis regulum, comitem aut ducem. Isti habent praesides primores, qui secundarios et tertiarios praefectos constituunt. Nemo tamen est vel e plebe, nedum magistratuum mediocrium qui, si de Principis voluntate in re aliqua certus sit, moretur quid postulet
35 praeses potestatis superioris: praesidem siquidem Principis illum agnoscit, non Principem; eoque merito non dubitat ipsi se tum maxime morem gesturum, cum gesserit Principi. Cum iam ergo et pontificiae et caesareae leges in omnibus divina iussa excipiant ipsique suis disertis verbis derogent, si illis non consenserint, nemo omnino magistratus tam

---

[157]) In der Übersetzung des Erasmus.

exigui imperii erit — si mo-[E4a]-do ullum imperium habeat quod
merum vocant —, quem non deceat (quamlibet superiorem potestatem
merito suspiciat et observet) in primis, quicquid inciderit, spectare quid
probet Deus, qui illi sane toto corde, tota anima totisque est viribus
5 diligendus [cf. Lc 10, 27], cunque de eo per indubitata ipsius oracula
certus fuerit, illud omni reiecta contatione arripere nihil haesitantem
id sui muneris esse, quamtumvis obstrepat potestas superior. Etenim
ipsae Caesarum [158]) leges sperare haec iubent, facile fore ut illa re melius
perpensa collaudet ex sententia primi Principis factum, quod hanc
10 ignorans cupiebat remorari. Hoc certe nemo sibi unquam principum
sumpsit ut, cum condendi leges, instituendi respublicas, submovendi
publica offendicula, animadvertendi in scelera ius et potestatem cuiquam
contulit, sic voluerit eam moderatam, ut quae maxime pietati obessent,
non tollerentur, non vindicarentur. Quare imminutae maiestatis is sese
15 obligaverit, quisquis hanc illis impietatem tribuerit. Dei enim, non suum
imperium gerunt, et in huius administrationem asciscunt in quoscunque
potestatem partiuntur, unde in primis illis divina observandi iussa ipsi
necessitatem imponunt; haec si hos contingat non agnoscere ac ideo
exigere sic geri imperium, ut illa ullo in officio negligantur, christi-[E4b]-
20 anis potius moriendum est quam suscipiendum imperium non per
omnia pro eius gerendum voluntate, cuius totum est cuiusque nos ipsi
sumus, quanti quanti sumus.

Quid enim hic aliud sit, quam si cui episcopus curam mandet ecclesiae,
prohibeat autem illi purum adnunciare evangelion Christi? Id quod
25 hodie plurimi proh dolor audent. Certe ut pastorem ovicularum Christi
agere nemo potest, nisi doctrinam salutis optima fide et puram illis
administret, sic nec gerere imperium quisquam poterit, qui non ex Dei
sententia submovere potestate sua mala, fovere et instituere bona
studeat. Aut igitur non suscipiendum imperium est, aut ita suscipiendum,
30 ut illud ex sententia geratur Dei, cuius est. Ita si quis illo iam fungitur
communibus sibi legibus delegato — nisi velit mortales praeferre Deo
et violata fide, qua illi obstrictus est vero Principi [159]), deficere non ad
huius praesides, sed iam ex praesidibus factos hostes —, necesse est
tanto in omnibus cura maiore exequi, quae iussit Deus, sollicitus sit
35 quam cuiusquam principum, quanto ille principibus omnibus supere-
minet; tamque non est etiam absque Dei nutu ponendum imperium,
quam non est prodendus Dei populus hostibus Dei, quam non est

---

[158]) Aus Bucers *Dialogi* (1535), S. V4b und seinem *Römerbriefkommentar* (1536),
Sp. 490a ergibt sich, dass er in erster Stelle an *Corpus Iuris Civilis. Codex Iustinianus*
1, 22, 6 denkt. Ich danke Herrn Dr. M. de Kroon (Münster) herzlich für seinen Hinweis!

[159]) *Ephe. 4* (Marg.). Es ist mir nicht klar, an welche Stelle Bucer denkt.

abiiciendum quodvis aliud munus iniunctum divinitus, imo hoc aliis
eo minus, quo est sublimius quoque plurium ab illo salus pendet.

Certe cum boni pastoris sit lupo adeo non cedere, ut animam citius
pro ovibus ponat [cf. Io 10, 11], praestiterit pium magistratum [E5a]
5 una cum populo praelatis fortiter iugulis in regnum subvolare libertatis
consummatae quam locum relinquere, quam redemptos Christi sanguine
exponere libidini satellitum Satanae. Interim autem nihil non tentandum
est ut a piis magistratibus ita et populo, quibus imminet potestas superior
Christi adhuc regno infensa — si impetrare ullis rationibus possint —,
10 ut quos Deus potentia ampliore sibi similiores deosque formidabiliores
effecit, efficiat sibi similes et bonitate reddatque deos etiam amabiles
agnoscentes iam eum, a quo in deorum locum constituti sunt. Hinc ante
omnia ardentissime pro illis ad Deum preces, quod omnis scriptura
peculiare sanctis esse voluit [cf. 1 Tim 2, 1 s.], fundendae. Habet enim
15 ille in manu sua ut omnium ita horum corda [cf. Prv 21, 1] hoc magis,
quo in plurium capita potestatem acceperunt, soletque ita quocunque
libuerit illa dirigere, ut rivuli solent derivari in pratum; quid?: ut fustis,
ut securis domini sunt, res prorsus immotae [cf. Is 10,15], si illis uti ipse
cesset, utcunque agere, impellere, versare videantur omnia. Deinde
20 quo minus illis in aliquibus licet morem gerere obstantibus sacris iussis
Dei — quae antequam deserantur, millies pio vita ponenda est —, hoc
in reliquis, etiam quae inique postulant, modo nullam habeant praestita
impietatem coniunctam, parendum est studiosius. Satagendum denique
quantis [E5b] omnino licebit conatibus, ut cognoscere illi plane queant,
25 quaenam ratio religionis nostrae, quid sibi velint Dei iussa plus nimio
hactenus obliterata. Quis enim nesciat eorum, quibus lucrum est principes
Deum non rite agnoscere, studia; quam solicite curent, ne solidam Dei
scientiam illi unquam percipiant?

Summa omnium est: omnes — ut Paulus ait — *potestates a Deo*
30 *ordinatae sunt* [Rm 13, 1] [160]). Omnes igitur ita gerere imperium addecet,
quod acceperunt divinitus, ut Deus gerendum praecepit. Is claris adeo
cum praeceptis tum laudatissimorum principum exemplis docuit ante
omnia ei, qui imperium gerit, curandum, ut — quantum eius fuerit —
sarta tecta sit religio; ut syncero studio cuncti Deum colant, nullo
35 simulato et humanitus excogitato cultu irrideant; ut pure pietatem
populus doceatur, ne cui liceat palam doctrinae Christi oppedere aut
quicquam designare, unde a vero Dei cultu simplitiores queant avocari;
ut quicquid impietati ut serviit, ita porro servire queat, penitus auferat.

---

[160]) In der Übersetzung des Erasmus.

Haec cum tam severe exigat Deus, nulli potest mortalium, dum ea curantur, fieri iniuria. Si id illi secus accipiant et ideo multa minitentur, memores esse oportet praestare ut Deum metuamus, qui cum corpore et animam gehennae addicere potest [cf. Mt 10, 28], quam eos qui,
5 cum corpore animam solverint et viam illi ad Christum suum munierint, nihil habent quod faciant praeterea.

Haec sunt fere praecipua quae docemus: nova quidem, si cum his conferas quae iam aliquot seculis tradita sunt, at si cum illis, quae arcanis prodita literis sunt, nihil minus. Fidem ubique in Deum per Christum
10 solidam — ut penitus ab ipsius bonitate, nulla prorsus nisi Christi advocatione fretus, tibi omnia speres sicut iustitiam ita salutem —, tum dilectionem, quae omnibus omnia fiat [cf. 1 Cor 9, 22] liberoque rerum omnium usu quorumlibet commodis inserviat, scripturae docent, precipiunt, inculcant. His ergo, quae pridem in ecclesia dogmata, quae
15 obtinue-[E6a]-runt ceremoniae, cum quibus nos quidem pugnamus, adhibeantur: si non deprehendetur manifesto manifestius ad subvertendam et fidem et dilectionem invecta esse omnia, impiae temeritatis poenas nulli deprecabimur, qui abolere ea in nostris ecclesiis laboraverimus.

Verum eos iudices huius appellamus, quibus persuasum sit Deum esse,
20 qui Christum non habeant pro figmento meditatumque teneant, quid sit Deum diligere ex toto corde, ex omnibus viribus [cf. Lc 10, 27], quid sit serio esse discipulum Iesu Christi; illos, qui Deum ore tantum iactant, factis vero negant tam aperte, corporum carnifices ferre — dum sic Patris bona voluntas tulerit — volumus, doctrinae iudices non
25 volumus.

Iam et de vita nostra dicemus, sed multo brevius, quod hanc cognovisse non tantum intersit salutis fratrum, quantum tenuisse verum de doctrina, quae quales quales sumus, Dei non nostra est.

Institutum igitur nobis est — Deus iudicet quicunque simulant —,
30 quandoquidem certi sumus coelitus nobis prospici et nihil non in salutem nostram adtemperari, pro virili, pro cuiusque dono et divinitus accepta facultate in hoc quibuslibet inservire, ut ante omnia Christum agnoscant, deinde et hanc vitam commode degant. Hunc rerum delectum, hunc servare modum damus operam, quem confidimus sicut probaturum iri
35 Deo, ita non displiciturum bonis. Luxum simul et infrugiferam parsimoniam fugimus. Magistratui per omnia publicisque legibus et moribus, modo ne quid exigant quod per summum Principem non liceat, morem gerere cupimus. Quin ne iis quidem Papae decretis aut cuiusvis alterius, quae partae per Christum libertati non adversantur, obtemperare — quatenus id citra iacturam licet pietatis — gravamur. Animus profecto

hic est ledere neminem, prodesse omnibus. Ceremoniis, cum paucas
adeo Christus instituerit nec apostoli illas auxerint, ut quibus non semper
solida pietas promoveatur, ecclesiam Christi nul-[E6b]-li oneramus
contenti morem apostolorum sequi, ut [161]) convenientes adiunctis
5 doctrinae et exhortationi precibus, psalmis sacrisque cantionibus aliis,
quas canunt quidem — ut Paulus docet — in [162]) lingua quae totum
coetum aedificet [cf. 1 Cor 14, 13-19], at non pueri [163]) solum cum
mulierculis (ut memorans admodum maligne Basiliensis ecclesiae ritus
in Hispaniam scripsit Erasmus), sed viri quoque et ii omnium ordinum;
10 ut enim omnes Christum suum agnoscunt servatorem, ita una illum
celebrare voce student. Nec semel tantum vel interdum [164]), ut idem
scribere sibi permisit, habetur contio, sed plerisque in templis cottidie
binae vel ternae. Nulla sane occasio praeteritur plebem ad vitam Christo
dignam inflammandi. Si iam haec satis fuerunt apostolis, quis aequus
15 et Christi gloriae vere studiosus plus requirat a nobis? Nulla indicimus
ieiunia, at sedulo ad illa hortamur. Nec desunt, qui his quoque idoneos
se Christi ministros exhibeant, etsi publica facere haec Dominus nondum
dederit, daturus indubie, ubi fermentum evangelicum omnem ecclesiarum
nostrarum massam plenius pervaserit et precandi aliquando maiorem
20 necessitatem immiserit. Interim tamen frugalitati et temperantiae,
quam divus Chrysostomus [165]) haud multum a ieiunio distare affirmat,
certatim studetur.

Hi sunt nostris ecclesiis mores, hoc vivendi [E7a] institutum, hoc
studium, quibus tamen per imprudentiam et carnis huius imbecillitatem
25 ea quoque cottidie accidunt, ob quae cum omnibus Dei filiis precandum
est: *Dimitte nobis debita nostra* [Mt 6, 12]. Verum si qui nostrum — qui
ideo Papae iugo carni haud adeo incommodo cervicem subduxisse, ut
Christi iugo Spiritui tantum grato submitteremus, gloriamur — quaerant
quae sua sunt nec ex animo Christum in se exscribere studeant, ut Satan
30 suam Christi tritico zizaniam nusquam non interserit [cf. Mt 13, 25],
oramus ut hos fucos ita prodat Servator, ne per illos sacrosanctum suum
nomen et verbum infametur et pestifero ipsorum fermento corrumpantur
qui sunt ἄζυμοι [cf. 1 Cor 5, 7]. At vero cum Christus ipse, areae suae
purgator, praedixerit in fine mundi e regno primum tollenda scandala

---

[161]) = als Leute, die zusammenkommen . . .
[162]) Vgl. 1 Cor. 14, 13-19. Bucer übernimmt die Exegese des Erasmus; vgl. Erasmus,
Annot. in NT, LB VI, Sp. 731C-732C.
[163]) Vgl. Erasmus, *Epist.* 2133, Z. 67, Allen VIII, S. 107.
[164]) Vgl. *ibid.,* Z. 66.
[165]) Vgl. Chrysostomus, *Homilia 10. in Genesim, MPG* 53, Sp. 82 f.

[cf. Mt 13, 41] et putres a sanis piscibus reiiciendos [cf. Mt 13, 47 s.],
quis postulet ut hoc nos antevertamus?

   Quales Pauli tempore Corinthiorum quamlibet eximie ab tanto
laudata apostolo [cf. 1 Cor 1, 4-9; 2 Cor 8, 7] ecclesia habuerit, huius
5 ad illos literae satis testantur.

   Neque enim leve fuit hos in studia scissos propter homines falsoque
dictae scientiae laudem tantopere inter se digladiari [cf. 1 Cor 1, 10-31],
stuprum quale de gentibus nullum audiebatur, impune inter se ferre
[cf. 1 Cor 5, 1-5], litigare de rebus nihili idque coram ethnicis [cf. 1 Cor
10 6, 1-8], imo iniuria et damno afficere fratres [cf. 1 Cor 6, 8], idolorum
mensis temere et cum offendiculo infirmio-[E7b]-rum adesse [cf. 1
Cor 10, 23-33], apud caenam dominicam pauperes negligere et ebrietati
indulgere [cf. 1 Cor 11, 17-34], pleraque in sacris coetibus indecore et
ad nullam instituta aedificationem gerere [cf. 1 Cor 14], de resurrectione
15 vacillare [cf. 1 Cor 15, 12]. Quis neget haec christianis indignissima et
multo gravissima peccata esse? Attamen cum horum eos obiurgasset
atque penitentiam multis laudasset [cf. 2 Cor 2, 5-11; 7, 5-12], sic tamen
rursum ad eosdem scripsit in epistola posteriore: *Nam* [166]) *metuo ne
qua fiat ut, si venero, non quales velim reperiam vos et ego reperiar vobis
20 qualem nolitis, ne quo modo sint contentiones, aemulationes, irae, con-
certationes, obtrectationes, susurri, tumores, seditiones, ne iterum, ubi
venero, humilem faciat me Deus meus apud vos et lugeam multos eorum,
qui ante peccaverunt, nec eos poenituit immunditiae libidinisque et im-
puditiae, quam patrarunt.*

25   Iam Galatarum ad Mose ceremonias defectio [cf. Gal 1-4], Pauli —
cui antea effossos[t] oculos dare parati fuerant — fastidium [cf. Gal 4,
12-20], tum simultates inter se et alia carnis opera, quibus affines fuisse
eos admonitio de his non obscure arguit [cf. Gal 5, 13 - 6, 10], quam
dedecebant renatos Christi! Ut vero horrendum illud quod quaeritur
30 scribens Philippensibus: *Nam* [167]) *omnes quae sua ipsorum sunt querunt,
non quae Christi Iesu.* Sed quid opus verbis? Nulla omnino eius extat
epistola, in qua non subindicet etiam eos, quos fratres agnovit et quibus
non vulgarem pietatis laudem tribuit, suos [E8a] habuisse haud dis-
simulandos nevos. In laudatissima illa et adversis singulariter probata
35 ecclesia Thessalonicensium [cf. 1 Th 1, 2-10; 2 Th 1, 3-12; 2, 13 s.] erant
tamen, qui inordinate viverent nihil operis facientes sed curiose agentes

---

[t]) effossos *scripsi*: effosos *A.*

---

[166]) *2. Cor. 12* [20 s.] (Marg.). In der Übersetzung des Erasmus.
[167]) *Phil. 2* [21] (Marg.). In der Übersetzung des Erasmus.

[cf. 2 Th 3, 6-11]. Et nisi multos Ephesi ille supervacaneas agitandi quaestiones et pro rebus frivolis contendendi morbus tenuisset sicut et reliquos per Asiam, haudquaquam Paulus tantopere eum morbum scribens Timotheo [cf. 1 Tim 1, 3-7; 2 Tim 2, 14-18] fuisset insectatus.
5 Sed neque verisimile est locum illum de parendo magistratui [cf. Rm 13, 1-7; Tit 3, 1] deque fide a servis praestanda heris [cf. Eph 6, 5-8; Col 3, 22-25; 1 Tim 6, 1 s.; Tit 2, 9 s.] tractaturum fuisse tam diligenter et tot locis, nisi et hic Satan aliquibus negotium exhibuisset. Haec autem nequaquam hac causa memoramus, ut hinc malis nostris patrocinium
10 quaeramus; neque enim nos, si insynceri fuerimus, excusabit, si et olim mali fuerint; sed id cupimus monere: tam non esse propterea nostras ecclesias in totum damnandas, quod istiusmodi malis multos habent obnoxios, quam Paulus non abiecit suas. Hoc vendicat suae Erasmus. Atque huius causa cum scripsisset in hac cui respondemus Epistola
15 nunquam 168) tam feliciter actum cum ecclesia, quin inter paucos bonos multos pertulerit malos, subiecit et ipse catalogum malorum, quibus pressam ecclesiam apostolicam legimus. Qua ergo aequitate plura requirit a nobis? [E8b] Id sedulo operam damus, ne quid eorum scelerum, ob quae sacro eiici consortio eos Paulus censet qui fratres vocantur,
20 ab ecclesiis toleretur. Iamque 169) pridem in haec per omnes ecclesias, quarum praecipue defensionem hic scribimus, novae paenae decretae sunt et severiter quoque de iis, qui illis se obligaverint, sumuntur. Id quod hic et alibi non paulo peius habet ecclesiasticos illos et qui cum illis faciunt, utpote qui impune hactenus pro carnis libidine vixerunt,
25 quam semel omnium abolitio ceremoniarum.

Novimus quendam insignis ecclesiae canonicum 170) non incelebrem ac inter eos, quos Erasmus confert Israelitis, quibus non licebat in terra aliena canere canticum Domini, qui, cum dire semel in nos stomacharetur velletque summum aliquod nefas quod nostro evangelio deberetur
30 memorare, gravi cum indignatione dicebat iam nullum Tiguri posse haberi scortillum, quod hospiti gratificaretur, cum ingens, antequam irrepsisset hoc evangelion, elegantium scortorum illic copia fuerit.

---

168) Vgl. Erasmus, *Epist. c. pseudevang.*, *LB* X, Sp. 1585AB.
169) Bucer denkt wohl besonders an die Städte, wo die Wirkung des Zürcher Ehegerichts spürbar war. Vgl. S. 144, Z. 3-18, und W. Köhler, *Zürcher Ehegericht*, 2 Bde.
170) Eine Anspielung auf Ludwig Ber, der Anfang 1529 von Basel nach Freiburg übergesiedelt war. Ende März 1529 hatte Erasmus, der eng mit ihm befreundet war und ihm bald zu folgen hoffte, ihm geschrieben: «Videmurque nobis interim sedere ad flumina Babylonis, ut non libeat cantare canticum Domini in terra aliena»; Erasmus, *Epist.* 2136, Z. 5f., Allen VIII, S. 116. Erasmus zeigte sich über diese Äusserung Bucers sehr entrüstet; vgl. *Epist. ad fratr. Infer. Germ.*, *LB* X, Sp. 1597CD.

Militare [171]) praeterea exteris principibus aut huius causa ullam accipere pecuniam apud praecipuos Helvetiorum pagos, quae gens non credebatur sine militia et externa pecunia posse vivere, iam annos aliquot capitale [172]) est; qua potissima causa qui in ea gente filii pacis non sunt, ab evangelio
5 tam pacifico abhorrent.

Ubi ius est in sa-[F1a]-cerdotia, convertuntur [173]) illa in usus pauperum et studiosorum, ut ubique in nostris ecclesiis prospectum est, ne [174]) quis mendicet, sed domi suae ex communi eleemosyna necessaria quisque inopum accipiat. Nusquam [175]) etiam non scholae [176]) institutae
10 sunt et bonarum artium atque linguarum professores conducti. Perpauci quidem adhuc literis mancipantur, sed in caussa est, quod non sit cuiusvis liberis suis ad literas sumptus suppeditare et ecclesiastici in quemvis usum crucifixi patrimonium convertere malint quam in studia literarum pauperumque alimoniam. Nemo autem dubitet, simulatque
15 nostri magistratus [177]) plus ecclesiasticorum reddituum sui iuris fecerint, etiam huic malo succurretur, uti iam succurri probe coeptum est ubicunque eius vel aliqua facultas contigit. Nam et hoc charitatis esse nostri autumant, quibus [178]) non est abunde unde vivant, monachos et sacrificos suis emolumentis minime spoliare.

20 Hactenus de vita, quam in nostris ecclesiis — quales quales nos mundus habeat — quisque pro Spiritus Christi quae sibi contigit portione meditamur; in qua quamlibet ipsi quoque plurima desyderemus, talis tamen (Christo sit omnis gloria) donata est, ut qui boni nostras ecclesias antequam hoc quod praedicamus evangelion doctae erant et
25 modo noverunt [u]), confiteantur non sine luculento divinae virtutis

---

[u]) noverunt *scripsi*: moverunt *A*.

---

[171]) *Militare capitale.* (Marg.).

[172]) Vgl. S. 145, Anm. 310.

[173]) So z.B. in Zürich besonders für die Armenunterstützung, in Bern besonders für Spitäler. Vgl. P. Schweizer, *Behandlung der Klostergüter*; Th. de Quervain, *Kirchliche und soziale Zustände*, S. 86-89.

[174]) So gab es z.B. in Zürich im Rahmen der Almosenordnung vom 15. Januar 1525 auch ein Bettelverbot. Vgl. E. Egli, *Actensammlung Zürcher Reformation*, Nr. 619, S. 270-274.

[175]) *Sacerdotes obsistunt studiis literarum.* (Marg.).

[176]) Vgl. die Aufzählung S. 175, Z. 26-S. 176, Z. 6; S. 181, Z. 25-S. 182, Z. 9.

[177]) Vgl. S. 160, Anm. 383.

[178]) Die Ordensglieder konnten je nach eigenem Wunsch entweder im Kloster bleiben oder austreten mit Zurückerstattung des eingebrachten Gutes und einer Pension. Neueintritte waren verboten, sodaß die Klöster ausstarben. Vgl. J. Adam, *Kirchengeschichte Strassburg*, S. 90-92; M. Usher-Chrisman, *Strasbourg and the Reform*, S. 140-147, 235-238.

miraculo factum [F1b] (liceat Pauli exemplo vera proloqui [cf. 2 Cor
12, 6]) ut, quantumvis iusti christianismi numeros nondum impleant,
tam multa tamen in eis ad Christi regulam immutata sint. Nos tamen
merito omnia pro nihilo ducentes, ut singulis adhuc plurimum deest
5 ad id, ut Christi in nobis digne imago eluceat, *ad ea quae a fronte sunt
et ipsi enitimur* [cf. Phil 3, 13] [179]) et enitendum omnibus docemus.
Sic animatos nos ii, quibus Christi gloria chara est, precibus et monitioni-
bus ut fortiter pergamus iuvare debent; abiicere propter fucos, qui inter
nos sunt, ac eorum, qui nobiscum adhuc a Christo ex professo degunt
10 alieni, scelera non debent. Qui enim vere spirituales sunt, instaurare
eos qui, cum Dei aliquod studium habent, a delictis tamen praeoccupan-
tur, student; non exaggeratis iis quae peccant invisum etiam reddere
quod in eis Christi est, multo minus exigere, ut praestent oves quae
admittunt admixti ipsis hoedi.
15 Iam demum ad crimina, quae Erasmi in nos Epistola satis exagitata
rhetorice intendit, respondebimus; in quo si uspiam pilum purgandi
nos caussa a vero recesserimus aut quicquam vel reticendo subterfugeri-
mus vel dicendo obscuraverimus, oramus Christum ut id manifesta
orbi ultione declaret.
20 Quae [180]) vero intendit crimina, haec fere sunt: nos [181]) artibus niti et
evangelii professione in-[F2a]-dignis et id quoque quod agimus, qualecunque sit, negotium remorantibus potius quam promoventibus;
deinde [182]) diversam ab apostolis causam agere et nullis fretos vaticiniis,
nullis miraculis, nulla rerum quas convellimus adiutos absurditate,
25 nulla denique vitae innocentia instructos antiquare velle et abolere,
quae ecclesia annis iam mille quadringentis bene et crediderit et observarit,
ac deteriora abolitis invehere; postremo [183]), cum propositum nobis
esse videri postulemus christianam restituendi libertatem, iugum potius
tyrannidis conduplicaverimus eoque nos adduxerimus, ut nobiscum
bonos quoque plurimos in summum periculum pertrahamus, tanquam
30 in hoc devotis animis simus, ut omnium rerum πανολεθρίαν inveha-
mus.
His fere capitibus omnia quorum nos haec accusat Epistola continen-
tur, cuius prorsus ille scopus est omnibus persuadere nos sub evangelii
praetextu non tam praeposteram et seditiosam quam aversandam et

---

[179]) In der Übersetzung des Erasmus.
[180]) *Capita accusationis Erasmicae.* (Marg.).
[181]) Vgl. Erasmus, *Epist. c. pseudevang.*, *LB* X, Sp. 1580C-1582C.
[182]) Vgl. *ibid.*, Sp. 1582 C-1583 B.
[183]) Vgl. *ibid.*, Sp. 1583 B-D.

exitiabilem status ecclesiae — ne [184]) Paulo quidem ut opinatur improbandi — innovationem technis quidem, sed inconsultis et ineptis et nobis ipsis quoque pernitiosis moliri.

Prima illa accusationis suae parte, qua impingit nos conari in fac-
5 tionem nostram tantis periculis plenam quosvis etiam invitos iis artibus pertrahere, quibus ab ea quosque bonos potius abalienemus, hoc [185]) praecipue reprehendit, quod quidam ex nobis ad confirmanda nostra dogmata [F2b] cum ex suis tum aliorum, qui ab illis dissentiunt, scriptis aliqua sublegerint atque vulgarint, conati simplicioribus imponere
10 quasi illi nobiscum facerent. Hinc sane multis [186]) ac perquam graviter Noviomagum nostrum, ut qui hoc vaframento et amicitiae ius violarit et suae quam nobiscum agit caussae plurimum obfuerit, obiurgat. Hic oro qui nostra volent iudicare, animum paulisper a tam violenta Erasmi facundia avocatum nostrae quoque balbutiei paulisper adver-
15 tant.

Nobis persuasum est negotium, quod gerimus, Dei esse. Nihil enim aliud vel nobis ipsis vel aliis quaerimus quam fide in Deum securos evadere bonorum omnium et dilectione officiosos in proximos. Omnia igitur tentanda nobis putamus, si qua vel aliquibus illud commendare
20 liceat, sic illos Christo lucraturis. In hac sententia sic sumus animis obfirmatis, ut iam multi ordinis et instituti nostri non principum favores tantum, sed facultates, sed patriam, sed uxorem et liberos, sed vitam denique ipsam alacri spiritu principi mundi prae margarito evangelico cesserint. Reliquis, quibus datum est horum iam cessisse aliqua, oramus a
25 Christo Spiritum, qui eis persuadeat et reliqua, cum in gloriam illius fuerit, despondere, nihil dubitantes hoc feliciores omnes nos fore, quo plura pro Christo dereliquerimus passique fuerimus. Ut agitur beatos Servator pronunciavit [F3a] qui propter ipsius evangelion multis, imo omnibus hominibus fuerint odio [cf. Mt 10, 22; 24, 9] in eaque
30 pericula ultro venerint, ut videantur ipsi suam velle animam perdere [cf. Mt 10, 39; 16, 25], ita si cui hinc conciliari invidiam contigerit, quod a nobis proditur favere nostro negotio, quod Dei esse tot iam sanguine suo testati sunt et nos omnes in tantum res nostras discrimen ipsi adducentes cottidie testamur — ob nulla enim flagitia, sed solam
35 Christi doctrinam periclitamur —, beneficio illum affecisse nobis videmur, ut revera tanto quisque felicior est, quo pro Christo plura pertulerit, nisi illi non credat.

---

184) Vgl. *ibid.*, Sp. 1587 A.
185) Vgl. *ibid.*, Sp. 1580 C-1581 E.
186) Vgl. *ibid.*, Sp. 1581 E-1582 C; vgl. Sp. 1574 D-1575 E; 1576 D-1577 D.

Deinde ut quis nostram caussam putet nihil minus quam Christi esse testeturque id etiam literis, uti Erasmus et iam et alias fecit, haud tamen propterea nihil ad nos attinere putamus, si quae is actus Spiritu Christi vel nesciens pro nobis scripserit. Christi est quicquid verum est, et
5 christianis ideo ut proprium vindicandum, ubicunque id deprehenderint. Si licuit Paulo illum Deorum Ignotorum titulum indubie non solum contra eorum, qui tum religionis interpretes erant, sed etiam eorum, qui illum primi consecraverant, mentem ad suum detorquere propositum [cf. Act 17, 23], cur non liceat et nobis ex scriptis in publicum editis
10 ac inde iuris publici factis pro veritate citare testimonia, quicquid vel modo illi sentiant qui scripserunt, vel etiam senserint tum quando illa scriberent? [F3b] Cui unquam non licuit et ex hostium dictis testimonia petere? Scimus [187]) nec Erasmum nec Lutherum in re eucharistiae per omnia nobiscum consentire, nec id dissimulamus tot contra et Lutheri
15 et pontificiorum sententiam evulgatis libris. Quid autem hinc caussae cur, quae magister noster Christus per hos, dum eis nulla transversum actis contentione syncerioribus — ut nobis quidem videtur — utebatur, in salutem nostram dixit et scripsit, proferre iis qui in illum credunt non auderemus? Fraudis [188]) nos iure Erasmus argueret, si vel ipsum vel
20 alium quenquam diceremus id quod nos sentire. Isthuc autem nemo nostrum fecit, sed congesserunt tantum quidam optima fide ea, quae ipse aliique aliquando de vera Christi manducatione (quam solam nos agnoscimus eam, quae fide fit et spiritu) scripserunt; iudiciumque lectori obtulerunt ostenso, ut haudquaquam olim magni corporalem
25 istis [189]) manducationem, pro qua modo tantis animis digladiatio est, habuisse ex ipsorum verbis videri queant.

Postremo nobis nonnihil est, adductis quae pro veritate adversarii scripserunt, ostendisse ut illa invitis quandoque erumpat. Cum itaque nulli nostrum in animo unquam fuerit quenquam, cuius dicta ad nostrae
30 caussae confirmationem adduximus, ledere, nedum Erasmum, per quem tam multa nobis bona Deus contulit; deinde nemo nostrum quicquam vel ipsius vel aliorum inverterit, sed sua ipsorum verba bona [F4a] fide adnumeraverimus, neque — quod tamen Paulus sibi permisit de titulo Ignotorum Deorum — quicquam ad nostrum commodum detorserimus;

---

[187]) Vgl. W. Köhler, *Zwingli und Luther* 1; 2, S. 1-236. Bucer bemühte sich 1530 um eine Konkordie zwischen den Lutheranern und Zwingli; vgl. 2, S. 220-236.

[188]) Hier spricht Bucer im allgemeinen. Ab S. 125, Z. 5 bespricht er die von Erasmus genannten Beispiele der Unzuverläßigkeit der Reformatoren.

[189]) So in den Errata. Im Druck stand zuerst «istos». Sinn: «Das für diese Leute so wichtige leibliche Essen ...».

postremo quicquid huius factum est Christi studio factum sit: videtur
nobis Erasmo viro prudenti et humano haud fuisse caussam, cur isthuc
accusaret tam atrociter adeoque indignum evangelion professis adver-
sumque amicitiae legibus ostendere conaretur.

5 Sed erit forsan operae precium, quae nominatim [190]) adducit tanquam
haud satis detestandae maliciae facinora, singula qualia sint paucis
exponere.

Habuit [191]) annis aliquot admodum familialiter [192]) Chunradum
Pelicanum, virum praeter raram eruditionem sane innocentem et veri
10 perquam amantem; is ut credidit Erasmo solam agnosci Christi manducationem quae fit spiritu per fidem — nam quaedam [193]) eius scripta
hanc si non solam, certe praecipuam commendant —, ita id de illo
non sparsit novum excitando rumorem, sed (ut semper, cum occasio
esset de Erasmi et doctrina ac variis in rebus saniore sententia loqui,
15 solitus erat) amicis simpliciter dixit. Qua [194]) de re ut cum ipso Erasmus
expostulasset, quasi invulgasset se credere in eucharistia nihil nisi
panem et vinum haberi, respondit id sibi nunquam in mentem venisse,
nedum a se verbis sparsum. Epistolas, quibus laudarit illius prudentiam
subindicans lectori dissimulare eum callide quid sentiret, nos quidem
20 [F4b] nullas vidimus. Duae [195]) quae extant ab illo editae nihil aliud
habent quam quae de hac re Erasmus alicubi scripsit: spiritualem
Christi praesentiam pie affirmare, ut vero carnalem simul astruerent [196]),

---

[190]) Nämlich die von Pellikan herausgegebenen Briefe; vgl. Erasmus, *Epist. c.
pseudevang.*, *LB* X, Sp. 1580C-E; Leo Juds *Maynung*, vgl. Erasmus, *Epist. c. pseudevang.*, *LB* X, Sp. 1580E-1581D; Bucers Psalmenkommentar von 1529, vgl. Erasmus,
Epist. c. pseudevang., *LB* X, Sp. 1581DE; Geldenhouwers Erasmus-Editionen, vgl.
Erasmus, *Epist. c. pseudevang.*, *LB* X, Sp. 1574D-1575E, 1576D-1577D.

[191]) *Defenditur Pelicanus.* (Marg.).

[192]) Schon 1516 hatte Pellikan bei der Hieronymusedition Erasmus geholfen. Seit
dessen Ankunft in Basel 1521 lebten sie in derselben Bevölkerungsschicht. Vgl. Erasmus, *Epist.* 1637, Einleitung, Allen VI, S. 207.

[193]) Die wichtigste derartige Aussage ist die von Leo Jud zitierte Stelle aus Erasmus,
Enchir., *LB* V, Sp. 30B-31B. Vgl. auch die *Detect. praestig.*, *LB* X, Sp. 1561A-1562A.

[194]) Es handelt sich hier um die Gespräche zwischen Pellikan und Erasmus 1525
und die darauf folgenden Brief-Editionen. Die ganze Affäre spielt sich ab im Rahmen
der Versuche der Schweizer, die Autorität des Erasmus zur Verteidigung ihrer Position
zu benützen. Die Einzelheiten sind ziemlich verwickelt. Vgl. Erasmus, *Epist. c. pseudevang.*, *LB* X, Sp. 1580DE; *Epist. ad fratr. Infer. Germ.*, *LB* X, Sp. 1600C-F; die Einleitung zur *Detect. praestig.*, *ASD* IX, 1; C. Augustijn, *Erasmus en de Reformatie*,
S. 171-173, 176f.

[195]) Erasmus, *Epist.* 1638 und 1639, Allen VI, S. 212-220. Vgl. für diese Briefe, die
Pellikan bei seiner Abreise aus Basel Februar 1526 herausgab die Einleitung zur Edition
der *Detect. praestig.*, *ASD* IX, 1.

[196]) Der Text hatte ursprünglich «astrueret, illum non effluxisse insipienter» und
wurde mittels der Errataliste geändert. Ich bezweifle ob das eine Besserung war.

non effluere insipienter. De epistola [197]) ad magistratum Basiliensem,
in qua voluerit ille armatis ab Erasmo precibus extorqueri quid sentiret,
nihil unquam audivimus; quod etiam si fecisset, quid quaeso indignum
adeo evangelio admisisset? Neque enim impium petiisset: a theologo in
5 negocio religionis nostrae sententiam rogari per magistratum christianum. Armatas siquidem preces, si modo ita scripsit, satis scimus illum
longe alias quam violentas intellexisse: nam est lenitatis eximiae.

    Quod vero Leopoldi [198]) librum huius editum instinctu postea scribit,
probe fecit, qui adiecerit hoc: «ni [199]) fallor». Nam inscio hoc eum librum
10 Leo Iud ecclesiastes Tigurinus gloriae Christi studiosissimus nomine
nonnihil mutato, sed tamen suo, animo nihil aliud quam veritatis pro-
motionem spectante aediderat. Neque agit [200]) is libellus ut probet
Erasmum et Lutherum sentire de eucharistia quod Carolostadius —
cuius vocat libros insulsissimos [201]), quos miror si legerit —, sed osten-
15 dit [202]) hos, dum contentione nondum calerent, sic scripsisse ut in
spirituali Christi et praesentia et manducatione omnia posuisse videan-
[F 5a]-tur. Quam autem grave hoc sit, tribuere [203]) nostris id consilii,
quasi victoriam sibi eo libello in disputatione Badensi quaesierint,
sperantes ante legendum ab omnibus quam Erasmus responderet,
20 ipse viderit. Etsi non magno rerum usu calleamus, adeo tamen non

---

Möglicherweise bezieht sich «astruerent» auf «Duae . . . editae»; dadurch erklärt sich
auch das Präsens «effluere».

[197]) Dieser Brief ist verlorengegangen; vgl. die Antwort des Erasmus: *Epist.* 1644,
Z. 15. 37-39, Allen VI, S. 225f. Ich datiere diesen Brief nicht, wie Allen tut, auf No-
vember 1525, sondern auf März 1526; vgl. C. Augustijn, *Erasmus en de Reformatie*,
S. 177, Anm. 159.

[198]) Es handelt sich hier um die 1526 erschienene Schrift *Erasmi . . . und . . . Luthers
maynung vom Nachtmal*; vgl. K.-H. Wyss, *Leo Jud*, Nr. 17, S. 198. Der Verfasser,
Leo Jud, nannte in der Schrift seinen Namen nicht. Am Ende bezeichnete er sich mit
«Ludovicus Leopoldi». Die Schrift wurde von Erasmus sofort mit der *Detect. praestig.*
beantwortet. Vgl. für die ganze Angelegenheit die Einleitung zur Edition der *Detect.
praestig.*, *ASD* IX, 1.

[199]) Vgl. Erasmus, *Epist. c. pseudevang.*, *LB* X, Sp. 1580E.

[200]) Vgl. *LB* X, Sp. 1580F.

[201]) Vgl. *LB* X, Sp. 1580F. Es betrifft hier sieben Abendmahlstraktate, die die
Basler Drucker Thomas Wolff und Andreas Cratander 1524 besorgten; vgl. E. Freys,
H. Barge, *Verzeichnis Schriften Karlstadt*, S. 305-312; H. Barge, *Zur Chronologie*,
S. 323-331. Da diese Schriften deutsch erschienen waren, war es sehr fragwürdig, ob
Erasmus, der diese Sprache nicht beherrschte, sie gelesen hatte.

[202]) Erasmus gibt die Absicht Juds wohl richtiger wieder: «. . . insinuet me sentire
quod ipsi docent de eucharistia, quod idem sentire vult Luterum»; *Epist. ad fratr.
Infer. Germ.*, *LB* X, Sp. 1601A.

[203]) Vgl. Erasmus, *Epist. c. pseudevang.*, *LB* X, Sp. 1581AB. Vgl. für die Badener
Disputation W. Köhler, *Zwingli und Luther* 1, S. 326-354; L. von Muralt, *Die Badener
Disputation*.

stupemus, ut istis nugis posse effici aliquid in re tanta et adversus Erasmum arbitremur; nec ulla in re huiuscemodi suspitionis de nobis concipiendae causam dedimus, quasi tam evanidos vulgi rumusculos moremur. Verbo Dei nitimur, facessat omne mendacium, Quod autem in
5 hoc libello Leo noster vel Erasmi vel aliorum bene dicta nihil ipsorum verbis depravatis [204]) in gloriam Dei cuius sunt aedidit, quid quaeso impiae technae, quid fraudis? Certe qui sua scripta publico donaverit, non debet indignari si quis illis etiam pro suo commodo, nedum negocii Christi fuerit usus, modo incorruptis. Frustra itaque laborat hic disertus
10 esse Erasmus, ut ostendat quam impium sit hoc factum iuxta et stultum. Nec [205]) tam nullum tempus Erasmo superfuit et resciendi de hoc libello et eum etiam aedita apologia confutandi, ut quicquam eiusmodi quod affingit polliceri nobis potuissemus. Ut vero hic obiter et hoc dicam pro fama innocentis fratris: Carolstadius [206]) dogma suum de eucharistia
15 nunquam recantavit. Huius idoneus testis est ille ipse liber [207]), in quo [F5b] dicitur palinodiam hanc cecinisse. Asseverandi et convitiandi vehementiam displicuisse sibi fassus est; et hodie extra Lutheri potestatem constitutus [208]) intempestiva convitia in suis libris damnat.

Iam illud ecclesiastae alterius factum, de quo scribit [209]) se audisse
20 quod inverso nomine librum ediderit, tum convenit damnare, cum constiterit illum ledendi quenquam caussa nomen suum vertisse. Nam et caesareae leges [210]) mutare nomen concedunt, modo id fiat citra ullius fraudem. Nemo igitur iure hoc vitio vertet, nisi qui librum esse malum probare poterit. Non dubitamus plurimos, cum hanc diram adeo huius rei
25 exagitationem legunt, si nihil aliud, saltem mirari qui non venerit in mentem Erasmo [211]) hactenus tam multis eruditis et minime malis

---

[204]) Erasmus antwortet, Leo Jud hätte seine Worte nicht richtig wiedergegeben, und gibt davon mehrere Beispiele; vgl. *Epist. ad fratr. Infer. Germ., LB* X, Sp. 1601A-E. Er entnimmt diese Beispiele seiner *Detect. praestig.*

[205]) Im April 1526 war Juds *Maynung* erschienen; sie war auf den 18. datiert. Die Badener Disputation wurde vom 19. Mai bis zum 9. Juni gehalten. Erasmus richtete sich den 15. Mai brieflich an die Tagsatzung. Ende Mai erschien seine *Detect. praestig.*

[206]) Das hatte Erasmus gesagt; vgl. Erasmus, *Epist. c. pseudevang., LB* X, Sp. 1580F.

[207]) Die *Erklerung wie Carlstat sein lere von dem hochwirdigen Sacrament vnd andere achtet vnd geacht haben wil.* Vgl. H. Barge, *Karlstadt* 2, S. 363-372; Luther, *WA* 18, S. 431-434, 446-466. Die Schrift war in der Tat kein Widerruf.

[208]) In diesen Monaten war Karlstadt gerade in Straßburg; vgl. H. Barge, *Karlstadt* 2, S. 411, 416-420.

[209]) Vgl. Erasmus, *Epist. c. pseudevang., LB* X, Sp. 1581D. Es handelt sich hier um die von Bucer geschriebenen und unter dem Pseudonym «Aretius Felinus theologus» 1529 ausgegebenen *S. Psalmorum libri quinque ad ebraicam veritatem versi, et familiari explanatione elucidati*; vgl. *Bibl.*, Nr. 25.

[210]) *Corpus Iuris Civilis. Digesta* 47. 10. 5. 9.

[211]) Es ist möglich, daß Bucer auf die *Epist. c. pseudevang.* anspielt. Vgl. seinen

viris vera suppresso aut verso nomine evulgasse etiam seriis in rebus
haudquaquam crimini datum a bonis. Taceo hic quid Abraham [cf. Gn
12, 10-20; 20], quid Isaac [cf. Gn 26, 7-11], quid David [cf. 1 Sm 21,
10-15; 27] tuendae vitae tantum causa, qua veritatis cognitio christianis
5 longe pluris habetur, simularint et dissimularint, quo veritatem malos
celarent. Sed bene nobiscum agitur, quorum haec sunt peccata tantopere
exaggeranda! Pius dolus est, qui nocet nemini, prodest multis.

Iam [212]) tandem et Noviomagi [213]) factum purgandum. Scripsit hic
primum epistolam suo qui-[F6a]-dem, sed non vulgato nomine, in qua
10 hortatur principes, ut verbi Dei veraeque religionis rationem iustam
habeant. Deinde occasione cometae, qui visus erat a multis, etiam a
Comite Rheni, monuit eiusdem et Caesarem Carolum. Erasmus [214])
vocat Cometem hunc ridiculum et scripta haec iocos; at bono huic
viro, cum haec scriberet, haudquaquam in animo fuit iocari. Seria
15 portendunt istiusmodi ostenta. Serium est quod monuit, ne verbi Dei
religionisque verioris neglectu effusioneque sanguinis Christo credentium
ira Dei provocaretur. De fragmento epistolae Erasmi, quasi iusta epistola
esset ad concilium spirense adiectisque ab ipso simpliciter seditiosis,
falsum Erasmo delatum ille deierat. Epistolas illas ad principes aliquot,
20 quibus typographus — non Noviomagus — quaedam ex Apologia
contra monachos hispanienses adiunxit, neque ea truncatim decerpta,
sed iustis capitibus inserta ita ut ab ipso autore distincta sunt, Noviomagus agnoscit, sed negat illas magis [215]) ad excitandas seditiones quam
ad pietatem conducere. Idem negabunt qui illas animo a cruce Christi
25 non abhorrente legerint. Neque enim haereticos in illis, sed qui quod
evangelio vivere student, ab hostibus Christi haereseos falso accusantur,
defendere propositum fuit. Ad hoc illi visum est conducere, si ostenderet
nullo iure puniri quicunque haereseos [F6b] notarentur. Simul tamen
ingenue confessus est, qui plane haeretici sunt et ecclesiam Christi

---

Brief an Blaurer: «Quo latius posset distrahi, mutavi nomen; id nunc tanquam in-
expiabile scelus detestatur Erasmus in epistolis suis, quarum unam aedidit mutato
tamen eius nomine, ad quem illam scripsit»; T. Schieß, *Briefwechsel Blaurer* I, Nr. 158,
S. 204. Oder denkt er vielmehr an den *Julius exclusus*?

[212]) *Defenditur Noviomagus.* (Marg.).

[213]) Es handelt sich hier um die Schriften Geldenhouwers nach seinem Übertritt
zur Reformation. Zuerst nennt Bucer die *Epistola Argyrophylacis ad Germanorum
principes* (1526 oder 1527), dann *De terrifico cometa* (1527 oder 1528) und schließlich
erwähnt er Geldenhouwers Editionen von Teilen der *Apolog. adv. monach. hisp.* des
Erasmus, zusammen mit seinen eigenen Briefen. Vgl. für die ganze Affäre die Einleitung, S. 63, und C. Augustijn, *Gerard Geldenhouwer und die religiöse Toleranz.*

[214]) Vgl. Erasmus, *Epist. c. pseudevang.*, LB X, Sp. 1575A.

[215]) Vgl. *LB* X, Sp. 1575BC.

scindunt verumque Dei cultum invertunt, merito a piis principibus tolli, ut nec tantillum inter Erasmi, quam hac etiam Epistola prodidit, et huius sententiam variet. Quare iniquum est huic impingere [216]), quibuslibet haereticis ipsum haereticum et haereticorum patronum
5 impunitatem dandam esse persuadere voluisse. Vera nos hic scribere testantur illae ipsae Noviomagi epistolae, quas Erasmus accusat.

Haec cum ita habeant, et illud liquet: Erasmum nulla caussa quaeri amicitiae ius hisce scriptis violatum aut in caput suum quenquam provocatum. Quin si etiam ab ipso Noviomago bona fide adducta fuissent
10 quae Erasmus pie de haereticorum poenis vulgatis in publicum libris scripsit, quid obsecro periculi ei ascivisset? Quantum est Leorum [217]), Stunicarum [218]) et Hispaniensium [219]) monachorum, qui pridem animo sicut testandi sui quo flagrant pro ecclesia catholica zeli ita perdendi
15 Erasmum, quaecunque in eius libris istiusmodi sunt ut videri possint nobis favere, excerpere iisque deferre student, a quibus indubitatum illi malum impetrare sperant! Nihilominus sua tamen se tutum hactenus defensione reddidit. Quid igitur metuat, si excerpant nostri, sed animo sicut nequaquam ipsum ledendi ita ad ostendendos fucos vimque antichri-
20 [F7a]-stianam eorum qui, cum se ecclesiae catholicae defensores iactant, nihil aliud sunt quam eius vastatores? Quid quaeso periculi non depellat vel solo hoc, quo non ita raro utitur [220]): «inimici sunt, ulcisci id volunt, quod nolo factioni eorum dare nomen scriptisque eam insector»? Scimus nos eo loco esse apud pontifices et eorum defensores, ut contra nos nullo
25 negocio quidvis impetretur.

Quare nulla caussa erat de periculo [221]), in quod eum ista inducant, tantopere quiritari; nec ut huius facinoris [222]) tot enumeraret caussas,

---

[216]) Vgl. *LB* X, Sp. 1576C.

[217]) Der spätere Hofkaplan Heinrichs VIII. und Erzbischof von York Edward Lee war 1518-1520 in einen heftigen Konflikt mit Erasmus verwickelt gewesen, da er die *Annot. in NT* kritisierte. Vgl. für diesen Streit A. Bludau, *Erasmus-Ausgaben*, S. 86-125; Allen IV, Einleitung zu *Epist.* 1037, S. 108-111.

[218]) Der spanische Gelehrte Diego López de Zúñiga hatte schon 1519 eine scharfe Schrift gegen Erasmus veröffentlicht und 1522-23 eine heftige, aber oft gut begründete Polemik gegen die Edition des Neuen Testaments geführt. Vgl. A. Bludau, *Erasmus-Ausgaben*, S. 125-150; Allen IV, S. 621f.; M. Bataillon, *Erasmo y España*, s.v.

[219]) In Spanien wurden die Angriffe der Mönche auf Erasmus seit 1526 heftiger. Es kam 1527 zu einer offiziellen Prüfung der Werke des Erasmus, die aber nicht zu einer Verurteilung führte. Vgl. A. Renaudet, *Études Érasmiennes*, S. 269-276; M. Bataillon, *Erasmo y España*, S. 236-278. Erasmus hat sich energisch gegen die Anklagen verteidigt: vgl. Erasmus, *Apolog. adv. monach. hisp.*, *LB* IX, Sp. 1015-1094.

[220]) Schon 1524 äußerte Erasmus sich in dieser Weise; vgl. *Epist.* 1422, Z. 40-42; 1432, Z. 39-42, Allen V, S. 405, 421.

[221]) Vgl. Erasmus, *Epist. c. pseudevang.*, *LB* X, Sp. 1576D-F.

[222]) Erasmus erwähnt als mögliche Gründe: den Wunsch, ihn umzubringen, die

9

quarum nulla locum habere possit apud Noviomagum: primum aetate
graviorem quam ut tanta in re liberet ludere, deinde lucri alium [223])
contemptorem (quantulumcunque illud sit, quod pro derelicto habere
statuit, etsi plus minus centum [224]) aurei frugali et mediocritatis amanti
5 homini non nihil sint) quam ut tantuli caussa lucelli quicquam ageret
se indignum, postremo synceriorem quam ut in cuiusquam gratiam
faceret, quod sciret parum iri probatum Christo. Haud possumus
persuaderi haec tam levicula tantae in hunc et nos omnes, qui nulla
unquam in re Erasmum laesimus, irae, quantam haec spirat Epistola,
10 caussam dedisse viro praesertim theologo, nec vulgari prudentia praedito.

Rogat [225]) Erasmus [226]) inter haec, an Caesar parum nobis indignetur,
nisi talibus [F7b] ludibriis magis etiam exasperetur, et an nobis talium
monarcharum potestas videatur contemnenda. Nos optamus favere
nobis omnes mortales, non solum principes et monarchas, quos deorum
15 loco adoramus; nulli contemnimus scientes nostrum esse deferre timorem [227]), cui ille debetur, honorem, cui is competit. At simul nequaquam
vel ludibria, quae pios principes exasperent, vel fomenta, quibus ad
indignam saevitiam inflammentur, censenda putamus eos monere sui
officii praesertim ex indubitatis irae divinae ostentis, modo id cum decoro
20 Christi fiat: nempe ut sicut Caesari quod suum, ita et Deo quae ipsius
sunt tribuantur [cf. Mt 22, 21].

Agricolarum [228]) exemplum[229]) nulla, quam a nobis sumpserit, causa
nobis obiicit, cum a rebus novandis ita abhorreamus ut nemo magis,
ut qui vitiis, non hominibus bellum indicendum, percutienti alapam in
25 sinistram et dexteram obvertendam, auferenti tunicam concedendum et
pallium, exigenti iter milliaris unius exhibendum iter duorum [cf. Mt 5,
39-41], utque verbo dicam, praeter unum Christum cedenda omnibus
omnia cottidie ut docemus, ita et meditemur. A Deo suam potestatem
monarchae habent [cf. Prv 8, 15]; huius ergo leges nobis non eripiant
30 et iuxta illas, quo nihil potest excogitari melius, vivere permittant: et

---

Absicht, ihn in das evangelische Lager hineinzuzwingen, und Geldgier; vgl. Erasmus,
Epist. c. pseudevang., LB X, Sp. 1576F-1577B.
    [223]) Wahrscheinlich ein Druckfehler für «altius». Man wurde aber eher «altiorem»
erwarten.
    [224]) Bucer meint wahrscheinlich das «stipendium ... non contennendum (!)», das
Geldenhouwer im Dienste des Middelburger Abtes Maximilian von Burgundien
genoßen hatte; vgl. H. de Vocht, *Literae ad Craneveldium*, Epist. 121, Z. 8, S. 331.
    [225]) *Monarchas monere, non irritare cupiunt.* (Marg.).
    [226]) Vgl. Erasmus, *Epist. c. pseudevang.*, LB X, Sp. 1577C.
    [227]) *Rom. 13* [7] (Marg.).
    [228]) *Agricolarum exemplum inique obiectum.* (Marg.).
    [229]) Vgl. Erasmus, *Epist. c. pseudevang.*, LB X, Sp. 1577CD.

nihil omnino imperabunt, quod — si modo praestari queat — non summa
alacritate e ve-[F8a]-stigio effectum daturi simus. Nollent isti sibi
cuiusque hominis gratia negari, quod ipsis debetur: non exigant igitur et
a nobis quod poscit is, qui nos et ipsos finxit, in quo utrique vivimus,
5 movemur et sumus [cf. Act 17, 28], quos denique haud aliter nobis
praefecit, quam ut iuxta ipsius nos placita gubernent. Horum dum eos
monemus, nihil meditamur seditionis, tamque non cogitamus illos
irritare, quam confidimus Deum quoque ab ipsis agnosci seque illius
figmenta credere. Offendicula morte magis cavere volumus, sed sic ne
10 ipsi inpingamus in saxum offendiculi Christum [cf. 1 Pt 2, 8]. Sunt
quidam *caeci* et *caecorum duces* [Mt 15, 14], quos nisi plane Christum
neges, non possis non offendere: hi mittendi sunt, satisque fuerit neminem
iis offendisse, quae citra Dei offensam possunt omitti; nam quae ille
poscit — etiam si rumpatur mundus et millies moriendum sit — praestare
15 oportet. Iam inter haec praecipuum est libera veritatis in loco confessio
errantiumque in tempore monitio. In quo tam abest ut opera ludatur,
si qui potentiores inde evaserint veritati infensiores, ut plerunque Deus
nulla alia causa suam illis veritatem praedicari velit. Id quod in Pharaone
[cf. Rm 9, 17 s.], in Iudaeorum principibus Christum persequentibus
20 [cf. Io 12, 39-43] et cottidie in nimium multis verum apparet. Neque enim
abs re est, quod Christus [cf. Mt 13, 14 s.] et apostoli [cf. Act 28, 25-27]
illud, quod Iesaiae sexto [9 s.] dixisse prophetae Dominum legimus,
citarunt tam frequentes: [F8b] Incrassa cor populi huius etc.

Haec respondere libuit ad eam accusationis erasmicae partem, qua
25 tragice adeo malas artes et eas rursus tam stultas, ut artes dici non possint,
obiicit indeque violatae amicitiae, perperam gesti negocii quod evangelicum esse iactamus, perfidiae in adducendis pro nobis aliorum scriptis,
temere provocatae potestatis et nescio quorum malorum reos nos
peragere conatur. Quibus hisce in rebus iudicium est, facile videbunt,
30 quam noluerimus nos purgare diligenter, nedum accusare alios. Iudicent
quicunque iudicem agnoscunt Christum.

Alterum accusationis Erasmicae caput est nos [230]) non diversum modo,
sed plane pugnans cum instituto apostolorum negotium gerere, ac
quippe qui in eo simus, ut abolitis, quae ecclesia a mille trecentis annis
35 recte tenet, substituamus simpliciter mala et pernitiosa.

Ut autem antea testati sumus praeter verum nobis tribui iactare
evangelicam nos veritatem plus mille annis sepultam revocare in lucem,
ita et falso impingitur quod convellere, quae ecclesiae proceres magno

---

[230]) Vgl. *LB* X, Sp. 1582C-1583B.

consensu tot seculis ut oracula Dei docuerunt, coluerunt, tenuerunt
hodieque tenent, conemur. Evangelica veritas est ab uno Christo iusticiam
et salutem petere et proximo pro viribus benefacere. Haec suos omnibus
seculis discipulos ha-[G1a]-buit, quanquam alio plures, alio pauciores,
5 novissimis aliquot paucissimos. Nam [231]) de nostro Erasmus ipse scripsit [232]): «Non arbitror a Christo nato seculum hoc fuisse maliciosius:
quominus oportet vos poenitere instituti vestri. Me mea fata in has
procellas abripuerunt. Nec tacere mihi licet, nec digna Christo loqui.
Christus clamat: *Confidite, ego vici mundum* [Io 16, 33]. Mundus videtur
10 brevi clamaturus: «Ego vici Christum», adeo pro dotibus evangelicis
palam regnat ambitio, voluptas, avaritia, audacia, vanitas, impudentia,
livor, malicia; etiam inter hos, qui se lucem ac salem huius mundi
profitentur». Et alibi [233]): «Pontificis autoritatem propemodum ante-
ponebant Christo, ceremoniis metiebantur totam pietatem, confessionem
15 in immensum arctabant, monachi regnabant impune iam manifestum
pharisaismum meditantes». Qui iam quaeso ecclesiae proceres magno
consensu ut oracula Dei unquam receperunt quenquam Christo propemodum anteponendum, pietatem metiendam ceremoniis iisdemque
contra Dei verbum invectis et ad quaestum prostitutis, intercessionibus
20 et meritis divorum scelerum, a quibus tamen non resilias, impunitatem
sperandam, idolis numen quoddam tribuendum, ligna et lapides prae
vivis Christi membris colenda, missis tam impudenter nundinandum et id
genus sexcenta alia? At nos haec sola et quaecunque aperto [G1b]
Dei verbo adversantur, convulsa volumus, nihil quod non proceres,
25 sed quique Christi minimi unquam ut oraculum Dei recte docuerunt,
coluerunt, tenuerunt. Evangelicam quoque veritatem — non sepultam,
sed non ita ut par erat popularem et publicam — commendare quampluri-
mis gratiosamque reddere laboramus.

Quod negocium, ut idem est cum apostolico, ita multo est quam erat
30 iudaicos abrogare ritus facilius, siquidem utrumque in se consyderes
— nam apostolis tanta vi Spiritus praeditis quid fuisset persuadere
difficile iis, quos intus simul docebat Christus? —: ritus enim iudaici
vivo Dei verbo tamque multis in locis expresso nitebantur, cum superstitiones, quibuscum nobis bellum est, cum illo pugnent ex diametro.
35 Ad [234]) haec quantulo minus et gentium ceremoniis absurdae sunt?

---

[231]) *Erasmus de nostro seculo.* (Marg.).
[232]) Erasmus, *Epist.* 1239, Z. 11-18, Allen IV, S. 594f.
[233]) Erasmus, *Epist.* 1901, Z. 72-75, Allen VII, S. 232. Obwohl der Brief an Bucer
gerichtet war, benützte dieser laut des «pharisaismum» den 1529 gedruckten Brief.
[234]) *Aeque ridicula christiani sectati sunt atque ethnici.* (Marg.).

Volebant illi utique placare Deum omnium opificem et gubernatorem,
dum statuas et templa, ubi thure illum, hostiis et aliis similibus observatiunculis colerent, numinibus eius consecrarent. Quid vero istuc dissimile ab iis, quae nostris pro summa religione hactenus fuerunt? Et
5 nos sane Dei potentiam in innumeros angelos et divos partiti sumus;
templa singulis, statuas, aras suasque ceremonias cuique dicavimus;
propria singulis munia assignavimus; nec fere ab illis alia quam a
diis ethnici oravimus, minime omnium innocentiam; nec defuerunt
denique nobis inter hos nostri Veioves, non simulacra peculiari religione
10 augusta, non [G2a] quae responsa darent, quae aederent miracula; ut
uno verbo dicam, nihil quod unquam gentibus Satan suggessit, apud nos
suo modo desyderatum est. Haec riserunt [235] quidem olim paulo cordati-
ores, sed qui simul agnoverant Deum [236] cum mens sit, mente pura velle
coli, cumque ipsa iusticia, veritas, bonitas, nihil posse ei sine his probari;
15 quibus nimirum illud persianum [237] persuasum erat:

«Quin damus id superis, de magna quod dare lance
non possit magni Messale lippa propago:
compositum ius fasque animi sanctosque recessus
mentis et incoctum generoso pectus honesto?
20 Hoc cedo ut admoveant templis et farre litabo».

Nam quibus isthuc datum non fuit, ii sive ex animo sive populi caussa
defendere etiam quamlibet absurdas gentium ceremonias conati sunt
praeque illis videri voluerunt religionem Christi esse non modo absurdam
superstitionem, sed maleficam etiam et exitiabilem; id quod Tran-
25 quillus [238] et Tacitus [239] in scriptis suis testati sunt. Volo enim furorem [240] tacere Iuliani. Utinam vero nulli quoque literatorum fuerint
ac etiam hodie sint qui, tam crassis nostrorum imposturis et nimis
quam ridiculis ceremoniis plerisque offensi, de nostra religione idem
censeant tantum continendi in officio vulgi caussa eam invectam esse

---

[235] Wahrscheinlich entnimmt Bucer dies den christlichen Polemikern. Angesichts
des folgenden Persius-Zitat, das zum Teil auch von Lactanz, *Divinae institutiones* 2, 4
angeführt wird, könnte man an 2, 3 denken; vgl. *MPL* 6, Sp. 263-268, *CSEL* 19, S. 103,
Z. 9-S. 107, Z. 21.

[236] Vgl. Cato, *Disticha* 1, 1: «Si deus est animus, nobis ut carmina dicunt, hic tibi
praecipue sit pura mente colendus». Vgl. *Poetae latini minores*, ed. Ae. Baehrens,
3, S. 216.

[237] Persius, *Saturae* 2, 71-75.

[238] Vgl. S. 81, Anm. 17.

[239] Vgl. S. 81, Anm. 19.

[240] Kaiser Julian (361-63), dessen Maßnahmen gegen die Kirche die Benennung
«furor» nicht rechtfertigen. Vgl. für ihn J. Bidez, *La Vie de Julien.*

et servari. Unde vehementer mirandum, quid Erasmo acciderit, cum hic
subiicit [241]): «At in his quae vos [G2b] convellitis, quid obsecro vel
absurdum vel ridiculum?»

Nihilne absurdi [242]) habet — etsi nihil plane habeat ridiculi iis prae-
5 sertim, quos urit contumelia Christi — Bonifacios [243]), Clementes [244]),
Alexandros [245]), Iulios [246]) et id genus pontifices, cardinales, episcopos
ac reliquam huius regni cohortem, potestatem sibi vendicare reserandi
hominibus coeli, quibus totus animus, curae omnes in negociis versantur
plutoniis [247])? sumere facultatem solvendi alios peccatis, quibus nihil
10 aliud in omni vita queritur quam ut infinitis ipsi flagitiorum sese laqueis
implicent? vicarios se iactare Christi, qui tanto studio negocium gerunt
Satanae? Si non absurdum, certe insanum est gloriari [248]) cottidie se
Christum versare in manibus et edere cibum vitae ut aeternae ita prorsus
divinae omnibusque virtutum ornamentis decoratae, et in omnibus
15 dictis et factis ipsissimam mortem, nempe vitam flagitiis omne genus
conspurcatam deturpatamque referre.

Sed quid opus verbis? Erasmus ipse et in hac Epistola queritur [249])
eo degenerasse usum in sacris cantionibus, ut in multis templis fere
nihil audiatur praeter immanem boatum aut ineptum vocum garritum,
20 qui citius invitet ad lasciviam quam ad pietatis affectum. An non est
hoc absurdum et — nisi tantum in se Dei contemptum haberet — etiam
ridiculum summe? Iam de imaginibus verba faciens ait [250]): «Nunc
imaginum usus eo processit ut non solum modum excesserit, verum[G3a]
etiam a decoro recesserit». Quid iam dicemus absurdum, si hoc non est?
25 Verum parcendum verbis: quis enim non agnoscat commoti animi

---

[241]) Erasmus, *Epist. c. pseudevang.*, *LB* X, Sp. 1577F.

[242]) *Absurda quae convellunt.* (Marg.).

[243]) Bonifatius VIII. (1294-1303), von Bucer auch im selben Zusammenhang erwähnt in: *Von der waren Seelsorge*; vgl. *BDS* VII, S. 200.

[244]) Sowohl Clemens V. (1305-1314) wie Clemens VI. (1342-1352) oder der Gegen-
papst Clemens VII. (1378-1394) könnten gemeint sein. Besonders der letzte war als
Feldherr wegen seiner üblen Finanzkünsten berüchtigt.

[245]) Alexander VI. (1492-1503), immer das bekannteste Beispiel eines weltlichen
Papstes.

[246]) Julius II. (1503-1513), der berühmte Feldherr und Politiker auf dem päpstlichen
Stuhl.

[247]) Gebildet von Plutus als dem Gott des Reichtums.

[248]) Seit langem war es Sitte, daß der Priester jeden Tag einmal zelebrierte. Die
Häufung der Privatmessen führte dann zu einem riesigen Anwachsen des Klerus in
den Städten. Diese «Altaristen» hatten als einzige Aufgabe das Lesen der Messe und
das Beten des Offiziums. Vgl. J. A. Jungmann, *Missarum Sollemnia* 1, S. 172, Anm. 20,
S. 293.

[249]) Vgl. Erasmus, *Epist. c. pseudevang.*, *LB* X, Sp. 1586C.

[250]) Vgl. *LB* X, Sp. 1586D.

hyperbolen? Ipse testatur [251]) nos strenue clamare in luxum sacerdotum, in ambitionem episcoporum, in tyrannidem pontificis, in garrulitatem sophistarum. Ergo est vel aliquid in his, quae convellimus, absurdum et ridiculum.

5 Porro probaturus certius diversum nos eoque et difficilius quam fuerit apostolorum negocium administrare, scribit [252]) praeterea multis prophetarum oraculis praedictum esse gentes relicto daemonum atque idolorum cultu verum Deum agnituras et iudaicas ceremonias ad coruscantem evangelii lucem velut umbram evanituras; nullum autem prophe-
10 tarum praedixisse futurum, ut totus orbis ignoraret Christum, pro Deo coleret idola, successores apostolorum nihil viderent in sacris literis, deinde post mille trecentos annos a nescio quibus novis evangelistis ad veritatis cognitionem revocaretur. Quam sunt autem multa in his — ne quid aliud dicam — dicta non theologicῶς! Nos ergo dicimus orbem
15 mille trecentis annis ignorasse Christum ab apostolis praedicatum, et pro Deo coluisse idola? Olim graviora loquebantur christiani: Deus veritas est. Deinde in apostolorum vicem successerunt nobis, qui post illos ad praedicandum evangelion vocati sunt divinitus; et hos ne-[G3b]-garemus videre aliquid in arcanis literis, hoc est: tenebras esse lucem mundi?
20 Porro si vere ipse Erasmus scripsit [253]): «Mundus videtur brevi clamaturus: «Ego vici Christum», adeo pro dotibus evangelicis palam regnat ambitio», et caetera quae superius adducta sunt, si iure passim vitam et doctrinam ecclesiae plurimum degenerasse cum omnibus bonis queritur, non poterit ire inficias Christum ab apostolis praedicatum multis haud
25 probe cognosci. Cumque ipse [254]) in tot scripturae locis a vetustissimis etiam patribus dissentit, perraro cum recentioribus facit, mirum si non multa in arcanis literis ii quoque, qui in vicem apostolorum successisse crediti sunt, haud viderunt. Nam «nihil vidisse» Erasmi dictum est, non nostrum; nolo dicere [255]) τὰ σῦκα σῦκα.
30 At [256]) vero si multo gravissimae a synceriori christianismo defectionis

---

[251]) Vgl. *LB* X, Sp. 1578B.
[252]) Vgl. *LB* X, Sp. 1577F.
[253]) Vgl. S. 132, Anm. 232.
[254]) Bucer wiederholt hier die öfters gegen die Exegese des Erasmus geäußerten Vorwürfe. Erasmus selbst hat in einer der Einleitungsschriften zu seiner Edition des Neuen Testaments die Frage grundsätzlich erörtert. Man muß seiner Meinung nach die besten älteren Autoren, mit kritischem Sinn benutzen. Die neueren Schriftausleger schätzt er nicht. Vgl. Erasmus, *Rat. ver. theol.*, *LB* V, Sp. 132E-133F.
[255]) Vgl. Erasmus, *Adag.* 1205, *LB* II, Sp. 485E-486B: «Quadrat in eum, qui simplici et rusticana utens veritate, rem ut est narrat...».
[256]) *Ubi praedictum de iis ecclesiae malis, quae insectantur evangelii studiosi.* (Marg.).

eorumque quoque, qui titulum huius cum primis sibi vendicant, va-
ticinium quis requirat, legat quae de hac vaticinatus est primum Christus
ipse Matthaei capite vigesimoquarto et alibi [Mc 13, 1-32; Lc 21, 5-36],
deinde et Paulus in posteriore ad Thessalonicenses ᵛ) capite secundo
5 [1-12], in priore ad Timotheum capite quarto [1-5], in posteriore tertio
[1-13], in Actis vigesimo [29-31], divus Petrus in posteriore capite
secundo. Iohannes in epistola sua secundo [18-27] et quarto [1-6].
Neque nos alia tolli volumus quam quae his oraculis mala praedictum
est ecclesiam inva-[G4a]-sura quaeque submovenda rursum in eo
10 Paulus vaticinatus est, cum praedixit a Christi Spiritu antichristum
conficiendum [cf. 2 Th 2, 8]. Certe multo apertiora extant de ista ecclesiae
Christi, cui nos succursum cupimus, calamitate vaticinia quam de eo,
quod Iudaeorum ceremoniae revelato Christi regno fuerint abolendae.

Posthaec obiicit ²⁵⁷) nos non solum inter nos dissentire, sed eosdem
15 subinde novare ritus pariter et dogmata idque nullis adiutos miraculis,
cum apostolorum praedicationi fidem astruxerit perpetuus dogmatum
consensus et miracula.

Superius ²⁵⁸) diximus in certum duntaxat tempus ecclesiae suae Christum facultatem dedisse miraculorum; quae cum nullo iure a sua ecclesia
20 requiri divus Chrysostomus ²⁵⁹) iudicarit, poterimus et nos doctrinam
vitamque sine illis bonis duntaxat approbare.

Consensum ²⁶⁰) in omnibus et eum perpetuum pari aequitate a nobis
requirit. Ut enim non in omnibus convenerit ecclesiis apostolicis, abunde
testantur caput 11ʷ) in Actis [2 s.], 15 [1-29] et vigesimumprimum
25 [20-26]: nulli alioqui cum Petro fratres expostulassent, quod Cornelio
Christi docendi caussa communicasset, nec postulasset Iacobus Paulum
eadem caussa expiari, sed nec definiisset ecclesia hierosolymitana cum
apostolis et senioribus inter necessaria habendam abstinentiam suffocati
et sanguinis. Nulla denique caussa fuisset Paulo tantopere liberta-[G4b]-
30 tem Christi scribenti ad Galatas [5] et alias ecclesias [cf. 1 Cor 9, 1-12]
defendere. De plerisque nec nobis qui hodie evangelion Christi amplexi
sumus convenit, sed de iis in quibus salus sita non est. Fide in Christum

---

ᵛ) Thessalonicenses *scripsi*: Thessalonicensis *A*.
ʷ) caput 11 *scripsi*: caput 10 *A*.

---

²⁵⁷) Vgl. Erasmus, *Epist. c. pseudevang.*, *LB* X, Sp. 1578A.
²⁵⁸) Vgl. S. 90, Z. 11-18.
²⁵⁹) Vgl. S. 90, Anm. 56.
²⁶⁰) *Quis consensus requirendus a christianis.* (Marg.).

iustificari nos salvarique, nec nisi ex dilectione viventes posse Deo probari, in qua summa continetur quicquid uspiam divinae literae tradunt, unanimiter docemus. Sed proferat Erasmus vel unum par ex omnibus sanctis scriptoribus, quorum non multis de rebus iudicium 5 variet. Quid? Pugnant tamen inter se et sacrosancta concilia. Quid non est Alexandrinum [261]) machinatum contra Calcedonense, Antiochenum [262]) adversus Ephesinum! Sed alterum forsan concilium fuisse neges. Quid dices igitur quod, cum magnum illud Nicenum [263]) persuasum Paphnutii oratione indignum se duxerit caelibatum exigere a sacerdotibus et 10 Gangrense [264]) anathema fecerit, si quis aris arceret sacerdotem habentem uxorem, sexta synodus [265]) et alia diversum definierint? Pontifices [266]) rescidisse quae eorum antecessores statuerunt, ipsorum decreta testantur apertius quam ut opus sit moneri. De academiis et theologis scholasticis quid attinet dicere? Nam qui non potuisset aliqua cum ratione dissentire 15 ab aliis novareque dogmata, is habitus est indoctior. Quae iam ista aequitas adversariis nostris nulla in re quam in nostri insectatione [G5a] convenire et a nobis consensum postulare in omnibus, quem non modo nulli sancti, sed ne apostoli quidem praestiterunt?

Dum [267]) enim et carnis huius spiritus nobis adest, fit ut haud raro 20 huius placita videantur dictata Spiritus sancti. Hinc uti nemo omnium

---

[261]) Das Konzil von Alexandrien (457) sprach, unter der Leitung vom Gegner des Konzils von Chalkedon (451) Timotheos Ailuros, den Bann aus über die Patriarchen von Konstantinopel und Antiochien und über Papst Leo I.; vgl. H. Jedin, *Handbuch der Kirchengeschichte* II, 2, S. 5.

[262]) Kurz nach dem Konzil von Ephesus (431) hielten Johannes von Antiochien und seine Parteigänger ein Konzil in Antiochien ab, wo sie Cyrill von Alexandrien und seine Anhänger wiederum exkommunizierten; vgl. C. J. Hefele-H. Leclercq, *Histoire des Conciles* II, 2, S. 382.

[263]) Sokrates erwähnt in seiner Kirchengeschichte, daß die Konzilsväter von Nizäa (325), auf den Rat des Paphnutius, von den verheirateten Klerikern keine Abstinenz gefordert hatten. Vgl. Socrates, *Hist. Eccles.* 1, 11, MPG 67, Sp. 101f. = Mirbt-Aland, Nr. 267. Die Nachricht wurde in der von Sozomenus gekürzten Fassung in das *Decretum Gratiani*, c. 12 D. XXXI. aufgenommen, Friedberg 1, Sp. 114. Vgl. R. Gryson, *Les origines*, S. 87-93.

[264]) Das Konzil von Gangra (um 340) richtete sich c. 4 gegen die enkratitischen Eustathianer, die die Ehelosigkeit der Priester forderten. Vgl. Mansi 2, Sp. 1101 = Mirbt-Aland, Nr. 270. Die Bestimmung wurde in das *Decretum Gratiani* aufgenommen, c. 15 D. XXVIII., Friedberg 1, Sp. 105. Vgl. R. Gryson, *Les origines*, S. 93f.

[265]) Das Quinisextum (692), c. 6, bestimmte u.a., daß man nach Empfang der höheren Weihen keine Ehe schließen konnte. Die Bestimmung wurde in das *Decretum Gratiani* aufgenommen, c. 7 D. XXXII., Friedberg 1, Sp. 119f. Vgl. R. Gryson, *Les origines*, S. 118f.

[266]) Das ergibt sich überall im *Corpus Iuris Canonici*. Ein deutliches Beispiel bietet das *Decretum Gratiani*, D. XXVI.-XXXIII., Friedberg 1, Sp. 95-124.

[267]) *Unde errent boni.* (Marg.).

sanctorum non multis in locis hallucinatus est, ita nemo ullius scripta
solis exceptis quae vocamus canonica absque iudicio legit.

Paris humanitatis est quod novare [268]) dogmata dicimur, propterea
quod nunc quaedam docemus quae initio tacuimus. Licuit divo Augus-
5 tino iusto libro retractare [269]) quae scripserat: quid flagitii sit et nos
proficere? Apostolos [270]) laudat Erasmus, quod consulto initio evangelii
quaedam suppresserint, etiam divinitatem Christi — quod nos tamen non
agnoscimus propterea, quod illi Christo ubique servandi in se credentes
facultatem etiam primis illis concionibus tribuerunt [cf. Act 2, 38-40; 3,
10 15 s.] —: cur iam non interpretatur potius hac nos a se tantopere laudata
usos prudentia quam ideo novasse dogmata, quod alieni simus a veritate?
Simile est, quod in hac ipsa Epistola laudat [271]) ecclesiam ritus novasse,
nobis vero id crimini [272]) dat, cum nos tamen ad evangelii puritatem
novando magis magisque accesserimus, sui autem longius semper ab
15 ea recesserint. Mirandum autem peculiariter de viro tam prudenti, cum
paulo post culpet [273]) nos, qui subito ecclesiam ad sua primordia [G5b]
conemur revocare, hic taxare, quod repurgando ritus ecclesiasticos
aliquid distulerimus nonnihil populi ruditati concedentes. Initio omnis
nostrae novationis docuimus fide in Christum omnem obtineri iustitiam
20 et hanc declarari officiis erga proximum. In eo hactenus perstamus.
Ut autem initio non vidimus quae huic christianismi summae pugnant
omnia, ita nec verbis statim singula taxavimus nec re ipsa submovimus,
sed ita ut quodque quum nobis tum plebi adversari gloriae Christi
agnosci coepit.
25 Istuc commune nobis est ut cum apostolis ita sanctis omnibus; iure
igitur nos huius caussa tractarent paulo mitius qui Christi candorem
a se alienum non ducunt.

Dehinc [274]) mores exigit [275]) undiquaque puros et inculpatos, nec

---

[268]) Vgl. Erasmus, *Epist. c. pseudevang., LB* X, Sp. 1578A.

[269]) Augustin hatte kurz vor seinem Tode seine *Retractationes*, übrigens mehr
eine Erläuterung als eine Selbstkritik, geschrieben. Vgl. P. Brown, *Augustine*, S. 428-
431.

[270]) An verschiedenen Stellen in seinen Anmerkungen zum Neuen Testament hatte
Erasmus gesagt, die Apostel hätten absichtlich die Gottheit Christi verschwiegen,
u.a. zu Act 2, 22, und am ausführlichsten zu 1 Tim. 1, 17; vgl. Erasmus, *Annot. in NT,
LB* VI, Sp. 444D, 930C-931C. Wegen dieser These hatte er sich öfters gegen Angriffe
verteidigen müssen, am letzten in der *Apolog. adv. monach. hisp., LB* IX, Sp. 1047C-F.

[271]) Vgl. Erasmus, *Epist. c. pseudevang., LB* X, Sp. 1585D-1587A.

[272]) Vgl. *LB* X, Sp. 1578A. Erasmus hatte aber behauptet, die Änderungen hätten
keine Besserungen gebracht; *LB* X, Sp. 1578B-1580C.

[273]) Vgl. Erasmus, *Epist. c. pseudevang., LB* X, Sp. 1585DE.

[274]) *Quid profecerint moribus philoevangelici.* (Marg.).

[275]) Vgl. Erasmus, *Epist. c. pseudevang., LB* X, Sp. 1578AB.

intelligit hos ieiunia, vestes et similes ritus, quos simulent et hypocritae, sed in afflictionibus alacritatem, in perferendis iniuriis lenitatem, animum simplicem, nulli malum cogitantem et de omnibus bene mereri studentem, omnibus humanis rebus superiorem et vitae contemptorem.

5 Si hic Erasmus id volet iuris concedere nobis, quod vendicat ecclesiae in universum, hoc certe obtinebimus, etsi non parem apostolis, proximam tamen et longe maiorem quam omnibus adversariis nostris fidem nobis merito homines habeant. Nam in hac ipsa Epistola — quod et superius adduxi — scripsit [276]): «Nunquam tam feliciter actum est cum
10 ecclesia quin in-[G6a]-ter paucos bonos multos pertulerit malos». Ne igitur requirat a nobis, ut quotquot facere nobiscum se profitentur, sartos tectos praestemus; et dabimus sane non paucos, qui mirificam in afflictionibus alacritatem exhibeant, luculentissimis patrimoniis, praepinguibus sacerdotiis in extremam paupertatem deiecti, patria
15 extorres, a familiaribus deserti, labore manuum et eo ut humiliore ita duriore victum queritantes.

Quot [277]) insignes viri et in omni vita sua perquam delicate habiti toto hoc quadriennio operas suas nostrae reipublicae collocarunt in faciendis fossis, egerendo pulvere! Quot ex his artes didicerunt ma-
20 nuarias summa iam frugalitate viventes, quibus — si apud suos veritatem saltem dissimulare et nundinarias illas missas vel audire vel facere sustinuissent — nihil omnino defuisset lauticiarum, nihil opum, nihil dignitatis! Ita quam multos possumus tibi ostendere qui, cum ante hoc evangelion receptum dedecus arbitrati fuissent cuiquam iniuriam remit-
25 tere, iam [x]) in nostro evangelio sic Christi exemplum cognoverunt et aemulandum proposuerunt, ut nulla omnino ad vindicandam iniuriam queant extimulari!

Tulerunt [278]) iamdiu et principes et respublicae (ut de privatis sileam) eas a pseudoecclesiasticis iniurias, contumelias, calumnias et ab iis,
30 quos in sua habent potestate, quas ante hac a nullo principum pertulissent. Quis enim nesciat [G6b] plus quam vipereas horum linguas, quis ignorat studia et artes? Certe si animi respondent verbis factisque,

---

[x]) iam *scripsi*: qui iam *A*.

---

[276]) Erasmus, *Epist. c. pseudevang.*, *LB* X, Sp. 1585A, schon erwähnt S. 120, Z. 14-16.
[277]) Besonders in den zwanziger und dreißiger Jahren wurden viele Bauten zur Besserung der Befestigung Straßburgs ausgeführt; vgl. F. v. Apell, *Geschichte der Befestigung*, S. 75-116, besonders S. 98, 106. J. Adam, *Kirchengeschichte Straßburg*, S. 104, erwähnt das Einschalten von Flüchtlingen in diese Arbeit.
[278]) *Ut sint tollerantes iniuriarum philoevangelici.* (Marg.).

optant cum sua etiam pernitie nos excindi. Iam quanta in nos immanitate
sevierunt, quamtunque fuderunt sanguinis trucidatis ex nostri evangelii
sectatoribus tam multis tamque innocuis hominibus ii, quos illi dementa-
runt, ut ipsos potius quam Christum audiant! At a nostris quis adversario-
5 rum ulla in re laesus est? Quod enim alicubi a sacrificis exactum [279])
est, ut reipublicae commodis faverent legibus, quibus alii cives viverent,
quid quaeso iniqui, cum id ius naturae et gentium poscat ut, cum quibus
quis vivat quorumque beneficiis utatur, vicissim bene velit communiaque
onera ferat, nisi quem singularia in rempublicam merita immunem
10 faciant? Quot praeclaros Christi confessores nos habemus, quibus
tuto vel ad vicina nobis loca ire non liceat, cum nemo [280]) omnium sit
etiam eorum qui in nostram religionem hostilissima designant, qui non
tuto apud nos versetur suaque saepe commodius quam apud suae
farinae homines negocia conficiat!
15 Iam da principes, qui mitius imperitent suis, qui clementius nuperam
illam seditionem agricolarum ulti sint et quamlibet ipsis irrogatam
iniuriam. Defensores[281]) ecclesiae adversariae innocuos multarunt
cum nocentibus, nostri etiam nocentibus pe-[G7a]-percerunt satis
habentes poenas sumpsisse de authoribus, quas et ipsas tamen mitiores
20 et fere citra sanguinem sumpserunt nulla alia caussa quam quod putarunt,
cum in ipsos praecipue peccatum esset, oportere animadversionem esse
clementiorem.
Princeps [282]) ille in Cattis, rarissimum seculi huius ornamentum et
— si quis unquam — principis pii [283]), prudentis et fortis titulo dignis-
25 simus, ultro [284]) cum libertate evangelii omnium, de quibus iure quis-

---

[279]) Vgl. S. 160, Z. 1f. und die dortige Anm.

[280]) Auswärtige katholische Kaufleute konnten ungestört zu den Straßburger
Handelsmessen kommen. Ebenso konnten katholische und evangelische Nicht-
Straßburger die Gerichtsbarkeit der bischöflichen und archidiakonalen Offizialitäten
in Anspruch nehmen. Lediglich die Feier der katholischen Kirchenmesse war verboten.
Vgl. F. J. Fuchs, *Les Catholiques Strasbourgeois*; R. Bornert, *Le catholicisme à Stras-
bourg*; P. Levresse, *La survie du catholicisme*.

[281]) Es gibt in dieser Hinsicht keinen einzigen Unterschied zwischen katholischen
und evangelischen Fürsten. Vgl. G. Franz, *Bauernkrieg*, passim.

[282]) *Rarissima clementia principis Hessorum.* (Marg.).

[283]) In Briefen an Zwingli nennt Bucer ihn um diese Zeit «pectus tam pium» und
spendet ihm den Lob: «Nemo enim omnium Christi negocium maiore et synceritate
et dexteritate curat...»; vgl. *ZwBr* IV (*CR* 97), Nr. 956, S. 395, Z. 10, Nr. 1019,
S. 567, Z. 4f.

[284]) Die Hessische Polizeiordnung vom 18. Juli 1524 ist eine Sittenordnung. Sie
enthält u.a. die Bestimmung, die Amtleute sollen den Pfarrern ans Herz legen, daß
sie das Volk in der Lehre Christi unterrichten, es zur Gottes- und Nächstenliebe
und zur Gehorsam gegen ihre Obrigkeit anweisen und von Aufruhr und allen Lastern
abziehen. Bevor die Übertreter dieser Ordnung von den Amtleuten gestraft werden,

quam queri posset, remissionem suis provincialibus obtulerat atque
ut quererentur si quid haberent missis legatis suis ad singula oppida,
singulos vicos, singulos pagos invitaverat, idque antea quam ullus in
Germania motus fuisset exortus: nihilominus cum aliquot novandarum
5 rerum studiosi seditionem exemplo vel etiam solicitatione vicinorum
exciti movere conati fuissent, carcere [285]) tantum et exilio tam immane
scelus non ob aliam caussam punivit quam quod videretur peculiariter
in ipsum commissum. Quae alia inusitatae lenitatis in perferendis
iniuriis haud vulgaribus hic heros documenta dederit atque hodie
10 dare soleat, non est huius loci referre.

Porro cui dubium, si vel Basileae anno superiore vel postea in agro
Tigurino eae vires evangelii nostri adversariis fuissent, quae erant
nostris, haudquaquam illic tantum in sensus expertes statuas, isthic
in cerasa — ut Erasmus illud ad [G7b] episcopum Plocensem [286]), istuc
15 ad Pyrkemerum [287]) scripsit — saevitum esset? De nostra republica, quia
domestici testes sumus, tacere praestat, quam nemo tamen qui novit
non agnoscit se ipsam tolerantia [288]) malorum et facilitate longe superasse.

Ut vero de professoribus doctrinae, cui nomen dedimus, aliquid
dicamus (iis inquam, qui ab uno Christo salutem nullis intercedentibus
20 illis opusculis, quae tanti vendunt vulgo sacrifici et monachi, petendam
nobiscum docent): si non vel aliquanta istis esset in perferendis iniuriis
lenitas, qui devorassent tam diu, quibus illos vel unus Erasmus [289])
falsis adeo, sed diris et importunis criminibus per tot iam epistolas
impetiit ac ita in capita eorum non monarchas solum, sed quicquid
25 uspiam est bonorum virorum provocavit? In quo sane et simplicitatis
atque mansuetudinis haud trivialis de se specimen praebuerunt; quod

---

sollen sie von den Predigern unterrichtet und gewarnt werden. Vgl. W. Sohm, *Territo-
rium und Reformation*, S. 20-22. Auch ließ der Landgraf, nach sozialen Unruhen
in den Städten, die Beschwerden der Untertanen sorgfältig prüfen, um berechtigte
Klagen abzustellen. Im Frühjahr 1525 wurde von seinen Beauftragten eine allgemeine
Visitation und Vermögensfeststellung der hessischen Klöster durchgeführt. Vgl.
K. E. Demandt, *Geschichte Hessen*, S. 176.

[285]) Das Bild, das Bucer hier schildert, ist ganz falsch. Philipp von Hessen war unter
den Fürsten sogar der entschlossenste im Niederwerfen des Aufstandes; vgl. G. Franz,
Bauernkrieg, S. 241f., 268-270.

[286]) Vgl. Erasmus, *Epist.* 2201, Z. 42-44, Allen VIII, S. 245. Es betrifft den Bildersturm in Basel am 9. Februar 1529; vgl. P. Roth, *Durchbruch*, S. 26-30.

[287]) Vgl. Erasmus, *Epist.* 2196, Z. 162f., Allen VIII, S. 234. Es handelt sich hier
um den Ersten Kappelerkrieg; vgl. M. Haas, *Kappelerkrieg*.

[288]) Bucer denkt natürlich an die s.E. zu große Milde den Täufern gegenüber.
Vgl. M. Lienhard, *Les autorités*.

[289]) Bucer denkt wohl an die in das *Opus Epistolarum* vom Jahre 1529 aufgenomme-
nen Briefe; vgl. die Einleitung, S. 62.

nec in hac nostra defensione quisquam — ut nostra fert opinio — desyderabit, maxime si eam Erasmi in nos scriptis contulerit.

Animum [290]) de omnibus bene mereri studentem [291]) probat tanta pauperum et peregrinorum, qui diversam etiam religionem sectantur, 5 cura apud nostras ecclesias, quantam certe apud suas Erasmus haudquaquam ostendet. Non dicimus tamen nostros omnes christianae integritatis numeros [G8a] implevisse, etsi a multis haud plura quam ipsi praestant iure requirere possimus. Id nonnulli hic [292]) ista hyeme in pauperes, quos exteros nostra respublica ex Gallis et Germanis 10 supra sesquimille collegerat, de vita in horum ministerio periclitati abunde testati sunt.

Animum [293]) denique omnibus humanis [294]) rebus superiorem et vitae contemptorem egregie demonstrant ii, qui praeter exilia et vincula necem quoque animose propter Christum perferunt, malentes fidem 15 Christi confessi ferro, laqueo, aqua, igni et nullo non tormentorum genere vitam praesentem ponere quam eam producere cunctis opibus et delitiis affluentem illo negato: cum [295]) tot episcopi [296]) iique principali potentia instructi totque pastores ecclesiae, cuius patronum agit Erasmus, tot monachi tumultuantibus agricolis omnia sua semel abnegarint [y]) 20 et quaecunque seditiosi illi planeque lymphati, non homines, sed bestiae voluissent — talia sane, quae et antea et postea nullis satis crutiatibus expiari posse iudicaverunt — literis et iure iurando amplexi sint sectaturosque sese receperint citius quam cedere sustinuissent vel solos episcopatus aut paraecias. Sed malunt isti suam fidem et religionem 25 aliorum quam suo sanguine confirmare. Quam autem sint animo bene de omnibus merendi studioso et ad perferendas iniuri-[G8b]-as obfirmato, eo satis declarant, quod [297]) antequam rebuspublicis vel principibus, quorum imperio tuti opibus et delitiis affluunt, tributi aliquid conferrent vel ad promovenda literarum studia aliave commoda publica de iure

[y]) abnegarint *scripsi*: abnegare *A*.

[290]) *Beneficentia philoevangelicorum.* (Marg.).
[291]) Vgl. Erasmus, *Epist. c. pseudevang.*, *LB* X, Sp. 1578AB.
[292]) Mißernte und Teuerung machten 1529 zu einem Hungerjahr. Im Winter 1529-30 gab es daher viele ausländische Hilfsbedürftige. Vgl. O. Winckelmann, *Das Fürsorgewesen* 1, S. 102, 113f., 150; 2, S. 132, 168.
[293]) *Constantia philoevangelicorum.* (Marg.).
[294]) Vgl. Erasmus, *Epist. c. pseudevang.*, *LB* X, Sp. 1578AB.
[295]) *Constantia procerum ecclesiae catholicae.* (Marg.).
[296]) Beispiele sind die Bischöfe von Speier und Bamberg, der Abt von Hersfeld und der Koadjutor von Fulda; vgl. G. Franz, *Bauernkrieg*, S. 208f., 222f., 238-241.
[297]) Vgl. S. 161, Anm. 388.

suo — quod tamen rationibus eorum non tantillum detraheret — nonnihil
cederent, plurimi citius ea consilia arripiant, quibus nihil aliud quam se
ipsos et eos, quos — cum nunquam nisi amicos experti sint — ipsi
sibi hostes esse fingunt, evertere velle videntur, nulla prorsus patriae
5 aut illius necessitudinis ratione habita, quae saepe tamen ferocissimos
animos, ne etiam se gravibus lacessiti iniuriis de suis ulciscerentur,
continuit.

Sed [298]) quid opus verbis? Quam optaremus vitae argumentum recipi
— ut illud profecto haudquaquam in postremis est eo, quod nemo possit
10 serio doctrinae favere, quacum animo pugnat — et esse qui atrum atrum,
candidum candidum agnoscerent. Utcunque ipsi in nobis multa desyderemus, quam facile tamen evinceremus a nobis veritatem stare, si res
sit etiam cum ecclesiae istius columinibus! Hic itaque vicem Erasmi
singulariter dolemus, qui nihil veritus sit illud, quod Dominus per
15 prophetam dixit [299]): «*Vae iis qui dicunt malum bonum et bonum malum,
tenebras lucem et lucem tenebras*» etc. Nam vix hodie existit, qui
noscat [H1a] plenius, ut vivatur Romae, ut in aulis episcoporum, ut apud canonicos, ut in coenobiis. Nec ignorat, quae sit
publica ad Christi regulam morum facta in nostris ecclesiis reformatio.
20 Ausus tamen est scribere [300]): «Circumspice populum istum evangelicum
et observa num minus illic indulgeatur luxui, libidini et pecuniae quam
faciunt ii quos detestamini».

Isti cum quibus nobis potissimum negocium est, quos non ipsos
tamen, sed quorum corruptos mores detestamur, omni reiecto pudore
25 totos se libidini avariciaeque devoverunt adeo (nam sanabiles nulli
oppugnavimus), ut extrema citius tentaturi videantur quam ullam cas-
tigationem laturi, id quod cum alias, tum in concilio [301]) Constantiensi
et nuper fungente pontificatu Romano Adriano [302]) Sexto abunde
declararunt. Sed et hic cum episcopus [303]) initio episcopatus sui de
30 moderandis flagitiis quaedam tentasset, canonici nonnulli vocatum

---

[298]) *Quae vitae honestas philoevangelicorum.* (Marg.).

[299]) *Esa. 5* [20] (Marg.), nicht ganz buchstäblich.

[300]) Erasmus, *Epist. c. pseudevang.*, LB X, Sp. 1578BC.

[301]) Vgl. zu den Reformbestrebungen des Konzils von Konstanz (1414-18) R.
Bäumer, *Die Bedeutung des Konstanzer Konzils*.

[302]) Vgl. zu den Reformplänen Adrians VI. (1522-23) L.-E. Halkin, *Adrien VI et
la Réforme de l'Église*.

[303]) Bischof Wilhelm von Honstein erließ 1509 ein Reformationsmandat für den
Klerus. Die Kanoniker vom Jungen und Alten St. Peter erhoben ihre Beschwerden
in Rom und der Bischof wurde gezwungen, das Mandat zu annulieren. Vgl. F. Rapp,
Réformes et Réformation, S. 218f., 376-381.

Romam in ius compulerunt instituto discedere, non parva interim pecunia multatum, quam scilicet insumere in litem oportuit.

At [304]) Tiguri, Bernae, Basileae, Constantiae, Argentorati aliisque in rebuspublicis, quae evangelion nostrum amplexae sunt, sic in morum
5 sanctimoniam conspiratum est ut, quicquid praetexant hostes, nullo sint tamen alio nomine nobis infensiores quam [H1b] quod nimis severe — ut ipsi putant — a nobis vitae honestas exigatur. Qui certe in hisce urbibus luxus, quae morum impuritas regnarit, quamplurimi norunt; at hi mirari modo coguntur tantam brevi adeo potuisse morum
10 obtineri immutationem. Et Erasmus huius nominis theologus permittit sibi de tantis Christi ecclesiis sic scribere, ac [305]) si prorsus nemo in eis coepisset vivere emendatius, imo nemo esset non se ipso factus deterior. In quibus tot sunt millia qui, cum antea scortari, comessari, inebriari et id genus flagitia pro ludo haberent, plerique nec ab adulteriis abhorre-
15 rent, nunc ductis uxoribus summa cum honestate et frugalitate vitam degunt. Sed de re tam nota cur verba faciamus? Nisi sane serium honestatis studium in his rebuspublicis obtinuisset, tam saeverae de morum castigatione leges nec potuissent condi nec servari conditae.

Iam [306]) quid dicam de studio pecuniae, quod mirum qua fronte
20 obiicere [307]) nobis Erasmus ausit, maxime si id nobis quoque concedat, quod suae ecclesiae vindicat, nempe [308]) ut satis sit ad hoc, ut Christi ecclesia habeamur, si inter multos malos paucos saltem bonos praestemus? Nam et nobis multa est necessitas monendi eos, qui in nostris ecclesiis opibus abundant, quod Timotheo [309]) praecepit Paulus, nempe
25 ut [H2a] ablegata pecuniae cupiditate bonis operibus divites esse studeant.

At interim quantus est eorum apud nos numerus, qui opimis sacerdotiis, qui fructuosis mercaturis, qui etiam magnis censibus valedixerunt manuum labore modo victum quaeritantes! Imo nemo prorsus est,
30 qui evangelii caussa non luculentam sciens et volens rei familiaris iacturam fecerit praeter id, quod vel Erasmo iudice in tam ingens periculum cum facultatibus et vitam adduxit. Quam multi sunt, qui — licet viderent evangelio artes suas, quibus vivebant, vel prorsus intercidere vel certe in paucos contrahi, nec esset aliunde ulla victus parandi spes
35 certior — illud tamen amplexi sunt hodieque sectantur quidvis laborum

---

304) Vgl. S. 120, Anm. 169.
305) Vgl. Erasmus, *Epist. c. pseudevang.*, *LB* X, Sp. 1578C.
306) *Quam alieni sint philoevangelici a studio pecuniae.* (Marg.).
307) Vgl. Erasmus, *Epist. c. pseudevang.*, *LB* X, Sp. 1578BC.
308) Vgl. *LB* X, Sp. 1585A.
309) *1 Timo. 6* [17s.] (Marg.).

et sordium etiam boni consulentes, dummodo evangelio liceat adhaerere! Quot ex iis locis, in quibus non permittitur iuxta Christi praescripta vivere, in nostras urbes irrecuperabili rerum suarum damno migrarunt, malentes tenues et inopes degere in domo Dei cum conscientia tranquilla
5 quam dites et beati in tabernaculis osorum Christi conscientia perturbata! Quantis ³¹⁰) iam studiis rex Gallorum et alii quidam egerint annis aliquot apud Tigurinos, nuper etiam apud Bernates et alios nostrae fidei Elvetios, ut pecuniam a se acciperent, utque isti fortiter id abiurarint capitaleque fecerint, quo ex splendidissimo et [H2b] opulento statu ad
10 pristinam se ipsos frugalitatem, imo sordes et labores deiiciunt, clam Erasmo non est. Et non puduit tamen publico hoc scripto nostros pecuniae ³¹¹) studio aequare suis illis Mammonae mancipiis. Nam quid aliud tot episcopis et canonicis omnino curae est, quid aliud satagunt, quam ut sacerdotia sacerdotiis cumulantes divitiis et copiis se ipsos
15 continuo vincant?

Sed qui hic pecuniae studium nostris obiicit, idem in epistola quadam ad Melanchthonem taxat eos propter egestatem. Sic enim scripsit ³¹²): «Nam hoc solum habent evangelicum, quod semper egent plerique». Sed nos digni sumus, quibus iuxta et paupertas et pecuniae studium
20 vitio detur, fraudi sit lenitas simul et severitas, publico usui aliquid concedere et ad Dei verbum exigere semel omnia. Sed quid iuris aliud sit in mundo christianis, qui ovium instar habent mactationi iam destinatarum [cf. Rm 8, 36] ³¹³)?

Venio ³¹⁴) nunc ad ea, quibus scribit nos ³¹⁵) clamare in preces, ieiunia,
25 missas, quae nolimus purgari sed tolli, eo quod omnino nihil in receptis placeat, sed zizaniam evellamus cum tritico, imo triticum pro ᶻ) zizania [cf. Mt 13, 28 s.].

Quid vero est calumnia, si haec non est atrocissima? Ad precandum

---

ᶻ) pro *scripsi*: cum *A*.

---

³¹⁰) Für die evangelischen Hauptorte Zürich und Bern gilt Folgendes. Zürich hatte sich 1521 entschloßen, der Soldallianz mit Franz I. fernzubleiben. Darauf folgte 1522 ein allgemeines Reislaufverbot und eine Satzung wider die Pensionen. Besonders nach 1528 hatten diese Verbote auch Erfolg. Vgl. G. Gerig, *Reisläufer und Pensionenherren*, bes. S. 28-31, 84f. In Bern kam es nach Einführung der Reformation zu sehr unterschiedlichen Entwürfen, die 1529 zu einem Verbot von Reislaufen und Pensionenwesen führten. Vgl. Th. de Quervain, *Kirchliche und soziale Zustände*, S. 158-164.
³¹¹) Vgl. Erasmus, *Epist. c. pseudevang.*, *LB* X, Sp. 1579B.
³¹²) Erasmus, *Epist.* 1496, Z. 129f., Allen V, S. 548.
³¹³) In der Übersetzung des Erasmus.
³¹⁴) *Quid sentiant de precibus et ieiuniis.* (Marg.).
³¹⁵) Vgl. Erasmus, *Epist. c. pseudevang.*, *LB* X, Sp. 1578B.

et ieiunandum continuo hortamur, sed vere, sed pie; in vana illa et
Christi meritum obliterantia orbemque prae-[H3a]-terea expilantia
precum ieiuniorumque clamamus simulachra sublataque cupimus,
non ipsas preces et ieiunia vera. Tantum nihil huius indicimus, cum non
5 sit in manu ullius hominis alteri precandi vel dare animum vel modum
praescribere. Ipse cuiusque spiritus ad precandum sese dedat; quoque
id faciat expeditius, usum quoque non tantum cibi et potus, sed semel
omnium rerum vitae huius abdicet oportet.

Qui haec praeceptis exigere conabitur, hypocritas reddet, non autem
10 veros precatores vel ieiunantes; id re ipsa plus quam manifesto monachi
hodie declarant. In his cum eam esse libertatem docuimus, quam suis
Christus fecit [cf. Mt 6, 5-18; 9, 14-17; 12, 1-8; Io 4, 19-24] et apostoli
imminuere ausi non sunt, quid quaeso impietatis admissum est? Quis
enim probabit licuisse pontificibus quod sibi non sumpserunt apostoli,
15 imo ne Christus quidem, qui tamen immutandi animi potestatem habet?
Sed nec per Mosen Deus certum tempus modumve precibus constituit,
utcunque ille populus praeceptorum paedagogia formandus esset.
Unum [316]) dumtaxat diem in toto anno ieiunio consecravit, quod sciret
haud esse cuiusvis identidem animum ad serium adeo pro peccatis
20 luctum aut precationis ardorem excitare, ut ille iustum simul ieiunium
adduceret; nam ficta abominatur. Hanc libertatem agnovisse et Chrysostomum [317]) videre est in quadam eius oratione de ieiunio. Irenaeus [318])
eandem etiam defendit. Quod [H3b] vero Montanus haereticus primus
ieiuniorum leges edicere ausus est, convincit eum Apollonius [319]) quidam
25 scriptor ecclesiasticus in eodem libro 5., capite 18. actum fuisse a malo
spiritu.

Sed [320]) nec missam, si hoc nomine Christi coenam complecteris,
tollendam unquam censuimus, quam [321]) scilicet ipsi iunctis precibus
pro ecclesia et psalmis, tum doctrina, quo more et ab apostolis celebratam
30 legimus, tanto studio frequentamus.

Pompam illam vestium abiecimus et gestus factitios, tum quae scripturis adversa precum vice ad missam dicere sacrifici solent, quod haec

---

[316]) Das Fasten gehörte zum Ritual des Versöhntages; vgl. Lv 16, 29. 31; 23,
27-32; Nm 29, 7.

[317]) Vgl. Chrysostomus, *De ieiunio et elemosyna*, MPG 48, Sp. 1059-1062; *Homilia 1.
in Genesim*, MPG 53, Sp. 21-26.

[318]) *In Historia ecclesiastica, libro 5., capite 24.* (Marg.). Vgl. Eusebius, *Ecclesiastica
historia* 5, 24, 11-18, GCS 9, 1, S. 494-497.

[319]) Vgl. Eusebius, *Ecclesiastica historia* 5, 18, 1s., GCS 9, 1, S. 472f.

[320]) *Quid missae sublatum.* (Marg.).

[321]) Vgl. die ausführliche Beschreibung des Straßburger Gottesdienstes: S. 153,
Z. 16-S. 154, Z. 5.

ut a Christo et apostolis tradita non sunt, ita superstitioni et imposturae inservierunt. Lingua [322]) quoque iuxta Pauli praeceptum utimur, qua tota erudiatur ecclesia [cf. 1 Cor 14, 13-19] et nemo suam privatim [323]), sed Domini coenam in commune agitamus. Hoc si est missam tollere,
5 nullam habuerunt missam apostoli, nullam tota Christi ecclesia per minime pauca secula. Quod igitur illud triticum est, quod pro zizania evellimus? Nam solas blasphemias precum nomine venditas, solum fucum, solum quaestum ex demurmuratis sine mente sacris hymnis factum et reliquum imposturarum instrumentum removimus; quae
10 si non zizania sunt, haud scio quid zizania vocari debeat. Quicquid in his a Christo profectum, observatum ab apostolis, usu et doctri-[H4a]-na commendatum a vere sanctis patribus, et nos observandum docemus. Videant nunc christiani utrum in nobis haereat illud [324]): «Nec omnino quicquam in receptis placet». Ad quid opus erat tam excedente hyperbole?
15 Porro [325]) probaturus nos triticum pro zizania evellere, ostendere conatur pro bonis aut certe tolerabilibus rebus pessima quaeque invehere; ac primum — quod modo adduxi [326]) — iubet circumspicere populum istum evangelicum et observare, num minus apud nos indulgeatur luxui, libidini et pecuniae quam faciant ii quos detestamur, tum proferre sibi,
20 quem istud evangelion ex commessatore sobrium, ex feroci mansuetum, ex rapaci liberalem, ex maledico benedicum, ex impudico reddiderit verecundum.

Nos vero — etsi in re tam manifesta indignum sit verba prodigere — totas paulo superius [327]) respublicas et magnos principes protulimus, qui
25 adeo inceperunt vivere emendatius, ut admirationi plane sint bonis et aequis omnibus. Vellemus autem ipse proferret, quinam illi multi sint qui, quod nostro evangelio nomen dederunt, facti sunt se ipsis deteriores. Augescit quidem occasione — at non culpa! — evangelii malitia eorum, qui reprobi sunt, simulatque illud ipsis ingeritur. Venit enim istis Christus
30 ut [328]) *videntes non videant* [Mc 4, 12] et personam detrahit hypocritis, quo fit ut [H4b] hi insanius contra veritatem furant, illi licentius in scelera ruant. Sic Pharisaeorum, sic Iudae proditoris perversitas audito Christo evasit et efferatior et impudentior. Ad hunc modum fatemur non paucos, postquam eis nostrum evangelion innotuit, consumatiore

---

[322]) Vgl. S. 118, Anm. 162.
[323]) Vgl. die Verteidigung Bucers in *Grund und Ursach*, *BDS* I, S. 242-245.
[324]) Erasmus, *Epist. c. pseudevang.*, *LB* X, Sp. 1578B.
[325]) *Quos reddat evangelion deteriores.* (Marg.).
[326]) Vgl. S. 143, Z. 20-22.
[327]) Vgl. S. 138, Z. 28-S. 145, Z. 23.
[328]) *Iohan. 12* [40] (Marg.).

coepisse perversitate insanire. Sed hi sunt, qui evangelion nostrum
aut persequuntur aut suis cupiditatibus praetexunt. Quorum multos
videas ab eo, quod evangelion tam clare rursus adnunciatur, sui adeo
factos dissimiles ut, cum antea non vulgari et prudentia et honestate
5 viderentur praediti, nunc iures nullam prorsus recti aut honesti habere
rationem ac prope communi sensu destitutos: tam indigna se nullo
pudore, nullo cuiusquam respectu committunt. Sed sic oportet concuti [329]
qui in lapidem angularem Christum impingunt, verumque declarari iis,
qui [330] evangelii thesaurum non habuerint, etiam quicquid videntur
10 habere ingenii industriaeque in aliis rebus oportere [331] auferri.

Porro quid evangelium nostrum sit, quid doceat, fuse iam superius [332]
dictum est: nihil sane nisi omnem virtutem; quare si qui ab eo, quod
huius se professione iactare coeperunt, deteriores se ipsis facti videantur,
id cuivis rei debet imputari potius quam evangelio, quod ut prodit
15 vitia, ita tradit nihil nisi virtutes. Unde fieri quidem solet, ut eorum
[H5a] qui evangelio nostro se falso admiscent, pravitas luculentius
quam antea emineat: versanti enim prope lucem mirum non est, si
maculae clarius videantur; ut autem ab eo ulli vitio vel tantillum caussae
detur, fieri non potest, quippe a quo nihil nisi fidere Christo et amare
20 proximum discant.

Quales autem evadant utque se ipsis reddantur meliores qui sacerdotum
et monachorum institutis nomen dant, pueris notum est et non [333] uno in
loco ab Erasmo deploratur. Non [334] ferendum tamen ipse putat, si quis
tantam tam multorum perversitatem, qui hoc vivendi genus arripuerunt,
25 ipsi instituto et ordini imputet. Et permittit [335] tamen sibi hinc nostram
in totum professionem damnare, quod ea quoque fucos habeat, nihil
pensi habens, quod innumeri sunt, qui per hoc evangelion docti prorsus
novam coeloque dignam vitam amplexi sunt. Audet propter paucos
malos sic de ea scribere, quasi apud nos nihil nisi scelera doceantur,

---

[329] *Matth. 21* [44] (Marg.).

[330] *Matth. 13* [12] (Marg.).

[331] Das Wort ist eine überflüßige und störende Wiederholung.

[332] Vgl. S. 88, Z. 25-S. 98, Z. 30.

[333] Diese Klagen sind bei Erasmus üblich. In diesen Jahren hatten die Angriffe
der spanischen Mönche ihm das Leben besonders verbittert. Vgl. z.B. Erasmus,
Epist. 1873, Z. 12-17, Allen VII, S. 160; *Epist.* 1891, Allen VII, S. 204-212; *Epist.*
2094, Allen VIII, S. 45-47.

[334] Vgl. für ein charakteristisches Beispiel Erasmus, *Epist.* 1891, Z. 32f., Allen VII,
S. 205: «Nec unquam fui tam incivilis ut ob paucorum improbitatem detestarer ullum
ordinem».

[335] Vgl. Erasmus, *Epist. c. pseudevang.*, *LB* X, Sp. 1582B.

utpote quorum doctrinae nemo hactenus discipulus fuerit, qui non sit factus se ipso deterior.

O gravem contumeliam Christi, cuius indubitata doctrina est quam profitemur, cuiusque Spiritus haud obscure tam in multis suos fructos
5 aedit, quos hic tantus ecclesiae catholicae vindex tanquam bipedum nequissimos meraque portenta omnium odiis et extremae principum saevitiae, quantum in ipso est, obiicit, addi-[H5b]-cit, devovet. Quam pugnant haec cum iis, quae passim hic vir in libris suis de christiana modestia, aequitate et leninate praedicat!
10 Sed sic est sors nostra, ut homines omne de nobis malum dicant, sed falso [cf. Mt 5, 11]; sic nos fieri oportet περικαθάρματα τοῦ κόσμου, καὶ πάντων περίψημα [1 Cor 4, 13]; sic armis iustitiae instructos a dextris et sinistris exhibere nos convenit idoneos Christi ministros non minus per ignominiam quam gloriam, aeque per malam atque
15 bonam famam [cf. 2 Cor 6, 7 s.]. Erit [336] autem, cum momentaneum hoc et leviculum quod hic patimur, pondus adferat aeternum gloriae expressae et in omnia secula iturae [cf. 2 Cor 4, 17].

Eiusdem candoris est quod, cum [337] excussas templis statuas non magnopere queat improbare, innuit invidiosa interrogatione nihilosecius
20 coli in animo idola vitiorum, tum demolitas tanto studio imagines symbolum facit conspirationis.

Nos docemus cottidie *carnem* [338] *cum vitiis et concupiscentiis crucifigendam*, nec id frustra apud plurimos, in quorum iam animis colitur Christus, non idola vitiorum, etsi excutere penitus illa — quae naturae
25 nostrae pravitas est — nequeant. Deinde cum Deus sit, qui idolorum cultum tam saevere prohibuit, tam dire execratur [cf. Ex 20, 4-6], persuaderi non potuimus non esse rem noxiam et omnino submovendam iis, qui illum [H6a] Patrem invocant. Satis superque est rerum in tam vasta orbis machina, quae nos Dei nostri admoneant; habent deinde
30 domi quicunque Dei sunt monitorem Spiritum sanctum, habent scripturas, habent cottidianum doctrinae exhortationisque usum: quem haec ad pietatem non moverint, nec movebunt ista tantopere in scripturis detestata hominum figmenta. Nec sunt ii solum idololatrae, qui sensum aliquem inesse putant lapidibus ac lignis, quod Iulianus Augustus [339]
35 non minus alienum a gentibus fuisse contendit quam hic a suis Erasmus.

---

[336] Die Zeit wird aber kommen, daß...
[337] Vgl. Erasmus, *Epist. c. pseudevang.*, LB X, Sp. 1578C.
[338] *Gal. 5* [24] (Marg.).
[339] Vgl. Julian, *Epist.* 89b, 293a-295b; L'Empereur Julien, *Oeuvres complètes* I, 2, S. 160-163.

Signa siquidem et simulachra deorum haec, non deos ipsos, habuerunt.
Sed simulatque hi ᵃᵃ) immensam illam et per omnia diffusam Dei maiestatem colere ᵃᵃ) coeperunt, non iam hanc, sed sola manuum suarum opera
colebant teste omni scriptura [cf. Is 44, 9-20]. Nequit etenim animus hanc
5 digne cogitans non ilico ab omnibus, quae videntur, et in infinitam illam
invisibilem et omnibus tamen in rebus mirifice sese ostentantem bonitatem, sapientiam, potentiam contemplatione sic rapi, sic defigi, ut continuo
nihil nisi innocentiam, sanctimoniam, beneficentiam meditetur, quibus
nimirum solis gratificari se posse aeternae illi bonitati agnoscit. Hinc
10 non prophetae tantum, sed et sancti patres (id quod abunde testatur
epistola ³⁴⁰) illa Epiphanii episcopi Salaminae Cypri ad [H6b] Iohannem
episcopum Hierosolymitanum, quam Hieronymus latinam reddidit)
Christi etiam et cuiusque hominis imaginem in ecclesia habere authoritati
scripturarum religionique nostrae contrarium iudicarunt. Nec verisimile
15 est Paulum et Iohannem, cum hic fugere ³⁴¹) ab idololatria hortatur
eamque inter ³⁴²) carnis opera numerat, ille ut nos ³⁴³) ab idolis custodia-
mus monet, crassiorem illam tantum idololatriam intellexisse, quae
impenditur signis, quibus inesse sensum stulti homines credunt. Quanquam ne hac quidem nostri vacent: alioqui unum ³⁴⁴) divae Virginis
20 simulacrum non tanto prae aliis cultu dignarentur. Sed noverant hi
mentis Christi compotes carnem nostram tantum ad idola et externas
illas cerimonias — ut ita certis tantum in locis certoque tempore religio-
sam se mentiatur, non exhibeat — propendere, quantum a vera religione
abhorret: quae nimirum constat spiritu a visibilibus quidem rebus
25 (sed ut illae Deum, non hominem opificem referunt) occasionem sumente,
mox autem in aeternam et inconspicuam divinitatem pia consyderatione
sese immittente ac inde omni statim virtutum studio inflammatum ad
demerendos homines rursus proferente omniumque usibus addicente;
quae et ipsa illa divinae ut cognitionis ita et aemulationis veritas est,
30 qua Deus — et spiritus et veritas — coli adorarique postulat [cf. Io 4, 23],
cultu scilicet, [H7a] quem solum gratum habet.

ᵃᵃ) hi . . . colere *scripsi*: his . . . coli *A*.

---

³⁴⁰) Vgl. Hieronymus, *Epist.* 51, 9, *CSEL* 54, S. 411f.; auch in Epiphanius, *Epist.*
ad Hieronymum, *MPG* 43, Sp. 391f.
³⁴¹) *1. Cor. 10* [14] (Marg.).
³⁴²) *Gal. 5* [20] (Marg.).
³⁴³) *1. Iohan. 5* [21] (Marg.).
³⁴⁴) Vgl. Bucer, *Das einigerlei Bild*, *BDS* IV, S. 173, Z. 32f.: «. . . eins heiligen bild
oder Crucifix vor dem andern in besondern ortten bsondere gnad gehebt und zeychen
gethon. . .».

Sed de hac re fusius in libello [345]), cuius et superius meminimus, in quo et id ostendimus, non satis esse cultum idolorum verbis dedocuisse, nisi etiam re ipsa submoveantur, sed per potestatem publicam.

Cur enim qui Dei populum vice Dei gubernant, facto suo doctrinam
5 eius confirmare indignum se ducant, praesertim cum id Deus praeceperit? Deinde quid faciat in templo, quod tantum offendiculo sit, nihil vero queat adferre frugis bonae? Nam ut dictum, Dei memoriam non iuvant haec, sed obliterant.

Porro quod scribit se [346]) non videre, quo consilio tanto studio imagines
10 demoliamur nisi ut sit conspirationis symbolum, haudquaquam indigne ferremus, si hanc intelligeret, qua iam aliquot ecclesiae in verbum Dei, in servitutem Christi conspirarunt, et conspiraturas adhuc plurimas certo speramus. Verum huius nos ille non insimulat. Neque enim hoc solum loco nos suspitione hac gravari sibi permisit, quasi huc nostra
15 omnia spectent, ut autoritas solvatur legitimorum principum, quibus nos maiori quam quicunque a nostro evangelio abhorrentes studio praestare quaecunque per Deum licet parati sumus, quod non verbis solum, sed re ipsa abunde testati sumus et testamur.

Quare viderit Erasmus, qua conscientia huic tanto sceleri — quod
20 cumprimis detestamur, [H7b] ut nullum quoque a professione evangelii, quod docet non principibus modo, sed semel omnibus fieri omnia [cf. 1 Cor 9, 22], aeque abhorret — affines esse nos persuadere orbi conetur, utque illud suum vanissimum augurium Christo approbet, quo scribit [347]) se augurari nos novam quandam meditari democratiam,
25 addens totam rem agi callidissimis quorundam consiliis, quorum autores nullus adhuc satis agnoscat.

Quid obsecro nobis videatur Erasmus quaerere, qui haec scribere de nobis ad principem [348]) apud Caesarem tantum in animum induxit? Nostros [349]) quiritatur tantum non omnem hominis sensum exuisse
30 et ne micam christiani candoris habere reliquam, quod ad illustrandam veritatem Christi, quae huic ipse consona scripsit, invulgarunt, eo quod inde maiori apud principes invidiae obnoxius fiat. Cuius iam dicemus humanitatis, cuius christianismi esse deferre nos facinoris adeo nefarii, ob quod iure et legibus in nos saevire par sit quicquid uspiam est homi-

---

[345]) Vgl. S. 111, Z. 33-S. 112, Z. 2, und die dortige Anm.

[346]) Vgl. Erasmus, *Epist. c. pseudevang.*, *LB* X, Sp. 1578C.

[347]) *Ad archiepiscopum Toletanum Hispaniarum primatem.* (Marg.) Vgl. Erasmus, *Epist.* 2134, Z. 218-220, Allen VIII, S. 113.

[348]) Fonseca war Primas von Spanien und Mitglied des Staatsrates.

[349]) Der Gedanke kommt sowohl in der *Epist. c. pseudevang.* wie in vielen Briefen vor. Den Wortlaut habe ich aber nicht gefunden.

num — seditiosum enim et in maiestatem principum machinantem
qui primus potest, tollere debet — et deferre apud principes potentiae
tam late patentis! A quo tamen facinore abesse nos quam longissime
non solum scripta nostra quamque cottidie profitemur doctrina, in
5 qua primas semper sibi obedientia potestatis publicae vendicat, sed
omnis quoque vita et nostrorum ultronea exhibita princi-[H8a]-pibus
obsequia testantur.

Sed non sumus meliores discipuli magistro [cf. Io 15, 20], servi Domino
nostro Iesu Christo, quem — licet nemo unquam promptiorem illo
10 omnibus exhibuisset servitutem — affectati tamen regni reum peregerunt
[cf. Lc 23, 2. 5] neque non affigi illum cruci impetrarunt qui inter Iudaeos
doctissimi habebantur et optimi; nec alio nomine damnatus et Paulus
est [cf. Act 24, 5], quamquam *omnibus* semper *factus omnia* [1 Cor 9, 22].

Nihilo humanius est et hoc, quod deinceps scribit [350]): «Excussae
15 sunt preces solennes, sed iam plurimi sunt qui nihil prorsus orant».
Ut superius [351]) enim testati sumus, non preces sed precum nomine
magno venditas imposturas sustulimus; si qui hinc iam nihil prorsus
orant, eos vacare necesse est Spiritu illo inenarrabiles ad Deum gemitus
fundente [cf. Rm 8, 26]. Quare sicut hi nihil omnino verae precationis
20 fundere ad Deum possunt, ita praestat nullam etiam simulent, tam
scilicet irrisuri Deum quam homines ac se ipsos delusuri.

Subiicit de abrogatione [352]) missae rogatque, quid successerit sacratius;
non vult conferre ritus cum ritibus, inductos cum relictis, quod nunquam
sit nostras ecclesias ingressus. At quanto dignius fuisset non dico theologo
25 sed christiano, cum missa nihil aliud sit quam ritus quidam et cerimonia,
vidisset ipse, quid induxissemus quidve reliquissemus, et ex re ipsa de
nobis iudicasset quam ex [353]) vultibus redeuntium a contione, quos
scribit vidisse se velut malo spiritu afflatos omnes miram quandam
[H8b] prae se tulisse iracundiam et ferociam, ut similes sibi visi sint
30 militibus discedentibus a contione ducis ad praelium et θοῦριν [bb])
ἀλκὴν exhortati, aut ex eo, quod nemo sibi viris aliquot honestis comitato
detulerit honorem, quem exhibemus quibuslibet, praeter unum seniculum.
Quid enim, si illa vultus saeveritas ex ira et indignatione fuerit in ea,

---

[bb]) θοῦριν ἀλκήν *scripsi*: θούριον ἄλκιν *A.*

---

[350]) Erasmus, *Epist. c. pseudevang.*, *LB* X, Sp. 1578D.
[351]) Vgl. S. 105, Z. 9-30.
[352]) Vgl. Erasmus, *Epist. c. pseudevang.*, *LB* X, Sp. 1578D.
[353]) *Praeposterum iudicium Erasmi.* (Marg.). Vgl. Erasmus, *Epist. c. pseudevang.*,
LB X, Sp. 1578DE.

quibus illi et se ipsos et alios agnoverint fecisse contumeliam Christo? Quid si Erasmus, illis parum aequus, videre in eorum vultibus sibi visus sit, quod ipse sibi ex nugacissimorum quorundam delatorum sermonibus — quibus eum aures prolixe nonnunquam dare boni verique 5 eius amici persaepe deplorarunt — in animo suo finxerit? Mirum certe fuerit, si omnium vultus, praesertim ita ut fit templo non absque turba et cumulo prodeuntium, defixis adeo contemplari oculis potuerit, ut quid quisque prae se ferrêt, videret tam certo. Quod vero nemo illi honorem illum vulgarem exhibuit, poterat vir gravis frequentiae dare 10 populi simul sacra aede effusi. Novit siquidem Romae et Parisiis ob nimiam hominum turbam non modo nulli ferme hunc honorem exhiberi, sed saepe etiam episcopum via detrudi a carbonario.

Caeterum ritus eos in caena observamus, quos observavit Christus ipse, quos ad hoc acceptos servarunt suisque ecclesiis tradiderunt 15 apostoli.

Conve-[I1a]-nitur [354]) nulla superstitione vel loci vel temporis nullave legis necessitate, sed libere, ut spontaneum esse Christi populum addecet. Nulli se peregrino cultu vestiumque pompa — detestata patribus, vetita [355]) decretis pontificiis — prae aliis ostentant, sed prodeunt 20 ministri vulgatis vestibus simplicitatem professi, ut par est eos, quibus mortis Christi mysterium celebraturis competit, ipsius potius modestiam quam luxum referre persicum. Mox summa cum gravitate omnem populum ad confitendum Deo peccata sua invitant verbisque e scriptura depromptis praeeunt, statim in communi peccatorum venia oratur, 25 psallitur, recitatur et explicatur sacra lectio, funduntur preces pro magistratibus ac omnibus, sed ea lingua, qua fructus aliquis ad omnes provenire possit, ut plane magis pium est eum observare morem, quem [356]) Spiritus Christi per Paulum praecepit quam quem vetuit [cf. 1 Cor 14, 13-19]. Post haec exponitur sacrae coenae mysterium, praedicatur 30 Dei in nos bonitas, qui Filium suum pro nobis vivificandis dedit in mortem, commendatur Christi dilectio, qui animam suam pro nobis tam libens posuit, recitantur quae Dominus cum hanc coenam institueret, dixit, gessit gerendumque suis commendavit, iubentur hac eucharistia abstinere qui nondum Christo ex animo vivere cupiunt, distribuitur

---

[354]) Vgl. für den Gottesdienst in diesen Jahren M. Jenny, *Die Einheit*, S. 13-27 und die dort genannte Literatur; R. Bornert, *La réforme protestante du culte*.

[355]) Ältere Bestimmungen betreffs der Klerikaltracht findet man im *Decretum Gratiani*, C. XXI., qu. IV., Friedberg 1, Sp. 857-859. Das 4. Laterankonzil regelte sie, c. 16; auch aufgenommen in die *Dekretalen Gregors IX.*: c. 15 X, III, 1, Friedberg 2, Sp. 453.

[356]) Vgl. S. 118, Anm. 162.

inter omnes panis et calix Domini: [I1b] non sumit unus pro omnibus,
quod potius sit hic Christum audire quam qui se faciunt Christi vicarios
et tamen ei contraria iubent. Postremo aguntur in communi Redemptori
gratiae sicque coelestis Patris benevolentiae commendatus populus
5 dimittitur.

Quid quaeso hoc in ritu christianis indignum, imo quid non traditum
ab apostolis atque adeo Christo ipso persancteque observatum ab
omnibus maiorum gentium christianis, donec res tam sancta superstitioni
et nundinationi coepit servire malorum?
10   Haec si coram Erasmus cernere quam male conciliatis quibusdam
hominibus, quibus voluptas est viperinis impetere linguis quicquid
Christum resipit, fidem habere maluisset, potuisset scribere ut certiora
ita theologo magis digna, nec tot tam luculenta mendacia, quibus non
tam nos invisos reddet quam se prodet contumeliosum in Christum,
15 orbi tanta securitate obtrudere. Inter quae sane hoc eminet, quod
scripsit [357]): «Quis unquam vidit in illorum concionibus quenquam pro
peccatis suis fundentem lachrymas aut tundentem pectus aut ingemis-
centem?»

Quam [358]) soles, Erasme, detestari eos, qui tibi scriptisque tuis ob-
20 trectant non probe intellectis aut etiam non lectis quae scripsisti! Quid
igitur com-[I2a]-meruimus nos, quo te ita irritavimus, ut ausus sis
nos — alioqui praeter meritum sic mundo invisos, ut in nullum mortalium
genus ille aeque furat, nullos Turcos adeo cupiat extinctos — tam
apertis mendaciis tantae infamare impietatis tamque facere ab omni
25 religionis sensu alienos, cum ipse tamen fatearis te [359]) nostra templa
nunquam esse ingressum atque ideo nullam quoque a nostris concionem
audisse? Simile est, quod ad Toletanum archiepiscopum, cum odiose
satis non visos ecclesiae Basiliensis ritus descripsisses, subiicis [360]):
«Ego misere metuo ne pharisaismo succedat paganismus». Sunt haec
30 nostra tam paganica, nihilne Christi resipiunt? Certe si ex cerimoniis,
quae Basileae observantur, vere et iure metuis paganismum, eadem
ratione metuendus erat et a cerimoniis apostolicis; illas enim nos reduxi-
mus.

Sed ad institutum. Tu scribis: «Quis unquam vidit in illorum concioni-
35 bus quenquam pro peccatis suis fundentem lachrymas» et caetera. Nos

---

[357]) Erasmus, *Epist. c. pseudevang.*, *LB* X, Sp. 1578E.
[358]) Vgl. z.B. Erasmus, *Epist.* 948, Z. 136-156. 198-233, Allen III, S. 545, 547f.;
Epist. 1192, Z. 29-40, Allen IV, S. 454; *Epist.* 2029, Z. 56-92, Allen VII, S. 448f.
[359]) Vgl. Erasmus, *Epist. c. pseudevang.*, *LB* X, Sp. 1578D.
[360]) Erasmus, *Epist.* 2134, Z. 208f., Allen VIII, S. 113.

vero nullam omnino a nobis concionem haberi dicimus, etsi habeamus
frequentissimas [361]) (et id totae nationes testabuntur verum), in qua non
plurimi ob peccata sua ingemiscant serioque veniam a Patre coelesti
orent; etiamsi pectus pauci tundant, propterea quod isthuc non sit ita
5 in more Germanorum, ut est in more nationum alia-[I2b]-rum; lachrymas
tamen fundi saepissime videas.

Sed quid haec moremur non semper certa poenitentis animi signa?
Iustos possumus proferre fructus documenta pietatis multo certiora.
Quam minime pauci enim omnem vitam innovarunt ad praescripta
10 Christi adeo, ut non opes modo, delicias, honores, sed vitam ipsam ala-
criter pro nomine Christi obtulerint tormentis!

Ipse alicubi [362]) scripsisti sceleratissimum homicidii genus esse venenum
lingua, non in pyxide circumferre. Quale iam censendum est circumferre
illud libris in tot millia exemplarium multiplicatis, quibus tot armentur
15 in Christi membra animi, linguae, manus, quot illi nacti fuerint lectores?
Scribis in quodam libello, [363]): «Nec nostrum est de parum cognitis
ferre sententiam». At qui aequus esse velit, hunc par est esse ἀπροσωπο-
λήπτην!

Cum itaque nostra ipse non videris, non audieris eoque nullam eorum
20 habeas cognitionem certam, maxime cum scias hostes nostros esse qui
tibi subinde de illis narrant, haud debueras tibi permittere tantis nos
criminibus, quorum hic non minus dira quam falsa aliquot coacervasti,
infamare.

Primum tribuis [364]) — quanquam hic adieceris «si verum narrant» —
25 sermones, quibus sic vita sacerdotum a nobis laceretur, ut magis ad
seditionem faciant quam pietatem; deinde accusas sic nos abrogasse
confessionem, ut ne Deo qui-[I3a]-dem confiteantur plurimi, abiecisse
cum ieiuniis ciborum delectum, ut interim gnaviter indulgeatur crapulae,
ita quosdam effugere iudaismum, ut coeperint esse epicurei, protrivisse
30 cerimonias, ut nihil accesserit spiritui, imo multum decesserit tuo quidem
iudicio.

Nos autem eorum sacerdotum — qui, cum scelerate vivant, missis
tamen suis et aliis nugis hominibus id pollicentur, imo vendunt, quod

---

[361]) In *Grund und Ursach* (1524) erwähnt Bucer «das tåglich predigen»; *BDS* I,
S. 229, Z. 27.
[362]) Vgl. Erasmus, *Apolog. de loco Omn. resurg.*, *LB* IX, Sp. 442A: «De hoc hominum
genere scripsit Psalmographus: «venenum aspidum sub lingua eorum». Non dixit:
in pyxidibus eorum, quanquam nec eo carent quidam, sed: «sub lingua eorum», ubi
tutissime occulitur et facillime depromitur».
[363]) Erasmus, *Consult. de bell. turc.*, *LB* V, Sp. 363F.
[364]) Vgl. Erasmus, *Epist. c. pseudevang.*, *LB* X, Sp. 1578EF.

dare solius Christi est — vitam in hoc taxamus, ut videant homines nihil illos minus esse quam id quod promittunt, nempe qui salutem et iusticiam queant a Deo hominibus impetrare. Idque adeo non seditiose facimus ut, cum illi ipsi importunis suis blasphemiis quosque mansuetis-
5 simos saepe in se provocassent, nos perpetuo ne a quoquam laederentur, verbo Christi apud plebes nostras effecerimus ᶜᶜ), cum illorum in nos conciones nihil nisi carceres, ferrum, ignem crepant.

Deinde confessionem quae homini fiat, sed potenti monere officii, expedire conscientias in bonam spem de favore Dei erigere, nulli unquam
10 abrogavimus. Tantum docuimus haud esse consultum apud eum quaerere peccatorum medelam, qui peccatis ipse pereat totus, et nulli fas esse hominum isthuc a quoquam christianorum exigere. Interim confiteri Deo nulla non concione docemus, in nullo non conventu ad id populo praeimus. Si iam ne Deo quidem confiteantur plurimi eorum, qui
15 ho-[I3b]-mini confiteri desierunt, id nobis nullo iure imputabitur; quanquam qui huiusmodi sunt frustra quoque homini confiterentur, ut praestet eos omissa illa extorta humanitus confessione id palam prae se ferre, quod sunt, quam eius obtentu mentiri hominibus et illudere Deo. Hos vero ut et eos, qui abiectis ieiuniis gnaviter indulgent crapulae et
20 ita effugiunt iudaismum, ut incipiant esse epicuraei, quique protritis cerimoniis nihil habent spiritus, nostros non agnoscimus. Culpam ergo eorum praestare nulli debemus.

Est autem multo magis e re non tam christiani gregis quam horum ipsorum, ut positis hisce non suis plumis prodant se quales sunt, quam
25 ut istarum rerum inducto tectorio id essent quod sepulchra mortuorum dealbata [cf. Mt 23, 27]. Sic enim ut minus sibi possunt placere, ita citius poterunt agnita sua impietate ad solidae pietatis studium revocari. Caeterum quid de ieiuniis et precibus doceamus quidque huius obser- vemus, abunde superius ³⁶⁵) exposuimus.
30 Scribit ³⁶⁶) posthaec Erasmus ³⁶⁷): «Cerimonias quasdam iudaicas observavit Paulus, ne Iudaeos abalienaret ab evangelio. Saltem hoc animo non erant omnes cerimoniae reiiciendae». Nos vero non omnes reiecimus; et in iis quoque, quae iudaicis similes non sunt, utpote praeter iussum Dei invectae et fere omnes sic iam seculis aliquot u-[I4a]-surpatae,
35 ut cum illo etiam pugnent, quam multa diu indulsimus, induituri porro

---

ᶜᶜ) effecerimus *scripsi*: effecimus *A*.

---

³⁶⁵) Vgl. S. 145, Z. 24-S. 146, Z. 26.
³⁶⁶) *Nullae cerimoniae intempestive abiectae.* (Marg.).
³⁶⁷) Erasmus, *Epist. c. pseudevang., LB* X, Sp. 1578F.

quoque, si non eum hinc fructum provenire vidissemus, quem legimus [368])
evenisse Petro propter fratres, qui a Iacobo venerant a communi cibo
abstinente!

Quae [369]) porro de apostolorum libertate subiicit [370]), qui nescientes
5 praescriptos ieiuniorum dies, ciborum discrimina, praescriptum usum
leguminum, interdictum vini, ultro tamen iniussique ieiunarunt, usi
sunt vilissimis contenti leguminibus fueruntque etiam abstemii: eadem
et nos docemus et quisque pro virili sua praestamus, quod de nobis
testabuntur qui nos nostraque noverunt. Nec agnoscimus eos, qui
10 libertatis christianae praetextu cupiditatibus suis frena laxant, tum qui
hanc in occasionem dant carni [cf. Gal 5, 13]; hos officii sui admonemus,
adhortantes ut charitate serviant sibi invicem [cf. Gal 5, 13], quo — ut
Erasmus recte monet [371]) — «charitas plus ultro praestet quam lex
imperabat».

15   Hanc semper evangelicam libertatem et agnovimus et docuimus,
non perversam illam omnisque honestatis dissolutricem, quam nobis
Erasmus falso tribuit impingens [372]) sic iugum humanarum constitutionum
a nobis excussum esse, ut nemo interim cervicem submiserit suavi iugo
Domini.

20   At vero gratias interim Erasmo agimus pro illo insigni testimonio
ve-[I4b]-ritatis, quo testatur apostolos nescisse praescriptos dies ieiuniorum delectumque ciborum, quod utinam tam reciperetur a multis
quam est verum. Certe ex eo convincitur [dd]), quemadmodum a nemine
iure alius quam praestiterunt apostoli christianismus requiri poterit,
25 ita nec praescriptos illos ieiuniorum dies ciborumve delectum merito a
nobis exigi. De vini usu nondum periclitamur, quandoquidem hoc et
largius et meracius bibere soleant, qui abstinentia tantum non aequare
apostolos videri volunt, idque tum maxime cum sua sacratiora illa
quadragesimae et adventus ieiunia celebrant.

30   De eo autem gratias agere non possumus, quod [373]) solita ut aequitate
ita et veritate nos suggillat, imo aperte et atrociter accusat constitutiones [374]) humanas apud nos constitutionibus humanis, imo parum

---

[dd]) convincitur quemadmodum *scripsi*: convincitur ut quemadmodum *A*

---

[368]) *Gal. 2* [11-14] (Marg.).
[369]) *Libertas christiana.* (Marg.).
[370]) Vgl. Erasmus, *Epist. c. pseudevang.*, *LB* X, Sp. 1578F-1579A.
[371]) *LB* X, Sp. 1579A.
[372]) *LB* X, Sp. 1579A.
[373]) *Falso impingi philoevangelicis tyrannidem.* (Marg.).
[374]) Vgl. Erasmus, *Epist. c. pseudevang.*, *LB* X, Sp. 1579AB.

humanis — licet titulo verbi Dei cohonestatis — mutari, ita ut complures
boni viri praeferant ultroneum exilium isti nostrae magnifice decantatae
libertati, nostrosque proceres et antesignanos — quamvis ad episcoporum
dignitatem, opes et ditionem nondum pervenerint — eiusmodi de se
5 specimen praebere, ut ipse se in episcoporum quam horum potestatem
tradere Caesarisque potentissimi ferre iugum quam quorundam magistratuum evangelicorum quamvis humili sorte malit, si [15a] detur optio.

Primum vellemus Erasmus protulisset, quaenam sint illae nostrae
constitutiones humanae, quibus priores antiquamus titulo tantum
10 immutato, quod has nostras verbum Dei vocemus, cum res nihilo
mitior sit. Nos nullam prorsus humanam legem non dico condimus, sed
ne recipimus quidem, quae mere humana sit; non licet enim nos servos
fieri hominum [cf. 1 Cor 7, 23], cum omnia nostra sint, nos Dei [cf.
1 Cor 3, 21-23], quos, quanti sumus, Christus sibi vindicavit suo san-
15 guine: illi igitur vivere toti quoque conamur. Hoc autem dum meditamur,
sic nobis instituenda vita est, ut laedamus neminem, prosimus omnibus;
quo pacto iam nulli non humanae etiam constitutioni et iniquae, quantum
per Deum licet, ex animo parere studemus.

Sed sic comparati certi sumus nos non hominibus sed Deo — quod
20 Paulus servis qui bona fide morem gerunt heris suis confirmat [cf.
Eph 6, 5-8; Col 3, 22-25; 1 Tim 6, 1 s.; Tit 2, 9 s.] —, non humanis
constitutionibus sed praecepto illi omnem in se legem continenti *diliges
proximum* [Mt 19, 19] obtemperare. Nam inimici etiam diligendi sunt
et malis quoque exemplo Patris nostri in omnes boni benefaciendum
25 [cf. Mt 5, 44 s.].

Porro quemadmodum nostrum est et omnium, qui nomen dederunt
evangelio Domini nostri Iesu Christi, quaecunque agenda inciderint,
sermone vel facto in ipsius nomine facere omnia gratias agentes Deo
et Patri per illum [cf. Col 3, 17] [375]), ita adserimus [I5b] haudquaquam
30 licere non nobis modo, qui ecclesiae ministri sumus nullo pollentes
imperio atque ideo hortamentis ad pietatem omnes invitare, non cogere
edictis debemus, sed ne magistratibus quidem ullam facere constitu-
tionem, quae non derivata sit ex lege dilectionis (hoc est: aliquam adferat
hominibus utilitatem), eamque ad sanctificandum apud illos nomen
35 Dei, prolatandum regnum eius, perficiendam voluntatem eius [cf. Mt
6, 9 s.] institutam. Nos igitur nullas omnino constitutiones inveximus
hortationibus contenti, nisi quis eas velit constitutiones vocare, quod
oportuna tempora ad conciones, psalmorum in ecclesia decantandorum

---

[375]) In der Übersetzung des Erasmus.

modum, ritum eucharistiae digne celebrandae, scholas denique et
praelectiones ordinavimus; quanquam ne in his quidem aliquid nostra
potestate, sed omnia non minus ex consensu ecclesiae quam scripto et
exemplo apostolorum accedente quoque semper autoritate magistratus
5 instituerimus, et sic, ut ad aedificationem maxime universa faciant.

Sed [376]) nec magistratus ullas novas leges tulit, sed renovavit veteres:
ne [377]) quis in Deum, in Christum, in verbum eius, in divam virginem
et omnes divos atque adeo quae docent sacrae scripturae quaeque ab
iis tradita observantur, sit maledicus; ne quis adulterium stuprumve
10 committat; ne concubinam alat; ne ebrietati indulgeat; ne [378]) vestium
luxu enormius offendat; ne [379]) sine [16a] magistratus permissione
stipendia faciat; ne [380]) iniquo mercatu proximos premat; ut [381]) vel
dominicis diebus doctrinam Christi singuli, quos nulla idonea caussa
remoratur, audiant; ut [382]) sacrifici cum ex crucifixi patrimonio alantur,

---

[376]) *Quae leges revocatae.* (Marg.).

[377]) Die Bestimmungen betreffs Gotteslästerung, Ehebruch und Trunkenheit finden
sich im Sittenmandat vom 25. August 1529. Vgl. für den Text: T. W. Röhrich, *Mitt.*
1, S. 265-281; vgl. J. Adam, *Kirchengeschichte Straßburg*, S. 98f.; W. Köhler, *Zürcher
Ehegericht* 2, S. 388-395. Vgl. für die übrigen hier erwähnten Ratsmandate die Untersuchung von J. Rott, *Le magistrat face à l'épicurisme.* Im Folgenden nenne ich die
Mandate, die sich auf die jeweiligen Gebiete beziehen. Ich entnehme diese Liste und
die Fundorte einer schriftlichen Mitteilung von Dr. Jean Rott, wofür ich ihm herzlich
danke.

[378]) Ein spezielles Kleidermandat ist nicht bekannt vor demjenigen vom 12. Juni
1531, der Hochzeitsordnung (AMS, R3, f°187v°-188r°). Ende November 1532 verlangen die Prediger Abstellung des Überflußes der Kleidung; vgl. QGT, E I, S. 577,
Z. 47.

[379]) Betreffs des Söldnertums gibt es Mandate vom 25. Februar 1525 (AMS, R3,
f°150r°); vom 26. März 1526 (AMS, R3, f°137r°); vom 2. März 1528 (AMS, R3,
f°153r°); vom 31. März 1529 (AMS, R3, f°159r°); vom 31. August 1530 (AMS, R3,
f°182r°).

[380]) Die folgenden Wuchermandate sind bekannt. Verbot des Frucht- und Wein-
Fürkaufs vom 23. Juni 1529 (AMS, R3, f°160r°); Verordnung betreffs Getreidekauf-
und Verkauf vom 3. September 1529 (AMS, R3, f°173r°); Verbot des Getreide-
Fürkaufs vom 26. September 1529 (AMS, R3, f°174r°); Verbot des Judenwuchers
vom 16. März 1530 (AMS, R3, f°178r°); Verbot des Getreide-Fürkaufs vom 15.
September 1530 (AMS, R3, f°185r°).

[381]) Betreffs des Kirchenbesuches ist kein spezielles diesbezügliches Mandat bekannt vor demjenigen vom 17. Juli 1531 betreffs Sonntagsheiligung (AST 84/11).
Ende November 1532 wird jedoch auf ältere diesbezügliche Mandate Bezug genommen;
vgl. QGT, E I, S. 577, Z. 34.

[382]) Was betrifft das Zuhören der Vorlesungen ist kein Mandat bekannt. Ver-
gleiche jedoch die Eingaben der Prediger Ende November 1532 und Anfang Oktober
1533 an den Rat, in denen sie verlangen daß die Priester und die pensionierten Kleriker
eifriger in die theologischen Vorlesungen kommen sollen; vgl. QGT, E I, S. 577,
Z. 37f.; E II, S. 140, Z. 5f.

sacris praelectionibus adsint; ut [383]) reipublicae nomen dent quicunque
civitatem inhabitant eademque cum aliis civibus onera ferant. Haec
sub certis poenis non nova, sed vetera et ex lege Dei certissime dimanantia
nostri edixerunt magistratus.

5   Quae igitur illae humanae constitutiones, quibus nihilo mitius apud
nos quam sub papa homines gravantur? Quod tam grave iugum, cui
Caesaris potentissimi iugum praeferendum sit, adeo ut complures
boni viri ultroneum exilium nostrae libertati praetulerint? Aut quinam
sunt isti complures boni viri sponte sua exulantes [384])? Certe quamplurimi
10 sunt Uberlingae et Friburgi ac aliis in locis, in quibus isti boni viri
exulant, qui offensi prae memoratis legibus nostris urbibus excesserunt,
qui [385]) se Croesos et Sardanapalos putarent, si ad hunc modum eis
contigisset exulare. Certe ipse Erasmus fatetur «non [386]) immite exilium».

Quam autem boni viri sint, cum tales — ut Cicero [387]) inquit — ex
15 iustitia cui coniuncta est beneficentia vocantur, viderint ipsi. Certe
a compluribus bonis viris creditur hoc nomine indignum eos, qui Christi
opibus praeter omne ipsorum meritum tam opulenti, tam beati sunt,
adeo non sustinuisse quemque ei reipublicae, in qua [ee]) tot annos
vixit [I6b] et cuius beneficio tanta commoda percepit, quae plerisque
20 etiam patria est, tantulum conferre quantum cives alii et ei se addicere
vivendi rationi, quam praeter naturae et Dei legem ipsorum etiam eis
canones praecipiunt, ut videantur [ff]) plane praesertim aliqui eorum

---

ee) qua *scripsi*: quo *A*.
ff) videantur *scripsi*: videatur *A*.

---

[383]) Seit dem 14. Jahrhundert wurde in den Städten die Immunität der Geistlichen
eingeschränkt. In dieser Zeit bemühte man sich auch in Straßburg, die Geistlichen
ins Bürgerrecht zu nehmen. In den zwanziger Jahren des 16. Jahrhunderts kam es
in Straßburg zu politischen Maßnahmen, um alle Geistlichen ins Bürgerrecht zu
bringen. Capito und Bucer gaben dazu die theologische Begründung. Vgl. A. Baum,
Magistrat und Reformation, S. 51-73, 125-146; J. Adam, *Kirchengeschichte Straßburg*,
S. 82-87; M. Usher-Chrisman, *Strasbourg and the Reform*, S. 239-244; B. Moeller,
Kleriker als Bürger.
[384]) Bucer meint die Geistlichen, die Konstanz verlassen hatten und seitdem in
Überlingen wohnten, und die Basler Geistlichen und Bürger, die sich in Freiburg
niedergelassen hatten; vgl. H. C. Rublack, *Die Einführung der Reformation in Konstanz*,
S. 45f., 71-73; P. Roth, *Durchbruch*, S. 36-52.
[385]) Sowohl Überlingen wie Freiburg blieben streng altgläubig, sodaß die Lage
der Evangelischen in beiden Städten besonders schwierig war. Überlingen wurde sogar
am 6. Mai 1527 von Karl V. gelobt weil es so streng zum alten Glauben hielt. Vgl.
K. F. Vierordt, *Geschichte der evangelischen Kirche* 1, S. 274-279; A. Semler, *Die
Seelsorge der Pfarrei Überlingen*.
[386]) Erasmus, *Epist.* 2205, Z. 20f., Allen VIII, S. 252.
[387]) Vgl. Cicero, *De officiis* 1, 7, 20.

nihil [388]) facturi reliquum, quo evertant has ipsas respublicas, nisi pristinis opibus ac voluptatibus, nisi pristino regno restituantur, pro quibus qui olim apud ethnicos boni habebantur putassent sibi moriendum etiam.

5 Iam de vitae sanctimonia, qua hi pollent aut quam vel tot iam admoniti ut eis videntur adversis meditentur, quae tamen et ipsa a iustitia bonique viri appellatione abesse nequit, quid attinet dicere? Ipse nanque Erasmus sic scripsit [389]) ad archiepiscopum Toletanum: «De ignotis non est meum iudicare. Hic nec inter sacerdotes nec inter monachos quenquam vidi 10 quem tanta rerum tempestas reddiderit pilo castigatiorem».

Qui igitur illi complures boni viri, qui nostrorum adacti sunt tyrannide, ut ultro in exilium abirent? Certe qui Constantia et Argentorato excesserunt non ferentes nostrorum magistratuum intolerabile iugum, eandem quam Basilienses philosophiam profitentur; et ut inculpatissimi 15 reliqua sint, ubi Spiritus ille Christi qui solus bonos reddit, cum ima summis permutaturi citius videantur quam solvere didrachma ne quem offendant [cf. Mt 17, 23-26], cum nolint [I7a] ad eam vitae formam adigi, quam ipsis sui praescribunt canones, cum denique tam alienum a se ducant bene mereri de iis, qui videntur ipsos offendisse [cf. Mt 5, 44]? 20 Sed non potuerunt videre abolitos ritus ecclesiae catholicae. Qui potuerunt igitur antehac et modo videre aboleri, imo conculcari ritus Christi? Offendit demolitio statuarum et imaginum. Cur ergo non offendit, quod apud suos destruuntur imagines Dei vivae sanguine Christi redemptae?

Ut enim de pestilenti doctrina taceam, quam est solemne apud istos 25 constuprare bonorum virorum uxores et filias: quo nomine forte nescit Erasmus, quam male audiat et vicedecanus [390]) ille, quem animo vere generoso, vere christiano — quique semper rebus fortuitis omnibus fuerit superior — praeditum praedicat. Eiecit eos indignatio, quod non [391]) liceat canere cantica Domini, quod Pascha agere oporteat 30 sine halleluia absque victoriali convivio; cur non ergo eiicit eos et suis ecclesiis, ubi haec sic geruntur, ut Deus illis magis irritetur vel Gregorio [392])

---

[388]) Seit 1524 hat es einen hartnäckigen Rechtsstreit zwischen Stiftsherren und Magistrat über die Annahme des Bürgerrechts und die Besteuerung der Geistlichen gegeben. Erst 1529 fand der Streit seine gütliche Beilegung. Vgl. außer der Anm. 383 genannten Literatur auch R. Schelp, *Reformationsprozesse*, S. 37-40.

[389]) Erasmus, *Epist.* 2134, Z. 227-229, Allen VIII, S. 114.

[390]) Vgl. Erasmus, *Epist.* 2205, Z. 15-17, Allen VIII, S. 252. Daraus ergibt sich, daß Bucer Botzheim aus Konstanz meint, der seit einigen Jahren in Überlingen lebte.

[391]) *In epistola ad Berum.* (Marg.). Vgl. Erasmus, *Epist.* 2136, Z. 3-6, Allen VIII, S. 116.

[392]) *Canone «In Sancta», Distinctione 92.* (Marg.). Vgl. *Decretum Gratiani*, c. 2 D. XCII., Friedberg 1, Sp. 317f. Der Kanon enthält eine Bestimmung Gregors I.

teste? Poterant profecto viri boni ferre ritus doctrinamque Christi;
tolerare [393]) poterant submoveri imagines sensus expertes, ut digne
colantur destinatae [394]) consortio coelesti; poterant psallere in cordibus
suis, poterant et voce [cf. 1 Cor 14, 15] [395]) vel cum mulierculis, cum in
5 Christo non sit mas nec mulier [cf. Gal 3, 28]; cum pueris, quorum
laus peculiariter grata Christo est [cf. Mt 21, 16], sacros hymnos [I7b]
decantare. Verum sint terque quaterque boni viri, nec a nobis nec a
magistratibus nostris ullam acceperunt caussam nidos suos relinquendi,
tacemus abeundi in exilium, quanquam ut dictum tolerabile sit exilium,
10 ne id suo nomine vocemus quod perferunt.

Quod autem scribit Erasmus, si [396]) detur optio, malle se in potestate
esse episcoporum quam nostrorum procerum et potentissimi Caesaris
iugo quam nostrorum magistratuum submittere cervicem, ipse viderit
quo animo scribat. A [397]) nemine certe nostrorum sive ecclesiastarum
15 sive magistratuum quicquam illi unquam periculi intentatum est, nihil
iniqui ab eo quisquam petiit, nedum exegit. Quot sunt autem episcopi,
quibus se haud tuto committeret! Neque enim habent hunc in eum
animum omnes, quem ii qui [398]) pateras aliaque donant, quanquam et
inter hos mirum si non sentiat ipse quoque esse qui, si non viderent
20 suae ecclesiae se opus esse contra Lutheranos προμάχῳ [399]) et ipso
plane potirentur, longe alia donaturi essent. Caesari sibi tam faventi
quid aliquando fisus sit quidve hodie credat aulae eius, quae patriam
ipsius administrat, ipse satis testatur, cum rationem [400]) reddit relictae

---

[393]) In seinen Briefen klagt Erasmus öfters über den Bildersturm in Basel im Februar
1529; vgl. Erasmus, *Epist.* 2133, Z. 64f.; 2158, Z. 25-33; 2175, Z. 11-13; 2176, Z. 67-69;
2196, Z. 57-62; 2201, Z. 42-49, Allen VIII, S. 107, 162, 190, 192, 232, 245f.

[394]) Sc. imagines. Bucer meint die S. 161, Z. 22f. von ihm erwähnten «imagines Dei
vivae», also die Menschen.

[395]) Vgl. S. 118, Anm. 162.

[396]) Vgl. Erasmus, *Epist. c. pseudevang.*, *LB* X, Sp. 1579B.

[397]) In Basel stand Erasmus bis zu seiner Abreise in hohem Ansehen; vgl. sein
eigenes Zeugnis, *Epist.* 2196, Z. 27-36, Allen VIII, S. 231. Trotzdem trifft es zu, daß
ihm nach der Protestantisierung der Stadt nicht mehr völlig wohl zumute war; vgl.
C. Augustijn, *Erasmus en de Reformatie*, S. 221-223.

[398]) In seiner Antwort sagt Erasmus, daß nur William Warham, der Erzbischof von
Canterbury, und Albrecht von Brandenburg ihm vor langen Jahren Becher geschenkt
hatten; außerdem hatten noch zwei Bischöfe, die er nicht namentlich nennt, das jüngst
getan. Vgl. Erasmus, *Epist. ad fratr. Infer. Germ.*, *LB* X, Sp. 1612D.

[399]) Erasmus antwortete: «Adeo vero me non habent episcopi πρόμαχον, ut dicar in
tanto ecclesiae discrimine dormitare»; *Epist. ad fratr. Infer. Germ.*, *LB* X, Sp. 1612E.

[400]) Wahrscheinlich denkt Bucer an die *Spongia*, wo Erasmus ausführlich die Gründe
erläutert, die zu seiner Abreise aus den Niederlanden geführt hatten. Die kurze Zusammenfassung ist: «Sciebam me illic esse non posse, nisi descenderem in harenam
adversus Lutherum». Vgl. Erasmus, *Spongia*, *LB* X, Sp. 1663B-D; das Zitat *LB* X,
Sp. 1663C. Auch jetzt gibt Erasmus eine solche Begründung; vgl. Erasmus, *Epist. ad*

Brabantiae nec facile repetendae, non quod iure sibi a quoquam gg)
metuat, sed quod probe norit — ut in hac cui respondemus Epistola
scribit 401): — «quot artibus sit armata calumnia quantumque valeat
interdum apud summos [I8a] etiam monarchas» utque «saepe iaceat
5 innocens priusquam sciat se delatum».

Scribit posthaec vereri 402) se, ne plerique pro gravi iugo hominum
portent gravius iugum diaboli. Id ut vere vereatur de nobis, caussam
tamen huius nos nullam ipsi dedimus, praesertim si id non veretur de
suis ecclesiasticis. Qualescunque enim sumus, hoc in votis est, hoc pro
10 virili studemus, ut Christi praescriptis vita nostra respondeat, quicquid
sibi falsorum criminum in nos evomere Erasmus permittat ab ipsissimis
certe diabolis id est calumniatoribus ipsi ingesta. Hoc enim de nobis
falso falsius scripsit, excussam 403) esse obedientiam episcoporum, sed
ita ut ne profanis quidem magistratibus pareatur. Nam nihil nos quieti
15 et tranquillitati rerum praeferimus, seditioni dare occasionem modis
omnibus cavemus, honorem exhibemus cui honor debetur, vectigal
cui vectigal, tributum cui tributum [cf. Rm 13, 7], nec omittimus hortari
nostri evangelii auscultatores, ut idololatris quoque planeque impiis et
tyrannicis magistratibus obtemperent et pro eorum incolumitate [cf.
20 1 Tim 2, 1 s.] — praemisso tamen semper *sanctificetur nomen tuum,
adveniat* 404) *regnum tuum, fiat voluntas tua* [Mt 6, 9-10] — cottidie
Deum orent.

Si hinc Turcarum 405) principi detestabiles sumus dicitque ille nos
seditioni natos, ferendum id est, cum talem esse Christum ipsum dixerint
25 [cf. Lc 23, 2. 5] optimi populi, optimi et sanctissimi principes, sacerdotes
et scribae. Quanquam si hoc argumento de cuiusquam instituto iudican-
dum sit: [I8b] Turcorum principi detestabilis sit, improbandus ei
praecipue est ordo ecclesiasticorum, ut in quos praecipuo et prorsus
exitiali odio flagret saeviatque crudelius quam in alios quoscunque.
30 Illa 406) autem quam vana sunt simul et dira: «Quos subinde tumultus
excitat. Quoties quam levibus de caussis procurrit ad arma», et caetera!

---

gg) quoquam *scripsi*: quoque *A*.

---

fratr. Infer. Germ., *LB* X, Sp. 1612 C. Daß Erasmus nicht begeistert war für eine Rück-
kehr, konnte Bucer dem *Opus Epistolarum* entnehmen; vgl. Erasmus, *Epist.* 2133,
Z. 86-91; 2134, Z. 156-163; 2196, Z. 154-157, Allen VIII, S. 108, 112, 234.
401) Erasmus, *Epist. c. pseudevang.*, *LB* X, Sp. 1576F.
402) Vgl. *LB* X, Sp. 1579B.
403) Vgl. *LB* X, Sp. 1579B.
404) Die Vulgata hat «veniat» statt «adveniat».
405) Vgl. Erasmus, *Epist. c. pseudevang.*, *LB* X, Sp. 1579C.
406) *LB* X, Sp. 1579C.

Quos obsecro Erasme memoras tumultus, quae arma, quis te adeo commovit in tot tam innocuas Christi ecclesias?

Ipse [407]) nosti [408]) Basileae tumultum sumptis [409]) armis excitasse qui videri voluerunt stare a tua ecclesia catholica, nostros autem semotis
5 armis negocium suum egisse libello supplici; deinde [410]) autem cum viderent paucorum potestatem huc erupisse, ut quae ipse senatus constituerat fideque legatorum, quos vicinae et sociae urbes eo ad componendas res miserant, et diplomatis, quae singulis tribubus singula ultro obtulerant, confirmarat, pro arbitrio rescinderent diversumque agerent — ut iam
10 manifesto quivis cerneret rempublicam sic primoribus in senatu evangelio adversantibus, quod maior iam plebis pars sequebatur et a quo solo salus omnium petenda est, consistere non posse — convenisse [411]) et per selectos aliquot bonos ac cordatos viros multumque ab omni seditione abhorrentes a senatu orasse, ut eos a se removeret, qui evangelion
15 impugnaverant importunius, et in Io-[K1a]-cum eorum legeret, qui Dei timore solido praediti (quales nimirum Deus praefici suo populo praecepit [cf. Dt 17, 19]) ea praeterea sapientia pollerent, ut de religione doctrinaque Christi certum statuere possent, tum curarent — quod et antea praemissum fuerat — ut concorditer Christus doceretur et mani-
20 festo verbo Dei adversantia cum in cerimoniis tum in vita civium cor-

---

[407]) *Historia tumultus Basiliensis.* (Marg.). Im Folgenden schildert Bucer die Ereignisse in Basel Winter 1528-29 aus evangelischer Sicht, aber im allgemeinen nicht unrichtig. Vgl. auch den Gegenbericht des Erasmus, *Epist. ad fratr. Infer. Germ.*, LB X, Sp. 1613 B-E, 1614 B-1615 A.

[408]) Das hauptverbum ist «nosti». Davon ist eine fünffache Accusativ mit Infinitiv-Konstruktion abhängig: excitasse... egisse... convenisse... orasse... armasse.

[409]) Bucer meint wohl die Ereignisse um Weihnachten 1528. Am 23. Dezember sammelten die Evangelischen sich im Gartnernzunfthause und sandten dem Rat eine Supplikation, in der sie die Abstellung der katholischen Predigt und der Messe forderten. Zwölf der fünfzehn Zünfte schlossen sich dieser Forderung an. Am 25. Dezember kamen die Altgläubigen bewaffnet zusammen. Auch die Evangelischen griffen zu den Waffen. Während der Nacht standen die Parteien einander gegenüber. Am 26. Dezember gelang es dem Rat, die Massen zu beruhigen und zu veranlassen, nach Hause zu gehen. Vgl. *Basler Chroniken* 1, S. 67, Z. 10-S. 73, Z. 22; S. 446, Z. 24-27; *Basler Chroniken* 6, S. 112, Z. 24-S. 113, Z. 19; *Aktensammlung Basler Reformation* 3, Nr. 291, 292, S. 197-203; R. Wackernagel, *Humanismus und Reformation*, S. 502-504; P. Roth, *Durchbruch*, S. 11-16.

[410]) Hier gibt Bucer einen sehr einseitigen Bericht. Die ersten Vermittlungsvorschläge des Rates wurden am 4. Januar 1529 sowohl von den Evangelischen wie von den Katholiken abgelehnt. Das darauf folgende Ratsmandat vom 5. Januar war wesentlich günstiger für die Evangelischen. Im Januar warfen beide Parteien sich gegenseitig Verletzungen des Mandats vor. Vgl. R. Wackernagel, *Humanismus und Reformation*, S. 505-509; P. Roth, *Durchbruch*, S. 17-21, 26.

[411]) Am 8. Februar kamen die Evangelischen zusammen und forderten die Demission der katholischen Ratsmitglieder. Als der Rat nicht ganz darauf einging, wurde noch am selben Abend der Marktplatz von bewaffneten Evangelischen besetzt.

rigerentur; hanc vero cum scirent postulationem pessime habituram eos,
qui ante armati concurrerant se — si successisset — ad minimum
evangelio spoliaturi, et ipsos se armasse vim tantum — si quam contigisset inferri — depulsuros ʰʰ); nam ipsi prorsus neminem laeserunt
5 vel te ⁴¹²) ipso teste in epistola ad Plocensem episcopum.

Deiectae ⁴¹³) fuerunt aliquot in templis statuae occasione istiusmodi.
Missi fuerant aliquot armati a plebe in foro senatus responsum expectante,
ut primum templum et quaedam alia loca perlustrarent, ne quid adversarii
in illis convenientes molirentur. Horum unus putrem quandam statuam
10 hasta sustulerat, quae mox decidens comminuta fuit. Id quosdam
sacrificos male habuit, sed verbis duntaxat id testati sunt, nec aliud
armati illi regesserunt. Interea autem venit ad plebem rumor rem geri
armis atque istos suos iam esse in periculo; misit itaque iustam fere
cohortem armatorum illis succursum, sed hi cum venissent, re-[K1b]-
15 pererunt omnia pacata. Ut igitur didicerunt cariosam statunculam tantae
turbae caussam dedisse, subito — ut fieri solet — consilio vel impetu
potius statuerunt semel statuas universas deiicere, quod mox et in hoc
et alio quopiam templo fecerunt.

Tandem ⁴¹⁴) annuit senatus postulationi plebis et discessum est
20 rebus omnibus tranquillatis, nisi quod postridie ⁴¹⁵) iussu senatus reli-
quae imagines et statuae demolitae sunt ac etiam exustae. Pauperes
enim quibus concessae fuerant, male illas ⁱⁱ) inter se partiebantur.
Non autem ab re subiit Erasmo mirari neminem ⁴¹⁶) e tam multis divis
fuisse, qui tantae stragis autores ulcisceretur — nam de Christi et beatae
25 virginis mansuetudine ait se non mirari —, praesertim cum tantum

---

ʰʰ) depulsuros *scripsi*: depulsuri *A*.
ⁱⁱ) illas *scripsi*: illos *A*.

---

⁴¹²) Vgl. Erasmus, *Epist.* 2201, Z. 37.43f., Allen VIII, S. 245.
⁴¹³) Bucer spricht hier über die Ereignisse des 9. Februars. Eine kleinere Gruppe
von Evangelischen war bewaffnet ins Münster eingedrungen, wobei sie eine Altartafel
(kein Bild) zu Boden warfen. Als die Gruppe bei dem Rückweg zum Markt auf einen
anderen Trupp stieß, kam man auf den Gedanken eines Bildersturms, der sofort
überall außer in Kleinbasel stattfand. Vgl. R. Wackernagel, *Humanismus und Reformation*, S. 513f.; P. Roth, *Durchbruch*, S. 27f.
⁴¹⁴) Den 9. Februar beschloß der Rat am Abend die altgläubigen Ratsherren aus-
zuschließen und die Predikaturen mit evangelischen Predigern zu besetzen. Vgl.
R. Wackernagel, *Humanismus und Reformation*, S. 514f.; P. Roth, *Durchbruch*,
S. 28f.
⁴¹⁵) Den 10. Februar wurden die Kirchen geräumt. Die Bilder und Holzreliefs
wurden zu Haufen gesammelt und verbrannt. Vgl. R. Wackernagel, *Humanismus
und Reformation*, S. 515f.; P. Roth, *Durchbruch*, S. 29f.
⁴¹⁶) Vgl. Erasmus, *Epist.* 2201, Z. 44-49, Allen VIII, S. 245f.

scelus sit tamque indigna calamitas, ut mereatur in Consultatione de
bello Turcis inferendo bello, fami ʲʲ), pestilentiae atque aliis quae in
lege sua minatur Dominus [cf. Dt 28, 20-26] adnumerari. Nam ubi
famem auctaque rerum omnium precia, dolos mortalium quibus se
5 invicem circumveniunt memoravit, mox immane illud malum seditionem
agricolarum memoraturus, medium ponit ⁴¹⁷): «Vidimus desolata templa
magnifica, confracta simulacra, sacerdotes exactos».

Hi vero sunt tumultus Basilienses, quos satis celebravit Erasmus.
Utinam ex vero! Nam et [K2a] illud vanum est, quod scribit suspenden-
10 dum ⁴¹⁸) fuisse in medio foro consulem illum vicinum suum proximum,
qui noctu furtim se subduxit, non in sporta, ut Paulus [cf. Act 9, 25;
2 Cor 11, 33], sed cymba. Sic ipse rem describit, nec sane narravit id
aut iactavit quisquam eorum, penes quos tum potestas ulla fuit. Etenim
paulo post cum aliis qui fugerant senatoribus hic consul ⁴¹⁹) revocatus
15 est et omnium ἀμνηστία promissa, si modo contra rempublicam nihil
esset molitus. Caussa quoque cur huic plerique parum aequi essent,
fuit quod credebatur ⁴²⁰) concionator quidam ab ipso animatus rursum
contra senatus consultum coepisse debacchari in evangelium.

Ante hunc motum ⁴²¹) fuerunt quidam ditionis Bernatium solicitati

---

ʲʲ) fami *scripsi*: famae *A*.

---

⁴¹⁷) Erasmus, *Consult. de bell. turc.*, LB V, Sp. 347B = *Epist.* 2285, Z. 52f., Allen
VIII, S. 383.
⁴¹⁸) Vgl. Erasmus, *Epist.* 2201, Z. 38-42, Allen VIII, S. 245. Es betraf hier den
Bürgermeister Heinrich Meltinger.
⁴¹⁹) Meltinger floh in der Nacht vom 8.-9. Februar 1529 nach Colmar, wo er bald
darauf starb. Sein Sterben wird bezeugt *Basler Chroniken* 7, S. 434, Z. 6: «... so her-
nach zu Colmar starb»; Th. von Liebenau, *Johannes Rütiner*, S. 49: «Heinricus
Meltinger niger consul aufugit et tribunus 4. hebdomada moritur Colmariae ex
komer».
⁴²⁰) Bucer meint Augustinus Marius. Dessen handschriftlich erhaltene Dezember-
predigten 1528 über 1 Joh zeigen seine hitzige Predigtweise. Besonders Ökolampad
greift er persönlich an. Vgl. J. Birkner, *Augustinus Marius*, S. 81f. Daß Meltinger ihn
dazu veranlaßt habe, ist m.W. nirgends bezeugt.
⁴²¹) *Historia tumultus Bernatium.* (Marg.). Es handelt sich hier um die Reformationswirren im Berner Oberland im Jahre 1528. Zentrum war das Kloster Interlaken,
das Anfang 1528 einem Vogt des Berner Rats unterstellt wurde. Schon im April
wurde es von den Bauern überfallen. Man forderte vor allem, daß mit der Messe
auch Zinsen und Zehnten abgeschafft würden. Im Mai kam es zu einem Rechtstag
und infolge dessen zu einem Vertrag zwischen Rat und Bürgern. Im September ent-
standen neue Unruhen, die Aareschwelle bei Unterseen wurde zerstört und der Aufstand breitete sich beträchtlich aus. Die altgläubigen Orte leisteten inoffiziell Hilfe.
Im Oktober schlug Bern ohne Mühe den Aufstand nieder. Das Strafgericht über die
Aufständischen war hart. Vgl. H. Specker, *Die Reformationswirren im Berner Oberland*,
S. 20-36, 59-82.

per eos, qui evangelium nostrum oderunt cane peius et angue sola
hac caussa, quod effecit apud aliquot Elvetiorum pagos interdici militia [422]), ex qua quam plurimi apud hanc gentem ad summas opes per-
venere, quibus ante paucos annos nemo libenter teruncium credidisset,
5 ut postularent abrogatam iam missam in pristinum locum restitui aut
sibi remitti decimas et census. Composita res fuit adhibitis ex omnibus
praefecturis, quas ea respublica permultas habet, viris gravibus aliquot.
Sed obtinuerant iam mali; frigidam suffundebant vicini quidam ho-[K2b]-
mines eo animo, iis moribus praediti, quibus solent qui castra sequuntur.
10 Per hos igitur excitatus tumultus est, armati invaserunt coenobium quoddam praedives, lacus quosdam piscibus abundantes dissiparunt. Misit
ad eos magistratus Bernensis, qui hortarentur ad quietem et — si quid
haberent, ut mallent iure agere — tamen pollicerentur se consensuros in
iudices aequos. Sed quo se humaniorem illis praestabat magistratus,
15 hoc ipsi evadebant ferociores; perdebant interim ac vastabant omnia;
indicibilibus quoque quosdam suorum, qui verbo Dei credebant, iniuriis
et contumeliis afficiebant adeoque furebant, ut qui alioqui religionis
mutationem Bernae factam non probarent maluissentque cum istis
missam restitutam, iudicarent tamen quamprimum reprimendam rabio-
20 sam istam insolentiam. Mox itaque conscriptus exercitus est, praemissa
cohors una cum bombardis, quae occuparet littus eius laci, qui exercitui
erat traiiciendus. Hos simulatque seditiosi illi conspexerunt, e vestigio
coniecerunt se in pedes — quamvis magno essent numero — auxiliaque
a vicinis missa conscenso monte praerupto et celso elapsi sunt, sic ut
25 stupori nostris essent. Nemo tamen ex nostris insequebatur, sed cogebant
in unum suos et exercitu circundatos acriter increpuerunt perfidiae et
vinctis authoribus, qui non erant fuga dilapsi, reliquos multarunt li-
[K3a]-bertate et privilegiis quae singularia habuerant, quae tamen post
aliquot menses illis restituerunt. Ut igitur rursus in verba magistratus
30 iuraverunt, dimissi sunt nec est nisi de uno et altero supplicium sumptum.
　　Hic fuit ille tumultus Bernatium. Qui iam illum excitarunt, qui arma
priores sumpserunt? Non sane evangelici, sed qui cupiebant in hoc
evangelion extinctum, quo libera ut militia ita et ea essent, quae militia
parit.
　　Nec alii caussam dederunt tumultui [423]) tertio, quo anno superiore
Tigurini cum sociis arma sumpserunt a quinque illis pagis quos antiquos

---

[422]) Vgl. S. 145, Anm. 310.
　　[423]) *Historia tumultus quinque pagorum gentis Elvetiae.* (Marg.). Es handelt sich
um den Ersten Kappelerkrieg, zwischen Zürich und den fünf Orten Luzern, Uri,
Schwyz, Unterwalden und Zug; vgl. M. Haas, *Kappelerkrieg.*

vocant impetraturi, ne oligarcharum quorundam importunitas toti
patriae malum consciceret et innocuos Christi professores isti pro
libidine sua, ut coeperant, trucidarent. Exusserant [424]) enim non ita
pridem quendam evangelii praeconem, in quem tamen nihil habuerant
5 iuris; alibi [425]) ad necem vulneraverant civem Tigurinum, similia omnibus
qui ab evangelio sunt — quos haereticos vocabant — minati, aliaque
multa praeter iura foederis faciebant et machinabantur tam non ferenda
iis, qui cupiebant salvas res Elvetiorum.

Hic tumultus intercedentibus legatis aliorum pagorum atque aliquot
10 vicinorum sic compositus [426]) est, ut neutra pars alterius religionem
puniret, ut ubicunque commu-[K3b]-ne imperium est, in iis quae religionis sunt suffragiis maioris partis omnia constituerentur et foedus
illud rescinderetur, quod videbantur quinque pagi adversus nostros
icisse cum exteris. Sic factum est ut, licet acies [427]) ferro ac machinis
15 instructae minimo spacio dirimerentur et non pauciores viginti millibus
in armis essent — licet non isto in loco [428]) —, ne musca quidem perierit
et cerasorum tantum fuerit magna strages, ut iocari videtur in lenitatem
nostrorum Erasmus. Nam huic certe debetur, ut hoc bellum fuerit tam
incruentum et ut Graeci dicunt πόλεμος [429]) ἄδακρυς. Si nanque tantum
20 nostris adversarii quantum nostri illis praevaluissent, bellum fuisset
multo cruentissimum planeque πόλεμος ἔνδακρυς.

Quis iam et huius motus autor? Num evangelici? At hi tantas ab istis
suis confoederatis tulerunt iniurias iam annos aliquot, quantas antea a
nullo monarcha tulissent; nec [430]) prius ad arma procurrerunt quam cum
25 ea iam salus totius patriae extorqueret, iisque sic usi sunt, ut abunde
appareat nihil illis minus in animo fuisse quam saevire aut suas iniurias
ulcisci.

---

[424]) Jacob Kaiser wurde den 22. Mai 1529 gefangen und den 29. Mai als Ketzer
verbrannt. Vgl. M. Haas, *Kappelerkrieg*, S. 131-133.

[425]) Bucer meint wahrscheinlich einen armen Gesellen von Zürich, der an der Reuß
von etlichen Fünförtischen fast zu Tode geschlagen wurde, in seiner Not Christum
anrief aber gezwungen wurde Maria auch anzurufen, wenn er nicht totgeschlagen
werden wollte, da seine Angreifer alle Zürcher als meineidig und bundbrüchig ver-
schrieen. Vgl. J. Stumpf, *Schweizer- und Reformationschronik* 2, S. 132.

[426]) Vgl. für die Friedensunterhandlungen und -Bedingungen M. Haas, *Kappelerkrieg*, S. 167-182. Bucer erwähnt das Wesentliche korrekt.

[427]) *In epistola ad Pyrckemerum.* (Marg.). Vgl. Erasmus, *Epist.* 2196, Z. 160-164,
Allen VIII, S. 234.

[428]) Die Evangelischen verfügten über 30.000 Mann, die Katholischen über 9.000.
Wahrscheinlich lag aber weniger als die Hälfte dieser Truppen in den Lagern bei
Kappel. Vgl. O. Farner, *Huldrych Zwingli* 4, S. 310-312.

[429]) Vgl. Erasmus, *Adag.* 1523, *LB* II, Sp. 590F-591C.

[430]) Die Politik Zürichs war bestimmt nicht gemäßigt. Sie war aktiver und agressiver
als Bucer sie schildert; vgl. z.B. M. Haas, *Kappelerkrieg*, S. 127-130, 135.

Iam quibus aliis in locis procursum ad arma est, nisi nuper Rotvvilae [431]), ubi senatus ea sumpsit contra quosdam ex plebe, qui supplici
tantum libello [K4a] ab ipso libertatem petierant loquendi de evangelio
et dum non liceret habere ecclesiasten, se ipsos quantum possent sacris
5 libellis erudire hortarique ad pietatem?

Sed [432]) nec fatalis illa coniuratio agricolarum ortum ab iis habuit,
qui voluerunt videri evangelici. Nam [433]) primi omnium, qui seditionem
moverunt, accolae Sylvae Hercyniae, palam regulis suis testati sunt
se nihil velle habere cum evangelio commune; iam et aliorum, qui
10 evangelion praetexuerunt, postulata et gesta satis demonstrarunt nequaquam ab evangelio, sed quod putarent [434]) se inique premi a suis
magistratibus et principibus, caussam sui tumultus sumpsisse et, quo
caussam suam nonnihil cohonestarent, evangelion, de quo nihil prorsus sciebant, obtendisse. Sic rem habere nemo est qui diffitebitur, qui
15 modo fabulae huius protasin, epitasin et catastrophen cognoverit.

Sic [435]) quod ante biennium copias eduxerant illustrissimi principes
Saxonum et Hessorum, quibus imputandum sit in obscuro non est,
quanquam hi nemini quoque malum intulerunt.

Cum iam christiani sit neminem etiam veris laedere, quantum modo
20 per Deum liceat, quam dignum theologo est eius nos mali tam falso
insimulare, ob quod iure in nos armari debeat totus orbis! Queritur [436])

---

[431]) *Motus Rotvvilae.* (Marg.). In der freien Reichsstadt Rottweil gab es schon in
den frühen zwanziger Jahren Evangelische. Nachdem der Rat Anfang 1529 Konrad
Stücklin aus der Stadt ausgewiesen hatte, hatten die Evangelischen keinen Prediger
mehr. Das Einreichen einer Bittschrift gegen die Verfolgung veranlaßte den Rat
dazu, bewaffnete Bauern in die Stadt zu ziehen, was zu Unruhen führte. August 1529
wurden 400 Evangelische vertrieben. Vgl. G. W. Locher, *Die Zwinglische Reformation,*
S. 436-438 und die dort genannte Literatur. Am 14. Mai 1530 empfahl Bucer Zwingli
die Flüchtlinge; vgl. *ZwBr* IV (*CR* 97), Nr. 1023, S. 578, Z. 1-3.

[432]) *Motus fatalis agricolarum a quibus ortus* (Marg.).

[433]) Der Bauernkrieg als ganzer hat sich entwickelt aus der Erhebung in der Land-
grafschaft Stühlingen im südlichen Schwarzwald (silva Hercynia) Frühjahr 1524.
Die Stühlinger beriefen sich anfänglich weder auf die Bibel noch auf das Göttliche
Recht. Vgl. G. Franz, *Bauernkrieg,* S. 98-101, 109; A. Waas, *Die Bauern im Kampf um
Gerechtigkeit,* S. 153f.

[434]) Diese Sicht der Dinge ist natürlich einseitig. Vgl. G. Franz, *Bauernkrieg,*
S. 93f.; M. Brecht, *Der theologische Hintergrund.*

[435]) *Eductae copiae principum Saxonum et Hessorum.* (Marg.). Infolge der «Packschen Händel» schloßen Philipp von Hessen und Johann von Sachsen im Mai 1528
ein gegen das sog. «Bündnis von Breslau» gerichtetes Bündnis. Der Landgraf begann
auch mit Kriegshandlungen und geriet dadurch in Verdacht, den Krieg gewollt zu
haben. Bucers Anspielung auf ein katholisches Komplott ist unbegründet. Vgl.
K. Dülfer, *Die Packschen Händel.*

[436]) Vgl. Erasmus, *Epist.* 2188, Z. 178f., Allen VIII, S. 214, wo Erasmus Bezug
nimmt auf einen an Berquin gerichteten Brief.

subinde de excetris, quae mendaciis efflent in ipsum [K4b] venenum
exitiale; quid vocabimus ista, quae in nos scribit tam immania et eadem
falso falsiora? Profer tamen, Erasme, quibus in locis excitemus [437])
tumultus subinde, ubi levibus adeo de caussis ad arma procurramus
5 toties. Quam dedecet veritatis doctrinam professum istud «subinde»,
istud «quoties»! Quam tu ferres aequo animo, si quis scriberet te nihil
edere indentatum, semper habere in quos stylum stringas, nusquam non
pugnare, eo quod te passim a malorum calumniis defendas! Sique
maxime damnaturus esses theologiam professum perpetuo delitigare,
10 putares tamen quicquid huius peccati esset, non tibi qui te falsis purgares
criminibus, sed iis potius imputandum, qui te illis immeritum exagitarent.

Iam ostende tu, quem unquam nostri tumultum excitarint, in quem
arma priores sumpserint quemve sumptis armis ulla iniuria affecerint.
Nam furores illi [kk]) agricolarum nostro evangelio imputari non possunt,
15 cum ab iis ortum habuerint, qui palam testati sunt se haud laturos,
si qui inter ipsos illud profiterentur, sintque [438]) a nobis semper improbati.
Ut decent igitur te et quae hic et alibi de nobis scribis, quibus videris
velle toti orbi persuadere nos nullam unquam quietem agere, arma
nunquam ponere! Sic enim scribis [439]) ad optimum virum Carolum
20 Utenhovium, postquam precatus es Gallis, ut quantum nunc propendent
ad su-[K5a]-perstitionem, tantum valeant iudicio spirituali, qui certe
hactenus se praestiterint Romano pontifici frugi mancipia etc.: «Et
tamen fortassis in hanc partem peccare praestat quam effrenem licentiam
moliri, quam in aliquot Germaniae civitatibus exoriri videmus; in
25 quibus pontifex est antichristus, cardinales creaturae antichristi, episcopi larvae, sacerdotes porci, monasteria conventicula Satanae, principes tyranni. Summa rerum est penes plebem evangelicam, sed armatam
et ad pugnandum quam disputandum instructiorem».

Quid de pontifice, cardinalibus, episcopis, sacerdotibus, monachis
30 sentiamus, superius [440]) confessi sumus: qui vivunt bene, a nobis neutiquam audiunt male; qui Christo nusquam non oppedunt, habent suos
titulos in scripturis, quos cum ipsis tribuimus in loco non plus peccamus
quam qui eos primi imposuerunt. Sed quaeso: qua in civitate est summa

---

[kk]) illi scripsi: illos A.

---

[437]) Vgl. Erasmus, Epist. c. pseudevang., LB X, Sp. 1579C.
[438]) Vgl. für was Bucer und Capito betrifft, ihr Benehmen in Altdorf 1525; vgl.
J. Rott, La guerre des paysans et la ville de Strasbourg.
[439]) Vgl. Erasmus, Epist. 2188, Z. 258-269, Allen VIII, S. 216.
[440]) Vgl. S. 98, Z. 5-30.

rerum apud plebem eamque armatam, cum nemo nesciat aristocratiam
in urbibus Germaniae obtinere, utque apud populos maiestas sit, autoritatem tamen omnem esse penes senatus? Ubi autem illa ad pugnandum
promptitudo? Ubi tam immorigerae ecclesiastis suis plebes, si in suam
5 vitam invehantur liberius aut ab opinione dissenserint, praesertim ita
ut conentur eos profligare? Blanda certe nulli ordini dicimus, quando
omnes ad-[K5b]-huc cum morbis nostris conflictamus, atque ob id
saepe a multis parum bene audimus, sed id commune nobis est et cum
apostolis, nedum cum sanctis patribus. Ipse enim in hac Epistola memoras
10 olim [441]) episcopos a plebibus lapidatos, quod nobis nondum usu venit,
etsi nullo veterum minus saeve in quorumvis scelera detonemus. Ut
autem et haec apud nos malitia existeret, cum te iudice ecclesia [442])
cogatur semper inter paucos bonos multos ferre malos, iniuria tamen
haec totis ecclesiis nostris tribueres. Dolendum sane a quo [443]) tam multa
15 praeclare scripta sunt, quibus ad agnoscendam veritatem evangelicam
orbis excitatus est, ab eo nunc scribi quibus nihil queat fingi ad id
accomodatius, ut semel excindantur funditus tot insignes regiones, tot
principes, tot respublicae, qui libenter et cupide ad illam vitam suam
formare student.
20 Huius in nos humanitatis et hoc est, quod scribit initio [444]) tantum
non Deum fuisse nobis Lutherum, nunc iisdem prorsus delirare, quod
novum de eucharistia dogma non recipiat. Utrunque enim nobis falso
impingit. Nam etsi magni nobis Lutherus fuerit et hodie sit — sicut
et Erasmus ipse —, non tamen illum sic unquam suspeximus, ut nobis
25 tantum non Deus esset; ita nec modo nobis prorsus delirat, utcunque
pleraque eius non recipiamus et ipse [K6a] in nos ob dogma de eucharistia
non novum — etiam hostium et ipsius Erasmi [445]) testimonio — saevierit [446]) plus satis.
 Eidem humanitati acceptum ferimus et illud, quod nobis tribuit
30 censere [447]) libertatem evangelicam impune facere sentireque quodcunque
lubitum sit. Hanc enim pestiferam carnis licentiam cottidie cum pro
suggesto tum scriptis in publicum aeditis detestamur ut quicunque alii.

---

[441]) Vgl. Erasmus, *Epist. c. pseudevang.*, *LB* X, Sp. 1586A.
[442]) Vgl. *LB* X, Sp. 1585A.
[443]) Vgl. das Lob am Anfang der Schrift, S. 77, Z. 11-13.
[444]) Vgl. Erasmus, *Epist. c. pseudevang.*, *LB* X, Sp. 1579D.
[445]) Vgl. Erasmus, *Epist.* 1686, Z. 35-37, Allen VI, S. 301; *Epist.* 1901, Z. 36-38,
Allen VII, S. 231.
[446]) Die von Bucer mittels der Errata vorgenommene Textänderung von «saeviat»
in «saevierit» weist auf seine Absicht hin, die Lutheraner nicht zu irritieren.
[447]) Vgl. Erasmus, *Epist. c. pseudevang.*, *LB* X, Sp. 1579D.

Iam [448]) quod subiicit, postquam memoravit praeceptum apostolicum de vitandis malis, quam est hostile! «Nunc», inquit [449]), «circunspice mihi sodalitatem istam evangelicam, quot habet adultores, quot temulentos, quot aleatores, quot decoctores, quot aliis vitiis infames. 5 Et hos quidem habent in delitiis, tantum abest ut vitent». O parum pudentem calumniam! Circunspice tu potius nostram sodalitatem et ostende, quibusnam isti in delitiis sint, imo a quibus sodalitate evangelica donentur! Nam cum fuisse et in [450]) apostolicis ecclesiis qui his malis essent obnoxii ipse fateris, non potes exigere ut praestemus nostras 10 talibus vomicis liberas. At dispereamus, si unquam tales in delitiis habuerimus, imo si ab eorum nos consuetudine non sedulo semper subduxerimus.

In epistola quadam ad Melanchthonem cohonestas hoc elogio nominatim [451]) Capitonem et Hedionem, fratres et symmystas nostros, sed 15 tam vere quam sunt alia quaedam, quae in eadem epistola in hos et [K6b] Zvvinglium scribere tibi indulsisti.

Nam [452]) nemo unquam ex aedibus Capitonis prodiit ad excudendum libellum in te vel rabiosum vel sanum; et quem tu videris pro theologica gravitate subinde vocare ψωρώδην [453]), Othonem Brunfelsium, hominem 20 Dei plus reverentem et in erudienda iuventute fidei multo probatioris, quam ut sic debeat accipi a christiano quicquid illi quandoque ardor pro amico, et eo egregie de se merito, tum maxime pro dignitate evangelii, quod syncerum profitemur, adversus te expresserit: hunc [454]) non ante

---

[448]) *Quod falso imputetur philoevangelicis convictus malorum.* (Marg.).
[449]) Erasmus, *Epist. c. pseudevang.*, *LB* X, Sp. 1579D.
[450]) Vgl. *LB* X, Sp. 1585AB.
[451]) Vgl. Erasmus, *Epist.* 1496, Z. 68-73, Allen V, S. 546.
[452]) *Defenditur Capito.* (Marg.). Vgl. Erasmus, *Epist.* 1496, Z. 109f., Allen V, S. 548. Im Folgenden handelt es sich um die *Responsio* (1524), eine Schrift von Brunfels, in der dieser den gestorbenen Hutten gegen Erasmus' *Spongia* verteidigte. Erasmus hatte sofort Capito im Verdacht, daß dieser sowohl Brunfels wie Huttens Freund Eppendorf Schutz gewährte. Hinzu kam noch Erasmus' Erbitterung auf Schott, den Drucker von Brunfels und Hutten, und ein Mißverständnis, das auch zur Entzweiung mit Hedio führte. Vgl. für die ganze Affäre die Einleitung zur Edition der *Spongia*, *ASD* IX, 1; C. Augustijn, *Érasme et Strasbourg 1524*. Erasmus hat Bucer ausführlich geantwortet; vgl. Erasmus, *Epist. ad fratr. Infer. Germ.*, *LB* X, Sp. 1616A-E.
[453]) Erasmus, *Epist.* 1496, Z. 99, Allen V, S. 547.
[454]) Bucer sagt also, daß Capito erst nach dem Erscheinen der *Responsio* davon gehört hätte und deutlich gemacht hätte, daß er diese Schrift ablehnte. Erasmus antwortete, daß Capito selber ihm geschrieben hatte, daß Brunfels zwei Tage bei ihm wohnte bevor er die Schrift für den Druck fertigstellte; vgl. Erasmus, *Epist. ad fratr. Infer. Germ.*, *LB* X, Sp. 1616A. Dieser Brief Capitos scheint nicht mehr vorhanden zu sein.

scribere rescivit, quam cum aeditus iam libellus esset, quem improbare
quoque se non obscure tulit; cuius sunt testes fide digni.

Perinde verum est, quod de eodem subiicis [455]): «Thrasonem Plano-
dorpium semper habuit in delitiis», et ad Hedionem [456]): «Capito, novi
5 evangelii episcopus, non habebat alias delitias quibus se oblectaret,
quam perditissimi decoctoris convictu, ne quid addam». Mirae vero
delitiae, insolens convictus, cum hunc [457]) Capito ne uno quidem unquam
exceperit convivio, nonnunquam in mense vix semel videat! Hoc igitur
cum tam manifesto falsum esset — quamlibet non huius solum, sed
10 etiam quod illum contra se instigaret, identidem insimularet Erasmus —
indignum tamen habuit Capito, ut se vel apud ipsum Erasmum excusaret,
donec [458]) eum nostrum aliqui huc compellerent plane invitum, tantum
abest [K7a] ut se huius apud quenquam mortalium excusarit anxie.
Si mentimur, proferat Erasmus literas huius tam anxiae excusationis
15 testes. Et quis obsecro metus Capitonem ad tam anxiam purgationem
adegisset, praesertim rei nulla adeo verisimilitudine convictae, cum in
eam ipse se mundi indignationem studio Christi pridem coniecerit,
ut non possit in maiorem? Et haec illa viri vafricies [459]) est, quae Erasmo
semper oboluit; haec caussa ut, cum multi [460]) de Capitone pessime — ut
20 scribit — sentiant, ipse non optime suspicetur. Et tamen, si verum scribit
ad Hedionem [461]), nihil de illo suspicatur inimice, quem exceptis dogmatis
semper habuit pro amicissimo et cui se semper prebuit amicissimum.
Nam non ignorat Erasmus, quae [462]) hic vir a mundo oblata prae Christo
contempserit et a quo dignitatis gradu in quas se veritatis gratia sordes —
25 ut vulgo iudicantur — sua sponte deiecerit. Tales mundus haudquaquam
vafros existimare solet.

Non minus vanum et illud est, quod literas [463]) ab Hedione acceptas

---

[455]) Erasmus, *Epist.* 1496, Z. 110f., Allen V, S. 548.

[456]) Erasmus, *Epist.* 1459, Z. 61-63, Allen V, S. 481.

[457]) Erasmus antwortete, daß sein Famulus, den er nach Straßburg gesandt hatte,
sagte, daß Capito und Eppendorf bisweilen zusammen badeten; vgl. Erasmus, *Epist.
ad fratr. Infer. Germ.*, *LB* X, Sp. 1616A.

[458]) Erasmus antwortete, daß Capito ihm und Ökolampad zweimal darüber geschrieben hatte und weiter Beatus Rhenanus und «nisi fallor» Froben. Vgl. Erasmus,
Epist. ad fratr. Infer. Germ., *LB* X, Sp. 1616BC. Jede Spur dieser Briefe fehlt.

[459]) Vgl. Erasmus, *Epist.* 1496, Z. 69f., Allen V, S. 546.

[460]) Vgl. *ibid.*, Z. 108f., S. 547f.

[461]) Vgl. Erasmus, *Epist.* 1459, Z. 63-65, Allen V, S. 481f. Erasmus hat «dogmati-
bus», wo Bucer «dogmatis» schreibt.

[462]) Als ehemaliger Kanzler des Mainzer Erzbischofs Albrecht von Brandenburg
hatte er eine viel wichtigere Stelle inne als in Straßburg als Prediger.

[463]) Vgl. Erasmus, *Epist.* 1496, Z. 113-119, Allen V, S. 548. Es handelte sich um

Capito illi, quem gloriosum militem vocat, ostenderit. Scribit [464]) Erasmus
de Luthero alicubi: «Magno animo contemnit caesares et pontifices,
et ad levissimorum abiectissimorumque hominum susurros sic debac-
chatur in quemlibet, velut oblitus quam agat fabulam et quam personam
5 induerit». Quid iam nobis dicendum erit de Erasmo, [K7b] qui tot
luculenta nec minus pernitiosa mendacia de his audet scriptis in orbem
spargere, qui male de ipso nunquam meriti sunt, et ea quae sane nemo
nisi perditissimus quisque ad ipsum deferre potuit?

Simile [465]) et illud est, quod scribit ab Hedione [466]) scurram impurum
10 occasione suarum literarum — per quas debebat dare poenas — sub-
levatum, misericordiam appellante, quod haberet uxorem et teneros
liberos, nec aliud illum etiam nunc agere quam ne quid detrimenti capiat
res et fama nebulonis.

Neque enim scurra [467]) impurus aut nebulo hic vir est, quem notat,
15 sed studiosus ut Dei ita omnis honestatis habetur iis, qui eum noverunt
paulo melius quam non dico Erasmus, sed etiam ii, qui eum Erasmo
sic depinxerunt. Deinde nequaquam occasione literarum Erasmi hunc
sublevavit Hedio, sed cum in arbitrium eius Erasmus posuisset premere
literas, quas contra hunc typographum ad senatum scripserat, vel
20 curare reddendas, inclinavit illum misericordia in eam partem, in quam
et Erasmus se propendere scripserat. Nam haec eius verba sunt: «Si
videtur,» — loquitur de epistola ad senatum — «iube reddi; sin minus,
preme rem, ne quisquam resciscat. Nam ipse propensior sum in eam
partem, ut dissimulem totum negocium». Et rursus eidem epistolae haec
25 adscripsit: «Vir optime, nolim tibi ex hoc negocio quicquam confles
invidiae. Itaque me nihil offendes, si rem totam dissimules. Et hoc
ar-[K8a]-bitror consultius, nisi tu dissentis». Si iam propensior fuit in
eam partem, ut et ipse dissimularet totum negocium, merito putavit
Hedio gratum se ipsi facturum, si ita literas illas premeret, ne quid mali
30 conscisceretur typographo, et tamen ageretur cum illo, ne porro ipsum

einen Brief Melanchthons über Heinrich Eppendorf, den Erasmus dem Hedio zu-
gesandt hatte und den dieser wiederum Capito gezeigt haben sollte.
    [464]) Erasmus, *Epist.* 1678, Z. 29-32, Allen VI, S. 285.
    [465]) *Defenditur Hedio.* (Marg.).
    [466]) Vgl. Erasmus, *Epist.* 1496, Z. 70-73, Allen V, S. 546.
    [467]) Bucer meint den bekannten Drucker Schott. Erasmus hatte 1524 einen Brief
geschrieben, in dem er den Straßburger Rat bat, Maßnahmen gegen Schott zu treffen.
Er sandte diesen Brief an Hedio mit der Bitte, den Brief weiter zu leiten oder gegebenenfalls das nicht zu tun, Erasmus zu schreiben und über den Brief zu schweigen. Hedio
richtete sich aber direkt an Brunfels und Schott. Vgl. für die ganze Sache: C. Augustijn,
Érasme et Strasbourg 1524.

laederet. Unde vero divinasset in hoc esse illam ad senatum Argentora-
tensem epistolam premendam, quo ipsi esset integrum quid vellet
statuere? Sed nec id tam indignum christiano fuisset, si maxime adeo
immaniter peccasset hic typographus, ut vult videri Erasmus, rationem
5 habere uxoris et liberorum, siquidem vera sunt quae alibi [468]) scripsit:
«Aequius est, ne probi laedantur, improbis ignoscere quam, dum dignis
afficiuntur mali, boni indigna patiantur».

Sed utinam qui tantopere execratur, quod opera huius typographi
sua sit fama falsis impetita criminibus, et se indignum putasset nostram
10 et tam multorum Christi studiosorum impetere ut aeque falsis ita multo
certe immanioribus! Quid est quaeso perditissimos et scelerosos homines
tenere [469]) fovere, habere [470]) in delitiis, imo nullas [471]) alias habere
delitias? Id nominatim scribit de Capitone interim sibi [472]) amicissimo
et de quo nec inimice suspicatur, de Hedione, cui fidit [473]) toto pectore
15 et scit [474]) quicquid is fecit, syncero animo fecisse.

Qui iam illi sunt, qui [475]) vel «Argentorati» vel alibi «publice docuerunt
nec ullas disciplinas [K8b] nec ullas linguas esse discendas praeter
unam hebraicam»? Quam indignum theologo tam confessa mendacia non
praesenti solum, sed etiam posteris saeculis commendare!

20 Nullus [476]) hic plane ecclesiastes est, qui non omnes disciplinas et
linguas maximo habere in precio cupiat, nec est qui non subinde ad
consecrandam bonis studiis iuventutem inhortetur; nec forte nihil
suis [477]) cohortationibus ad id contulimus omnes, quod senatus [478])
praeter duos ludos publicas quoque professiones linguae hebraicae,
25 graecae, latinae, tum sacrarum literarum, legum et mathematices instituerunt, cum antea nihil huius ad se pertinere arbitraretur. Quae vero

---

[468]) Ich habe die Stelle nicht gefunden.
[469]) Vgl. Erasmus, *Epist.* 1496, Z. 68f., Allen V, S. 546.
[470]) Vgl. *ibid.*, Z. 110f., S. 548.
[471]) Vgl. Erasmus, *Epist.* 1459, Z 61-63, Allen V, S. 481.
[472]) Vgl. *ibid.*, Z. 64f., S. 482.
[473]) Vgl. Erasmus, *Epist.* 1496, Z. 112f., Allen V, S. 548.
[474]) Vgl. Erasmus, *Epist.* 1459, Z. 8f., Allen V, S. 480.
[475]) *In epistola ad Philippum.* (Marg.). Erasmus, *Epist.* 1523, Z. 152-154, Allen V, S. 597f.
[476]) *Ut literarum studia curent philoevangelici.* (Marg.).
[477]) Vgl. für «suis» Leumann-Hofmann-Szantyr, *Grammatik* 2, S. 176.
[478]) Im Jahre 1528 wurden zwei städtische Lateinschulen gegründet. Seit 1523 gab
es theologische, ab 1524 philologische und bald danach auch mathematische und
juristische Vorlesungen. Auf diese Weise entstand allmählich eine Universität. Die
treibenden Kräfte waren Jakob Sturm und Bucer. Vgl. E.-W. Kohls, *Die Schule*,
bes. S. 58-60; A. Schindling, *Humanistische Hochschule*, S. 11-28.

Tiguri [479]), Bernae [480]), Basileae [481]) disciplinarum et linguarum ratio
habeatur, qualem certe nullae habent urbes aliae, praesertim ubi non
sunt academiae, minime autem omnium ubi rerum potiuntur ecclesiastici,
clam esse Erasmo haud potuisset tam vicino, si tantopere libuisset
5 audire bonos de nobis narrantes vera atque impuros Stentoras illos
et adulatores memorantes quicquid vel confingi possit malorum.

Contigerat [482]) hic quendam profiteri graece; cui cum nullus esset
auditor, unus nostri ordinis — volens pro suggesto commendare et
graecae linguae studium atque ostendere, quam manca res sit soli
10 latinae linguae reiecta graeca dare operam — inter caetera contulit cum
latina lingua grae-[L1a]-cam et hebraeam praestareque has illi — quantum ad discendum attinet — affirmavit, quod in hac nihil fere sit tam
de humanis quam divinis rebus scitu dignum, quod si non felicius,
saltem aeque feliciter tradant libri hebraice et graece scripti, ut si non
15 tam late modo pateret latinae usus et graecam familiariter teneremus
cum hebraea, possemus illa citra iacturam solidioris eruditionis carere;
addidit eam fuisse Romanis instrumentum, quo primum corpora — quod
Valla gloriatur [483]) — deinde et animos in servitute tenuissent; testatus
autem simul fuit non haec se dicere, quod censeret negligendam, sed acces-
20 sione potius graecae et hebraicae augendam.

Hinc quidam per totam fere Germaniam sparserunt hic damnatam

---

[479]) 1525 fing die sog. «Prophezei» an, die biblisch-exegetische Lehranstalt in Zürich.
Vgl. O. Farner, *Huldrych Zwingli* 3, S. 551-563; G. W. Locher, *Die Zwinglische
Reformation*, S. 161-163 und die dort genannte Literatur.

[480]) Das Schulwesen in Bern hatte nach der Einführung der Reformation noch keine
Fortschritte gemacht. Der Einfluß von Capito und Bucer hat dazu beigetragen, daß
die Lage sich in den dreißiger Jahren besserte. Vgl. E.-W. Kohls, *Die Schule*, S. 101-103.

[481]) Wie alle Universitäten hatte auch diejenige von Basel in diesen Jahren große
Schwierigkeiten. In den dreißiger Jahren kam es zu einer Erneuerung. Vgl. E. Staehe-
lin, *Das theologische Lebenswerk*, S. 541-552; E. Bonjour, *Die Universität Basel*,
S. 108-120.

[482]) Bucer spricht hier über den Griechischlehrer Johannes Lonicerus und über
sich selbst. Mit seiner Äusserung in der Predigt hatte er 1524 diesem Hilfe leisten
wollen; vgl. den Brief an Luther *B. Cor.* I, Nr. 83, Z. 123-129, S. 292; *WABr* 3,
Nr. 797, Z. 116-121, S. 384. Als sich falsche Gerüchte erhoben, hatte er schon im
selben Jahre Beatus Rhenanus den richtigen Tatbestand dargelegt, ohne damit vor-
zubeugen, daß dieser den Vorfall noch ein Jahr später auf dieselbe tendenziöse Weise
weitertrug; vgl. *Briefwechsel Beatus Rhenanus*, Nr. 248, S. 348f. Nachdem Erasmus
in der *Hyperasp.* I, *LB* X, Sp. 1268F-1269A, das Gerücht nochmals erwähnt hatte,
beschwerte Bucer sich in einem Brief an Erasmus; vgl. Erasmus, *Epist.* 1901, Z. 14-16,
Allen VII, S. 230f. Jetzt wollte er offenbar mittels einer ausführlicheren Darstellung
der üblen Nachrede entgegenwirken. Vgl. für diese Sache und für Bucers Einstellung
zur lateinischen Sprache: E.-W. Kohls, *Die Schule*, S. 69-73, bes. Anm. 198.

[483]) Vgl. L. Valla, *Elegantiae latinae linguae*, praefatio (nicht buchstäblich), Laurentius Valla, *Opera*, S. 3f.

pro suggesto linguam latinam, cum ei praelatae tantum essent graeca et hebraea, nec id ut ipsi discendae iuventus incumbere negligeret, sed ne incumberet soli.

Sed sit leviculum huius nos falso insimulasse: qui potuit illud admitti
5 ab homine Christum agnoscente omnium iudicem, quod seditionis passim adeo et eius in rebus sacris perpetuo accusat multo falsissime?

Non [484]) vivit hodie qui seditioni infensior sit quam est Zvinglius [485]), is Christi minister, quem nemo sine gravissima Christi contumelia contempserit; hunc nusquam non seditio-[L1b]-sum facit. Nunc scri-
10 bit [486]): «Zvinglius quam seditiose rem gerit!», nunc [487]): «Zvinglius quantas turbas concitavit ob imagines!», nunc [488]): «Quo tumultu exegit divorum imagines!»

Profecto vicinior fuit Erasmo Zvinglius, quam ut pati debuerit tam confessa sibi de illo, praesertim amico [489]), mendacia persuaderi. Quid
15 quaeso unquam egit hic seditiose? Quas turbas, quem tumultum concitavit propter imagines? A [490]) senatu maiore et minore, hoc est a diacosiis urbis Tigurinae, indictus primum est conventus eruditorum, convocatus episcopus et habita gravis ex scripturis de imaginibus disputatio; in qua cum didicissent illi Deum suis vetuisse illic habere signa
20 et imagines ubi coluntur, paulo post decreverunt senatusconsulto templis submovendas, id quod et ipsi citra omnem tumultum, citra turbas curarunt. Nec quicquam egit Zvinglius, quam quod ut e suggesto ita deinde in disputatione Dei verbum bona fide exposuit [491]). Haec est ista Zvinglii seditiosa actio, hae turbae, hi tumultus.
25 Ex eodem amore erga hunc suum amicum et illud scripsit [492]): «Zvin-

---

[484]) *Defenditur Zvinglius.* (Marg.).

[485]) Vgl. für Bucers Meinung über Zwingli das schöne Lob, das er ihm spendet in der *Vergleichung D. Luthers und seins Gegenteyls*, BDS II, S. 349, Z. 26-32. Bei seiner Betonung der Feindseligkeit Zwinglis allem Aufruhr gegenüber denkt er natürlich an Zwinglis strikte Ablehnung der Täufer.

[486]) Erasmus, *Epist.* 1496, Z. 75f., Allen V, S. 546f.

[487]) *Ibid.*, Z. 80, S. 547.

[488]) Erasmus, *Epist.* 1523, Z. 150f., Allen V, S. 597.

[489]) Vielleicht eine Anspielung auf Erasmus, *Epist.* 1331, Z. 52, Allen V, S. 160: «Admonui amicum . . .».

[490]) *Qua ratione eiectae imagines Tiguri.* (Marg.). Im Sommer 1523 war es in Zürich zu gewaltsamen Bilderentfernungen gekommen. Nach der zweiten Disputation, Oktober 1523, auf der Zwingli die Entfernung gefordert hatte, und der Verbreitung von Zwinglis Schrift *Kurze christliche Einleitung* wurden die Kirchen Sommer 1524 geräumt. Vgl. M. Stirm, *Die Bilderfrage*, S. 130-133; G. W. Locher, *Die Zwinglische Reformation*, S. 129-136.

[491]) Vgl. für seine Ausführungen M. Stirm, *Die Bilderfrage*, S. 138-153.

[492]) Erasmus, *Epist.* 1496, Z. 120-122, Allen V, S. 548. Der Brief Zwinglis ist verlorengegangen.

glius amice admonitus a me, rescripsit admodum fastidiose. «Quae tu
scis», inquit, «non conducunt nobis; quae nos scimus, non conveniunt
tibi». Conatur subinde Erasmus docere rationem tractandi evangelii,
ut ecclesiae proceribus [493]) probetur aut certe non improbetur. Haec
5 [L2a]sane nobis non conducunt. Nam hoc conantibus non liceret
Christum praedicare pure palamque ostendere, quae fidei in hunc adversantur.

Iam quae nobis scire datum est sunt: sic Christum adnunciare, ut
ingenue prae nobis feramus ipsi a Patre omnem potestatem in coelo
10 et terra traditam [cf. Mt 28, 18] et oportere ipsi omne se genu flectere
[cf. Phil 2, 10], nec connivere ad quicquam eorum, quae cum doctrina
eius pugnant; deinde cum Christo ipso, cum Paulo et sanctis patribus,
iis qui falso se Christi nomine venditant, imo se prope Christos faciunt,
personam fortiter detrahere suisque pictos coloribus hominibus ostendere,
15 ne quem a Christo seducant. Haec utique non conveniunt Erasmo, qui
putat [494]) «si hoc seculum totum Christum non recipiat, esse aliquid
praedicare illum quatenus licet».

Nobis [495]) sane persuasum est, ut est toto corde, tota anima, totis
viribus Christus amandus [cf. Lc 10, 27], ita nihil eius posse dissimulari;
20 sique non totum et sermones eius singulos confessi coram hac mala
et adultera natione animose fuerimus, nec ipsum agniturum nos coram
Patre et angelis eius [cf. Mc 8, 38]. Paulus [496]) non subterfugit, quominus
adnunciarit suis omne consilium Dei. Quid nos nostros caelemus?
Caput sanctae doctrinae est non esse aliud nobis datum sub coelo
25 nomen quo servemur, quam Domini nostri Iesu Christi [cf. Act 4, 12].
Atqui nihil fingi potest, quod ferat mundus ini-[L2b]-quius, ut nihil
aliud tyrannide sua deturbat mundi principem potentius.

Fidei itaque in Christum, non fastidio cuiusquam tribui debet quod
Erasmo scripsit Zvinglius, sicut et illud quod Oecolampadius [497]) quae-
30 dam illius vel pro suggesto vel in libris suis taxavit. Quare caussa non
erat, ob quam synceritatem in eo desyderaret, si modo verum de se
ipso scripserit [498]) ad Natalem Beddam: «Delationibus istis vulgaribus
nihil moveor, suspitiones nihil moror ac ne iniuriis quidem mediocribus
et humanis perturbor. Negligo, dissimulo, excuso, suspendo sententiam,

---

[493]) Vgl. Erasmus, *Epist.* 1202, Z. 292-294, Allen IV, S. 493.
[494]) *Ibid.*, Z. 281f., S. 493.
[495]) *An liceat Christum non totum praedicare.* (Marg.).
[496]) *Acto. 20* [27] (Marg.).
[497]) Vgl. Erasmus, *Epist.* 1523, Z. 108-110, Allen V, S. 596.
[498]) Erasmus, *Epist.* 1581, Z. 3-6, Allen VI, S. 88.

donec manifesta pravitas saepius deprehensa compellat me dicere: «non putaram»».

Quanto redimeremus, sive Erasmus sive alii ea nobiscum agerent synceritate, qua nos hactenus egimus cum illis! Hanc certe si praestare
5 Erasmus voluisset ecclesiastis Basiliensibus, haudquaquam scripsisset ad episcopum Lingoniensem eos 499) Lutherum, etsi a se in negocio eucharistiae dissentientem, instigasse, ut quicquid haberet veneni in ipsum effunderet. Fuerunt enim istic qui Lutherum hinc dehortati sint, qui impulerit nemo 500).
10   Quae 501) iam quaeso illa synceritas, in Pharellum — bone Christe, quem 502) hominem, quam innocentem, quam serio Dei studio ardentem, quo in sacris iudicio, qua gravitate praeditum! — tam dire 503) et tot in locis debacchari, ac si omnium bipedum sceleratissi-[L3a]-mus et importunissimus esset? Fervebat 504) initio zelo inconsultiore putabatque
15 e vestigio submovenda quae cum Christo pugnant omnia; non ferebat quenquam non ilico fortissime Christi gloriam propugnare. In eo autem nihil unquam sibi quaesivit; neminem, qui vel optasset Christo accedere, damno afficere cupiit; tantum contra confessos innocentiae hostes putabat agendum saeverius.
20   Si iam Paulus non solum condonare, quod se querebant Iudaei extinctum, paratus erat, sed optabat praeterea pro ipsis anathema fieri [cf. Rm 9, 3], propterea quod vel aliquid zeli in Deum, etsi praeposteri, haberent [cf. Rm 10, 2], erat omnino, ut in tali Christi discipulo — acto quidem zelo intempestivo, sed quanto saniore tamen quam erat ille Iudaeorum! —
25 theologus tantus aliquid boni consuluisset. Id autem Erasmus a se impetrare mansuetudinem christianam adeo passus non est, ut cum hunc tum nos omnes nunquam digne execrandis notis insignitos, infinitis mendaciis ipsi de nobis non nisi a perditissimis hominibus suggestis deturpatos — quantum in ipso est — ut omnium odio ita et

---

499) Vgl. Erasmus, *Epist.* 1678, Z. 37-39, Allen VI, S. 285.

500) Erasmus antwortete, daß er nicht an die Basler Evangelischen gedacht habe, sondern an einen Augsburger Prediger. Damit meinte er Urbanus Rhegius. Vgl. Erasmus, *Hyperasp.* II, *LB* X, Sp. 1389C: «Qui perpulit, sibi videtur admodum urbanus, regiumque facinus credidit Lutherum in Erasmum provocasse».

501) *Defenditur Pharellus.* (Marg.).

502) Farel hatte April 1525 bis November 1526 in Straßburg gelebt. Vgl. *Guillaume Farel*, S. 152-167.

503) Erasmus äußert sich öfters sehr gehäßig über Farel; vgl. z.B. die im *Opus Epistolarum* edierten *Epist.* 1496, Z. 131-144; 1510, Z. 8-94, Allen V, S. 548f., 569-572.

504) Erasmus hatte aber Farel gerade am Anfang seiner Tätigkeit 1524 kennengelernt; vgl. *Guillaume Farel*, S. 120-130; C. Augustijn, *Erasmus en de Reformatie*, S. 139-141. In seiner Antwort sagt er, daß auch Ökolampad Farel mehrmals gerügt habe; vgl. Erasmus, *Epist. ad fratr. Infer. Germ.*, *LB* X, Sp. 1617F-1618A.

principum ultricibus iris perdendos addicit. Quo sane spectat et illud, quod eum, qui [505]) ante biennium ob stuprum Basileae virgis publicitus caesus et in exilium deductus est, ecclesiastis eius ecclesiae adnumeravit scribens ad episcopum Leodien-[L3b]-sem. Cum enim narrasset Oecolam-
5 padium [506]), concionatorem Augustiniensium et Franciscanorum duxisse uxores, subiecit: «Unus inter hos erat caelebs». Mirus hic candor est! Nam tum plus minus quatuor anni erant, quod nullam hic Basileae concionem habuerat.

Nec alio pertinere hoc quoque videtur, quod scripsit [507]) in eadem
10 epistola: «In pago quodam, cui nomen Vetus vicus, rusticus quidam in diversorio, dum eucharistiam irridet, subito exanimatus est. Rem sic actam fuisse testes docuere». Quam vero secure habet fidem mendaciis [508]) Erasmus et quam parvi facit in capita bonorum provocare qui in illos furunt plus satis!

15 Testes rei huiusce consiliarii episcopi Argentoratensis haec testati sunt: illum quidem qui periit rusticum, cum aedituus cui comes erat in diversorio pagi, cui nomen Vetus vicus, prolata pyxide videre vellet, num integri adhuc essent quos emerat panes illi, qui hostiae vulgo vocantur, unum superne iacentem et tortuosum accepisse ac dixisse:
20 «Scio illo sacerdos non utitur, quum planus non sit», fractumque in morem sacerdotum vorasse addito: «Sic solet facere sacerdos»; nec quicquam ei accidisse, cum hoc designaret, sicut nec a cauponaria fuisse increpitum; sed aliquamdiu post, cum interim et alii convivae advenissent, quem novit Erasmus esse in nostris diversoriis morem,
25 et vino iam allato consedissent, acce-[L4a]-pisse eum poculum; cum

---

[505]) Petrus Frauenberger (Frabenberger, Gynoraeus) war ab 1522/23 bis 1525 Leutpriester in Basel. Er wurde 1525 ausgewiesen, kehrte aber 1527 zurück. Juni 1528 wurde er wegen Ehebruch aus Basel verbannt. Vgl. Erasmus, *Epist.* 2054, Z. 30-36, Allen VII, S. 504, und die in der dortigen Anmerkung genannte Literatur.

[506]) Vgl. Erasmus, *Epist.* 2054, Z. 27-36, Allen VII, S. 503f.

[507]) *Mendacium de rustico, quem finxerunt ob contemptam eucharistiam concidisse.* (Marg.). Erasmus, *Epist.* 2054, Z. 37-39, Allen VII, S. 504.

[508]) Vgl. Erasmus, *Epist. ad fratr. Infer. Germ., LB* X, Sp. 1618 CD. Aus der *Imlin'schen Chronik* ergibt sich, daß Erasmus den Vorfall im Wesentlichen richtig wiedergegeben hatte. Vgl. die *Imlin'sche Chronik*, S. 409: «Uff Bartholmei tag ist ein baur zu Altdorff in würtzhauß gesessen, unnd hat gezert, da ist ein sigerß zu in kommen von Bischen bey Rossen, den hat der baur gefragt was er tregt, da sagt er, er habe ostien geholt. Da batt in der baur er solt im eine geben, daß wolt er lang niht thun, doch nach langem bitten gab im der siger ein ostien, die nam der baur und brach in 3 stück und legt uff ein deller und maht kreutz darüber, und ein theil gessen, daß ander in glaß geworffen, und gesagt, ich hab den leib gefressen, nun will ich auch sein blut drincken und daß glaß genummen und getruncken, und dar mit gelingen gestorben. Da haben in die bauren in das gercht begraben. Darnach hatt in die herrschafft wider ußgraben, und under den galgen ligen müssen».

iam eucharistiae vel missae nemo verbo meminisset et cum bibisset, reclinasse se in aedituum illum atque leniter animam efflasse. Caussam tam subitae mortis inquirentibus iis, qui adfuerunt, visum est illum imprudentem aliquid veneni sumpsisse, quo solebat inungere falcem
5 foeniseciam, quo expeditius et levius foenum resecaret. Huius enim globulum in crumena eius repertum primas pagi, in quo habitavit, exussit. Haec docuere testes. Et si res habuisset ut Erasmus eam descripsit et vulgo tum iactabatur, decretum erat rustici huius cadaver igni exurere; nunc autem nulla alia illud poena affecerunt, quam
10 quod humandum curarunt extra consecratum ab episcopo caemiterium.

Crede nobis, Erasme, non sunt oracula quaecunque vel scribuntur vel nunciantur subinde a quibusdam venerabilibus hic et eruditulis — ut sibi videntur — sacrificis, quibuscum nemo qui adulteros, qui
15 temulentos, qui aleatores, qui obtrectatores vitare velit, quemadmodum iure exigis ⁵⁰⁹) a nobis, quicquam debeat habere commune.

Sed quid persequor infinita? Non enim una apologia opus foret, si respondere vellemus omnibus, quae falso de nobis Erasmus per tot epistolas suas sparsit. Ad hanc quacum praecipue nobis negocium
20 est redeamus, si tamen prius refellerimus adhuc unum non tam odiosum bonis quam luculentum mendacium.

«Ubicunque ⁵¹⁰) regnat luthera-[L4b]-nismus», — ita vocat professionem christianismi purioris — «ibi est bonarum literarum interitus», cum tamen nusquam ⁵¹¹) plus studiis deferatur cum a magistratibus
25 tum ab ecclesiasticis. Quam rara erat academia Wittenbergensis ⁵¹²) ante exortum huius evangelii et quam paucis solide vel doctis vel studiosis ornata, quae nunc tam admirandis et doctissimorum et vere studiosorum luminibus refulget! Marpurgi ⁵¹³), ubi modo iusta et praeclarissimis

---

⁵⁰⁹) Vgl. Erasmus, *Epist. c. pseudevang.*, *LB* X, Sp. 1579D.

⁵¹⁰) Erasmus, *Epist.* 1977, Z. 40f., Allen VII, S. 366. Die letzten Worte lauten dort: «ibi litterarum est interitus».

⁵¹¹) Obgleich die Reformatoren den Schulen und Universitäten ihre rege Aufmerksamkeit gewidmet haben, war die Lage im allgemeinen um 1530 ungünstig. Vgl. F. Paulsen, *Geschichte des gelehrten Unterrichts* 1, S. 179-255; G. Mertz, *Das Schulwesen*, S. 1-160; H. A. Oberman, *Werden und Wertung*, S. 432f.; G. A. Benrath, *Die Universität der Reformationszeit.*

⁵¹²) Gegründet 1502. Vgl. *450 Jahre Martin-Luther-Universität Halle-Wittenberg* 1; H. Junghans, *Wittenberg als Lutherstadt.*

⁵¹³) Gegründet 1527. Vgl. H. Hermelink, S. A. Kaehler, *Die Philipps-Universität zu Marburg*, S. 1-163.

ingeniis praecellens schola est, Islebii⁵¹⁴), Ligniciae⁵¹⁵), Nurnbergae⁵¹⁶), Tiguri⁵¹⁷), Argentorati⁵¹⁸), Bernae⁵¹⁹), in quibus omnibus locis sunt qui linguas et bonas disciplinas cum laude et fructu profitentur, quae obsecro ante receptum evangelion ratio studiorum? Imo nullum est tam exiguum

5 opidulum, sed ne pagus quidem ubi nostri evangelii doctrina recepta est, in quo non simul et literarum studium coli coeperit, cum id penitus frigeat⁵²⁰) ubicunque regnant ecclesiastici, nisi ubi institutae sunt academiae, quae tamen et ipsae obsolescunt ubicunque omnis illarum potestas est penes ecclesiasticos. Quod autem perpauci interim literis

10 plene consecrantur, ante⁵²¹) diximus hinc evenire, quod tenuiores nequeant liberis suis sumptus suppeditare et ecclesiastici nihil aeque caveant, quam ne quid in studia impendatur opum ecclesiasticarum. Sentiunt enim nihil tam perniciosum suis imposturis quam multos rectis imbui iudiciis.

15 [L5a] Nunc⁵²²) tandem ad nostram Epistolam. Obiicit⁵²³) praeterea apostolos, quo magis vacarent evangelio, aut abstinuisse ab uxoribus quas ducere licebat, aut legitime ductas vertisse in sorores; nunc florere evangelion, quo sacerdotes et monachi contra leges certe humanas, contra confessionem suam ducunt uxores. Alibi scribit⁵²⁴) duo tantum

20 nos quaerere, censum et uxorem, caetera praestare nobis evangelium, hoc est potestatem vivendi ut volumus. Alibi suggillat⁵²⁵) ducere dotatas et ducere ideo, quod contra leges sit.

Primum non adeo multos ostendet apostolos qui ab uxoribus, cum liceret ducere, abstinuerint aut ductas in sorores verterint. Et⁵²⁶) ut

25 multi fuerint, cum Paulus duobus locis [cf. 1 Tim 3, 2; Tit 1, 6] requirat episcopum unius uxoris maritum et hodie illud verum sit «non est

---

⁵¹⁴) Gegründet 1525. Vgl. F. Paulsen, *Geschichte des gelehrten Unterrichts* 1, S. 276-278.

⁵¹⁵) Erneuert 1524. Vgl. G. Mertz, *Das Schulwesen*, S. 193.

⁵¹⁶) Gegründet 1526. Vgl. F. Paulsen, *Geschichte des gelehrten Unterrichts* 1, S. 278; W. Maurer, *Der junge Melanchthon* 2, S. 465-468.

⁵¹⁷) Vgl. S. 176, Anm. 479.

⁵¹⁸) Vgl. S. 175, Anm. 478.

⁵¹⁹) Vgl. S. 176, Anm. 480.

⁵²⁰) Auch in den katholischen Gebieten zeigte das Unterrichtswesen kein glänzendes Bild. Vgl. F. Paulsen, *Geschichte des gelehrten Unterrichts* 1, S. 197-202; H. A. Oberman, *Werden und Wertung*, S. 432f.

⁵²¹) Vgl. S. 121, Z. 10-14.

⁵²²) *Defenduntur coniugia philoevangelicorum.* (Marg.).

⁵²³) Vgl. Erasmus, *Epist. c. pseudevang.*, *LB* X, Sp. 1579E.

⁵²⁴) *Ad Pyrckemerum.* (Marg.). Vgl. Erasmus, *Epist.* 1977, Z. 42f., Allen VII, S. 366.

⁵²⁵) Vgl. Erasmus, *Epist.* 1459, Z. 87-91, Allen V, S. 482.

⁵²⁶) Der Hauptsatz fängt an mit «non poterit nobis».

bonum homini esse soli» [cf. Gn 2, 18], item «propter stuprum vitandum unusquisque habeat suam uxorem» [cf. 1 Cor 7, 2] [527]), tum ipse Erasmus fateatur licuisse apostolis uxores ducere, non poterit nobis vitio verti, quod uxores ducimus; verti poterit, si duxerimus non in Domino [cf.
5 1 Cor 7, 39] aut, ut falso impingit Erasmus, nihil nisi uxorem et censum aut etiam legum contemptum quaesierimus!

Certe si solam venerem et opes sectaremur, utrunque longe benignius contigisset in illa ecclesia catholica, quae non uni mulieri nec eidem perpetuo alligat sicut nec facultatibus modicis, sed [L5b] tantum utriusque
10 permittit quantum quisque poterit consequi. Poterit autem consequi plurimum, qui literarum umbellam nactus induxerit in animum perfricta fronte ineptus esse.

Raram vero saeculi huius aequitatem, nobis dare crimini «honorabile inter omnes connubium atque cubile impollutum» [cf. Hbr 13, 4] [528]),
15 et tantis interim vehere laudibus tot sanctissimos, reverendissimos, reverendos, venerabiles religiosos, quos nemo bonus non deplorat esse scortatores et adulteros impudentissimos; et utinam non essent tot quoque inter eos ἀρσενοκοῖται! Sed nobis debent obiici leges humanae [529]) quae interdicunt coniugio, quas Paulus tamen — ut
20 superius [530]) ostendimus — agnoscit diabolicas [cf. 1 Tim 4, 1-3], et professio contra Dei verbum ex errore suscepta, quod item in praecedentibus [531]) ostendimus; istis autem taceri lex Dei et quam iuxta hanc professionem fecerunt Christo, qua nemo certe homo potest solvere! Verum isti dii sunt, ledendi benefaciendique potentes, nos damnati
25 dirisque devoti; qui nos laeserit, gratiam etiam init si non a beatissimis apostolorum principibus, saltem ab iis, qui horum se iactant vicarios, et augetur meritis si non apud Deum, certe apud eos, qui prae Deo timentur multis.

Porro vult vir humanus hanc nobis licentiam condonare; hoc que-
30 ritur, non [532]) esse nostra [L6a] connubia castiora quam aliorum, quos ducimus pro ethnicis. Addit agnoscere Vulturium, quas hic fabulas possit referre si libeat, neque necesse esse ut notissima referat. Quasi vero non libuerit permulta referre, quae cum falsa sint, scire utique nequivit. Vulturius vero nihil talium fabularum agnoscit.

---

[527]) Bucer schließt sich enger an die Übersetzung des Erasmus als an die Vulgata an.

[528]) In einem Mischtext von Vulgata und Erasmus-Übersetzung.

[529]) Der Priesterzölibat wurde von der Kirche verordnet. Er gehört also zum Bereich des positiven kirchlichen Rechtes und als solches zum menschlichen Recht.

[530]) Vgl. S. 110, Z. 27-S. 111, Z. 5.

[531]) Vgl. S. 109, Z. 18-S. 110, Z. 26.

[532]) Vgl. Erasmus, *Epist. c. pseudevang.*, LB X, Sp. 1579E.

Age, Erasme doctissime, libeat narrare quicquid habueris, nobis
ne parcas. Non enim sunt nota nedum notissima [533]), quae dicis vel a
magistratu designata vel a plebibus. Caesus [534]) est Basileae virgis ob
adulterium qui se adnumeraverat evangelicis: recte factum, merito
5 dedisset poenas graviores. Hic [535]) easdem poenas dedit sacrificus
evangelii hostis ob vitium puellae oblatum nondum viri potenti. Adulteria quamvis puniantur multo mitius, intolerabile id tamen est sanctis-
simo ordini, ita ut quidam hac potissimum caussa hinc migrarint,
nolentes scilicet dare occasionem nostro magistratui incidendi in cano-
10 nem [536]) illum: Si quis suadente diabolo. Antehac [537]) sic agebant quidam
ex isto grege ἱερόδουλοι, ut viderentur palmarium habere multorum
uxores constuprasse; nec desyderantur alicubi qui adhuc foveant con-
cubinas, quas sacri iudices praetextu divortii suis maritis abiudicatas
sibi copularunt.
15   Sed quid relabimur in hoc pe-[L6b]-lagus? Habeat Erasmus suae
ecclesiae coelibatus nitorem, nos Christus ob rugam istam coniugiorum
haudquaquam abiiciet.
    Monachatum [538]) pie excuti antea comprobavimus. Si [539]) qui autem
cum cuculla non excusserunt vitia monachorum, ut adhuc excutiant
20 exhortamur, sique in illis sibi obstinate placeant, eos nostro consortio
excludimus.
    Subit hic nobis mirari de viro quodam ad miraculum usque docto
et iudicii accuratissimi, quique corruptam ecclesiasticorum vitam sibi
prorsus improbari haud obscure hactenus tulit, quinam factum sit,
25 ut putet [540]) nullum monachatu nexum validiorem apud pias mentes

---

[533]) Vgl. *LB* X, Sp. 1579E.

[534]) Vgl. S. 180, Anm. 505.

[535]) Es handelt sich um Gerhard Entringer, Vikar an Alt St. Peter, der gefangen-
genommen wurde «umb sein bekannten frefeln boesen muthwillen, so er an eim
jungen meydlin, so in seine dienst und under sein jahren gewesen, understanden und
begangen hat». Am 29. Mai 1527 wurde er verurteilt, während einer ganzen Ratssitzung
ins Halseisen gestellt und dann mit Ruten aus der Stadt gepeitscht zu werden, mit der
Auflage lebenslang und unter Androhung des Ertränkens nicht mehr nach Straßburg
und ins Bistum Straßburg zu kommen. Vgl. K. Stenzel, *Die geistlichen Gerichte*,
S. 374.

[536]) *Decretum Gratiani*, c. 29 C. XVII., q. IV., Friedberg 1, Sp. 822. Die Bestimmung
enthält den 15. Kanon des 2. Laterankonzils (1139) betreffs Angriffe auf Kleriker.

[537]) Solche Fälle sind erwähnt bei T. W. Röhrich, *Mitt.* 3, S. 102-104.

[538]) *Vincula monastices pie rumpuntur.* (Marg.). Vgl. S. 109, Z. 18-S. 110, Z. 26.

[539]) Vgl. Erasmus, *Epist. c. pseudevang.*, *LB* X, Sp. 1579EF.

[540]) Es ist klar, daß Bucer hier Erasmus andeutet. Er gibt dessen Worte immer
korrekt wieder. Um so mehr ist mir rätselhaft, auf welche Stelle er jetzt anspielt:
jedenfalls ist sie mir völlig unbekannt. Erasmus war in dieser Zeit zwar sehr enttäuscht;
vgl. z.B. *Epist.* 2136, Z. 200-202, Allen VIII, S. 120: «Istos qui sine gravibus causis,

religionisque rectae reverentes et orthodoxae, sentiatque eos, qui inde
sese eximunt et per orbem vagantur ut liberi, quemadmodum furtum
sui facere primum Deo deinde coenobiarchis et sodalitiis, ita in eos
quam primum saeveritatem legum sacrarum exercendam, quod ni
5 fiat, nihil esse caussae tandem, quin ad fugitivos rerum humanarum
summa et arbitrium religionis constituendae perventura sint. Nec
arbitratur parcendum iis, qui caereas ac plumbeas autoritates cir-
cumferunt, utpote qui quo cautius, hoc amplius adversus huiuscemodi
nexa negocientur.
10 In quam sententiam si discessum pedibus fuerit, futurum erit ut et
Erasmus 541), per quem liberum et bonarum literarum et re-[L7a]-ligionis
studia tam feliciter culta sunt, coenobiarchae alicui indocto et parum
sano addicatur, ut dies noctesque insumat demurmurandis horis illis
canonicis atque naeniis mortuorum. Nam apud istos caput religionis
15 est unumquemque alio compellere, quam quo propendet animus.
In eo tamen hic vir pie sentit neminem tribunitia illa potestate posse
hoc nexu eximi, si per illum Deo homines monasticam professi obstricti
sint. Nos autem superius 542) ostendimus potestate Dei tales subduci
et servos fieri hominum [cf. 1 Cor 7, 23], ita ut iam contraire iussis
20 Dei omnino oporteat et vere furtum sui facere Domino suo Deo. Non
enim iam vel magistratibus vel parentibus aliisve proximis iuxta Dei
verbum licet parere, non ad huius placitum acceptas ab ipso facultates
dispensare, non denique eam vivendi rationem amplecti, qua vere,
pure et sancte vivere possent; contra autem necesse est pleraque facere
25 cum in cerimoniis tum in reliqua vita quae gloriae Christi plane adversantur.
Proinde si Deus nobis Dominus est et huius leges pie riteque existi-
mamus, inficiari non possumus istos sacrarum legum authoritate as-
serendos in libertatem (sed Christi!) et saevere interim cohercendos,
30 qui nullam bonam frugem adferentes vagantur per orbem, saeverius
ac etiam plane tollendos, qui de rebus divinis atque humanis sermocinan-
tur animi [L7b] duntaxat caussa, idque non minore licentia quam
Momum 543) apud superos ludificari prisci fabulati sunt.

---

sine pontificum autoritate deserunt institutum suum, nunquam probavi; imo multos
vacillantes vel consolatus sum vel confirmavi». Das ist aber noch nicht die hier erwähnte
Äußerung. Vgl. auch E. V. Telle, *Érasme et le septième sacrement*, der auch nichts
ähnliches nennt.
541) Darin hat Bucer recht. Erasmus hatte 1516 die Dispense der Klostergelübden
empfangen.
542) Vgl. S. 110, Z. 20-26.
543) Vgl. Erasmus, *Adag.* 474, *LB* II, Sp. 210B-211C.

Sic excipi [544]) optamus quodcunque novum [545]) monachorum genus
exoritur altero sceleratius et quicunque neminem amant praeter sese,
nec Deo nec episcopis nec principibus nec magistratibus obtemperant
et, dum Mammonae, gulae, ventri et inguini serviunt, postulant haberi
5 pro evangelicis, qui denique fuerint praefracti [546]), impudentes, fucati,
maledici, mendaces, sycophantae, inter se discordes, nulli commodi,
omnibus incommodi, seditiosi, furiosi, rabulae: tantum abest ut sodalitati
nostrae evangelicae tales adscribamus.

Quocirca gravi Christum Servatorem contumelia Erasmus affecit,
10 qui ausus est scribere huiusmodi portenta gigni a novo quod nos praedicamus evangelio, quod indubitato Christi est, et admodum ingratum [547])
se hospitem praestitit, qui id de Basilea scribere in animum induxit.
Sic enim habent verba eius Basileae agentis: «Hic nobis hoc novum
evangelion gignit novum hominum genus, praefractos, impudentes»
15 et caetera quae modo citavimus; quibus subiecit [548]): «qui mihi adeo
displicent [11]) ut, si quam nossem civitatem ab hoc genere liberam, eo
demigrarem». Quo tamen dicto imprudens verum confessus est, nempe
huiusmodi pestes nusquam abesse, etiam ubi de evangelio nostro ne
mussare quidem licet, ac ideo eos nequaquam a novo evangelio nostro
20 sed Sa-[L8a]-tana gigni, qui haec scilicet scandala interserit tritico
Domini [cf. Mt 13, 25]. Nam facile urbem inveniat, ubi omnes nostrum
evangelium insectentur, amplectatur nemo, multo minus quisquam
adserat.

O inconsultam iram et temerariam, ὦ φιλαυτίαν! Aliam decebat
25 theologum habere rationem eorum, qui Christo nomen dederunt, quam
ut iis criminibus peteret illos tam dire, quae ut in paucis certe qui illis
admixti sunt, ita in omnibus propemodum, qui ipsos persequuntur,
haerent. Sed nequit sui dissimilis esse mundus, qui cum Patris et Filii
odio flagret, non potest non insectari qui Filio se dediderunt et Patri
30 [cf. Io 15, 18-20].

Aeque [549]) vero aliena a nobis sunt et quae sequuntur, nimirum praeferre [550]) Lutherum magistrum et in primis tamen negligere, quod is

---

[11]) displicent scripsi: displicet A.

---

[544]) Ut detestentur philoevangelici scelerosos. (Marg.).
[545]) Vgl. Erasmus, Epist. c. pseudevang., LB X, Sp. 1579F-1580A.
[546]) In epistola ad Stromerum. (Marg.). Vgl. Erasmus, Epist. 1522, Z. 86-89, Allen
V, S. 592.
[547]) Vgl. Erasmus, Epist. 2151, Z. 6-8; 2196, Z. 28-35, Allen VIII, S. 139, 231.
[548]) Erasmus, Epist. 1522, Z. 90f., Allen V, S. 592.
[549]) Quam doceant fidem. (Marg.).
[550]) Vgl. Erasmus, Epist. c. pseudevang., LB X, Sp. 1580A.

praecipue docet et inculcat, fidem nimirum per dilectionem efficacem.

Neque enim Lutherum magistrum nostrum, sed Magistri nostri unici et coelestis Christi administrum agnoscimus, tum fidem quae se bonis operibus proferat nos quoque et docemus et praestare damus
5 operam, nec quenquam prudentes nostro sodalitio adiungimus, qui fidem iactet bonis operibus destitutam, qui carnis opera exhibeat, nullum vestigium Spiritus, qui denique hoc lutheranae doctrinae caput — fidem in primis quaerendam — non pili facit. Quae omnia tamen Erasmus nobis quoque impingere videtur. Fide iustus vivit [cf. Rm 1, 17], vivam
10 igitur et ipsam esse oportet, hoc est bonorum operum foecundam, non mortuam, [L8b] horum sterilem [cf. Iac 2, 14-26]. Cum itaque hanc fidem non minus nos quam Lutherus praecipue doceamus et inculcemus — id quod testabuntur quicunque nos audiunt aut nostra legunt —, debuerat merito in utrosque mitius scribere tantus theologiae et quidem
15 purioris adsertor.

Mirum etiam qui faciat Lutherum 551) Atae 552) similem omnia turbantis, cum testetur hic id praecipue docere eum et inculcare, unde omnia ita componuntur et tranquilla imo felicia redduntur ut nulla re alia, quae quidem posset administrari per hominem, efficacius. Nequit enim
20 haec fidei doctrina, ubicunque tradatur, suos desyderare discipulos, quosque nacta fuerit non omnibus virtutum ornamentis decorare. Ut igitur praeter hanc fidei inculcationem improbanda hic vir docuerit, non erat tamen propterea Atae assimilandus, cuius doctrinae caput et in quod praecipue incumbit eiusmodi est, ut restituat turbata, non
25 turbet restituenda.

Illud miror cur scribat 553): «Sit hoc disputabile, utrum bona opera gignant fidem an fides pariat bona opera, an bona opera iustificent necne». Fide certe qui destitutus est, caret et Spiritu Dei, cuius fructus sunt bona opera. Ut igitur huiusmodi vere bonis operibus studere non
30 potest, ita impossibile quoque est, ut fidem illis mereatur aut iustificetur. Fidem autem agnoscimus certam illam factam divino Spiritu persuasionem Deum-[M1a]-esse et esse remuneratorem quaerentibus se [Hbr 11, 6] 554), etiam si quis interim pleraque Dei et Christi alia nondum assecutus sit. Hac utique fide non minus Cornelius ille, cuius eleemosynas
35 et preces Deus susceperat [cf. Act 10, 4], et similes praediti fuerunt quam Enoch, quem transtulit [cf. Gn 5, 24; Hbr 11, 5]. Placuerunt enim et

---

551) Vgl. *LB* X, Sp. 1582A.
552) Vgl. Erasmus, *Adag.* 613, *LB* II, Sp. 265E-266C.
553) Erasmus, *Epist. c. pseudevang.*, *LB* X, Sp. 1580B.
554) In der Übersetzung des Erasmus.

ipsi Deo, et *sine fide fieri non potest, ut quis illi placeat*: Heb. 11 [6].
Hac certa, solida, viva et per charitatem ad omnia bona opera efficaci
fide tranquillas reddi conscientias nos docemus, et qui aliam iactant,
eos detestamur.

5 Non est igitur quod vereatur Erasmus, ne [555]) sub isto nomine quod
nos quidem profitemur multi oriantur pagani, qui, quo magis liberi
sint, nec coelum credant esse nec inferos, nec animos a morte corporis
superesse. Nostras ecclesias nunquam est ingressus, colloquia nostra
perraro admisit, nostrum convictum semper fugit. Unde christiano
10 dignius erat in eo perseverare, quod de se rescribit ad Oecolampadium,
hoc est nihil [556]) de nobis pronunciare, relinquere nos Domino cui
stamus aut cadimus, quam inique et perverse adeo nos eiusmodi facere,
de quibus vereri conveniat plane nihil credere, nulla prorsus religione
teneri. Quam non venit ei in mentem, cum haec in nos scriberet, ut se
15 usserit [557]), quod Lutherus quasdam eius sententias Epicureae atque
Lucianicae impietati affines fecit!

Romae [558]) fuit cardinalibus familiaris, [M1b] vixit in Italia, ubi agunt
illi, quorum caussa oportuit in concilio [559]) Lateranensi definire animam
hominis esse immortalem. Nostrum tam multi sanguine testati sunt
20 credi sibi coelum: idem de nobis testamur et nos, qui in tantum discrimen
vitam quoque adduximus, cum nihil adhuc negavisset mundus vel opum
vel dignitatis vel voluptatum, imo plerisque ex nobis non semel quam-
plurimum huius ultro obtulisset. Quid autem credant ecclesiastici
viventes tam perdite et suis adeo dogmatis et cerimoniis nihil fidentes,
25 ut tumultuantibus [560]) agricolis haud pauci inter eos — antequam sus-
tinerent dominatum et proventus aliquot relinquere, imo non relinquere,
sed tantum ad tempus de eis periclitari — abiurarint semel omnia,
viderint ipsi.

Nostras conscientias sic gloriamur liberatas, quod certi sumus fore

---

[555]) Vgl. Erasmus, *Epist. c. pseudevang.*, *LB* X, Sp. 1580BC.
[556]) Vgl. Erasmus, *Epist.* 1538, Z. 1f., Allen VI, S. 4.
[557]) In *De servo arbitrio* (1525) hatte Luther Erasmus öfters als Epikur und Lucian
gebrandmarkt. Erasmus war darüber sehr empört. In der *Hyperaspistes* kommt er
immer wieder darauf zurück. Vgl. Erasmus, *Hyperasp.*, *LB* X, passim; C. Augustijn,
Erasmus en de Reformatie, S. 196f.; M. Lienhard, *Les épicuriens à Strasbourg.*
[558]) 1506-1509 lebte Erasmus in Italien. Er lernte in Rom u.a. die einflußreichen
Kardinäle Domenico Grimani, Raffaello Riario und Giovanni de' Medici, den späteren
Papst Leo X., kennen. Vgl. Erasmus, *Epist.* 296, Z. 101-106, Allen I, S. 568; A.
Renaudet, *Érasme et l'Italie*, S. 94f.
[559]) In der Bulle «Apostolici regiminis» des 5. Laterankonzils, 1513; vgl. H. Denzinger, *Enchiridion*, Nr. 1440f.; *Conciliorum Oecumenicorum Decreta*, S. 605f.
[560]) Vgl. S. 142, Z. 17-25.

beneficio Christi, ut olim peccatis in totum liberemur; dum autem ista
adhuc haerent plus nimio tenaciter, nunquam non iudicium Domini
expavescimus precantes in singula momenta: *Ne intres in iudicium cum
servo tuo, Domine* [Ps 142, 2] [561]). Scimus nos ingentem et vere coelestem
5 evangelii thesaurum in vasis gestare fictilibus [cf. 2 Cor 4, 7], unde cum
timore et tremore [cf. Tb 13, 6; Ps 2, 11] [562]) versandum nobis agnoscimus.
Quo minus caussae Erasmo fuit nobis tantam tribuere impietatem, ut
qui [563]) ludere facetiis, praestigiis, ludibriis et insyncera con-[M2a]-
scientia sacrosanctum evangelii negocium agere in animum induxerimus.
10 Antea [564]) demonstravimus christianorum esse vere scripta — quicunque
illa ediderit — pro astruenda veritate adducere, et quacunque liceat
ratione illam commendabilem reddere. Istuc fratribus [565]) quibusdam,
qui eius et aliorum sententias ad stabiliendam veritatem sive de eucharistia sive aliis de rebus suis scriptis inseruerunt, propositum fuit;
15 nihil [566]) vero ludere, nihil agere petulanter, nemini oculos praestringere,
nullis malis artibus crucis gloriam attribuere, neminem gravatum invidia
plus etiam gravare, nullius famam obtrectare, nullum quoque principum
irritare. Accipiat ea Erasmus et interpretetur ut velit, et purgando famam
suam gravet caussam nostram quantum libuerit. Expectamus utrique
20 iudicem, cui nec ipse nec nos verba dabimus.
Fatemur, obfuit Lutherus caussae non solum initio [567]) sed et modo
bonae scribendo dicendoque odiosius [568]), in quo et nos [569]) plerique
peccavimus illum praepostere imitati. Nihilominus *novit* Deus *qui sint
sui* [2 Tim 2, 19] [570]); quosque praedestinaverit, hos quoque cum visum
25 fuerit vocabit [cf. Rm 8, 30] et sanctificabit, veniamque dabit nobis,
qui tam infandis ipsius offensi contumeliis nostrum decorum non satis

---

[561]) Bucer benützt die Übersetzung des Felix a Prato, *Psalterium*, f°70v°; vgl.
S. 113, Anm. 156.
[562]) Vielleicht denkt Bucer auch an Hbr 12, 28.
[563]) Vgl. Erasmus, *Epist. c. pseudevang.*, LB X, Sp. 1581EF.
[564]) Vgl. S. 123, Z. 4-S. 125, Z. 4.
[565]) Bucer denkt wohl in erster Stelle an Leo Jud und an Gerard Geldenhouwer;
vgl. S. 126, Z. 8-S. 127, Z. 13; S. 128, Z. 8-S. 130, Z. 10.
[566]) Vgl. Erasmus, *Epist. c. pseudevang.*, LB X, Sp. 1581F-1582A.
[567]) *Intempestiva acerbitas displicet.* (Marg.). Vgl. Erasmus, *Epist. c. pseudevang.*,
LB X, Sp. 1582A.
[568]) Eine gute Charakterisierung Luthers bietet Bucer in seiner *Vergleichung D.
Luthers und seins Gegentheyls*, BDS II, S. 320, Z. 5-7: «Der Luther ist hefftig und so
bewegt, das er nit genůg sich den unsern entgegen setzen mag, stellet sich, als ob er
gern in allen dingen das gegenteyl halten und setzen wôlte».
[569]) Vgl. die Einleitung, S. 66f.
[570]) In der Übersetzung des Erasmus.

fortiter sumus tuiti. Quam autem agat Liten [571]) Melanchthon, ipse viderit; nos scimus nostrum esse innocentia, in-[M2b]-corruptis moribus malorumque infracta tolerantia mitigare [mm]) eos qui, sanabiles cum sint, iis tamen offenduntur quae ex sententia gerimus Christi, non
5 cerimoniis et ritibus huius gloriam obscurantibus aut quippiam dissimulando, quod ille etiam a tectis iussit ebuccinari [cf. Mt 10, 27]. Non autem hoc scribimus [572]), quod Philippum praevaricationis insimulandi sit animus — ipsi forsan probe constat sui consilii ratio —, tantum quae nos teneat religio testamur. Mores evangelio indignos
10 detestamur ut nemo magis, sive illos in nobis ipsis sive in aliis deprehenderimus; qualibus autem cunque Dominus dederit praeditis esse, spes est illis haudquaquam evertendum negocium quod gerimus, cum illud eversum non fuerit olim curantibus ecclesias adhuc apostolis. Nam nec tum quidem deerant christianis sui morbi, iique prorsus non
15 contemnendi.

Utcunque autem *in multis labamur* [Iac 3, 2] [573]), nullam tamen adhuc dedimus Erasmo dignam quidem theologo caussam, ut a toto hoc negocio alienaretur, quod tamen nihil miramur videri multis impium, cum de Christo ipso Iudaeorum sanctissimi impietatis nomine sumpserint
20 supplicium. Quis enim nesciat, quos laudibus et quam benignis vehat — non solum toleret! — eosque tam ex postrema quam prima ecclesiasticorum classe? Sed *portabit quisque* [574]) *suum onus* [Gal 6, 5].

Per-[M3a]-quam crudele [575]) vero et in Servatorem nostrum sic regnantem in multis plusquam iniurium illud [576]) est: «Ad bonos verte
25 oculos!», quasi vero etiam inter nos optimi eiusmodi sint, ut hinc appareat totum negocium nostrum consceleratum esse omnique bono viro summopere fugiendum!

[mm]) mitigare *scripsi*: mitigandos esse *A*.

---

[571]) Vgl. Erasmus, *Epist. c. pseudevang.*, *LB* X, Sp. 1582A; Erasmus, *Adag.* 613, *LB* II, Sp. 265E-266C.

[572]) Bucers Worte zeigen genügend, wie gereizt er durch das Benehmen Melanchthons war. Dazu hat ohne Zweifel auch die kalte Haltung Melanchthons den Straßburgern gegenüber, die er auf dem Marburger Religionsgespräch der Häresie beschuldigte, beigetragen. Vgl. den Brief Capitos an Zwingli, *ZwBr* IV (*CR* 97), Nr. 1025, S. 581, Z. 3-15.

[573]) In der Übersetzung des Erasmus.

[574]) Die Vulgata hat «unusquisque».

[575]) *Praecipua contumelia Christi.* (Marg.).

[576]) Erasmus, *Epist. c. pseudevang.*, *LB* X, Sp. 1582B. Aus dem Kontext ist völlig klar, daß Erasmus Geldenhouwer diese Worte in den Mund legt. Offenbar hat Bucer es aber als einen Aufruf des Erasmus verstanden, der die Katholiken als die «boni» darstellte. Vgl. S. 86, Z. 3 f., wo Bucer Erasmus' Worte richtig versteht.

Istuc autem vere scribis [577]), Erasme, tuam esse infelicitatem tibi
adhuc neminem contigisse nosse, qui non videatur se ipso factus deterior.
Vere enim infelicitas est et profecto non parum horrenda videri tibi
deteriores se ipsis factos, qui cum ante partim sanguine innocentum,
5 partim supersticiosis cerimoniis, partim aliis indignis christianis quaestibus
summo in luxu viverent, nunc suo victitant sudore quam frugalissime;
qui cum antea stupris et adulteriis inquinati perirent, nunc spiritu et
corpore sanctos se Christo honorabile inter omnes connubium [cf.
Hbr 13, 4] amplexi praestare student; qui denique cum antea sui ipsorum
10 tantum rationem haberent et parum virile arbitrarentur cuiquam inultam
iniuriam remittere, nunc se et sua omnia usibus fratrum exponunt,
etiam sanguinem pro Christo fundere parati. Quot enim millia sunt,
de quibus haec vere testamur! Sed ignoras forsan, quid vivant tot respublicae, tot amplae regiones: qui [578]) in verba Christi iurarunt. At
15 habes quos inter amicos haud postremos ante numerasti: Oeco-[M3b]-
lampadium [579]), Capitonem [580]), Zvinglium [581]), Hedionem [582]) et pleros-
que alios; in quo iam isti obsecro degenerarunt? Nihil certe proferes
nisi quod, cum antea liberiores et maiore cum favore mundi in literarum
studiis versarentur, nunc Christum serio professi omnium malorum et
20 eorum quoque, quos ex bonis hi dementant, odiis obnoxii sunt et in
supremo rerum et vitae discrimine versantur. Nam si eo quisque melior
est, quo pluribus est commodo et ad salutem inservit, sunt se ipsis hi
non paulo facti meliores, nequaquam deteriores. Horum iam possumus
multos tibi proferre adsimiles, cum tu non adeo multos demonstrabis,
25 qui vere se ipsos vicerint malitia. Nam quae tu pleraque tragice exaggeras,
aut falsa sunt aut ex officio christianorum.

Arduum [583]) esse quod profitemur agnoscimus. Apostolorum autem

---

[577]) Vgl. Erasmus, *Epist. c. pseudevang.*, *LB* X, Sp. 1582B.

[578]) «qui» in der Bedeutung «wie sehr».

[579]) Sie kannten einander seit 1515. Ökolampad hatte bei Erasmus' Edition des
Neuen Testaments mitgearbeitet und hatte das Register zur Hieronymus-Ausgabe an-
gefertigt. Seit 1524 kann man sicherlich nicht mehr von Freundschaft sprechen. Vgl.
E. Staehelin, *Erasmus und Ökolampad*, S. 166-175.

[580]) Erasmus gibt zu, daß er eng verbunden war mit Capito, den er seit 1516 kannte;
vgl. Erasmus, *Epist. ad fratr. Infer. Germ.*, *LB* X, Sp. 1620D. Vgl. für ihr Verhältnis
in dieser Zeit J. M. Kittelson, *Wolfgang Capito*, S. 26-38.

[581]) Zwingli kannte seit langem die Werke des Erasmus. Dieser war in den Jahren
seit 1514 sein geistiger Führer gewesen. Seit 1522 haben sich die beiden von einander
entfremdet. Vgl. O. Farner, *Huldrych Zwingli* 2, S. 143-172.

[582]) Erasmus erwidert, er habe Hedio nur einmal gesprochen; vgl. Erasmus, *Epist.
ad fratr. Infer. Germ.*, *LB* X, Sp. 1620D.

[583]) *Collatio negocii evangelici cum apostolico.* (Marg.). Vgl. für diesen Abschnitt:
Erasmus, *Epist. c. pseudevang.*, *LB* X, Sp. 1582BC.

negocio durius non est, quia idem; secus esse nunquam demonstrabis,
tam abest ut demonstraveris. Vaticinia non pauca sublevant. Miracula
nemo iure requiret. Vita multorum doctrinam commendat, si ea bonis
digna vita habeatur, quam vixit et praescripsit Christus: liberam his
5 observatiunculis, quae commenti homines sunt in praeiudicium veritatis
evangelicae. In improborum conspiratione, in seditiosis tumultibus,
in armis, in fucis ac technis fiduciam reponunt plerique pontificii. Nos
tollat e vivis Chri-[M4a]-stus, quam primum tale quid cogitaverimus.

Coeleste [584]) erat quod docebant apostoli: idem docemus nos. Plau-
10 sibile erat bonis, sed a Patre ad Christum tractis: eisdem nec nostra
displicent. A reliquis referebant apostoli supplicium: eandem gratiam
rependunt et nobis, qui eodem quo illi Spiritu aguntur.

Narrabant apostoli quae viderant, audierant, quaeque multis modis
et figuris erant adumbrata et prophetarum oraculis praedicta: nos
15 nulla alia quam quae hi docuerunt, revocare laboramus.

Magnus erat illis in praedicando consensus: nec deest idem nobis,
quantum attinet ad summa, in quibus solis quoque conveniebat illis;
de quo iam superius [585]) diximus, ut et de eo quod [586]) miracula suo
tantum tempori servierunt.

20 Spiritum etsi non tam igneum, non tamen omnino frigidum esse nobis
vel illud probat, quod sic datum est Deum invocare Patrem, ut hac
caussa nihil nostrum non in supremum periculum adduxerimus, et cum
sartis tectis esse nondum contigerit, enitimur ut carnem tandem vincat
spiritus.

25 Nihil gerebant vi: eandem habemus et a nobis alienam, quamlibet
nos vocare Phalarides Erasmus [587]) sibi permiserit scribens ad ducem
Saxoniae Georgium.

Utebantur gladio Spiritus: nec nos alio pugnamus qui verbi ministerio fungimur. Magistratui gerendum est quod mandavit Deus,
30 sed ne hi quidem quenquam immeritum in exilium egerunt aut [M4b]
facultates cuiusquam invaserunt, ut eos etiam ecclesiastici hoc nomine
praeferant plerisque principibus inter catholicae ecclesiae defensores
notae primariae.

Ne gentium quidem idola frangebant publica, quia publica potestate
35 nulli pollebant: iisdem nec nos, qui evangelii administri sumus, manus

---

[584]) Vgl. für den folgenden ausführlichen Vergleich zwischen den Aposteln und den
Evangelischen (bis S. 193, Z. 21): Erasmus, *Epist. c. pseudevang.*, *LB* X, Sp. 1582CD.
[585]) Vgl. S. 136, Z. 23-31.
[586]) Vgl. S. 90, Z. 11-15.
[587]) Erasmus, *Epist.* 1495, Z. 28, Allen V, S. 544. Vgl. für das «Phalarides»: Erasmus,
Adag. 986, *LB* II, Sp. 392D-F.

admovemus. Sicut autem illi, si respublicae, si totae provinciae, si regna Christo accessissent, nequaquam aliud iis, qui magistratu fungebantur, praecepturi fuissent quam ut id, quod ipsi docebant, ab idolorum cultu fugiendum, illi autoritate sua confirmassent, ita vero docemus et
5 nos. Cum enim docuerunt magistratus esse mala tollere [cf. Rm 13, 3 s.], haudquaquam permisissent illum, quicunque ipsos audire sustinuisset, ferre quae tantopere execratur omnis scriptura. Illud miramur, cur Erasmus scripserit «Ne gentium quidem idola», quasi vero christiani illorum tempore habuerint idola, cum ipse in hac Epistola scribat
10 seculis [588]) aliquot abominabile fuisse in templis christianorum videri pictam aut sculptam imaginem, et Epiphanius [589]) testetur Christi quoque imaginem pendere in ecclesia esse contra religionem nostram et scripturarum authoritatem.

Non loquebantur aliud apud suos, aliud in tormentis: eandem con-
15 stantiam et veritatem quamplurimi iam ex nobis praestiterunt. Confirmata est illorum doctrina tot martyrum mortibus: nec [M5a] defuerunt hae nobis.

Sic cum doctrina apostolica habuerit totque rebus esset commendata, paulatim tamen et sensim occupavit orbem: idem usu venit et nobis,
20 quanquam Pauli adhuc tempore fructificarit iam evangelion apud omnem creaturam sub caelo [cf. 1 Col 1, 6. 23].

Quod scribit [590]) nos postulare, ut intra novem annos mundus aspernetur quod ante annos mille a maioribus traditum est et in nostra dogmata pedibus eat ac manibus, nulla harum rerum quas recensuit
25 commendatos, ostendimus superius [591]) pro sua libertate falsum scripsisse. Nam in hoc toti sumus, ut in doctrinam apostolicam, quae tradita est ante annos millequadringentos, mundus toto pectore conspiret: in idem apostoli sic incumbebant, ut videri potuerint velle huc illum uno anno pertrahere.

30 Ut odiosius est quod sequitur [592]), ita et impudentiore calumnia confictum. Sed idem superius [593]) quoque reiecimus. Nobis enim Sponsus ecclesiae non stertit. Videat ipse, quam credat vigilare sibi, cuius sacrosanctum evangelion tantis mendatiis infamat. Sed nec sponsam Christi unquam diximus coluisse larvas et idola, quae Sponsum unum colit
35 et deperit.

[588]) Vgl. Erasmus, *Epist. c. pseudevang.*, *LB* X, Sp. 1586C.
[589]) Vgl. S. 150, Anm. 340.
[590]) Vgl. Erasmus, *Epist. c. pseudevang.*, *LB* X, Sp. 1582D.
[591]) Vgl. S. 86, Z. 28-S. 88, Z. 24.
[592]) Vgl. Erasmus, *Epist. c. pseudevang.*, *LB* X, Sp. 1582DE.
[593]) Vgl. Anm. 591.

Negat [594]) se post haec velle collationem persequi; iubet conferre
Noviomagum simulque iudicare, num aequum sit quod ab ipsis flagi-
temus, et num nostrae saluti consultum sit, dum ista sequimur. Nos
puram putam [M5b] Christi doctrinam sectamur — etsi non tam feliciter
5 quam vellemus —, nec aliud a quoquam quam ut eandem recipiat
flagitamus. Iam qua re alia vel nostrae vel aliorum saluti consulamus?

Iubet deinceps [595]), si nos offendunt vitia christianorum, ostendere
ipsis specimen ecclesiae nostrae quae non habeat maculam neque rugam
[cf. Eph 5, 27]. His liberam ecclesiam suam Christus exhibebit, non nos,
10 et id in illo die cum regnum tradet Deo et Patri. Quod autem specimen
nos exhibeamus, superius [596]) exposuimus. Nec ut dogmatis et ritibus
quibusdam illius ecclesiae catholicae vale dixerimus, in caussa sunt
quae [nn]) adeo nos offenderent vitia christianorum, sed manifestae in
his Christi contumeliae et nefariae imposturae, quibus Christo destinatam
15 plebem ludificantur ii, qui ut in ecclesia sibi primas vendicant cathedras,
ita nihil minus sunt quam christiani. Quod copiose satis in precedentibus
testati sumus.

Illud vero belle subiicit [597]): «Quod si nostra scelera commeruerunt
iram Domini, solet ille per Pharaones [cf. Ex 1-15; 4 Rg 23, 29-35;
20 2 Par 35, 20 - 36, 4], Antiochos [cf. 1, 2 Mac], Cyros [598]) et Nabucho-
donozoros [cf. 4 Rg 24 s.; 2 Par 36; Idt] punire suos, non per viros
evangelicos». Ipsi nos nullo non poenarum genere persequuntur; cottidie
bonorum rapinis, vinculis, exilio totque mortis generibus in nos saeviunt;
et nos scilicet sumus illorum Pharaones et Nabuchodonozores per quos
25 puniuntur divinitus! Profer vel unum, cui terun-[M6a]-tius a nostris
ademptus sit eo, quod diversam religionem sequatur. At quot vos ferro,
aqua, igni hoc corporis ergastulo solutos transmisistis ad Christum,
quibus nec ipsi aliud impegistis quam quod fuerint haeretici, hoc est
adseruerint salutem a sacro Christi peracto in cruce potius quam a missis
30 perditissimorum hominum esse petendam! Nam si qui vestrum a manifes-
tis cohercentur sceleribus et meritas adulterii, stupri aliorumque flagitiorum poenas persolvunt, ipse [599]) agnoscis non esse Israelitis assimilan-
dos inique pressis a Pharaone et huius farinae tyrannis.

[nn]) quae *scripsi*: quod *A*.

---

[594]) Vgl. Erasmus, *Epist. c. pseudevang.*, *LB* X, Sp. 1582E.
[595]) Vgl. *LB* X, Sp. 1582E.
[596]) Vgl. S. 138, Z. 28-S. 145, Z. 23.
[597]) Erasmus, *Epist. c. pseudevang.*, *LB* X, Sp. 1582EF.
[598]) Ein Irrtum des Erasmus; vgl. 2 Par 36, 22f.; 1 Esd 1, 1-4.
[599]) Vielleicht denkt Bucer besonders an Erasmus, *Epist.* 2134, Z. 227-230, Allen
VIII, S. 114.

Addidit [600]) quid nobis polliceamur se nescire, et sibi rerum prooemia, progressus et omnia signa nihil aliud promittere quam calamitosum exitum, nec nobis tantum tristem. Pollicemur nobis, Erasme, id quod predixit Christus: mundum nos haud accepturum aliter quam accepit
5 ipsum, eoque et nos odio habiturum direque persecuturum [cf. Io 15, 18-20]; tum autem, cum ille omnibus actus furiis nos trucidarit, viam expediturum in veram vitam. Hic exitus nulli poterit esse calamitosus vel tristis, cui Christus agnoscitur Deus. Si alii irruentes in saxum scandali Christum collidantur [cf. Mt 21, 44] et effecerint, ut idem cadens tandem
10 in ipsos penitus eos comminuat, debebunt id suae tribuere obstinatae impietati, non ei, quod solidam nos pietatem — cui individua comes est certa felicitas — commendare omnibus studemus. Facile est hic vatem praestare, cum tam disertis adeo verbis ubique scriptura praedi-
[M 6b]-cet eos, qui pie volunt vivere, in mundo passuros persecutionem
15 [cf. 2 Tim 3, 12] iudiciumque Dei solere a sua domo incipere [cf. 1 Pt 4, 17], at sic ut aeternum praemat exteros. Qui huiusmodi olim fuerunt, indicibilibus sane malis se ipsos veritatis insectatione implicuerunt.

Ex his itaque praeteritis non paucis ac iisdem clarissimis Dei ultionibus, quibus hac etiam tempestate in istiusmodi Christi hostes desaevitum
20 vidimus, vel parum solers nullo negocio coniiciat nihil nisi perniciem et exterminium sibi ipsis consciscere quicunque obfirmatis adeo animis Christi evangelion oppugnare perrexerint.

Dixerat [601]) iam se nolle amplius persequi collationem, sed fatalis quidam ut videtur ardor nos faciendi omnibus quam invisissimos rursus
25 in eam pertraxit. Scribit [602]) itaque evangelicam pietatem a minimis initiis paulatim crevisse in maius ac melius et optimum quenque se illi adiunxisse, nostram autem doctrinam fere levissimum quenque amplecti. At nec magnis quae nos quoque profitemur initiis orta sunt. Sic autem creverunt, ut Erasmus alicubi scribat [603]) exisse potestatem
30 hominum. Amplectuntur autem ea quibus datum est se ipsos abnegare penitus et unum Christum agnoscere servatorem. Si isti levissimi haben-tur Erasmo, consolatur quod idem et de iis, qui apostolorum doctrinae nomen dabant, olim mundus censuerit, eo [M7a] quod *non* soleat Deus *multos* vocare *sapientes secundum carnem, non multos potentes, non*
35 *multos claro genere natos, verum quae stulta* sunt *secundum mundum*

---

[600]) Vgl. Erasmus, *Epist. c. pseudevang.*, *LB* X, Sp. 1582F.
[601]) *Redit ad contentionem.* (Marg.).
[602]) Vgl. Erasmus, *Epist. c. pseudevang.*, *LB* X, Sp. 1582F-1583A.
[603]) Vgl. Erasmus, *Epist.* 2133, Z. 75f., Allen VIII, S. 107.

[1 Cor 1, 26 s.] [604]); quanquam, ut declaret se servatorem omnium, et ex his quoque cum olim tum hac tempestate aliquot deligat.

Ad haec si recte iudicabis, haud dices levissimum decus illud Germaniae qui ut nullus alius boni principis munus implet, principem [605]) Hessorum, 5 electorem Saxonum aliosque: aliquot lumina ordinis equestris, tot gravissimos rerumpublicarum senatores, tot denique alios eruditione et pietate suspiciendos viros; imo nulli sunt qui se graves bonosque viros vita probant, quibus si modo contigerit de caussa nostra cognoscere, nostrum evangelium non arrideat eique sese addicant. Sunt quidem 10 quos nemo bonos et graves neget, quibus nostra nondum probantur. Sed his nondum etiam datum est ea penitus cognoscere, quanquam sic quoque Gamalieles [606]) [cf. Act 5, 34-39] se potius quam Caiaphas [cf. Act 4, 1-22] in nos exhibent. Caeterum superius [607]) adduximus et olim christianos doctis et praecellentibus viris haud aliter habitos fuisse 15 quam hic de nobis scribit Erasmus.

Subiicit [608]) ad Romanos pontifices caeterosque praesules sero repsisse opum amorem, delitias et dominandi libidinem, nos statim regnare velle, statim ditescere; de delitiis nihil, inquit, attinet dicere. Egregium [609]) vero regnum quod nobis quaerimus, [M7b] rarae divitiae, insolentes 20 delitiae: laboribus legendi, scribendi, docendi, hortandi, monendi tantum non immori, et pro iis summa valetudinis iactura exantlatis inauditis cruciatibus destinari a principibus; ab iis qui principum gratiae serviunt, linguarum et styli spiculis confodi; ab iis quoque, qui in tritico Domini zizania sunt et nostri putantur, variis modis lacerari et proscindi; 25 ab imperitioribus denique inter eos quoque qui Domini sunt, inique iudicari; postremo [610]) non habere unde vel libros pares huic sacrae functioni necessarios, sic obrui ab egentibus, ut non supersit unde vestem emas, uxori et liberis pro christiana frugalitate prospicias, imo ut plerumque etiam cogaris conflare aes alienum. Nemo ferat inique nos ea caussa 30 verum hic testari, qua suas ipse laudes Paulus celebravit [cf. 2 Cor 12, 6].

---

[604]) In der Übersetzung des Erasmus.

[605]) Vgl. den Lobpreis S. 140, Z. 23-S. 141, Z. 10.

[606]) Wahrscheinlich eine Anspielung auf Erasmus, der öfters gesagt hatte, daß er selber die Rolle Gamaliels gespielt habe. Vgl. Erasmus, *Hyperasp.* I, *LB* X, Sp. 1251B; *Epist.* 1496, Z. 54, Allen V, S. 546.

[607]) Vgl. S. 81, Z. 8-S. 84, Z. 9.

[608]) Vgl. Erasmus, *Epist. c. pseudevang.*, *LB* X, Sp. 1583 A.

[609]) *Quod regnum, quas opes habeant ecclesiastae philoevangelici.* (Marg.).

[610]) Vgl. für die Freigebigkeit und den Geldnot Bucers: H. Eells, *Martin Bucer*, S. 40, 416f.

Zvinglium insignem illum evangelistam, dum evangelium Christi
studeret incredibilibus vigiliis et laboribus promotum et cuique egenti
manum supra vires porrigeret, ita ⁶¹¹) obaerari contigerat, ut iam solvendo
non esset si etiam omnium quae habebat auctionem fecisset, ita ut
5 tandem senatus melius perpenso illo Christi dicto: *Dignus est operarius
cibo suo* [Mt 10, 10], aes illud alienum dissolverit et, quo ut decet episcopum hospitalis esse posset [cf. 1 Tim 3, 2], liberalius ei prospexerit.
Quantulum tamen illud sit, omne expendit in usus Domini, servat nihil.
Ita et Oeco-[M8a]-lampadius ⁶¹²) suis stipendiis aliquot annos Basileae
10 evangelion annunciavit. Idem semper fecerunt et hodie faciunt duo
ecclesiastae ⁶¹³) praecipui ecclesiae Constantiensis, Ambrosius Blaurerus
et Iohannes Zvickius. Sunt et inter nos qui non contemnendam pecuniam
pro evangelio insumpserunt; qui ex evangelio quicquam collegerit,
nemo. Nam parrochis ⁶¹⁴) dantur in singulas septimanas floreni tres,
15 e quibus et ipsi et diaconi vivant cum uxoribus et liberis, tum etiam
aedituis mercedem numerent, quo onere duo duntaxat liberi sunt.

Hae sunt divitiae nostrae, hoc regnum, hae delitiae. Iam novit Erasmus,
quae nonnullis inter nos, si Christi gloriam potuissent mussare, ad opes
certe non vulgares via patuerit. Oblata enim Zvinglio ⁶¹⁵) et aliis quibus-

---

⁶¹¹) Die hier erzählten Ereignisse werden anderswo mit keinem Worte erwähnt.
Zwingli hat sich 1525 den Verleumdungen der Täufer gegenüber verteidigt; vgl.
Von dem Predigtamt, ZwW 4 (*CR* 91), S. 402-408 und für seine Vermögensverhältnisse
A. Corrodi-Sulzer, *Zwinglis Vermögensverhältnisse.*

⁶¹²) Um Neujahr 1523 war Ökolampad Vikar an St. Martin geworden. Im Februar
1525 wurde er dort Leutpriester. In diesen Jahren bekam er kein Gehalt. Er hatte
aber seit April 1523 eine ordentliche Professur der Theologie inne, wofür er ein
Gehalt bekam. Vgl. E. Staehelin, *Die beruflichen Stellungen Oekolampads,* S. 379-385.
Bucers Quelle war wohl Ökolampads *Ad... Pykraimerum... responsio posterior*
(1527); vgl. E. Staehelin, *Briefe* 2, Nr. 465, S. 24.

⁶¹³) Beide haben vom Anfang ihrer Predigttätigkeit im Jahre 1525 bis zum Jahre
1538 kein Gehalt bekommen. Sie waren vermögend und verzichteten auf Bezahlung.
Vgl. B. Moeller, *Johannes Zwick,* S. 79.

⁶¹⁴) Als der Straßburger Rat 1524 die Anstellung der Pfarrer übernahm, wurde ihre
Besoldung auf drei Gulden wöchentlich festgelegt; vgl. J. W. Baum, *Capito und
Butzer,* S. 270; J. Adam, *Kirchengeschichte Straßburg,* S. 69. Dieser Betrag war 1533
noch derselbe. Das ergibt sich aus einer Notiz in den Annalen Brants über die Ab-
setzung des Pfarrers Engelbrecht, in der erwähnt wird, daß die drei Gulden ihm nicht
mehr gegeben werden sollen; vgl. A. Br., No. 5029, S. 225. In denselben Annalen
wird auch mitgeteilt, daß Bucer 1529, auf seine Bitte ihm «60 gulden zu unterhaltung
uff einmal» zu geben, «fünfzig gulden des jars» in Aussicht gestellt wurden. Die an-
scheinend zusätzliche Zulage wurde ihm gewährt zu der Zeit, in der er als Pfarrer an
St. Thomas angestellt wurde, und steht möglicherweise im Zusammenhang mit dieser
Anstellung. Vgl. A.Br., No. 4776, S. 166; 4782, S. 169; 4914, S. 195; 4948, S. 202
(statt Butzer muß man hier Symphorian Altbiesser lesen, da dieser 1529 Pfarrer an
St. Aurelien geworden war); 4969, S. 206.

⁶¹⁵) Darüber gab es nur ganz unbestimmte Gerüchte.

dam ex nostris sunt quae quamlibet avarum satiare potuissent. Dolendum
profecto, cum Erasmus satis sciat nostrum institutum sic esse, ut non
solum nullas querere opes aut delitias videri possimus, sed et devotis
animis huc properare, ut et vitae iacturam faciamus, tum non ignoret
5 quem opum et delitiarum fundum reliquerint plerique nostrum, tamen
impingere eum nobis regni opumque desyderium et studium. Eadem
certe ratione dicet illum applausus sectari populi, sese cupere ferri in
omnium oculis, qui e medio rerum [M8b] actu ipsoque foro se abiiciat
in solitudinem nec ullos admittat hominum congressus.

10   Ordines 616) monachorum velut Aeginam 617) dedisse aliquot initio
bonos non imus inficias. Nostrae autem primitiae eiusmodi non sunt, ut
te iure illarum pudeat, nisi pudeat eorum, qui malunt se et sua in praesens
discrimen in hoc seculo adducere quam negare Christum, et sic vivunt,
ut nemo negare possit ipsis Christi philosophiam esse cordi. Hactenus
15 non adeo inauspicata sunt nostra primordia; at si quis praesentia spectet,
videri possunt plane inauspicatissima, sed sic erant et primordia
apostolica.

Haec breviter et, ut multae impulerunt caussae, tumultuanter respondere libuit ad ea, quibus Erasmus probare conatus est nostrum
20 negocium ab apostolico diversum, eoque non difficilius solum, sed
et tale esse, cuius oporteat exitum fore non nobis tantum tristem.

Iam responsuri ad tertiam criminationis eius partem, qua 618) sic
inauspicatum fecit nostrum evangelium ut, cum libertatem aliquam
polliceatur, tyrannidis iugum duplicarit, dabimus operam adhuc esse
25 breviores.

Primum ergo de nobis queritur 619), quod conati simus demoliri
pontificum, episcoporum ac monachorum tyrannidem, quod per illos
non liceret vesci quibuslibet nec vestiri quomodolibet, cum hanc libertatem licuerit minimo faci-[N1a]-leque parare. At nos nihil aliud in
30 votis habuimus quam praedicare et evehere — quantum id nostrum esse
quivit — regnum Christi et demoliri tyrannidem Satanae; et si per
pontifices et episcopos eorum nobis facta esset libertas, quae Christus
a nobis requirit, quam facile tolerassemus certis uti ciborum et vestium
generibus! Sed quam decet proceres ecclesiae catholicae vel haec etiam
35 tyrannis! Tum ut est illud sordidum, ne quid gravius dicam, quod eorum,

---

616) Vgl. Erasmus, *Epist. c. pseudevang.*, *LB* X, Sp. 1583A.
    617) Vgl. Erasmus, *Adag.* 1461, *LB* II, Sp. 570CD: «De re quapiam, quae melioribus
initiis coepta paulatim ad deterius delabitur».
    618) *Tertia pars accusationis: per nos auctam tyrannidem malorum pontificum.* (Marg.).
Vgl. Erasmus, *Epist. c. pseudevang.*, *LB* X, Sp. 1583B-D.
    619) Vgl. Erasmus, *Epist. c. pseudevang.*, *LB* X, Sp. 1583B.

quibus inique interdicunt, iniquius facultatem vendunt! Ad huiusmodi regnum nos nondum adspiramus, utcunque nostri Erasmum pudeat.

Deinde [620]) scribit [621]) per nos datam contemptis antea theologis ac monachis magnam tyrannidem excutiendi facultatibus si quibus male 5 velint, coniiciendi in vincula, denique exurendi, quod iam experti sunt complures, nemo non metuit. Egregios vero monachos mundo mortuos, praeclaros et plane coelestibus praeditos animis theologos, qui sunt tam saevi, tam sitibundi sanguinis innoxii! Ecqui non pudet te horum, Erasme, non alienant te ab istis ecclesiae catholicae defensoribus tanta 10 feritas, crudelitas, truculentia? Vere enim scribis hanc expertos complures et neminem non metuere, nec ob aliam caussam quam quod illi non bene velint, qui tam sunt mali, ut nulli possint [N1b] bene velle nisi sui similibus, hoc est pessimis.

Nobis autem — quando, ut superius [622]) memoravimus, nihil istis non 15 detulerimus, modo permitterent esse dicto audientes Christo, paterentur docere pure quae ille mandavit — horum incensa ferocia et auctus furor tam non debet imputari, quam non erat imputandum Mose, quod Pharao auditis, quae iussi Dei hic monuerat, atrocius in populum saeviret [cf. Ex 5, 1-11], et Christo, quod verbis eius inflammati pharisaei 20 maiore contra evangelion rabie ferrentur [cf. Io 8, 30-47] [623]). Antea [624]) monuimus sic esse ingenium eorum, qui ex Deo nati non sunt, ut quo propius ipsis veritatem admoveris, hoc facias furere impotentius occaecatis magis et magis eorum oculis, obturatis auribus, corde incrassato, ut est apud vatem Iesaiam [6, 9 s.].

25 Qui autem liceret in horum gratiam filiis Dei vitae pabulum non praebere in tempore eos, qui se promos Dei profitentur: hoc est filios diaboli praeferre Deo? Nam utcunque hoc oestro perciti nihil non tentent in quoslibet Christi studiosos, non plus tamen permittet illis in nos optimus Pater quam sit e re nostra, quam sit saluti. Et ipsi in Deo sunt, 30 moventur, vivunt [cf. Act 17, 28]. Nullam igitur vel cogitatiunculam in nos malam concipient non ita volente eo, qui sic nos dilexit, ut Filium pro nobis dederit in mortem.

Quod vero suas illi interim augent blasphemias et ne mutire de veritate permittunt [N2a] iis, in quos potestatem habent, omnemque christianis

---

[620]) *Non est imputandum philoevangelicis aucta rabies papistarum.* (Marg.).
[621]) Vgl. Erasmus, *Epist. c. pseudevang.*, LB X, Sp. 1583B.
[622]) Vgl. S. 97, Z. 16-S. 98, Z. 30.
[623]) Es könnten viele Stellen gemeint sein. Aus Z. 27 f. ergibt sich, daß man in erster Linie an eine Stelle wie Io 8, 30-47 denken soll.
[624]) Vgl. S. 131, Z. 10-23.

auferunt libertatem — adeo ut pro [625]) haeretico trahatur in carcerem
et de capite periclitetur qui vel valetudine coactus gustarit ovum in
quadragesima, nec liceat quenquam monachorum vel theologorum
verbo lacessere oporteatque bonos intra paucas se civitates continere —:
5 adeo his stratagematis [626]) renascenti evangelio viam non intercludent
nec diligentibus Deum incommodabunt, ut illius ipsi cursum etiam
accelerent et horum salutem promoveant, sibi nihil aliud referentes
quam quod sic impietatis suae modum interim complent ultionemque
Dei in se accelerant.

10   Non [627]) licere conspuere monachos et theologos nec tutos esse consecratione a rigore profani iuris facilis iactura est; christiani siquidem
est neminem conspuere sed adhortari ad meliora et huius contemptores
demonstrare a grege Christi vitandos. Si quidam praeterea laedant
rempublicam, gestat non frustra gladium magistratus. Consecrationem
15 quoque aliam ignoramus quam quae constat Spiritu Christi: hac qui
pollet tutus erit apud bonos. Ab aliis torqueri, cedi, suspendi, decollari,
exuri lucrum est iis, qui Christo vere credunt. Ita beneficium est moritu-
rum ludibrio illo regradationis [628]) nihil vexari; satis degradatur cui
adimitur vita, nisi forte valeat ista consecratio et apud ma-[N2b]-nes,
20 et ut valeat, indelibilis [629]) tamen character est, quicquid conetur de-
gradator.

Sed [630]) facessant ioci in re tam seria, ubi agitur de tortura cedeque
innoxiorum et de illorum tyrannide, qui totis in hoc sunt viribus, ut
pereat et aboleatur quicquid uspiam est recti iudicii et pietatis: qui si
25 obtineant, invecturi sunt semel exterminium bonorum omnium. Tales
autem cum sint isti, non homines sed truculentissimae beluae, quas
etiam praedicata Christi veritas exasperat et in furorem agit, et
damnandum adeo putet Erasmus quod hos intempestiva ut ipsi videtur
veritatis praedicatione armaverimus et tyrannidem [oo]) auxerimus, iure

---

[oo]) tyrannidem *scripsi*: tyrannide *A*.

[625]) Vgl. Erasmus, *Epist. c. pseudevang.*, *LB* X, Sp. 1583C.
[626]) Vgl. für die Form «stratagematis»: R. E. Latham, *Revised Medieval Latin Word-List*, s.v.
[627]) Vgl. Erasmus, *Epist. c. pseudevang.*, *LB* X, Sp. 1583CD.
[628]) Die Regradatio oder Degradatio war die Ausschließung aus dem Klerikerstand, die bei schweren Verbrechen wie Ketzerei vollzogen wurde, damit der Delinquent dem weltlichen Gericht übergeführt werden konnte. Vgl. W. M. Plöchl, *Geschichte des Kirchenrechts* 2, S. 389f.
[629]) Vgl. für die Form «indelibilis»: R. E. Latham, *Revised Medieval Latin Word-List*, s.v. Gemeint ist die Lehre, daß Taufe, Firmung und Weihesakrament der Seele ein geistiges und unauslösliches Merkmal einprägen.
[630]) *Erasmus malos pontificios armat.* (Marg.).

miramur, cur ipse tanto horum conatus studio iuvare in animum induxerit.

Solis nanque nos contra mendaciis isti nituntur et pugnant, et iis potissimum, quae hac in nos Epistola Erasmus evomuit suaque cum 5 authoritate confirmare tum eloquentia commendare studuit. Vere enim illorum gladios acuit et veneno iacula tinxit, quibus non nos solum, qui videmur in veritatis asseveratione liberiores, sed quoscunque senserint aliquo recti iudicio veritatisque studio esse praeditos perdant, extinguant, aboleant. Nam [631]) id etiam iactant: se, ubi nos confecerint, 10 et Erasmum et quicquid uspiam est de pietate deque literis recte sentientium non adorturos tantum, sed etiam pe-[N3a]-nitus deleturos. Quem certe animum in vexato tam dire et ob rem adeo nihili Capnione — bone Deus, quam insigniter merito de bonis studiis, maxime autem de sacris viro! — abunde demonstrarunt [632]), et demonstrant hodie, cum 15 tam intolerabiliter insolescant nondum victoria potiti, tantum quod effecerint principes aliquot in bonorum capita saevire, ac inde non nos solum, sed et Erasmum ac multos alios optimos viros compellant se intra paucas urbes velut obsessos continere.

Utri iam, optime Erasme, rectius dicentur pp) istos armare? Nos 20 praedicamus quidem quae in rabiem eos agunt, tu autem subministras eis illa ipsa arma, quibus iam rabidi et nos et te et apud quoscunque vel micam recti iudicii deprehenderint disperdant: nempe immania illa falso de nobis conficta mendacia, quibus sic per te verisimilibus factis et a quampluribus pro veris receptis totum orbem in nos primum, 25 inde in omnes quibuscunque generosior et magis pia mens est, quam ut ipsos queant adorare prae Christo, hoc facilius concitabunt et immittent. Quam belle vero habebunt res ecclesiae catholicae istiusmodi propugnatoribus permissae; et quam digni pro quibus Erasmus contra nos pugnet tam saeve qq)!

30 Regnum [633]) pontificis nos excutere non nisi quatenus Christi regno adversatur propositum fuit. Id — gratia Christo, qui [N3b] solus vere liberat — sic certe in multorum animis verbo evangelii deiecimus, ut

---

pp) dicentur *scripsi*: dicetur *A*.
qq) saeve *scripsi*: saevus *A*.

---

[631]) Vgl. Erasmus, *Epist.* 1690, Z. 101-104; 1704, Z. 21f., Allen VI, S. 311, 333; *Epist.* 1891, Z. 350f., Allen VII, S. 211.

[632]) Bucer meint den Kampf um die Bücher der Juden und den daraus entstandenen Streit zwischen Reuchlin und Pfefferkorn u.a., der 1510-1520 die Humanisten sehr bewegte. Vgl. L. Geiger, *Reuchlin*, S. 203-454.

[633]) *Quomodo excussum regnum papae.* (Marg.).

plurimi iam corpus citius inusitatis obtulerint cruciatibus quam ut
quae praescribit ille impia facere sustinuissent. Eundem animum quicunque obtinuerint, vere iugum illius abiecerunt: horum autem floret sane
ingens iam per Germaniam et alias regiones numerus. Habeat nunc
5 ille sibi amplissima regna, teneat in servitute humiles pedum suorum
osculatores primos orbis monarchas, habeat sibi orbem vectigalem,
possideat infinitos pecuniarum thesauros, belligeretur strenue, nepotetur
invicte, nos vero agat in exilium, coniiciat in vincula, indicibilibus
excruciet tormentis, mille generibus mortis conficiat; tantum Christi
10 fidem non eripiat, tantum non extorqueat liberam Servatoris nostri
confessionem: et vere regnabimus nos, serviet ipse.

At [634]) quod hic subiicis [635]) excussisse aliquot locis episcopos, canonicos ac monachos, sed muscas iam propemodum saturas, ac pro his
siticulosas adscivisse, ex solitis calumniis est. Unum hoc Dominus
15 — non nos — aliquot in locis praestitit, ut iussa horum quatenus cum
pietate pugnant, negligantur. In caeteris nihil eis detractum est, potiuntur suo imperio, fruuntur suis proventibus, neque tantillum decessit
praeter ea, quae vulgus persuasum venalem haberi penes illos salutem
offerebat ultro.

20   Sed quas siticulosas pro saturis nos muscas adscivimus? Quam [N4a]
tenuiter nos de evangelio vivamus, antea [636]) ex vero exposuimus. Quam
est autem infinitum, quod ex solis sacris nundinationibus muscae illae
hoc minus saturae, quo pluribus abundant, a plebe exuxerunt! Nulli
fere parochi aliunde vixerunt, imo plerique [637]) ex huiuscemodi proventi-
25 bus multa praeterea deciderunt collegiis, quibus paraeciae incorporatae
sunt, ut loquuntur. Nec aliunde tot mendicantium ordines aliti sunt et
ditati, tot novi missatores instituti, tot alia sustentata mendicabula,
tot extructa delubra, tot conflata templorum et statuarum ornamenta.
Ecquid quaeso isti non cauponati sunt? Si benedicerent nuptiis, numeran-
30 dum erat; si gereret uterum mulier, nummo erat placandus confessor
et redimenda eucharistia; natum infantem non tingebat nisi praesente
pecunia, sed nec templum repetere licebat ei quae peperisset, nisi empta
benedictione sacerdotis; si aegrotabat quis, non invisebatur nec recipie-
batur eius confessio, non dabatur eucharistia, non unctio, nisi aliquid

---

[634]) *Quam siticulosae muscae pontificiae.* (Marg.).
[635]) Vgl. Erasmus, *Epist. c. pseudevang.*, *LB* X, Sp. 1583D.
[636]) Vgl. S. 144, Z. 19-S. 145, Z. 23; S. 196, Z. 16-S. 198, Z. 9.
[637]) Durch die Inkorporation wurde eine Pfarrei einer juristischen Person ein-
gegliedert. In Straßburg waren acht der neun Pfarreien in Kapitel inkorporiert. Ein
Teil der Einkünfte einer derartigen Pfarrei fiel an das Kapitel. Vgl. L. Pfleger, *Kirchengeschichte Straßburg*, S. 46-54.

dedisset; sed ne mortuo concedebatur humari absque pecunia et quidem non parva, adeo et mortuos sibi vectigales effecerant: imo a nullis plus recipiebant tributi, vulgo persuaso ipsis in manu esse impetrare potestatem evolandi e purgatorio in coelum. Quam fertilis vero fundus erat
5 missae cottidianae illae tanto [N4b] numero auctae, ut taceam statas oblationes et imposturas quas cottidie excogitabant novas, nova fingentes divorum miracula, novas constituentes fraternitates, novas licitantes venias!

Sed quid infinita persequor? Tam insatiabiles cum istae muscae
10 fuerint et suctu suo omnia fere hauserint, facit tamen nos magis damnosos Erasmus, quia muscas ut famelicas ita saturis plus exucturas; qui tamen praeter alimenta et quibus tegamur prorsus nihil quaerimus! Id Deus testabitur et norunt hodie verum tot boni et insignes christiani. Dominus nos iudicabit.

15 Subiicit 638): «Haec sunt renascentis evangelii vestri praeclara auspicia; quid immineat malorum vos divinate». Auspiciorum nostrorum, si iuste iudicentur — etsi ipsi in nobis et nostris plurima desyderemus — non adeo pudet, quia nec adeo apostolicis sunt dissimilia, id quod aequis et bonis satis in praecedentibus ostendimus, et comprobabimus
20 omnibus qui nostra sustinebunt rite cognoscere. Malorum 639) vero hinc tantum imminere divinamus, quantum imminebat, cum ignis ille ardere iam inciperet, quem ut terrae immitteret venisse se Servator ipse testatus est [cf. Lc 12, 49]. Veniet usu nobis id, quod iam multi experti sunt, ut tradant 640) nos homines in concilia et in conciliabulis
25 suis cedant flagris et ad principes et reges adducant, imo ut tradant nos in mortem etiam fratres, parentes, filii, et odio habea-[N5a]-mur ab omnibus propter nomen Christi. Impii autem interim his merebuntur, ut Christum quem renuunt excipere pacificum, experiantur non venisse ut pacem sed ut gladium immitteret, et venisse ut dissidere faciat hominem
30 adversus patrem suum et filiam adversus matrem suam et sponsam adversus socrum suam et ut inimici hominis sint qui sunt domestici ipsius [cf. Mt 10, 34-36] 641). Haec Christus ipse praedixit, facilis igitur est christiano divinatio.

Sed in his omnibus ita res attemperabitur, ut de capite nostro ne
35 pilus quidem pereat et nos animas nostras per patientiam possideamus

---

638) Erasmus, *Epist. c. pseudevang.*, *LB* X, Sp. 1583D.
639) *Quae immineant ab evangelio novo mala.* (Marg.).
640) *Matth. 10* [17s. 21s.] (Marg.). Der Wortlaut ist der Übersetzung des Erasmus näher als der Vulgata.
641) In der Übersetzung des Erasmus.

[cf. Lc 21, 18 s.] ⁶⁴²) et servemus, cum interim hostes nostros gravius maneat iudicium quam fuerit Sodomorum [cf. Mt 11, 23 s.]. Quod enim hodie aliud fatum expectent evangelii tam impii et pervicaces contemptores hostesque multo truculentissimi, quam expertae sunt Corozaim, Betsai-
5 da [cf. Mt 11,21], Capernaum [cf. Mt 11,23], Ierusalem [cf. Mt 23,37 s.]? Nos tamen oramus coelestem Patrem, ut emolliat Spiritu suo plusquam adamantinam cordis multorum duriciem patefaciatque nimium obturatas eorum aures, ut salvificam Christi sui vocem tandem percipiant et intelligant, quo huius beneficio freti iram venturam effugiant. Nullius ^{rr})
10 nobis interitus non efflictim dolet, at interim — cum Christo oporteat posthabere omnia [cf. Mt 10, 37-39] — non licet aliter demandatum evangelii negocium gerere, quam ut ipsi nos approbaturos [N5b] illud confidimus, quicquid huius sibi occasione mundus mali ultro consciscat. Consolatur autem quod non nobis solum sed et omnibus, quibus certa
15 est in Christum fides, mori pro lucro est [cf. Phil 1, 21].

Non ⁶⁴³) ignoramus quidem quod vellet nos sequi consilium Erasmus, nempe cuius paulo ante ⁶⁴⁴) meminimus, ut evangelii ⁶⁴⁵) praedicationem sic attemperaremus, quo pontifices etiam ac monarchas ad huius negocii consortium pelliceremus, ut ita libertas evangelica possit omnium
20 gentium esse communis.

Id si ulla ratione salva fide in Christum fieri posset, non est nobis adeo cornea ⁶⁴⁶) fibra, non sic — quamlibet mundo videri possimus calamitosi — caro nostra mori cupit, quin modis omnibus cuperemus. Nihil enim aut perparum crucis esset perferendum. Sed cum longe
25 diversa ratione Evangelium orbem primum invasit, haud videmus qui fieri queat, ut nunc sit sui dissimile. Hoc omnis scriptura testatur et re ipsa experimur: quibuscunque non est serium innocentiae et solidae pietatis studium — hoc est qui non sunt nati ex Deo, quos non adflaverit Spiritus ille unus veritatis virtutisque doctor et largitor — eos non posse
30 non odisse etiam Deum pure praedicatum eiusque iussa universa, si ipsis illa syncere ingeras. Urgent quidem istos notiones illae Dei animis ipsorum penitius insitae quam ut excutere queant, etsi ma-[N6a]-xime cuperent. Hinc in totum valedicere religioni et ἀθέους se fateri non sustinent, at non possunt tamen praestare ea, quibus solis Deo gratificari

---

^{rr}) Nullius *scripsi*: Nullus *A*.

⁶⁴²) In der Übersetzung des Erasmus.
⁶⁴³) *Non posse sic tractari evangelium, ut mundum non commoveat.* (Marg.).
⁶⁴⁴) Vgl. S. 178, Z. 3-17.
⁶⁴⁵) Ein fast wörtliches Zitat; vgl. Erasmus, *Epist.* 1523, Z. 31-33.51, Allen V, S. 594.
⁶⁴⁶) Vgl. Erasmus, *Adag.* 645, *LB* II, Sp. 280DE.

licet, nimirum abdicationem sui et sedulam in proximos charitatem. Proinde ad idola et cerimonias nihili convertuntur, quocunque nomine ea cohonestent. Nec [647]) prisci enim idololatrae adorare ligna et lapides videri volebant.

5   Huius vero si admoneas, sic commoves qui eos ad suam voluntatem captivos tenet, Satanam, ut nisi te sublato nulla prorsus sit ab istis pax expectanda. Si iam *multi vocati, pauci electi sunt* [Mt 20, 16], quis dubitet hos et hodie plurimum valere, siquidem convenit a fructibus aestimare arborem [cf. Mt 7, 16-20; 12, 33]? Quis igitur miretur, si
10 et hodie ut semper verae pietatis doctrina tumultus hac qua diximus ratione excitet? Quam si maxime et prudenter et callide etiam dispenses, ad multa quoque conniveas, non pauca dissimules, non [648]) est tamen retusa senio acies versutiis illis coelestibus: statim si tui conatus huc eant, ut (sicut oramus) sanctificetur nomen Dei, adveniat eius regnum,
15 fiat voluntas [cf. Mt 6, 9 s.], illis obolebit. Id Erasmus ipse satis experitur, experturus plusculum (nisi conatus istorum averteret Deus), obiiciens interim nos, tum primarios inter ipsos alio rapiens.

Sed quid opus verbis? Aut nihil prorsus Christi docendum est, aut docendum unum esse Deum inter et homines mediatorem [cf. 1 Tim
20 2,5], unum [N6b] nostrum Servatorem, in eum omnem nostram fiduciam collocandam.

Qui iam ferret hoc mundus in malo totus positus [cf. 1 Io 5, 19]? Qui non videat eius princeps — si etiam taceremus de iis, quae huic doctrinae adversa in ecclesiam irrepserunt —, quid hinc regno suo
25 immineat? Ferret forsan, si — ut olim — docti inter se de principe omnium Deo, quem Graeci [649]) τἀγαθὸν πρωτοπαντὸν, et eius mente, quam νοῦν dixerunt, cui [650]) nec affingere fabulas nec statuere simulacra ut Macrobius scripsit fas erat, philosopharentur, modo vulgo relinquerent sua figmenta, sua idola. Sed ad hunc modum veritas et vulgo
30 impie absconderetur et a sophis istiusmodi frustra et inique possideretur, imo non possideretur, sed somniaretur.

---

[647]) Aus Bucers Schrift *Das einigerlei Bild* ergibt sich, daß seine Quelle Laktanz, *Divinae institutiones* 2, 2-4, *MPL* 6, Sp. 258-276, *CSEL* 19, S. 99, Z. 8-S. 114, Z. 8 ist; vgl. *BDS* IV, S. 176. Eine Laktanz-Edition fand sich schon im Bücherverzeichnis Bucers von 1518; vgl. *B. Cor.* I, Nr. 2, Z. 53f., S. 46.

[648]) Man übersetze: «die Spitze der überirdischen Verdorbenheiten ist durch das Alter nicht abgestumpft». Das «versutiis ... coelestibus» ist eine Anspielung auf Eph 6, 12; vgl. Erasmus, *Annot. in NT*, a.l., *LB* VI, Sp. 858CD.

[649]) Bucer entnimmt dies dem Macrobius, *Commentarii in somnium Scipionis* 1, 2, 14 (vgl. den textkritischen Kommentar).

[650]) Vgl. Macrobius, *Commentarii in somnium Scipionis* 1, 2, 14-16.

Omnis divinarum rerum vera scientia in hoc est data, ut vitam Dei imitemur, quam quo quisque plenius expresserit, eo maior theologus est. Iam caput huius scientiae est nosse omnia ab uno Deo per unum προσαγωγέα [cf. Rm 5, 2; Eph 2, 18] Christum esse speranda, quod
5 satis vulgo explicari nequit, nisi palam indicetur, quem rerum omnium contemptum haec in Dei bonitatem fiducia requirat. Quod qui velit facere, ei certe — ut non longe ab initio 651) disseruimus — convellendum est quicquid id fuerit, a quo vel partem aliquam salutis homines petendam existimant. Sic quacunque ratione veritatis professionem insti-[N7a]-tuas,
10 si illi synceriter incumbas, suscipienda est inimicitia cum omnibus qui renati non sunt.

Scribit 652) alicubi Erasmus: «Si Lutherani abstinuissent ab eucharistia convellenda, missa abroganda, imaginibus tollendis, ac suos imprimis provocassent ad vitae synceritatem, sperari poterat laetior exitus».
15 In postremo hoc certe toti semper fuimus.

At cum Christum nemo habere possit nisi fide, nemo dare nisi Pater, qui ferendum erat hominibus falso persuaderi a sacerdote illum dari dictis quinque verbis, quicquid adsit vel in illo vel sumentibus fidei et pietatis? Tum quantum imposturarum orbi sacrifici obtruserunt, quid
20 sibi non arrogarunt, adeo ut deiparae Virgini sese praetulerint ex hoc solo, quod iactarent 653) se esse χριστοποιούς idque cottidie, cum illa tantum semel Christum dederit! Nec ob aliam caussam missae cepit tantum tribui eaque adeo multiplicari. Quod autem sit missa superstitio-num pelagus, antea 654) paucis indicavimus. Nec est in nostra idololatria
25 quicquam desyderatum, quod admiserunt priscae gentes.

Certe ut caro nostra crucem horret, maluissemus omnes de his vel in totum tacere vel dicere moderatiora. At incumbebat necessitas praedi-candi evangelii et praedicandi omni creaturae [cf. Mc 16, 15], hoc est palam testandi ab uno Christo petendam omnem et iustitiam et salutem
30 nec posse quicquam quam-[N7b]-libet sanctos apostolos et episcopos aliud quam plantare et rigare [cf. 1 Cor 3, 6], hoc est docere et monere. Hinc statim ipsa cogebat veritas ista ἀκίνητα 655) mundi sacra attingere et ita ut invecta a Satana, quibus Christi gloria ut nulla re alia obscuretur. In eo iam, cum Christus nobis vita sit [cf. Col 3, 4], pergendum est.

---

651) Vgl. S. 98, Z. 31-S. 99, Z. 28.
652) *Tria quae orbem maxime contra philoevangelicos exacerbant.* (Marg.). Erasmus, *Epist.* 1977, Z. 66-69, Allen VII, S. 367.
653) Vgl. S. 134, Anm. 248.
654) Vgl. S. 107, Z. 13-S. 109, Z. 4.
655) Vgl. Erasmus, *Adag.* 64, *LB* II, Sp. 51D-F.

Qui pariter eius sunt, non erunt perpetuo hostes, quia tandem et
ipsi Pastoris sui vocem audient [cf. Io 10, 3. 16]; a reliquis tam non sunt
nobis vel induciae unquam sperandae, quam ab ipso istorum patre
et principe diabolo. Interea dum nihil isti non minantur, consolationi
5 est, quod Pater qui omnia finxit, non ipsis sed regi nostro Christo omnem
dedit potestatem in coelo et in terra [cf. Mt 28, 18].

Hunc [656]) sedulo praecabimur, annuat votis Erasmi, qui hoc loco
optat [657]) «rem utcunque ceptam ad eam moderationem redigi, ut quae
officiunt pietati commoda prudentique curatione sanentur; quae pia
sunt, in his animo christiano consentiamus; quae nec admodum con-
10 ducunt ad pietatem nec officiunt, sinamus in his unumquenque suo
sensu abundare et probatis omnibus sibi quisque quod bonum putarit
teneat; quae sunt ardua nec adhuc ad plenum discussa videntur, sic
in aliud tempus differantur, ut interim maneat inter sententia discordes
benevolentiae concordia, donec et illa Deus olim revelare dignetur;
15 denique si quid irrepserit hominum vicio [88]), fiat idem [N8a] quod a
probis medicis fieri solet, vitia rerum tollantur, non res ipsae».

Hoc votum et consilium est Erasmi, quo solo salutaris poterit ecclesiis
concordia restitui et averti quae ira Dei imminet. Sed utinam agnoscantur,
quae pietati vere officiunt. Officiunt namque pietati quibuscunque
20 imminuitur fiducia in Christum, remoratur in proximos officiositas.
Iam esse huiusmodi quaecunque in templis iam seculis aliquot geruntur —
nisi ultro verum dissimulare libeat — fatendum est. Quae sit igitur
harum rerum commodior prudentiorque curandi ratio, quam ut confessi
ingenue errorem resipiscamus temploque Dei ista auferamus?
25 Si [658]) liceret in negocio religionis ea uti commoditate et prudentia,
qua hodie pleraque apud nos a multis excusantur, habuissent plane et
apostoli unde persecutionem mitigassent. Unum [659]) etenim Deum
mentemque eius omnium caussam et gentes colebant nec non et Spiritum
agnoscebant, reliquos deos huius unius et summatis Dei numina confite-
30 bantur, fabulas agnoscebant involucra esse mysteriorum, quae longe

---

[88]) hominum vicio *scripsi*: huius *A*.

[656]) *Qua possit ratione componi hoc dissidium.* (Marg.).
[657]) Erasmus, *Epist. c. pseudevang.*, *LB* X, Sp. 1583EF, mit vier Abweichungen:
Erasmus hat «in suo sensu» statt «suo sensu», «alicui» statt «olim» und «irrepsit»
statt «irrepserit», «hominum vicio» statt «huius». Die letzte Lesart ist m.E. sinnlos
und deswegen habe ich an der Stelle den Text geändert.
[658]) *Habuissent et apostoli unde gentibus ritus suos concessissent.* (Marg.).
[659]) Kurz vorhin hatte Bucer als Repräsentanten dieser Geistesrichtung Macrobius
genannt; vgl. S. 205, Z. 22-31.

aliud in se continerent quam fabulae prae se ferrent. Hostiis iam et
thure passus fuerat se coli Deus et a Iudaeis; potuisset itaque et haec
libertas christiana sicut rituum diversitatem [N8b] facile tolerare.
Tum potuerant contenti esse, praesertim ad tempus, Christum [660])
5 virum appellare et tacere Deum, quod fecisse eos alioqui ne offenderent
Iudaeos Erasmus scribit, quanquam haud difficile fuisset persuadere
etiam principis illius mentis — τοῦ ἡγεμόνος καὶ αἰτίου, ut Plato [661])
illam vocat — incarnationem, si tantum cerimonias non movissent.

Idola [662]) non minus quam nostri potuissent habere pro libris laicorum
10 sublatis tantum quae fuissent absurdiora, qualibus nec nos caremus.
Quamquam pauca tam absurda habuerint, cui non honestam aliquam
speciem quaeque pietatis aliquid resipuisset, conciliare potuisset interpretatio commodior. Hac sane ratione potuissent ethnicis suos ritus
prope universos relinquere, in hoc interim incumbentes ut suos [663])
15 imprimis provocassent ad vitae synceritatem. Sed agnoscebant nihil
esse commune Christo et Belial [cf. 2 Cor 6, 15]. Ideo nulla huiusmodi
admissa interpretatione fugere suos ab idolorum cultu iubebant [cf.
1 Cor 10, 14], nullum prorsus ferentes habere illos cum superstitiosis
ceremoniis commertium. In veritate siquidem colendus Deus est [cf.
20 Io 4, 23] et maiora est de nobis meritus Christus, quam ut pati conveniat
ipsius gloriam hominum commentis ad hunc modum obscurari.

Si veritatis capaces sunt qui preposteris cerimoniis inhaerent, rite
admoniti cedent tandem illas Chri-[O1a]-sto, et multo citius sublatas
quam oculis adhuc obversantes; qui vero non sunt, iis quantumlibet de-
25 feras, meliores non reddes. Si Paulus, quo nemo aeque studuit omnibus
omnia fieri [cf. 1 Cor 9, 22], ne circumcisionem quidem cerimoniam legis
impetrari a se passus est [cf. Act 15, 1-34], cum id citra spem aedifica-
tionis ab ipso peteretur, qua nos conscientia eas impetrari a nobis
cerimonias sinamus, quae contra Dei legem excogitatae hodie quoque
30 impietati serviunt, dum earum beneficio tam multi posse suam promoveri
salutem existimant (id quod nulli Deum rite timentes, si modo haec
recte secum reputent, inficiari poterunt)? Proinde cum nos animam
propter Christum odio habere convenit [cf. Io 12, 25] — quicquid sive
ipsos sive alios a mundo maneat —, quandoquidem iam agnovimus
35 quid istae cerimoniae pietati officiant, tolerare eas non possumus.

---

[660]) Vgl. S. 138, Anm. 270.
[661]) Plato, *Epist.* VI 323d, zitiert u.a. bei Eusebius, *Praeparatio evangelica* 13, 13,
28, *GCS* 8, 2, S. 207.
[662]) Vgl. S. 205, Anm. 647.
[663]) Vgl. das Zitat S. 206, Z. 12-14.

Eos, qui nondum videntes quam in se habeant impietatem adhuc illis
utuntur, ut damnare nolumus ita monere non desistemus, ut tandem
hoc consyderent: Christus est nobis omnia, nihil tale tanti est [tt]) faciendum.

5   Ut [664]) vero nos ferant qui iam fremunt quod ista sustulimus, multum
sane caussae habent. Scripsit [665]) Erasmus: «Olim, cum maxime floreret
ecclesia, [O1b] non noverat nisi unum sacrum, quod solus episcopus
peragebat. Turbam sacrificorum primum religio, mox etiam quaestus
invitavit». Permittant igitur nos imitari ecclesiae maxime florentis
10 exemplum et uno duntaxat sacro esse contentos submotis missis privatis.
     Sic cum fateamur caenae christianorum adesse Christum ipsum
eosque vero suo corpore et sanguine pascere, non requiratur a nobis
addere [666]) «corporaliter» et «sub pane» sive «panis speciebus»; praesertim
cum Erasmus ipse scripserit [667]): «Alioqui nullum reperio locum in
15 scripturis divinis, unde certo contstet apostolos consecrasse panem et
vinum in carnem et sanguinem Domini» et ingenue fassus sit, nisi [668])
moveretur tanto ecclesiae consensu, posse se [uu]) in Oecolampadii sententiam pedibus discedere, quamvis nunc in eo velit persistere, quod sibi
tradidit scripturarum interpres ecclesia. Nobis autem quis persuadebit
20 hunc legitimum esse germanae Christi ecclesiae consensum et hanc [669])
factis de hac re pontificum et theologorum decretis subscripsisse?
     Neque enim obscurum est, quid olim de hoc mysterio ecclesia tenuerit,
si [670]) quis bona fide patres legat. Certe nihil solet ecclesia credendum
praecipere, quod non certo tradatur divinis literis, quae [O2a] nihil
25 necessario credendum non copiose et luculenter praescripserunt. Sed si
aliter fieri nequit, numeretur hoc inter ardua [671]) illa, quae nondum
videntur ad plenum discussa, et differatur sic in aliud tempus, ut interim
maneat inter sententia discordes benevolentiae concordia. Certe dum

---

[tt]) est *scripsi*: esse *A.*
[uu]) posse se *scripsi*: posse *A.*

---

[664]) *Multum habent caussae qui ceremoniis adhuc inhaerent, ut ferant philoevangelicos*
(Marg.).
[665]) Erasmus, *Epist.* 2284, Z. 148-151, Allen VIII, S. 381. Erasmus hat «unicum»
statt «unum».
[666]) Vgl. seine Ausführungen über das Abendmahl S. 94, Z. 22-S. 97, Z. 15.
[667]) *Ad Iustum regis Polonorum secretarium.* (Marg.). Erasmus, *Epist.* 2175, Z. 24-26,
Allen VIII, S. 190f.
[668]) Vgl. Erasmus, *Epist.* 2175, Z. 21-24, Allen VIII, S. 190.
[669]) Sc. sententiam.
[670]) Vgl. S. 96, Z. 7-10.
[671]) Vgl. Erasmus, *Epist. c. pseudevang.*, LB X, Sp. 1583E.

Christum haberi et edi a fidelibus fatemur, nulla potest a nostra quidem
sententia timeri pietatis iactura vel periculum. Iam cum cultum illum,
quo iam utuntur facientes missas, nec apostoli nec martyres noverint,
cum hi quoque in manus dederint panem Domini, cur haec non et nobis
5 concederentur? Idola tot seculis credita [672]) sunt pugnare cum religione et
authoritate scripturarum eoque — ut hic ipse Erasmus testatur — ab-
ominationi [673]) christianis fuerunt [vv]); cur ergo nos, quod ea submovimus,
quisquam reiiciat? Denique cum nos nihil sustulerimus, quod vel scriptura praeceperit vel prima illa et purior ecclesia observarit, satis superque
10 caussae fuerit omnibus, qui agnoscunt opus Dei ob nullam omnino
rem externam perdendum ac nihil non concedendum iis, pro quibus
mortuus Christus est, quod modo concedi possit illaesa pietate, ut nos
iis utentes cerimoniis, quibus agnoscunt usos esse apostolos et quas hi
ecclesias utique optima ratione [O2b] instituerunt, christianorum et
15 fratrum apud se loco dignentur.

Certe in omnibus quae vere pia sunt ac ideo in scripturis — quae
nihil horum praeterierunt — tradita, nos quidem consentimus; nec
quicquam eorum sublatum volumus, quod possit ulla ratione sublatis
vitiis quae illi adhaerent purgari. Nec ignoramus ad vivum non esse
20 exigenda omnia, condonareque sumus parati quicquid istuc non evertit:
Christum Iesum unum esse qui nos iustificat et servat, et huic nulla re
alia posse obsequium gratum exhiberi quam dilectione proximi. Ut
quosvis errores dogmatum, quibuscum haec perstat fides, in fratribus
ferendos censemus, ita nec vitae morbi ab eis nos alienabunt, qui hanc
25 modo non excusserint.

Reliqua quae consulit Erasmus — indubie solidam ecclesiae si recipian-
tur concordiam restitutura — utinam tam possit persuadere adversariis
nostris, atque nobis persuasa iam sunt et unice commendata; certo
siquidem scimus omnes alios conatus in ventum abituros, si non exoratus
30 sanctis precibus Pater Coelestis suum Spiritum adflaverit eoque animos
in evangelica synceritate conciliarit, tum hunc Spiritum neminem posse
orare serio, cui acta perverse vita non ex animo displicuerit [O3a] et
novam, quam ex sententia degat Christi, meditetur.

Quare — dum pastores [674]) et doctores ecclesiae omnisque populus
35 sacrificorum et monachorum gregem Christo charissimum, quem ter

---

vv) fuerunt *scripsi*: fuerint *A*.

---

672) Vgl. S. 150, Z. 9-14.
673) Vgl. Erasmus, *Epist. c. pseudevang.*, *LB* X, Sp. 1586C.
674) Vgl. *LB* X, Sp. 1584DE.

amare, ter pascere [cf. Io 21, 15-17] debuerant, negligunt, deglubunt,
deserunt ac produnt et interim luxu, superbia, libidine mersi sunt procul
a se habentes studium sacrarum literarum, sobrietatem, castimoniam,
poenitentiam (quae in his mala hoc loco deplorat Erasmus) — aliud
5 nos quidem sperare non possumus quam eos vulgaribus illis non remediis,
sed fomentis et incitamentis huius mali usuros: nempe ut clament [675])
non ad Dominum, sed ad hunc aut illum principem, ad armatas cohortes,
respiciat alius ad cardinalium et episcoporum potentiam, alius ad
principum arma, alius ad theologorum ac monachorum coniuratas
10 phalanges, praesertim cum quaerente ipso Erasmo eo redierint christianorum mores, ut vix quisquam penitus intelligat, quid sit clamare ad
Dominum, cum id totius pene christianismi sit caput.

Quid aliud igitur ab istis expectemus quam quod iam annis aliquot
experti sumus: confiscationes, carceres, gladios, ignes et nihil minus
15 quam illa, quibus verior olim Christi ecclesia contra haereses pugnavit
et hactenus semper vi-[O3b]-cit non suis praesidiis, sed divino favore,
neque venenis nec dolis nec calumniis, sed armis spiritalibus monens,
obsecrans, arguens, revincens, iugulans gladio Spiritus, insanabiles
demum a Christi corpore segregans. Nam tua ipsius, Erasme, haec
20 querela est [676]): «Quem ex his adhuc conspeximus his calamitatibus
doctum ad frugem meliorem se recipere? Quis abiecit concubinam?
Quis luxum vertit in ieiunium? Quis opes, quibus hactenus equos,
canes, amicas aluit, effudit in pauperum subsidia? Quis strepitu [ww])
delitiisque valere iussis solatium omne in sacris libris reposuit? Quis
25 monachorum abiecta hypocrisi veram pietatem amplexus est toto pectore?
Et haud scio an populi mores sint etiam corruptiores».

Quid igitur malorum, quid calamitatum nos non maneat, quum nemo
adeo ad percutientem se respicere [cf. Is 9, 13] sustinet, singuli in his
perseverant, ob quae iratum sibi Deum certo norunt, nec perseverant
30 modo, verum etiam peiora prioribus adiiciunt, nempe ut eos, qui
nihil nisi ipsissimum Christi evangelion adferunt, tantum eam vitae
innovationem exigunt quam tot aperta oracula Dei postulant, profli-
gant, perdant, excarnificent et efficiant, ut ne hiscere quisquam de

---

ww) strepitu *scripsi*: strepitui *A*.

---

675) *Ad Botzemum.* (Marg.). Vgl. Erasmus, *Epist.* 2205, Z. 56-63, Allen VIII, S. 253.
Erasmus hat «reciderunt». Der Drucker hat wahrscheinlich sich verlesen und von
Bucers «reciderint» «redierint» gemacht.
676) Erasmus, *Epist. c. pseudevang.*, *LB* X, Sp. 1584EF.

Christo eiusque salvifica doctrina ausit, id quod indubie est oleum addere camino et iratum Deum magis etiam provocare!

[O4a] Illud non videmus, qua ratione iis, quae de malis ecclesiae vere commemoravit, subiecerit [677]): «Porro cum ecclesia quemadmodum res 5 caeterae mortalium omnes habet rudimenta, progressum et summam, nunc subito illam ad primordia revocare nihilo sit absurdius quam virum adultum ad cunas aut infantiam retrahere».

Nec enim ignorat ex Paulo quae sit ecclesiae aetas adulta, nempe Christum plenissime vita exscribere, hoc est ipsi in virum [678]) perfectum 10 occurrere; quem tenuiter adhuc referre est eiusdem infantia, quam ille opprobrabat Corinthiis [cf. 1 Cor 3, 1-3]. Alioqui cum praesentes ecclesiae mores ipso quoque teste [679]) a prima illa synceritate, qua florebat sub apostolis, multum degenerarint, non est alia ratio qua illi consulamus, quam si eam ad sua illa puriora revocemus primordia. 15 Nec erit id perinde atque virum adultum retrahere ad cunas et infantiam, sed eam senilibus deturpatam morbis et rugis revocare ad restitutorem iuventae Christum. Ita cum connubiorum fides divortiorum licentia consenuisset et ideo ad interitum accessisset, Christus volens illam suo loco restituere ad sua certe primordia illam revocabat dicens: Initio 20 non erat sic [cf. Mt 19, 8].

Ad haec quae subii-[O4b]-cit ac videri vult cum ratione mutata, non fuerunt instituta ecclesiae quae in primordio sui illa duxerit observanda, sed incommoda potius ac etiam vitia, quae optimis quoque rebus semper coniuncta sunt. Maluissent enim et apostoli [680]) frequenti populi coetu 25 Deum praedicare in templo publico quam cum paucis convenire in aedibus privatis. Consecrationem tamen illam templorum non tam ridiculam quam quaestuosam episcopis illis a suffragiis certe nulli tulissent, tam abest ut optassent.

Sic quod Corinthii alii [681]) esuriebant, alii erant ebrii, damnavit 30 Paulus [cf. 1 Cor 11, 20-22]; non agnovit morem ecclesiae primordialis, imo ad primordia coenae Christi hunc abusum castigabat, nobis relinquens exemplum ad eundem modum corrigere quaecunque ut circa caenam ita alia quoque in ecclesiam mala irrepserunt. Eodem remedio

---

[677]) *LB* X, Sp. 1585DE. Erasmus hat «et infantiam velle retrahere» statt «aut infantiam retrahere».

[678]) *Ephesi. 4* [13] (Marg.).

[679]) In klassischer Weise hatte Erasmus die eigene Zeit dem Zeitalter der Apostel gegenübergestellt im Vorwort der *Korinther-Paraphrase*; vgl. Erasmus, *Epist.* 916, Allen III, S. 480-491.

[680]) Vgl. Erasmus, *Epist. c. pseudevang.*, *LB* X, Sp. 1585E.

[681]) Vgl. *LB* X, Sp. 1585E.

et illud quod coeperant garrire in ecclesiis mulieres emendavit, admonens
ut vir [682]) prior muliere conditus sit et mulier Satanae suggestioni cesserit,
non vir.

Utinam autem et hodie vigeret ille in ecclesia Spiritus, quo alius [683])
5 hymnum, alius apocalypsim, alius psalmum adferret, alius linguis
loqueretur, alius prophetaret, modo ordine omnia et ad aedificationem
fierent [cf. 1 Cor 14, 26. 40], ita ut Paulus de his praece-[O5a]-pit!
Neque enim minus taciti compositique ii auscultarent, quibus nihil
potius iis, quae audirent, esset revelatum. Si cui autem quid tale con-
10 tingeret revelari, an non optabile esset audire interpretem Dei?

Quae [684]) memorat de [685]) nocturnis vigiliis, in quibus olim promiscuus
populus currebat ad sepulchra martyrum obambulans cum candelabris
argenteis et canens hymnos, in quibus et flagitia admissa sunt sub
umbra pietatis et evenit, ut chori diversae professionis sibi occurrentes
15 hymnos verterent in rixam, candelabra in arma: humana fuere inventa,
non instituta ecclesiae promordialia. Quare mirum non est, quod humanos
quoque dederint fructus.

Sed [686]) cum recte haec ecclesia sustulit, postquam coepissent occasionem dare malis, quantumvis primum religio ea invexisset, qui
20 fit, ut non et hodie tollantur tot coenobia et collegia, quae quibusvis
lupanaribus et ganeis impuriora sunt, peregrinationes item ad delubra
divorum et quas vocant processiones, in quibus persepe haud minus
foeda admittuntur? Si enim hic licuit tollere, non purgare, quod erat
citra Dei verbum ab hominibus excogitatum, quare non liceat idem in
25 tam multis, quae confessae tantum impietati serviunt, non solum dant
[O5b] occasionem flagitiis?

Ita si pie desiit dari [687]) eucharistia in manus domum ferenda et
sumenda cum liberet, quod eam quidam tractarent yy) indigne et ad
artes magicas abuterentur, cur non et hodie abarcentur illius celebratione
30 ii, qui plane ignorant, quid sit eucharistiam digne tractare, et abutuntur
ea non pro viatico tantum, sed etiam ad derivandum in se honorem
debitum Christo?

---

yy) tractarent *scripsi*: tractarant *A*.

---

[682]) *1. Timo. 2* [11-14] (Marg.).
[683]) Vgl. Erasmus, *Epist. c. pseudevang.*, *LB* X, Sp. 1585E.
[684]) *Mutata olim pleraque in ecclesia sunt, quod in abusum degenerassent.* (Marg.).
[685]) Vgl. Erasmus, *Epist. c. pseudevang.*, *LB* X, Sp. 1585F.
[686]) *Quae et hodie mutanda.* (Marg.).
[687]) *Dabatur eucharistia in manus.* (Marg.). Vgl. Erasmus, *Epist. c. pseudevang.*,
LB X, Sp. 1585F-1586A.

Ad eundem modum si consulto adempta [688]) populo est facultas eligendi episcopum, quod pro libidine, non pro ratione eligeret, cur non eadem adimitur hodie et illis, qui tam nesciunt digne eligere epis-copos, ut ignorent etiam quid sit episcopi munus, ac sua fere suffragia
5 vendunt idque ad hanc functionem ineptissimis?

Sic cum pie repressa [689]) est illa populi licentia praeter iudicium applaudendi vel exibilandi dicta ab episcopo, ita hodie multo magis necessarium erat efficere, ne non dico episcopis (illi enim fere principalia curant, cumque maxime frugi sunt, dicunt ius) sed quos episcopi huic
10 muneri praeficiunt, liceret tam impudenter e sacro suggesto mentiri, scurrari et a Christo populum vanissimis nugis avocare.

Porro si iure sacrae cantiones [690]) ad paucos redactae sunt, quod respondente populo «Amen» audiretur stre-[O6a]-pitus tonitruo similis essetque canente illo ridicula vocum confusio, quid nunc faciendum sit,
15 quando nusquam sint qui canant decenter (hoc est vel ad suam ipsorum aedificationem) et canant sacerdotes (quibus [691]) divus Gregorius can-tionibus sub anathemate interdixit, volens eos praedicationi incumbere evangelicae), denique nulla prorsus detur populo occasio psallendi in cordibus [cf. Eph 5, 19]; sed prostituuntur sacri psalmi sine mente
20 decantati adiunctis horrendis Dei blasphemiis, ut mereant et iis, quibus nemo magis morum honestati ac publicis commodis obsistit?

An non fuisset decentius omnem populum Servatori suo intellectis a se hymnis in commune gratias agere indeque eius amore ac studio sese accendere? Canit [692]) hodie in nostris templis totus populus, nec propterea
25 est vel strepitus non absimilis tonitruo, sed nec exhibet ridicula vocum confusio indignum cultu divino spectaculum.

Musicam [693]) invectam templis fatetur eo degenerasse, ut in multis templis fere nihil audiatur praeter immanem boatum aut ineptum vocum garritum, qui citius invitet ad lasciviam quam ad pietatis affectum,
30 atque ideo quod prave irrepsit vult arte corrigi. At hoc est [O6b] ecclesiam revocare ad sua primordia! Cur hoc igitur non et in aliis facere liceat?

---

[688]) Vgl. *LB* X, Sp. 1586A.

[689]) Vgl. *LB* X, Sp. 1586AB.

[690]) Vgl. *LB* X, Sp. 1586B.

[691]) *Distinctione 92., Canone «Sancta».* (Marg.). Vgl. S. 161, Anm. 392.

[692]) Gérard Roussel war durch den Psalmgesang in Straßburg besonders ergriffen. Vgl. A.-L. Herminjard, *Correspondance* 1, Nr. 167, S. 406f., Nr. 168, S. 411f.: «In cantionibus illis tam assonant mulieres viris, ut iucundum sit audire; indeque plures nihil hesito provocantur ac pelliciuntur in Christi ardorem».

[693]) *Musica male invecta templis.* (Marg.). Vgl. Erasmus, *Epist. c. pseudevang.*, *LB* X, Sp. 1586BC.

Atque ideo, cum agnoscat [694]) ipse seculis aliquot abominabile habitum in templis christianorum videri pictam vel sculptam imaginem, et nunc imaginum usum eo processisse, ut non solum modum excesserit, verum etiam a decoro recesserit — nam videre nos in templis quae parum decore
5 pingerentur in porticibus aut popinis —: cur non permittat et hac in re ad ecclesiae primordia respicere, cunque habere in templis imagines inventum hominum sit contra tot expressa Dei praecepta invectum — cum nulli pugnarit noctu vigilare et hymnis Deum celebrare etiam apud martyrum sepulchra, ut inde scilicet vulgus [zz]) constantiae illorum
10 admoneretur — illas nostris quoque templis submovere, praesertim cum non solum indecora sed et impia pingi sculpique coeperint (nempe quibus populus docetur divis fidere prae Christo nec tamen quicquam verorum bonorum ab eis petere), tum — quod maxime abominandum — sic pleraque coli coeperint idola, ut in quibus [695]) certa divorum numina
15 latitent velintque ibi adorari?

Etenim si nos Christo vere credimus, verus Israel sumus, veri Iudaei et non minus ad nos quam ad illos pertinent quibus Deus [O7a] idolo-latriam prohibuit [cf. Ex 20, 4-6]. Tum res ipsa docet non minus quoque nostros ad hoc malum quam Iudaei erant esse proclives, nam sunt illo
20 fere insepulti hodie vulgo christiani. Cur igitur non tanta vel horum gratia offendicula auferimus? Neque enim minus istis necessarium fuerit praeter admonitionem verbi etiam ab oculis illa submovere, ut plene tandem et ex eorum animis tollantur idololatriae reliquiae, atque id conducibile fuit iis, qui primum evangelio accesserunt.

25 De scholis secus habet. Illae per se sunt res frugis optimae. Corrigi itaque debent quae illis adrepsere vitia, ipsae tolli non debent. Nunquam autem proferet eum Erasmus, qui quenquam nostrum audierit vel privatim [696]) — nedum privatim et publice — docere disciplinas humanas nihil aliud esse quam retia daemonum. Sed quid de literis et sentiamus
30 et curemus, superius [697]) exposuimus.

Illud vero quod hic subnectit [698]): «tantumque profecerunt ut perquam

---

[zz]) vulgus *scripsi*: vulgo *A*.

---

[694]) *Abominabile erat videre imaginem in templo.* (Marg.). Vgl. Erasmus, *Epist. c. pseudevang.*, *LB* X, Sp. 1586CD.
[695]) In *Grund und Ursach* (1524) gibt Bucer ein Beispiel aus der St. Aurelien Kirche; vgl. *BDS* I, S. 273, Z. 9-S. 274, Z. 5.
[696]) Vgl. Erasmus, *Epist. c. pseudevang.*, *LB* X, Sp. 1586E.
[697]) Vgl. S. 121, Z. 6-19; S. 175, Z. 16-S. 177, Z. 3; S. 181, Z. 22-S. 182, Z. 14.
[698]) Erasmus, *Epist. c. pseudevang.*, *LB* X, Sp. 1586E. Erasmus hat «serio» statt «sedulo».

raros in isto grege conspicias qui sedulo dent operam literis vel sacris
vel profanis; quaestui, voluptati studetur affatim», non dubitabunt
quicunque nos iuxta et eos, qui Erasmo catholicae ecclesiae accensentur,
plane noverint, nobis falso tribui, vere autem tantum non toti ordini
5 illi ecclesiastico paucissimis sane ex-[O7b]-ceptis.

At vero si monachi [699]) olim liberi propterea in vitae genus adstrictius
necessario redacti sunt, quid debeat eis hodie fieri, cum ipsi solidam
pietatem pro nihilo habentes omnibus, quos [aaa]) ad illam senserint
adspirare, quam primum si queant exitium consciscant?

10   Ita si — postquam pervicacia [700]) studiorum in haereticis eo effer-
buisset, ut res ad cruentum orbis tumultum spectare videretur — coacta
est Caesarum potestas legibus et armis publico occurrere discrimini,
par erat idem sibi faciendum et modo cum Caesar ipse tum principes
et respublicae ac quibuscunque imperium est putarent, et modo quoque
15 armis ac legibus (sed iustis et cum archetypo legum, imo principe illa
lege, mente Dei nihil dissidentibus) occurrerent ac cohercerent quam
primum quicunque studiis ecclesiam scindunt et sic res exulcerant, ut
ad cruentum orbis tumultum spectare videantur.

Nos siquidem nihil aliud poscimus nobis permitti aut indulgeri,
20 quam ut liceat Christi doctrinam libere et docere et vita quantum ille
dederit exprimere. Hac professione, hoc instituto nihil est a tumultu,
ab omni factione et studiis aeque abhorrens, nihil plus cum principibus morigerum tum in omnes officiosum.

Quod autem sa-[O8a]-xum [701]) volvant, in quibus versentur, quid
25 moliantur nostri adversarii, satis superius [702]) diximus. Nos neminem,
quantalibet potentia polleat, modo et audire et ex aequo de rebus nostris
iudicare velit, pertimescimus. Quo decoro episcopis [703]) in locum doctrinae, precum et lachrimarum assumptae sint opes, aedificia et ministeria,
et quae huc eos necessitas compulerit, satis abunde agnoscit orbis.
30 Si certe liberet episcopis suum digne munus obire, agnoscerent non
paulo illa quam haec praesidia ad pascendum digne gregem Domini
ut accomodatiora ita efficatiora.

Demiramur autem quid spectarit Erasmus, cum his subicit [704]): «Si

---

[aaa]) quos *scripsi*: quas *A.*

---

[699]) Vgl. Erasmus, *Epist. c. pseudevang.*, *LB* X, Sp. 1586EF.
[700]) Vgl. *LB* X, Sp. 1586F.
[701]) Vgl. Erasmus, *Adag.* 1340, *LB* II, Sp. 535EF.
[702]) Vgl. z.B. S. 99, Z. 28-S. 101, Z. 12.
[703]) Vgl. Erasmus, *Epist. c. pseudevang.*, *LB* X, Sp. 1586F-1587A.
[704]) *LB* X, Sp. 1587A.

Paulus hodie viveret, non improbaret opinor praesentem ecclesiae statum, in hominum vitia clamaret». Forsan quid tu ecclesiae statum voces, nos non intelligimus: isti certe ordines, dignitates et munia ecclesiasticorum, istae cerimoniae e quibus hodie omnia fere censentur,
5 ex diametro cum Pauli doctrina pugnant, nihil scilicet penitus in ecclesiam admittentis, quod non certum huc adferat momentum, ut in Christum fiducia evadat vivacior et dilectio in proximos officiosior.

Caeterum nobis nihil usquam placet nisi quod non ipsi, sed hic Paulus ex Spiritu Christi, quod Servator ipse instituerunt. Mirum igitur, si
10 non potius nostra sit probaturus. Nec aliter cu-[O8b]-pimus mederi [705] vitiis quam citra tumultum. Nos enim nullum excitabimus et excitandi aliquem nulli erimus autores, quippe cum nostra nihil nisi pacem doceant. Nec denique a quoquam aliud exigimus, quam ut posito [706] exitiali iugo Satanae commodo iugo Christi cervicem submittat.

15 Haec remedia indubie nihil nisi salutifera sunt, tam abest ut sint morbis [707] atrociora. Aliorum consilia praestare non possumus. Nullam tamen cuiquam tumultuandi caussam damus, nisi cui Christus ipse eiusmodi caussa existit. Relinquere quoque volumus quicquid per fidem Christi relinquere licebit, nec novare nisi quae haec eadem re-
20 quisierit.

Sed ita res habet, ut hic praeterea scripsit [708] Erasmus: «Si praesules ecclesiae, si principes profani sepositis mundanis affectibus nihil sibi proponant nisi Domini gloriam et ecclesiae spirituale commodum, malum» dissidii quod in praesenti ecclesiam exagitat, non solum «absque
25 magno tumultu», sed omnino nullo tumultu et omnium bonorum obvia gratulatione «poterit sedari». Ad quod et nos quidem honestis rationibus ambire monarcharum et praesulum favorem ita cupimus ut nihil aeque. Neque est quicquam quod tam abominamur quam eorum animos alienare, qui viam [P1a] salutis possunt munire multis.

30 Sed [709] quae erunt rationes honestiores et magis decorae christianis quam synceriter Christi primi monarchae legibus inhaerere et iuxta has dare operam omnibus fieri omnia [cf. 1 Cor 9, 22] nec quicquam aliud quaerere, quam ut ea permittantur, sine quibus studere Christi gloriae fratrumque saluti non liceat, tum summa cum mansuetudine
35 et modestia offerre se ad reddendam cuique vitae et doctrinae rationem,

---

[705] Vgl. *LB* X, Sp. 1587A.
[706] Vgl. *LB* X, Sp. 1579AB.
[707] Vgl. *LB* X, Sp. 1587A.
[708] *LB* X, Sp. 1587B.
[709] *Quibus rationibus ambiendus principum favor.* (Marg.).

nec quicquam mordicus retinere quod cedere pietas permittat? Istis
iam nos rationibus toto pectore incumbimus, sed quam frustra apud
multos, qui inauditos et indicta caussa nulli nos non tormentorum generi
addicunt, nihil quoque praetereunt quo excindant funditus!

5   Vere igitur unum hoc superest, ut instanter oremus ut mentem Christus
suae gloriae studiosam omnibus inspirare dignetur; id quod indubie
dignabitur, sed cum sibi visum fuerit, et iis omnibus, quos ipsi Pater
dedit servandos. Reliquos sic quoque eidem Pater tandem substernet,
ut sint illi futuri vice scabelli [cf. Ps 109, 1; Hbr 10, 13]; eorumque
10   superbas iras et terrificas minas perferre interim nobis dabit, dum dies
ille illuxerit, in quo ostendet nihil istos quam vasa irae suae esse parata
in interitum [cf. Rm 9, 22], nec plus posse quam virga, quam fustis ac
securis, quae dum a nemine moventur, se ipsa ne movere quidem possunt,
nedum quenquam cedere [cf. Is 10, 15].

15   Sic [710]) sumus [P1b] nos animati, sic habent res nostrae; in quibus si
quid erramus — ut id hominibus insolens non est —, oramus eius
admoneri, sed per divinas literas, quibus — cum teste Paulo in se conti-
neant unde *homo Dei* absolvatur *instructus ad omne opus bonum* [2 Tim
3, 17] — omnis certe error abunde confutari, omnis veritas satis superque
20   doceri poterit. Nec est obscurum, quo vocet summa illa legis: *Diliges*
Deum ex toto corde et proximum sicut te ipsum [Lc 10, 27], sicut et ab
iis, quibus modo animus est facere voluntatem Patris, perfacile videtur,
quid cum illa consonet, quid minus. Quod verum credimus in gloriam
Christi loqui oportet.

25   Nobis dubium non est Erasmum et qui ipsius consilium sequuntur
— dum mundi tranquillitatem vel sui vel aliorum caussa tanti faciunt,
ut existiment ad tam multa quae excusari nequeunt connivendum,
praesertim apud vulgus, pleraque etiam commoda interpretatione
excusanda, et publico consensui eorum qui christiani vocantur tantum
30   deferendum — evangelicae synceritati obesse plurimum, quamlibet
ipsi forsan velint hanc illo unice promovere.

Hoc enim consilio fit, ut qui deplorati sunt, mox contendant nihil
penitus esse in observationibus ecclesiasticis emendandum — nam ne
Paulum [711]) quidem hunc ecclesiae statum fuisse improbaturum! —,
35   indeque erigentes cristas impotentissime incipiant [P2a] furere contra
omnes, qui vel apertissimas in his labes verbo tantum attigerint, imo
totis viribus machinentur exitium quibuscunque cordi sunt ut bonae
literae ita et veritas, nimirum iudicii aliquid nactis. Deinde consuuntur

---

[710]) *Ad quae se offerant philoevangelici.* (Marg.).
[711]) Vgl. Erasmus, *Epist. c. pseudevang.*, *LB* X, Sp. 1587A.

hoc consilio pulvilli eorum brachiis, qui Christi quidem aliquid consecuti infirmiores tamen sunt quam ut illum animose confiterentur; nam statim — ut pertinax est caro ad sua vitia tegenda — faciunt [712]) frigus fidei, quo obmutescunt et Christi gloriam mundo cedunt, prudentiam in loco
5 veritatem promondi commodius. Cunque vellicat conscientia, demulcetur ea consensu [713]) illo ecclesiae publico, qui saepe publicus error est. Quem ita obtinuisse mirum non est, cum quibus dominici agri cura demandata fuit, non minus strenue rigandis zizaniis vigilarint quam dormierint alte colendo tritico.
10 Tacemus quod nequaquam in ea omnia christiani consenserunt, ad quae adacti metu silent. Nec raro fit, ut isti etiam hostibus contra liberius agentes in negocio Christi sese adiungant, ut quos putent illud imtempestiva ut aiunt libertate laedere, cum re vera ipsos commoveant perturbatae rationes vitae pro carnis cupiditate institutae.
15 Postremo fit, ut ii, quibus persuasum est Deum diligendum ex toto corde, ex tota anima, ex omnibus viribus [cf. Lc 10, 27] ac ideo ingenue confitentur Iesum Christum [P2b] esse Dominum omnium, maiestatemque eius cunctis supereminentem ingenue prae se ferunt, ab infirmiusculis (quorum ingens numerus est, cum horum sit admodum exiguus) deserti
20 deploratis illis prodantur; quos si eis cedat Dominus, ut acti a Satana extinctum volunt quicquid ullo modo reducendo regno Christi accommodum est, ita mox abolent quicquid uspiam est iudicii, libertatis et veritatis; cum si tepidi illi ardentioribus istis adessent, cogerentur Christi hostes agere moderatius. Sed iuvat Christum in paucis iisque
25 omni praesidio carnis destitutis suam virtutem illustrare, quod et hoc seculo futurum non dubitamus, utcunque mussant multi, plerique etiam nos oppugnant, qui tamen vellent Christi regnum obtinere.
Scribit posthaec Erasmus, si [714]) speraret se profecturum, se hortaturum esse Noviomagum ut ad ipsos se reciperet. Mi Erasme, putamus
30 te velle in eius ovili esse, qui nos redemit sanguine suo. Ne dubita igitur: in eodem agit et Noviomagus. Christo enim toto pectore fidit et nihil habet in animo aliud quam pro virili demereri omnes. Qua enim conscientia et fide evulgarit illa, de quibus quaestus es, antea [715]) diximus: nihil iocari voluit aut cuiquam noxam adferre, nedum amico, minime

---

[712]) «Facere» mit doppeltem Akkusativ in der Bedeutung «für etwas ausgeben».

[713]) Vgl. Erasmus, *Epist.* 1893, Z. 59f., Allen VII, S. 216: «Ecclesiam autem voco totius populi Christiani consensum».

[714]) *Consilium datum Noviomago.* (Marg.). Vgl. Erasmus, *Epist. c. pseudevang.*, *LB* X, Sp. 1587B.

[715]) Vgl. S. 128, Z. 8-S. 130, Z. 10.

[P3a] omnium tibi. Nec videt qua demum ratione prodesse queat, si modesta veritatis commendatione non possit.

Ut rursus se addicat alicui episcopo, vetat religio. Non enim ignoras, quid sint episcopi et quam paucos invenias, apud quos locus sit Christum
5 synceriter prae se ferenti. Ut vero redeat ad vulgaria sacrificorum munia, licet per Christum multo minus.

Quod autem adiicis te [716]) totum illum Vulturium desyderare, quem olim cum multis bonis doctisque viris et noveris et amaveris, te indignum est. Nam ut re familiari [717]) se ipso factus sit multo tenuior, ita veris
10 virtutibus factus est seipso ditior. Id boni vel ex eo agnoscent, quod Christi studio praeter commune periculum, quod nobiscum adit, hanc ipsam tenuitatem perfert animo tam celso, utcunque tu ab initio Epistolae eum suggillas, quasi ferat [718]) eam iniquius.

Habetis [719]) nunc, fratres observandi, et quam profitemur doctrinam
15 et quam vitam meditamur. Unde facile cognoscetis nos [720]) haudquaquam nova adferre dogmata, sed renovare vetera, non illa seditiosa sed quae sola pacificant omnia, nempe puri puti evangelii: ut fide ab uno Deo per unum Servatorem et Conciliatorem nostrum Iesum Christum omnis et iustitia et salus petatur et in rem proximi ex syncera dilectione at-[P3b]-
20 temperentur omnia; nec alio mores nostros spectare intentasque esse curas et studia, utcunque hominibus humani lapsus identidem accidant; tum [721]) neque a consortio ecclesiae catholicae nos factiose subduxisse, sed esse ab iis eiectos et proscriptos, quorum vita nihil minus ipsos quam Christi ecclesiae consortes comprobat; nihil [722]) quoque per nos novatum
25 esse intempestive, sed singula exigente gloria Christi et iuxta certissima scripturarum praescripta, in omnibus hoc unice spectantes ut non bonis mala, sed malis bona substitueremus, atque ideo non diversum [723]) sed idem cum apostolico — licet non paribus Spiritus viribus — negocium gerere; literarum [724]) quoque studia nos pro nostra virili plantare et
30 sedulo provehere; nulli [725]) principum, episcoporum, magistratuum non esse morigeros in omnibus, quae praestari possunt illaesa pietate; ab omni rerum perturbatione et tumultu abhorrere ut nemo magis;

---

[716]) Vgl. Erasmus, *Epist. c. pseudevang.*, LB X, Sp. 1587C.

[717]) Vgl. S. 129, Z. 26-S. 130, Z. 10.

[718]) Vgl. Erasmus, *Epist. c. pseudevang.*, LB X, Sp. 1573BC.

[719]) *Epilogus.* (Marg.).

[720]) Vgl. die langen Ausführungen S. 136, Z. 14-S. 138, Z. 27.

[721]) Vgl. S. 104, Z. 11-35.

[722]) Vgl. S. 145, Z. 24-S. 147, Z. 14; S. 156, Z. 30-S. 157, Z. 29.

[723]) Vgl. S. 131, Z. 32-S. 136, Z. 13.

[724]) Vgl. S. 121, Z. 6-19; S. 175, Z. 16-S. 177, Z. 3; S. 181, Z. 22-S. 182, Z. 14.

[725]) Vgl. S. 163, Z. 6-S. 171, Z. 19.

impuros [726]) homines, qui ventri tantum et inguini serviunt, neminem
praeter se amant, nulli obtemperant, quales nulli hominum generi desunt,
cum bonis omnibus execrari, tam abesse ut in delitiis haberemus ad-
numeratos sodalitio evangelico; denique [727]) in his contra sic in nos
5 frementem mundum nullis uti lu-[P4a]-dibriis, nullis malis artibus, non
malorum multitudine, sed sola Christi Iesu, cui par est se flectat omne
genu, omnis lingua Dominum confiteatur [cf. Phil 2, 10 s.], fiducia niti;
proinde [728]) indignos esse, in quos mendaciis tam diris et calumniis
tam importunis debacchatus sit Erasmus ac velut classicum cecinerit toti
10 orbi alioqui plus nimio in nos concitato ac pridem — si vera minantur
plurimi — sese armanti.

Nam quis ita lenis, quis ingenii tam mitis et boni, qui non quam
primum sumenda arma putet in eos, qui professi salvificum evangelion
Iesu Christi vivant tamen ipsi flagitiosissime et confundant, invertant
15 perdantque seditiose omnia, optimis pessima sufficiant, solvant potestatem
principum, plebem in optimos quosque arment, subinde tumultus
excitent, ad arma identidem nullis de caussis procurrant, foveant quosque
sceleratissimos, sint in bonos meri Phalarides, omnem religionem
aboleant, ut certissimus expectetur paganismus? Ecquis enumeret quot
20 quamque immania et importuna in nos crimina eaque simul falsissima
quaque diritate torsit? Utcunque enim ipse haec in nos nullus confinxerit — quod [P4b] nobis persuasum esse initio [729]) quoque testati
sumus —, interim tamen illis subministratis sibi a vanissimis et perditissimis delatoribus et indigna theologo credulitate receptis ita nos impetiit,
25 ut nemo toto hoc tempore, quo propter evangelion Christi in nos mundus
furit, atrocius quique plus posse nocere credatur, eo quod nemo illorum,
qui in nos hactenus debacchati sunt, tanta apud bonos etiam authoritate
et gratia polleat, ut vim illam incredibilem eloquentiae taceamus.

Id profecto non tam evangelii quam literarum etiam ac omnis rectioris
30 iudicii hostes probe sentientes tantopere expetierunt [730]), ut haec Epistola
in vernaculam verteretur, sperantes non abs re — cum nunc videatur
instare, ut tandem flagret incendium, quod plerique non sine suo malo
excitare hactenus enixe laborarunt — hoc scriptum illi olei vice futurum.
Dici enim non potest, ut [731]) quidam non minus literarum quam evangelii
35 hostes edita hac Epistola gestiant, ut triumphent et se invicem illa

---

[726]) Vgl. S. 86, Z. 14-16; S. 118, Z. 26-33.
[727]) Vgl. S. 122, Z. 20-S. 131, Z. 31.
[728]) Vgl. S. 77, Z. 9-S. 78, Z. 20; S. 200, Z. 22-S. 201, Z. 29.
[729]) Vgl. S. 78, Z. 8-20.
[730]) Vgl. die Einleitung, S. 65.
[731]) Vgl. die Einleitung, S. 65.

tanquam rarissimo quodam munere honorent. Etenim putant — quod et scribunt — nunc, cum Erasmus oppugnare nos coepit et tam saeve, nulla posse ratione fieri, ut non funditus extirpemur.

Nobis [732]) profecto Erasmus tantus est, ut eum modis omnibus, si
5 liceat, demereri libeat et nulla in re [P5a] offendere, quem animum sane et hac responsione haud obscure significavimus. Eoque maluissemus, si ulla ratione licuisset, omnia quam mitissime dicere. At cum tam saeva, tam cruenta sint nec minus falsa quae in nos scripsit, ipsa coegit necessitas haec subinde suis vocare nominibus, nimirum mendacia luculenta,
10 impudentia, crudelia, calumnias immanes et diras. Neque enim haec propterea, quod illis fidem habuit et pro veris evulgavit Erasmus, suam naturam exuerunt veraque et aequa esse ceperunt, quum in se sint ementita et non sine indicibili crudelitate conficta.

Agnoscimus eum Epistolae titulo haec illis modo intentare, qui se
15 falso evangelicos iactant. Interim autem cum hac tota tum aliis epistolis tam multis incessit ea, quae in tot iam regionibus et rebuspublicis non per istiusmodi scelerosos evangelii fucos, sed per synceros eius sectatores pientissimos principes, gravissimos senatores consentiente et id optante ex plebe optimo quoque ad ipsissimum Dei verbum immutata sunt.
20 Taxantur nominatim [733]) Tigurum, Basilea, Argentoratum horumque ecclesiastae, quos novae [734]) ecclesiae patriarchas et novi evangelii episcopos vocat.

Et hos solos, qui sacrae Christi gloriae ex animo student, nos hic defendere voluimus, id quod initio [735]) quoque testati sumus. Eorum
25 caussa, qui [P5b] sua quaerunt, non quae Iesu Christi [cf. Phil 2, 21], et non nisi titulo tenus evangelici sunt, nihil ad nos. Oramus igitur per Christum et Erasmum ipsum et quicunque, quod illum nobiscum colunt, offensi nostra libertate fuerint, velint perpendere nobis persuasum esse nihil aliud nos sectari quam ipsissimum evangelium Domini nostri
30 Iesu Christi (id quod tot iam sanguine suo testati sunt et nos adeo periclitantes omnia haud dissimulanter prae nobis ferimus) ac ideo prodere illud et qui illud pariter nobiscum profitentur, hoc est indefensos relinquere, tam non potuisse quam negare Christum.

Scribit [736]) Erasmus excusans Apologiam, qua respondit Iacobo
35 Fabro: «ubi de fide christiana agitur, impium etiam est caussam adver-

---

[732]) *Excusatur dicendi libertas.* (Marg.).
[733]) Vgl. S. 86, Z. 8-11.
[734]) Vgl. Erasmus, *Epist.* 1482, Z. 16; 1459, Z. 61, Allen V, S. 529, 481.
[735]) Vgl. S. 84, Z. 37-S. 86, Z. 16.
[736]) Erasmus, *Epist.* 778, Z. 304f., Allen III, S. 229.

sario tradere», et rursus [737]): «Vitam amicitiae impendere laudi datur;
at in Christum haberi blasphemum in amici gratiam non solum extremae
dementiae sit, verumetiam summae impietatis. Finge patrem aut fratrem
esse Fabrum, non solum amicum; ne patri quidem aut fratri opinor
5 tantum tribuendum esse censebis, ut in illius gratiam Christi adversarius
haberi sustineam. Imo si simul et cardinalis et frater mihi fuisset Faber,
arbitror officii mei fuisse calumniam non ferendam repellere, praesertim
modis omnibus innoxius». Haec Erasmus.

   Quanto nunc mi-[P6a]-tius impetiit Erasmum Faber [738]) quam ille
10 nos, qui non solum unius aut alterius loci scripturae perperam intellecti
ac inde impietatis nos traduxit, sed totius evangelii eversi! Quid enim
aliud sit novum evangelium, cuius nos patriarchas et episcopos
facit, quam eversio veteris et germani? Sed nec hac diritate contentus
reos praeterea peragere nos conatus est eorum, ob quae debeat merito
15 in nos armatum ruere universum mortalium genus, nempe imminutae
maiestatis et seditionis, ut qui moliamur praeter alia non ferenda mala
etiam invehere anarchiam. Sic enim scribit [739]) ad Botzemum: «Qui
se venditant evangelii titulo, sic ferme rem gerunt, ut vel ad nequitiam
vel ad opes vel ad anarchiam et quicquid libet audendi impunitam
20 licentiam spectare videantur; certe nemo fit melior, deteriores plurimi».

   Quid obsecro possit fingi atrocius, quid magis immane et importunum?
Nemo igitur bonus iure offendi nobis poterit, quod tam atroces et
exitiales calumnias quamlibet per Erasmus in nos intentatas (praesertim
cum hoc nomine potentius etiam non nos, sed Christi doctrinam totque
25 millia vere credentium opprimant) depulerimus: praesertim cum id
fecerimus tam simpliciter, tam candide, multaque scientes et prudentes
praeterierimus [P6b] quae non vulgare ad nostram purgationem momentum attulissent — id quod agnoscent cordati —; denique nullius
vicissim accusaverimus Erasmum quam eius, quod dissimulari prorsus
30 nequivit, irae inconsultioris et temerariae, quae ipsi humanitatis sensum
erga nos hactenus excussit, ut nihil pensi habuerit tam luculenta mendacia
et manifestas calumnias non nisi a vanissimis delatoribus suggestas in
nos scribere; et hoc maxime tempore, quo putant adversarii instare,
ut sublatis e medio nobis suum ipsis regnum, hoc est licentia docendi
35 gerendique in ecclesia quaecunque libuerit, hoc est quaecunque pluri-

---

[737]) *Ibid.*, Z. 149-157, S. 225.
[738]) Bucer denkt an Erasmus' Streit mit Faber Stapulensis über die Exegese von
Hbr 2, 7. Vgl. für diese Kontroverse H. Feld, *Der Humanisten-Streit um Hebräer 2*, 7.
[739]) Erasmus, *Epist.* 2205, Z. 132-135, Allen VIII, S. 255.

mum ipsis adferant opum, potentiae et delitiarum, nemine iam audente
illis obstrepere restituatur.

Deinde precamur et huius veniam, quod ubique fere simpliciter
«Erasmum» obmissis dignis tanto viro praefationibus vocaverimus.
5 Novit enim Christus istuc nos nequaquam fecisse, quod is non maximi
nobis habeatur, sed ne videremur ex [740]) eodem ore calidum et frigidum
efflare, si nunc magnificis titulis ipsum ornassemus, nunc tribuissemus
innocuos Christi confessores multo atrocissimis mendaciis nimis frivola
credulitate a perditissimis famigeratoribus receptis — quantum in
10 ipso est — lanienae offerre, utcunque istuc inconsultae cuidam ac
teme-[P7a]-rariae irae imputemus, non odio et malitiae. Deinde scribit [741])
ipse ad Oecolampadium: «Optimum erat hoc temporum statu a vobis
nec laudari nec vituperari. Quod si non queat obtineri, suggillari
malim quam praedicari, praesertim «noster»». Iam cum Christi esse nos
15 nihil dubitemus, haud possumus quenquam laudare solide, nisi eundem
nostrum quoque faciamus.

Quae vero de nostra nostrorumque innocentia et pietatis studio ipsa
veritatis defensio extorsit, nemo eo rapiat, quasi videri velimus prorsus
nihil esse apud nos reprehensione dignum. Et falsi et infirmi fratres
20 nobis nusquam desunt, ac cogimur saepe non tam demirari quam
deplorare adeo parum evangelici vigoris relucere in vita, cum datum
sit nosse tam multa non infeliciter. Interim tamen magistratuum nostrorum, noster et minime paucorum ex plebe animus recta ad Christum
suspicit, nihil in omni vita prius quam huic vivere quaerit. Sicque pro-
25 veniunt fructus Spiritus — quamlibet parum foecundae arbores simus —,
ut sint nobis Christo agendae gratiae de profectu, quem hoc nostrum
evangelion attulit, tam abest ut [742]) nemo ex eo factus sit melior, deteriores plurimi.

Postremo cum ipsissimum Christi evangelion, a quo solo salus recte
30 petitur, germanum Christi gregem, pro quo ille vitam dependit, hic
de-[P7b]-fendere suscepimus, fatemur alia cura, alia opus fuisset
dexteritate, praesertim cum res sit cum viro eloquentiae prorsus inimitabilis [bbb]). Sed visum Domino est nostra ut reliqua ita et hac in
parte humilia esse et crucem referre. Quare infantem et illatinam hanc
35 defensionem ad accusationem multo facundissimam boni consuletis,

---

[bbb]) inimitabilis *scripsi*: immitabilis *A*.

---

[740]) Vgl. Erasmus, *Adag.* 730, *LB* II, Sp. 309 E-310 D.
[741]) Erasmus, *Epist.* 1538, Z. 26-28, Allen VI, S. 5.
[742]) Vgl. S. 223, Z. 20.

maxime cum, ut in praefatione [743]) diximus, nostra sola veritate et afflatu Spiritu sancti nitantur. Non potest ne nos quidem mundus plane nosse, cum ignorat cui nos addiximus.

Condonabitis et illud, quod non ad mercatum hunc Francofordien-
5 sem [744]) hanc apologiam dederimus. Nec enim nobis antequam typographi iam emporium peterent, scribere neque ipsis excudere vacabat. Ne tamen et altera commoditas libellos ad vos transmittendi praeteriretur, non tam acceleravimus omnia quam praecipitavimus. Modum epistolarem multum excessimus, ut iam prope ridiculus sit Epistolae
10 titulus. Neque enim animus erat scriptum adeo extendere, quia quam foecunda criminum esset Epistola Erasmi non satis perpenderamus.

Praecabimini Dominum, ut det utrisque ac omnibus, qui ipsius nomine censentur, idoneos nos ipsi ministros non minus per malam quam bonam famam exhibere [cf. 2 Cor 6, 4-8] et summopere semper cavere ne
15 quando me-[P8a]-ritis mundus obloquatur, sed bonam perpetuo conscientiam tueri, quo tandem *pudefiant hi, qui incessunt* nostram *bonam in Christo conversationem* [1 Pt 3, 16] [745]).

Idem parumper adflictos vos instauret, fulciat, roboret, stabiliat. Ipsi gloria et imperium in secula. Amen. [1 Pt 5, 10 s.] [746]). Salutant vos
20 fratres et symystae. Salutate vos invicem nostris verbis. Argentorati XXII. Cal. Mai. MDXXX.

---

[743]) Vgl. S. 79, Z. 36-S. 80, Z. 16.
[744]) Vgl. die Einleitung, S. 67, Anm. 43.
[745]) In der Übersetzung des Erasmus.
[746]) In der Übersetzung des Erasmus.

REFUTATIO LOCORUM ECKII

ÉDITÉE PAR

PIERRE FRAENKEL

INTRODUCTION

1. LE MANUSCRIT

Le texte que nous publions ci-après se trouve dans un manuscrit qui est propriété de la Fondation Saint-Thomas de Strasbourg, actuellement déposé aux Archives de la Ville [1]. Il s'agit d'un cahier de huit feuillets de 15 × 21 cm. L'écriture est celle de Conrad Hubert, secrétaire de Bucer depuis l'été de 1531 [2].

Le manuscrit contient de toute évidence des notes de cours, ce que montrent certains rajouts: notes prises à un cours professé par Bucer, ou copie de notes écrites ou dictées par lui en vue du cours? Le manuscrit ne répond pas à cette question, et le lecteur devra en juger lui-même.

Comme on peut le voir plus loin, les références au texte d'Eck sont le plus souvent données par des incipit. D'ordinaire ils sont calligraphiés, en lettres plus grandes que celles du texte. La fin de l'incipit est marquée par une parenthèse fermée. Quant aux arguments, ils sont parfois séparés entre eux par des lignes horizontales, qui divisent entièrement la feuille. Ces lignes marquent-elles la fin de chaque heure de cours? Notre manuscrit contiendrait alors la matière de onze cours. D'autres lignes servent à relier entre eux des éléments qui se répondent ou à assigner à tel morceau du texte la place qui lui revient. Il est entendu que nous avons tenu compte de ces indications dans toute la mesure du possible, sans tenter de les reproduire.

2. LE COURS

Si le rôle de notre manuscrit vis-à-vis du cours de Bucer n'est pas clair, en revanche il doit y avoir peu de doutes sur le fait qu'il s'agit bel et bien d'un cours. En effet, nous lisons dans les statuts de l'Académie de Strasbourg de 1545, sous le titre d'*Officium Theologorum* [3], que les professeurs ne devaient pas seulement expliquer les textes de l'Ecriture sainte: ils doivent aussi traiter les lieux théologiques «nach dem waren

---

[1] Ms. Archives St-Thomas no. 40, carton 21, 1-2, f. 269-276 (foliotation ancienne), pp. 437-450 (pagination nouvelle). Le texte occupe les pp. 439-449. Le Fol. 275 verso (non paginé) est vide. La page 450 contient un supplément. Le verso est de nouveau vide. Cf. Adam: *Inventaire*, col. 66. Le papier porte en filigrane un oiseau que nous n'avons pas pu identifier dans les répertoires usuels.

[2] Pour la date, v. Kohls: *Hubert*, 84 s. — Pour l'écriture, v. Ficker et Winckelmann: *Handschriftenproben*, 2, planche 67C.

[3] Fournier et Engel: *Gymnase*, 50.

christenlichen verstand, in unser confession dargegeben, und nach
rechter art wahrhaffter dialectic erklären ... mit guter heller auflesung
aller sophismatum, die von alten und newen ketzeien und Antichristen ...
sind furgebracht und noch täglich furgebracht werden». Il paraît in-
vraisemblable que ce fût là une innovation de l'année 1545.

Quant à la matière du cours, il s'agit des trois premiers chapitres d'un
ouvrage de polémique anti-protestante des plus célèbres de l'époque:
l'*Enchiridion locorum communium adversus Lutherum et alios hostes
ecclesiae* du professeur et chancelier d'Ingolstadt, Jean Eck [4]). Notre
petit cahier ne contient aucune indication que le cours ait continué au
delà du chapitre sur la papauté, même si le petit supplément occupe une
page vide à la fin du cahier. La note «In Eccii locos», qui lui fait suite,
suggère, au contraire, qu'en tout cas pour Hubert, le cours était terminé.
L'hypothèse que le cours n'ait en effet porté que sur les chapitres ecclésiologiques de l'ouvrage concorde sans autre avec la date que nous
lui assignons: nous le verrons un peu plus loin.

3. LA DATE

Le manuscrit ne porte pas de date. Quant à la correspondance de
Bucer, elle ne mentionne pas notre *Refutatio* [5]). Dater notre cours
n'est cependant pas une entreprise sans espoir, tant sont nombreuses
les indications internes au texte lui-même.

Voici donc quelques éléments de datation, que nous présentons en
ordre chronologique. La base textuelle principale du cours de Bucer
est la version de l'*Enchiridion* sortie d'une révision faite en 1528, et dont
la première édition parut en janvier 1529 chez Weissenhorn à
Augsbourg [6]). Cependant Bucer paraît aussi faire allusion au texte
allemand, paru pour la première fois en 1530, et à la seconde édition
commentée par Tilmann Smeling, professeur dominicain de Cologne,
parue en 1532 [7]). Nous nous trouvons effectivement à une période où
Conrad Hubert était déjà installé à Strasbourg.

---

[4]) Bibliographie de 91 éditions dans Metzler: *Orationes, CCath* 16, pp. XCI-CII.
Bien que nous en ayons éliminé un certain nombre de «fantômes», nous espérons
publier une liste d'environ 115 éditions dans l'édition critique de l'*Enchiridion* que
nous avons préparée à l'intention du *CCath* (cf. inf., p. 237, *P.S.*).

[5]) Je dois ce renseignement à M. Jean Rott, éditeur de la *BCor*, que je tiens à remercier ici.

[6]) Metzler: *Orationes, CCath.* 16, No. 51 (21); dans le *stemma editionum* de notre
édition, nous lui avons assigné la lettre F. Cette édition est la première à comprendre
au Ch. 2, *De conciliis*, l'argument tiré de Prv. 22, 28 (inf. texte n. 17). En revanche les
éditions postérieures (v. note suiv.) omettent le passage d'Act. 6, 2 (inf., texte, n. 20).

[7]) Metzler: *op. cit.* No. 51 (84); dans notre *stemma*: FGerm. — Metzler, No. 51

L'évidence interne nous oblige, cependant, à descendre encore de
quelques années. Il s'avère que l'exégèse de certains passages scripturaires,
notamment celle de Mt 16, 18 s. concernant le primat de Pierre, ressemble
plus à la version revue du Commentaire aux Synoptiques que Bucer
publia en 1536 qu'à celle de 1530 [8]). Cette ressemblance, ainsi que
quelques autres concordances que l'on pourra relever dans les notes, ne
nous dit évidemment pas si Bucer a repris ici des idées déjà formulées
dans son Commentaire, ou si, au contraire, nous avons affaire ici à un
premier essai d'éléments qu'il aurait insérés ultérieurement dans cette
publication. Il y a cependant deux éléments qui donneraient à penser
qu'il faut assigner à notre cours une date postérieure à celle du Commentaire. Le premier est la manière dont Bucer défend Luther comme un
des «nostri» [9]). Nous ne sommes plus ici à l'époque où la Tétrapolitaine
représentait une position théologique strasbourgeoise particulière [10]),
mais bien plutôt dans cette deuxième moitié des années 1530 où le
rapprochement avec les Saxons, amorcé dès 1532 par l'adoption de la
Confession d'Augsbourg à côté de la Tétrapolitaine, et poursuivi à travers
la Concorde de Wittenberg de 1536, a porté ses fruits [11]). S'il s'agit
là d'une impression générale plutôt que d'un fait précis, un autre élément
vient pourtant la confirmer, lorsque Bucer fait allusion à la pratique de la
confirmation [12]) comme si cette pratique existait sous une forme nouvelle.
Or, ce n'est pas le cas avant 1538. Ne devons-nous pas, en conséquence,
assigner à notre cours une date aux environs de l'année 1538?

A ces termini a quo ajoutons une considération concernant le terminus
ante quem: notre cours paraît être antérieur aux colloques interconfes-
sionnels des années 1540-1541 tenus à Worms et Ratisbonne; car ici
le Bucer polémiste que montre notre Refutatio s'est mué en un Bucer
unioniste, dont le plus cher désir est de réaliser «une conciliation durable

---

(31); dans notre *stemma*: J. — Pour la version allemande, v. inf. au texte n. 13. La
mention de Grégoire le Grand (v. inf. au texte n. 42) pourrait être une allusion à
un passage tiré du *Registre* de Grégoire, ajouté en 1532 par Smeling. Sur ce dernier,
v. Paulus: *Deutsche Dominikaner*, 155s.

[8]) *Enarrationes perpetuae secundum recognitae, Bibliographia*, 28a. Plusieurs des
éléments qui figurent dans les notes à notre texte sont encore absents de la version
précédente, *Bibliographia*, 28.

[9]) V. par ex. au texte notes 45, 59.

[10]) V. l'introduction de Moeller dans *BDS* 3, 17-22.

[11]) Sur cette évolution, voir Wendel: *L'Eglise*, 113.127-130; Pollet: *Correspondance*,
1, ch. 11, en part. p. 162 et doc. 23, pp. 171 s.; Nijenhuis: «Calvin and the Augsburg
Confession», dans: *Ecclesia Reformata*, 100 ss. 112 s. Cf. infra note 45 au texte.

[12]) V. inf. à la note au texte 48.

entre la Réforme et l'église catholique romaine» [13]). Cependant on peut se demander si cette évolution, qui commence à se dessiner au milieu des années 1530 [14]), ne s'affirme pas plus particulièrement à partir de 1538, année où le Landgrave de Hesse et le Conseil de Strasbourg lui donnèrent la tâche de servir la cause de l'union au colloque organisé à cette fin à Leipzig [15]). Ceci donnerait à penser que nous avons ici une des dernières expressions d'un «non» catégorique prononcé par Bucer à l'adresse de Rome avant qu'il ne s'engage, au moins pour un temps, dans les chemins de la conciliation [16]). L'hypothèse que nous avons formulée plus haut, et d'après laquelle le cours de Bucer ne portait effectivement que sur les chapitres ecclésiologiques de l'*Enchiridion*, s'accorderait avec ce que nous venons de dire: car l'intérêt ecclésiologique est plus marqué que jamais chez le Bucer des années d'irénisme [17]).

4. POLÉMIQUES ENTRE BUCER ET ECK 1528-1536

Nos deux adversaires s'étaient affrontés dès avant la diète impériale de 1530. Certes, ils ne s'étaient combattus qu'indirectement en 1528 à Berne [18]). Mais en 1530 Eck attribuait nommément à Bucer quinze des thèses hérétiques inclues dans ses *404 Articles* [19]). Peu après il rédigea avec l'aide de quelques collègues la réponse des catholiques à la *Confession Tétrapolitaine* [20]), à laquelle Bucer et ses collègues opposèrent à leur tour l'*Apologie* [21]). Désormais le combat était si bien engagé que Bucer passait à l'attaque. En 1534, Eck, dans une lettre au Strasbourgeois

---

[13]) Bornkamm: *Bedeutung*, 25: «... einen dauerhaften Ausgleich zwischen der Reformation und der katholischen Kirche».

[14]) A l'époque où Bucer et Mélanchthon élaboraient des projets de réforme à l'intention de l'Eglise de France. V. par ex. Pollet: *op. cit.*, 2, ch. 18.

[15]) Stupperich: *Humanismus u. Wiedervereinigung*, 42-48; Eells: *Bucer*, 166-172.

[16]) L'emploi de la version F par Bucer ne contredit pas cette hypothèse. V. ce que nous avons dit de l'achat d'un exemplaire de cette version en 1541 dans notre article, «Konrad Lykosthenes», 160 s.

[17]) Cf. Augustijn: *Godsdienstgesprekken*, en part. chs. 2 et 3.

[18]) Sur Bucer à Berne, v. Pollet: *op. cit.* 2, 405-412, en part. p. 407, et n. 5, qui renvoie à Bucer, *Enarr. in Iohannem*, préface, f. 7 v. Bucer sentait que les théologiens de la partie adverse étaient pour ainsi dire des disciples d'Eck, qu'ils avaient entendu deux ans plus tôt à Baden. — Eck lui-même prend à parti Bucer dans sa *Verlegung der disputation zu Bern* (Metzler, in CCath 16, no. 65).

[19]) Gussmann: *Quellen*, vol. 2. Il y a en tout 339 propositions hérétiques diverses, les autres étant de Luther et d'Eck lui-même. Celles que l'auteur a tirées de Bucer ne proviennent qu'en partie de la Dispute de Berne. Elles couvrent les sujets les plus divers: les images, le purgatoire et le pouvoir ecclésiastique, aussi bien que la prédestination, la foi, le Saint-Esprit et les sacrements.

[20]) Paetzold: *Konfutation*, pp. XVII-XX, XXV, XXX s., sur le rôle décisif d'Eck et les contributions de Fabri et Cochlaeus. Cf. Pollet: *op. cit.* 2, 155.

[21]) Ed. par B. Moeller, in BDS 3. Voir l'introd. *ibid.* pp. 189-193.

Matthieu Zell fit état d'une concorde eucharistique conclue entre Ambroise Blaurer de Constance et le Württembergeois Erhard Schnepf, qu'il présenta comme une palinodie du premier. C'était remuer le fer dans la plaie des «tétrapolitains», alors même qu'ils aspiraient à une concorde générale avec ceux de la Confession d'Augsbourg. Avant même que Blaurer puisse s'en expliquer lui-même, Bucer, dans une lettre-fleuve, lui dicta les arguments et jusqu'aux termes à employer dans une contre-attaque [22]. Trois petits billets suivirent à quelques jours d'intervalle, pour harceler l'ami et lui suggérer des arguments supplémentaires, et Blaurer s'exécuta [23]. Ces quelques données, et surtout la dernière, sont peut-être de nature à expliquer l'attaque contre l'*Enchiridion*, et surtout contre les lieux dont dépendait l'ensemble de la polémique d'Eck: ceux qui avaient trait à l'ecclésiologie.

5. POLÉMIQUE ET LOGIQUE

Durant les premiers temps de la Réforme, on se plaisait, surtout à Wittenberg, à faire voisiner les *Elenchi Aristotelici* et les *sophismata Ecciana*, pour les couvrir d'un ridicule commun [24]. Mais bientôt le ton changea, même en Saxe [25]; combien plus chez le dominicain de Strasbourg, dont nous connaissons l'intérêt ancien pour une logique qui était à la fois nouvelle, œuvre d'humanistes chrétiens du début du siècle, et traditionnelle, rattachée aux textes d'Aristote et de Pierre d'Espagne [26]. Les apologistes catholiques, quant à eux, ne se privaient pas d'employer des syllogismes, de poser des problèmes insolubles, de relever les sophismes de leurs adversaires [27]. Bien plus, Eck lui-même n'avait pas manqué de relever l'usage de syllogismes fait par Bucer au cours de la Dispute de Berne [28]. Quant à la réfutation des sophismes,

---

[22] Schiess: *Briefwechsel*, 1, 567-578 (début octobre 1534). Cf. en part. p. 568, n. 2.

[23] 8 oct., *ibid.* p. 579; 15 oct. p. 585; 3 nov. p. 594. Pour la publication du *Bericht Ambrosii Blaurer* v. aussi p. 568, n. 2.

[24] V. par ex. Melanchthon: *Didymi Faventini Oratio* (contre Tommaso Radini Tedeschi) 1521, *CR* 1, 314.

[25] Sur la nouvelle logique mélanchthonienne, v. Vasoli: *Dialettica*, 283-309.

[26] V. inf. note 31.

[27] Ainsi Eck dans l'*Enchiridion*, ch. 15, *De invocatione sanctorum*, 1ère partie, parmi les arguments tirés de la raison. Cf. aussi Emser: *Wider das unchristenliche Buch*, éd. Enders, 1, 26. Luther use d'un sophisme en raisonnant du sacerdoce universel (secundum quid) à la prêtrise (s. proprie dictum).

[28] Eck: *Verlegung*, par ex. p. 84. Bucer construit un syllogisme: les auteurs de certaines interdictions sont des apostats. / Des conciles et des prélats ont promulgué de telles lois. / Ergo . . . «darin er in maiori nympt universalem, quam non habet Paulus». En adoptant l'argument de Bucer on pourrait prouver l'apostasie des apôtres. — Cf. aussi pp. 175 s. à propos du sacrifice eucharistique.

la polémique strasbourgeoise de l'époque devait en faire un usage suffisant pour qu'un nouveau venu comme Calvin pense à en insérer quelques échantillons dans la nouvelle version de son *Institution* qu'il publia en 1539 [29]).

Il n'est peut-être pas inutile d'ajouter que Bucer ne paraît pas avoir abandonné son intérêt pour la logique, même beaucoup plus tard. Il existe quelques indications qu'en 1550 il ait même professé un cours de logique à Cambridge [30]). Qu'un tel cours soit l'œuvre du professeur royal de théologie, montre l'importance que Bucer attribuait aux rôles que la logique pouvait jouer dans les sciences sacrées.

6. L'ARGUMENTATION LOGIQUE

Tout le long de son cours, Bucer suit une seule et même méthode polémique, qui consiste à réduire les arguments d'Eck à des syllogismes pour en démontrer ensuite les défauts logiques. Pour le faire il s'est de toute évidence servi en premier lieu du *De sophisticis elenchis* d'Aristote [31]), mais sans doute aussi d'autres ouvrage qui se rattachent plus ou moins directement à ce premier. La lettre du 30 avril 1518 adressée au Couvent des Prêcheurs à Sélestat, où Bucer donne une liste d'ouvrages empruntés, nous fait voir qu'il connaissait les *Summulae* de Pierre d'Espagne, le *De Fallaciis* communément attribué à S. Thomas, et la traduction commentée d'Aristote éditée par Lefèvre d'Etaples [32]).

Notre texte donne à penser que Bucer ait fait écho tantôt à l'une, tantôt à l'autre des diverses transpositions latines de la terminologie aristotélicienne. Il convient d'ajouter que dans les ouvrages que nous avons cités, les sophismes sont toujours présentés dans le même ordre. Ils sont disposés en deux séries: *in dictione*, ou mauvais usage de la terminologie; *extra dictionem*, ou mauvais usage des énoncés. Les voici disposés en tableau:

---

[29]) Livre 3, ch. 18, para. 8. *CR* 30, 610. Cf. la table synoptique *CR* 29, LV, et la version de 1539, ch. 10, para. 84, *CR* 29, 799.

[30]) Risse: *Logik*, 1, 63 qui renvoie à la préface de Ralph Lever: *The Arte of Reason*. 1573.

[31]) Erasme avait fait paraître les 'Αριστοτέλους ἅπαντα en 1531 à Bâle. Sur cette édition et celle publiée antérieurement par Alde Manuce à Venise, v. Fabricius: *Bibl. graeca*, 2, 168. De cette dernière il dit «iam Erasmi aetate perrara fuit».

[32]) *BDS* 1, 281-284. Bucer avait lui-même acheté les œuvres de saint Thomas; il emprunta l'*Organon* dans l'édition de Lefèvre, et les *Summulae* avec le commentaire de Pierre Crockaert, o.p., disciple parisien de Jean Major. Renvois à la littérature le concernant dans *Enciclopedia Filosofica*, 2, 200 s. — Sur Lefèvre v. Vasoli: *Dialettica*, ch. 2, en part. pp. 204 ss. — Pour le problème de l'authenticité du *De fallaciis*, v. Walz et Novarina: *Saint-Thomas*, p. 54, n. 43.

In dictione [33])

Aristote	Pierre d'Espagne	S. Thomas	Lefèvre
ὁμωνυμία	equivocatio	aequivocatio	aequivocatio
ἀμφιβολία	amphibolia	amphibologia	amphibolia
σύνθεσις	compositio	compositio	compositio
διαίρεσις	divisio	divisio	divisio
προσῳδία	accentus	accentus	accentus
σχῆμα τῆς λέξεως.	figura dictionis	fig. dict.	fig. dict.

Extra dictionem [34])

	fallaciae	fallaciae	captiones
τὸ συμβεβηκός	accidens	accidentis	accidentis
τὸ ἐν μέρει	secundum	sec. quid	sec. quid
λεγόμενον -το	quid —	—	—
ἁπλῶς	simpliciter	simpliciter	simpliciter
ἔλλειψις τοῦ	ignorantia	ignorantia	inscitia
λόγου	elenchi	elenchi	redargutionis
ἐξ ἀρχῆς	petitio eius quod	petitio	quod in principio
αἰτεῖσθαι	erat in principio	principii	est petere
τὸ ἐπόμενον	consequens	fall. consequentis	capt. propter consequens
τὸ μὴ αἴτιον	non causa	non causa	non causa
ὡς αἴτιον	ut causa	ut causa	ut causa
δύο	plures interrogationes	pl. int.	pl. int.
ἐρωτήματα ἓν ποιεῖν.	ut una	ut una	ut una

Ce tableau appelle deux observations. D'une part on verra Bucer suivre parfois l'ordre des sophismes plutôt que celui des arguments d'Eck. D'autre part, et pour autant que les variations minimes de la terminologie latine permettent d'en juger, c'est le vocabulaire employé par saint Thomas qui paraît lui être le plus familier.

Cette familiarité ne s'explique peut-être pas par la fréquentation du seul Thomas d'Aquin. Bucer possédait les commentaires de son confrère dominicain Pierre Crockaert à l'*Organon* d'Aristote et à Pierre d'Espagne. Dans l'un comme dans l'autre commentaire, et même dans le texte de Pierre d'Espagne imprimé avec le commentaire, on retrouve les termes «thomistes». Les commentaires eux-mêmes renvoient constamment à

---

[33]) Aristote: *Soph. el.*, chs. 3-4, *Opera* 1, 165 b-166 b. — Pierre d'Espagne: *Summule*, para. 24, éd. De Rijk, p. 96. — Thomas d'Aquin: *De fallaciis*, chs. 6-10, *Opuscula phil.*, 228-233. — Lefèvre: *Logica*, f. CCLV r. et ss.

[34]) Auteurs et ouvrages cités: Aristote, chs. 5-6, pp. 166 b-169 a. — Pierre d'Espagne, para. 101, p. 145. — Thomas d'Aquin, chs. 11 (liste) et 12-18 (explications), pp. 233-240. — Lefèvre, f. CCLVI r. et ss.

Saint Thomas [35]). Ainsi, la terminologie de Bucer pourrait bien refléter l'effet cumulatif de toute une tradition médiévale, principalement thomiste, que ni le recours au texte grec d'Aristote, ni la connaissance de la nouvelle traduction de Lefèvre n'ont modifié.

7. Présentation du texte

Notre édition fait deux entorses aux règles fixées pour les *Opera latina* par les éditeurs en 1974-75. Nous avons réservé l'usage des italiques aux *incipit* que Bucer tire de l'*Enchiridion*. Les guillemets doubles indiquent une citation, les guillemets simples une paraphrase, leur absence une allusion.

D'autre part, la nature particulière de notre document nous a obligé à pratiquer dans le texte des interventions plus radicales que celles qui sont généralement admises. Il est évident qu'au cours de ses leçons, Bucer a lu de larges extraits de l'*Enchiridion* avant de procéder à la réfutation. La familiarité avec ces textes, une allusion de Bucer, peut-être même le ton de sa voix, ont pu indiquer aux auditeurs quel était le personnage que le conférencier faisait parler: l'auteur de l'*Enchiridion*; un autre défenseur — fictif, celui-là — des positions adverses; lui-même; ou un autre représentant de la théologie évangélique, en particulier Luther. Mais dans les notes qui nous sont conservées, ces indications sont rares. Nous y avons suppléé en mettant entre crochets: E. = Eckius; R. = responsio; O. = objectio; S. = syllogismus. De même, nous avons séparé les arguments les uns des autres par des tirets et nous avons indiqué par des barres obliques l'ordonnance interne des syllogismes, que notre manuscrit indique souvent par la disposition des lignes. Là encore nous avons tenté de rendre à nos lecteurs le service que le ton de la voix et une grande familiarité avec la logique formelle ont dû rendre aux auditeurs de Bucer.

A l'exception de quelques endroits où Bucer paraît se référer à une édition plus tardive, et que nous indiquons spécialement, nous citons l'*Enchiridion* d'Eck dans sa version de 1529.

* * *

Il reste à l'éditeur l'agréable devoir de remercier tous ceux dont la compétence et l'amabilité l'ont aidé dans son travail, et en particulier M. Robert Stupperich de Munster en Westphalie, MM. Rodolphe

---

[35]) v. Crockaert: *Acutissime questiones*, sur les *Elenchi soph.*, livre 1, quaestio 1, art. 3. — quaestio 2, art. 4, f. [n iv]v. — oi r.; *Summularium*, tractatus sextus, f. v v. — Aa 3 r. Cf. Greschat: *Bücherverzeichnis*, en part. p. 170s, 178, 184, et B *DS* 1, 282ss.

Peter et Jean Rott de Strasbourg, ainsi que les services des Archives de la Ville, les collègues et amis de l'Institut d'histoire de la Réformation à Genève, ainsi que la British Academy et la direction du Warburg Institute de l'Université de Londres. Que tous veuillent trouver ici l'expression de ma profonde reconnaissance.

P. F.

P.S. Notre édition critique de l'*Enchiridion* de Jean Eck a paru au t. 34 du *CCath* après la mise sous presse du présent travail.

On y trouvera les principaux textes visés ici:

Ch. 1. 1ère partie   pp. 17-24
        objections   25
        répliques   26-34

Ch. 2. 1ère partie   35-41
        objections   41s
        répliques   42-47

Ch. 3. 1ère partie   48-54
        objections 1ère série 55s
        répliques   56-62
        objections 2ème série 62-65
        répliques   65-75

La traduction allemande (*Handbüchlin*) éd. E. Iserloh, a paru au t. 35 de la même collection.

SIGLES UTILISÉS DANS L'APPARAT CRITIQUE

[ ] : En marge.

Ap: Apud = source immédiate.

Qualification de l'emploi des sources

(*a*): abrégé.

(*e*): extrait.

(*i*): source d'une idée.

(*p*): paraphrase.

(*r*): renvoi.

(*t*): texte.

[439/270 r.] [DE ECCLESIA, CAPUT 1.]

Problema: An praelati ecclesiae sunt audiendi in ecclesia vel non.
Dicimus ¹): non sunt semper audiendi nomine ecclesiae, quia non sunt
vere ministri ecclesiae, sed vocantur.

«*Fatemur ecclesiam*» ²): Omnia concedantur; non autem sequitur ³):
5 omnes repraesentantes ecclesiam sunt audiendi. Esse audiendum per
se uni verbo Domini proprie competit, et non simpliciter praelato
repraesentanti ecclesiam. Praedicatum ⁴) «esse audiendum» non per se
competit subiecto «repraesentanti ecclesiam».

«*Si quis vellet*» ⁵): Calumnia est. Lutherus recte docet ecclesiam non
10 videri. Oportet credere, ut in symbolo. Ecclesia est indubie, ubi verbum
et sacramenta sunt. — Problema: Potestne cerni qui sint coram Deo de
ecclesia, et qui non sint? Non potest cerni qui sunt de ecclesia. Oportet
quidem visibiles esse quos adeas ⁶), sed non sequitur cerni posse quinam
apud Deum sint ecclesia. Esse fideles et posse videri competunt, sed
15 non eodem modo. Quatenus coram Deo ecclesia sunt, accidit filiis Dei
solis; esse visibilem competit homini soli. Filium Dei esse accidens est:
Ille veniens est; / veniens est grammaticus; / ergo est veniens grammaticus.

Audiendum esse non simpliciter competit sacerdoti, sed in quantum
est sacerdos, et 'eloquia Dei loquitur ⁷)'. Sic, quae dicit dubia debent
20 deferri ad maiores ᶜ) ecclesiae. Utraque vera. Ecclesia manifesta, in-

---

^a) p. 438/f. 269 v. blanc.
^b)-^b) Apparemment inséré par la suite au-dessus des mots suivants.
^c) *maioris* MS.

---

¹) [] *Agnia elenchi*. — Pour la forme ἅγνεια, cf. Estienne: *Thesaurus* 1:1, 379 C.
²) Eck: *Enchiridion*, réponse à la 3e objection hérétique (tirée de Luther: *Ass.*
omnium art. WA 7, 133; *Ad librum Catharini responsio, WA* 7, 713; Zwingli: *Akten d.*
2. Disp., CR 89, 682 s.): l'église est bien la congrégation des fidèles, mais ses chefs la
représentent et agissent en son nom.
³) [] *Accidentis fallacia*.
⁴) [] ^b) *Potest verum esse* ^b); *ex compositione*.
⁵) Eck, *loc. cit.*: «S' q' v' 'dicere ecclesiae' [Mt 18, 17] secundum Ludderum, oporteret perambulare totum orbem». Allusion à Luther: *Resolutio super prop. 13*; *Von dem*
Papsttum zu Rom, WA 2, 208; 6, 292, qui sont également utilisés dans la 2e objection
hérétique.
⁶) [] *Accidentis*.
⁷) Cf. 1 Pt 4, 11 (Er).

quantum nobis tales huiusmodi sunt, et non manifesta, scilicet quantum coram Deo est ecclesia. Si orationis, scilicet esse de ecclesia, ambiguum spectes, est amphibologia; alias ignorantia elenchi.

Summa huius: 1. An ecclesia sit magis audienda quam scriptura
5 ipsa. 2. Ecclesia audienda. Nos sumus ecclesia, papa etc., quia repraesentamus.

DE CONCILIIS, CAPUT 2.

Conciliis auscultandum aliquousque, scilicet si rite congregatum [!], et pie, bene, concludant [8]). [R.] Analysis fiat: Estne? etc. Non simpliciter eis credendum. Ab exemplo: quae pertinent ad tertiam figuram [9]).
10 Syllogismus [10]): Apostoli et seniores convenientes Hierosolymis, deciderunt sine Scripturis sola autoritate. / Sic illi, etc. / Ergo. — [R.] Maior consideretur probe. Non sine Scriptura, quia implicitum verbum, non quidem expressum [11]). Fallacia a secundum quid: Illi sine expresso oraculo quod ipsis visum decreverunt.
15 [440/270 v.] Alterum argumentum: Nunquid fuit sacrum ecclesiae concilium illud? Nunquid hodie ecclesia est? Nunquid habet suos praelatos? Nunquid illi consistunt ecclesiae iudicio? — Ergo. — Omnes agnoscunt papam ministrum et suos. Ergo. — Cum illi conveniunt est concilium, et ergo audiendi. [d]) Est exemplum [12]) in ecclesiae Antioche-
20 nae [!]. Nota probe, et exemplum bene explices [d]); [e]) quales fuerint, quando et cur convenerint, quo eorum tempore. Convenite, apostoli, seniores, et sancti; non Judae et Caiaphae, etc.[13]) Peribimus [14]). [R.] Est ἔλλειψις τοῦ λογοῦ [!] hic. Unum particulare non infert aliud, etiam non universale.[e])

---

[d])-[d]) Inséré à côté du texte qui commence *Alterum argumentum* entre la manchette et la série des questions *Nunquid* . . . Peut-être notre passage doit-il être placé avant ces interrogations.

[e])-[e]) Inséré après coup sous la fin de cette réfutation.

---

[8]) Eck: *Enchiridon*, commence par analyser le concile apostolique d'après Act 15, 15 et s.; il en conclut que tous les conciles ont le même pouvoir de légiférer même en des matières «quae . . . ad fidem simpliciter non essent necessaria».

[9]) Aristote: *Analytica priora*, livre 1, chs. 11 s., *Opera* 1, 31 s. La figure logique examinée ici est «datisi».

[10]) Eck *loc. cit.*: «Patet concilium habuisse potestatem statuendi . . .».

[11]) Eck *loc. cit.*, pense qu'Am 9, 11 s. fut cité «in deliberando», mais ne fondait pas la décision du concile apostolique.

[12]) [] *Argumentum omne.* — Cf. Eck, *loc. cit.*: «Antiochia quoque recepit conclusa Hierosolimis; Ludder respuit conclusa Romae».

[13]) Cf. Eck: *Enchiridion-Handbüchlein*, 1530, après «convenerunt seniores» ajoute: «Nit des Luthers schuster und weber . . ., die hayden oder juden».

[14]) *Sic.* S'il ne s'agit pas d'une erreur d'écriture (pour «praeteribimus»?) le sens

Papa et episcopi [15]) sunt seniores ecclesiae. / Convenientes autem seniores, faciunt concilium. / Ergo. — [R.] Praedicatum non competit per se, sed est secundum accidens, ut sit «sanctum». Ecclesia vera, si eos tales habeat, verum erit. Si ex nomine consyderes, erit homonymia.
5 Dicimus quod ad nos illorum concilium . . .: Convenimini etiam sancti in Spiritu sancto, praecationibus, etc. [E.] Tamen 'idem Spiritus, idem Christus, etc.'[16]). De eo quaeritur, an habeatur Spiritus Christi. Petitio principii. Hoc argumento multos captivos tenent illi sophystae.

«*Non transferes terminos*» [17]): Etiam secundum quid fallacia: Ter-
10 minos, quos posuit Spiritus, non transgrediari; etiam vetustissima decreta conciliorum, quia ex Spiritu decreverunt. Non sequitur tamen: decretum Niceni concilii servandum; ergo etiam Constantiense.

«*Si duo convenerint*» [18]): Accidentis fallacia. Non quia conveniunt quidam sunt audiendi statim, sed si 'in nomine Domini', illius nomine
15 nitantur. Accidit multitudini, ut in nomine Dei conveniant; non semper. Convenire (ex simpliciter [f]) inferre secundum quid) convenire in Domino non est.

«*Nullus potest*» [19]): Contemnens concilium, luculentissime contemnit ecclesiam. — [R.] Non quodvis concilium est verum concilium. Non
20 omnis consensus est ille sacer consensus, de quo Christus loquitur. Omnia illa sunt accidentia: possunt adesse et abesse. Ubi verbum Domini auditur, ibi audiendum.

«*Convocantes*» [20]): Asserit concilio simpliciter auscultandum; nos non. — [S.] Ratum habetur convocatio ecclesiastica et decretum illius. /
25 Ea multitudo fuit concilium. / Ergo cuiuslibet concilii decretum valeat.

---

[f]) *simperlisiter* MS. *Ex* inséré après. Peut-être un écho du *semper* de la clause précédente.

---

doit être que si le concile tant attendu se compose de «Judae et Caiaphae», il ne manquera pas d'être fatal aux évangéliques.

[15]) [] *Syllogismus.*

[16]) Eck, *loc. cit.*, conclut que les conciles subséquents jouissent de la même autorité que le concile des apôtres.

[17]) Eck, *loc. cit.*, cite Pr 22, 28 (d'après la Vg: «ne transgrediaris») qu'il comprend dans le sens que lui donne la *Glose ordinaire*: les «termini» seraient les décrets des Pères. Bucer suit peut-être BiPag ou BiMun, voir les LXX.

[18]) Eck, *loc. cit.*, utilise Mt 18, 19 s. (Vg). — Ici d'après BEv 1536, ad loc., *enarr sect* 4, p. 384 (mais ctr. la trad. p. 376!). La leçon de BEv combine les vv. 19 et 20 peut-être d'après *Decreti* la pars, dist. 20, can. 3, Friedberg 1, 66.

[19]) Eck, *loc. cit.*: «N'p' convinci evidentius non audisse ecclesiam, quam si concilium non audierit», puisque là plus que partout ailleurs on s'assemble au nom du Seigneur.

[20]) Eck, *loc. cit.*, continue en citant Act 6, 2.

— [S.] Papa et episcopi sunt multitudo ecclesiastica. / Multitudini ecclesiasticae decernere licet, et firma eorum decreta audienda. / Ergo. — [R.] Contra [21]): Si Dei verbum adferant. In quantum Dei verbum adferunt audiendi.

5   [441/271 r.] [S.] Haeretici sunt, qui secedunt et nova dogmata inferunt et sectantur. / Hoc faciunt Lutherani. / Ergo [22]). — [R.] Lutherani non secesserunt ab ecclesia, sicut nec aliena dogmata sequuntur. Consensus cum ecclesia non pendit ex aqua benedicta et aliis nugis [23]), sed ex articulis fidei. Hos omnes credimus, etc.

10   *Patres sunt audiendi* [24]): / Thomas, Scotus et alii sunt patres. / Ergo audiendi. — [R.] Aliter et aliter patres accipit. Ὁμωνυμία.

«*Tollatur conciliorum*» [25]): Si non simpliciter credendum concilio, puta maximae autoritatis, igitur omnia incerta, dubia, ambigua, etc. — [R.] Caussa non caussa. Non sequitur hoc ex eo. Concilio non [g]) simplici-
15 ter credendum. Non ideo deest summum iudicium ecclesiae, quod hominibus non summum iudicium concedam[us]. Supremum iudicium neque nominibus [neque] numero [neque] loco committit, sed Spiritus sibi retinet. Ipse regit ecclesiam. Christus sponsus ecclesiae eam curat. Dignitas ecclesiastica [26]), locus, numerus, non facit ecclesiam. Aliquan-
20 do [27]) multitudo verum iudicat, sed non semper. Aliquando ubi convenitur, ibi veritas invenitur. — [O.] Sed singuli dicent se habere Spiritum sanctum. — [R.] Probandi [28]). — [O.] Das meer gang für, ut sit pax. — [R.] Si non agnoscis multitudinem recte iudicare, praebe iugulum [29]) vel patisce.

25   «*Nam omnes*» [30]): Alterum ἀναίτιον: Si non simpliciter credendum

---

[g]) *nam* MS.

---

[21]) [] *Paralogismus accidentis.*

[22]) Eck, après avoir cité Jb 8, 8 ss.: «Ergo concilia audiamus, et patres, non haereticos nuper natos, et apostatas».

[23]) Peut être une allusion au ch. 33 (plus tard 34) *De ecclesiis aedificandis et ornatu earum*, ajouté à l'*Enchiridion* en 1529 (version F 1).

[24]) V. supra note 22.

[25]) Eck, *loc. cit.* (chap. 2): «'T' c' authoritas, et omnia in ecclesia erunt ambigua . . . incerta, nam omnes mox redibunt haereses, conciliorum authoritate damnatae».

[26]) [] *Fallacia* ἀναιτίου.

[27]) [] *Omnia per accidens praedicuntur.*

[28]) Cf. 1 Io 4, 1.

[29]) «Das mer . . .»: «que la majorité prenne le pas [sur les autres]». — Même en dehors du débat sur la théorie conciliaire et le rôle de la majorité (cf. par ex. Bäumer, «Luthers Ansichten»), on pensait couramment que le règne de la majorité pouvait entrer en conflit avec celui de la justice: v. Agricola: *Sprichwörter* 1, n° 703. — Pour «iugulum praebere» v. Forcellini: *Lexicon*, 3, 645.

[30]) V. *supra*, n. 25.

conciliis, redibunt haereses, etc. — [R.] Non sequitur. Haereses non omni concilio extinguuntur, cum etiam errare possit, ut Ariminense [31]). — [R.] Non sequitur [32]), eo quod Iacobi, Machabaeorum, Lutherus abiicit, non statim omnem Scripturam pro libidine reiicit. Veterum
5 exemplum pro se habet.

[E.] Quomodo princeps non bene instituit suam rempublicam, in qua non ratio tollendi omnes controversias [33])? Secundum vos non fecit Christus, quod absurdum. — [R.] Contravenit primo principio [34]): assumptum incertum et dubium est. Omnes homines possunt labi.
10 Tamen Deus suos servat ab errore. Confugiendum ad unum magistrum, Christum, in caelis [35]), quia omnes homines possunt errare; ut fatentur unum Athanasium recte sensisse sui temporis concilio [36]). Deus vult, ut omnem rectitudinem a se uno et solo petamus.

Aristoteles [37]). Docet eosdem esse locos et modos sophisticarum re-
15 prehensionum, quam sunt aparentium syllogismorum. Philosophus munit contra fraudes sophistarum.

[442/271 v.][h]) «Ὅτι δε ἔχομεν»[38]): scilicet sophisticos paralogismos. Ex medio auditorum probat, etc. [h]) Ipsi aliquoties paralogismos admittimus, id est falsas collectiones [39]). A sciente fit paralogismus erga
20 alios; [a] nesciente [fit paralogismus] iam in nobis, [iam in] aliis.

---

[h])-[h]) Texte rajouté à la fin de l'alinéa, où un prolongement du trait final indique cependant la place que nous lui assignons ici.

---

[31]) Eck: *loc. cit.*, 3e objection hérétique. Une des objections les plus courantes à l'infaillibilité des conciles. Fondée sur *Decreti* la pars, dist. 15, can. 1, Friedberg 1, 34, elle est connue dès avant la Réforme: v. Bäumer: *Nachwirkungen*, p. 166.

[32]) *Anaetion* [!] — Cf. Eck, à la suite du *loc. cit.* supra à la note 25: on ne peut procéder contre les hérétiques à l'aide de la seule Ecriture, puisqu'ils rejettent aussi bien cette dernière, comme Luther l'a fait pour ces livres bibliques. V. résumé et renvois chez Kooiman: *Luther*, chs. 15 et 19, en part. pp. 148 s., 189 ss.

[33]) Eck, *loc. cit.* Si l'on accepte le point de vue des hérétiques, il devient impossible de décider des questions controversées. «Quomodo ergo Christus non sufficienter providisset ecclesiae suae per legem evangelicam, quae tamen debet esse perfectissima?»

[34]) Dans le sens très général que tout argument doit être fondé sur des prémisses certaines. (Voir par ex. Aristote: *Analytica priora*, livre 1, ch. 27, *Opera* 1, 43 b.)

[35]) Cf. Mt 23, 9 s.

[36]) L'ajout de Smeling à la réponse à la 3e objection hérétique (*Enchiridion*, notre éd. dans *CCath*, variante [v2]-[v2]) raconte l'histoire des conciles hérétiques de Rimini, Milan, Antioche et Séleucie d'après Eusèbe-Rufin: *Hist. eccl.*, livre 10, chs. 21 s. *GCS* 9:2, 987 s.; et l'*Historia Tripartita*, livre 4, ch. 9, et livre 5, ch. 34, *MPL* 69, 960 s. et 1011-1015; *CSEL* 71, 164 ss. et 267-275. Ces conciles auraient eu pour but principal de combattre S. Athanase.

[37]) *De soph. elenchis*, ch. 8, *Opera* 1, 169 b.

[38]) Aristote, *loc. cit.*: «ὁ δ' ἐ' αὐτοὺς τῇ αὐτῇ μεθόδῳ, δῆλον κ.τ.λ.»

[39]) Erasme: *De conscribendis epistolis*, ch. 46, *LB* 1, 406: «est argumentatio, quae rationibus et expolitione absolvitur».

Eccius [40]): Mandata per patres sunt fide digna. Igitur est credendum. — [R.] Accidentis fallacia. Non sequitur. Sed si verbum Dei, ergo credendum.

«Augustinus ad Ianuarium» [41]): Argumentum ab authoritate Augustini.
5 Loquitur de Quadragesima. Oportet videre de quibus loquitur Augustinus hoc loco. Epistolae [42]) Augustini, Gregorii, cum primis legendae theologiae candidatis [43]). Respondet esse ritus generales, [et] speciales: [generales], quas censet observandas (sed a privatis hominibus), et non de eis disputare, et sibi sumere melius iudicium, quam universae ecclesiae.
10 Observa: de singulis hominibus loquitur. Augustinus non damnat ecclesiam, quae non servat, quod omnes aliae servant. Si illaesa fide quid possit servari, et non ad manifestam idololatriam et fiduciam operum faciat, etc., servandum quidem; sed aliud nostro quam illius tempore.

«Insolentissimae [44]) *insaniae disputare»*: quid [i]) faciendum vel non,
15 vel de observatione universali. / Vos, etc. / Ergo. — [R.] Minor negatur. Removimus vestram Quadragesimam, quae est in fiduciam operum collocata, idololatriam; paenitentiae excussionem [45]). Ergo non commune ecclesiae institutum sustulimus, sed tantum abusus, quos vos nobis

---

[i]) *quod* corrigé par un *i* suscrit.

---

[40]) *Loc. cit.*, cite Ps 78 (77), 5 s. et poursuit: «ergo nos credamus mandata, conciliis, et patribus».

[41]) Eck, *loc. cit.*, poursuit en citant *Decreti* la pars, dist. 12, can. 11, Friedberg 1, 29: «Illa quae non scripta sed tradita custodimus, quae quidem toto orbe observantur, datur intelligi vel ab ipsis apostolis vel a plenariis conciliis (quorum est in ecclesia saluberrima authoritas) commendata atque statuta retineri». La réponse de Bucer ici paraphrase librement la suite du même canon et l'introduction de Gratien aux canons suivants.

[42]) [] ☞

[43]) Le sens de cette remarque n'est pas clair. Elle se réfère peut-être à l'enseignement de la rhétorique et du style aux élèves de la classe supérieure du gymnase, donnée d'ordinaire à l'aide de Cicéron et de Démosthène, mais où la tradition voulait que l'on employât parfois les pères de l'Eglise: v. Renaudet: *Préréforme*, 278. Peut-être s'agit-il de l'enseignement de la théologie, qui commençait déjà au gymnase: v. Ficker: *Anfänge*, 39? On pourrait, en troisième lieu, penser aux lectures des théologiens en première année. Cf. *De modo docendi publice . . . et in classibus*, 1538-39, chez Fournier et Engel: *Gymnase*, 31. Dans ce dernier cas, il pourrait bien s'agir de lectures organisées en dehors des heures d'enseignement officielles, comme le laisse entendre Sturm: *De literarum ludis*, ch. 30, éd. Vormbaum, 672: «Ne Chrysostomum quidem aut Basilium, et his aequalem Gregorium legendum in gymnasiis theologorum censeo, sed domesticis studiis committo».

[44]) [] *Eccius*. — A la suite de la citation d'Augustin: «Unde haec, quia ita sint facienda, disputare, insolentissimae insaniae est.»

[45]) Le sujet est traité dans la *Tétrapolitaine* arts. 8, 20 et 22, *BDS* 3, 69-79; 143 ss.; 151-161, mais sans qu'on y souligne le problème des questions à poser aux pénitents,

reliquos fecissetis. — [R.] Demus (pare Augustini dictum) [46]), quod Quadragesima non universaliter habita. Vide Irenaeum, Eusebium, et alios
ea de re [47]). Alii tres dies ieiunarunt, etc. — [R.] Observatio universalis
est quae ex solo Dei verbo invecta est. Quadragesimam et chrisma [48])
5 mutare non est universalem observationem ecclesiae mutare. Quidam
agunt ut ecclesia, qui non sunt. Secundum quid ad simpliciter.

'*Decretum* [49]) *generalis concilii est consensio totius ecclesiae*', *etc.*:
— Respondetur: Tamen id per se non verum. Quod falsum est non
cadit in consensionem ecclesiae, quae liget. Homines possunt errare.
10 Concilia, non quia multi convenerunt, audiendi [!], sed quia in nomine
Domini congregati [!]. Videndum quod in Domino rite convenerint.
Conciliis per se non competit ut ei [!] simpliciter credatur. Non concilium
statim in genere errare posse dicas, quia male sonat apud simpliciores,
sed potius in specie, ut Constantinense, Basiliense, Ariminense, etc. [50]).
15 Verum dicere non competit per se ecclesiam repraesentantibus. [443/
272 r.]

«*Maiores ecclesiae*» [51]): Probat quod libenter admittimus. Dominus
nulli nomini authoritative humanae vult quenquam per se niti [52]). Qui
ex Spiritu sancto loquuntur, audiendi. Id ex verbo probabis [53]).
20 *Patribus credendum est* [54]): Illi non sunt patres. Ergo eis non creden-

---

qui figure en revanche dans CA 25, *BKS* pp. 98 ss. Ni la *Confutatio* de la *Tétrapolitaine*,
ni celle de la CA n'avaient soulevé d' objections. C'est dans le sens esquissé par la
CA que le sujet est repris dans la *Concorde de Wittenberg* de 1536, *CR* 3, 78. Cf.
Introd. n. 11.

[46]) Voir note 41.

[47]) Irénée, ap: Eusèbe: *Hist. eccl.*, livre 5, ch. 24, paras. 12 s., *MPG* 20, 500 ss.,
GCS 9:1, 494 (un ou deux jours, et même plus, jusqu'à quarante).

[48]) C.-à-d. le rituel de la confirmation (voir par ex. Altenstaig: *Lexicon*, s.v.). Dès 1534
Bucer avait envisagé de remplacer l'onction par l'imposition des mains, sans cependant
qu'on réintroduise la confirmation à Strasbourg (Wendel: *L'Eglise*, pp. 219 ss.).
Ce n'est que dans les deux ordonnances ecclésiastiques hessoises de 1538-39 que le
réformateur strasbourgeois réalisa ce projet: *BDS* 7, 264, et 310-314 (cf. Maurer:
Geschichte, 28-31).

[49]) [] *Eccius.* — Après un renvoi à Augustin: *De baptismo contra Donatistas*, livre 7,
chs. 53 etc., Eck cite livre 1, ch. 18, para. 28, *MPL* 43, 124; *CSEL* 51, 171: «. . . Plena-
rium concilium existimat 'consensionem totius ecclesiae'».

[50]) V. supra note 31.

[51]) Eck à la suite de l'argument tiré d'Augustin (voir note 49): «M' e', sicut sunt
in concilio, repraesentant totam ecclesiam». Marginale: «Ecclesia repraesentative».
Preuves tirées d'Ex 19, 3.7.8.

[52]) [] *Fallacia accidentis vel O'monimiae* [!].

[53]) P. ex. Io 16, 13. Cf. *Von der wahren Seelsorge*, BDS 7, 218.

[54]) [] *Ignorantia elenchi.* — Eck, réponse à la 1ère objection hérétique (Les conciles,
composés d'hommes faillibles, sont eux-mêmes faillibles): Les auteurs bibliques
étaient aussi des hommes faillibles; mais le Saint-Esprit les préservait de toute erreur.
«Sic patres in conciliis».

dum. Uni soli verbo Dei credendum, quicumque sit, qui afferat, sive pater sive non. Patribus credendum, sed non solis, sed non si praeter Dei verbum. Vera sunt ista sed ἐπι τὸ πολύ ᵏ). Argumentum sophisticum; solutio sophistica ⁵⁵). Canonici scriptores non errarunt utcumque
5 homines.

«*Chartaginense*» ⁵⁶): Unum singulare destruit totum universale.

Simpliciterne ⁵⁷) consilio [!] credendum an non? Dicimus non. Contra etc.: Simpliciter credendum tantum ei, qui nunquam fallere potest.

«*Ariminense*»⁵⁸): Affirmat fuisse conciliabulum. Damnat nos sophistice
10 agere ex ὁμωνυμία, quasi concilium per pontificem Romanum vocatum¹) errare non possit; quod falsum esse probatur verbo Dei, et usu rerum. Dicimus: illa concilia habita sunt illis vera; et iactarunt se in Domino convenisse. — [R.] Promissio Domini proferenda esset a pontifice coactum non posse fallere. Sicut sunt sophistica argumenta, ita etiam
15 sophisticae solutiones. Nulla promissio de loco, indicente, multitudine, est in sacris, et ita nulli simpliciter credendum est.

Nos ⁵⁹): Non est credendum illis, qui de eadem re credenda affirmant et negant, diversa statuunt; vel: contradicentibus sibi ipsis non est credendum. / Concilia, etc. / Ergo. / Sic concilium Constantiense et
20 Nicenum fecerunt. / Ergo etc. / Igitur concilia possunt errare.

He conatur solvere in sequenti titulo in solutione 14 ⁶⁰): «*Canon*

ᵏ) πολεί MS.

¹) *Concilium* répété ici par erreur.

---

⁵⁵) Cf. par ex. Aristote: *Analytica priora*, livre 1, ch. 26, *Opera* 1, 43 a, et la para-phrase chez Lefèvre: *Logica*, f. CXIII r., no. 196.

⁵⁶) Eck, réponse à la 2e objection hérétique (d'après Luther: *Resolutiones super prop. Lipsiae disputatis, WA* 2, 399 et en part. 404): Le concile de Carthage, célébré sous Cyprien (évoqué par Luther) ne fut qu'un concile particulier, et de ce fait pas infaillible. D'après Augustin: *De baptismo contra Donatistas*, chs. 3, 7 et 8, d'autres conciles particuliers peuvent en corriger les erreurs.

⁵⁷) Cet alinéa est séparé par un trait du précédent. Il représente peut-être moins une réflexion d'ordre général qu'une suite à ce que Bucer dit de la réplique d'Eck à la première objection hérétique.

⁵⁸) Eck, réponse à la 3ᵉ objection hérétique (v. supra, notes 31, 50): «A' conciliabu-lum fuit, non concilium, neque legitimme [!] congregatum. Invito enim Liberio coactum fuit, haereticorum opera . . .».

⁵⁹) Eck, 4e objection hérétique (d'après Luther: *Resolutiones super prop. Lipsiae disputatis, WA* 2, 399 s. et 404 ss.): «Et concilia etiam generalia, unanimiter suscepta, varia determinarunt, etiam in his, quae credenda proponuntur: ut concilium Constan-tiense de primatu papae, contra concilium Nicaenum et Aphricanum».

⁶⁰) Eck, ch. 3, réponse à l'objection hérétique no. 14 de la deuxième série (d'après Luther: *Resolutio super prop. 13, WA* 2, 238: «Concilium Nicaenum testatur episco-pum Romanum gerere curam suburbanarum ecclesiarum».) La réponse cite le can. 6 auquel Luther fait allusion et en conclut: «Liquet lectori non hic prohiberi primatum

Nicaeni» etc. Arguit nos falsum assumere, et petere principium.[1][61]).
A secundum quid ad simpliciter refellit hic sophistice. [2.] Dignitate
antecedere non facit statim etiam antecedere potestate. [3.] Contra valeret
potius.

5 *«Licet Nicea»* [62]): Petit quod nos non damus: principii petitio.
«Secundo quia» [63]): Etiam falsum est; non ita constitutum est.
Concedimus papae primatum, sicut et Chrysostomus provocavit ad
Innocentium [64]). Concedimus illi aliquam potestatem, sed non plenariam,
quantam ille sibi usurpat, ut sit dominus omnium ecclesiarum, episcopo-
10 rum, bonorum ecclesiae. Tantam concedimus illi quantam aliis episcopis
in eum. Par potestas episcoporum in se est a Christo, teste divo Hiero-
nimo [65]); in eos, dico, quos ille habet in sua cura: docendi, ligandi,
solvendi in sua ditione. Delicti caussa 'alius alii subiicitur' [66]). Neminem
Deus voluit esse sine pastore. [444/272 v.] Patriarcha Antiochenus
15 premens Hierosolymitanum, confug[i]ebatur ad Romanum [67]), etc. Sed
dum quisque suam diocoesin curat, alius nihil habet in eum; si non, ad
metropolitanum, postea ad patriarcham, postea ad Romanum [68]).
Probare Eccius nihil potest quam illum Romanum dignitate ante-
cellere, ut relicta aut perperam iudicata iudicia persequatur. — [S.]
20 Alterum iudicans habet maiorem potestatem. / Romanus. / Ergo. — [R.]
Est quidem iudicare actus habentis potestatem. Argumentum ab effectis.

Romanae ecclesiae (. . .) sed quia tunc authoritas trium ecclesiarum patriarchalium
fuit confirmata . . .».

[61]) [] *1. Fallacia*; *Accidentis 2.*; *3. Consequentis.*

[62]) Eck, suite de la réplique (v. note 60): Bien que le concile de Nicée fût tenu en
Asie, Hosius le présida au nom du pape et il confirma ainsi la primauté de Rome.

[63]) Eck, suite du même argument: «S' q' (. . .) fuit statutum, ut in causa depositionis
episcopi possit appellari ex toto orbe ad Romanum pontificem». — Cette réplique
reprend celle de *De primatu* livre 2, ch. 18, f. XX v. où Eck attribue à Nicée un *Com-
monitorium* [du pape Zosime?] au concile de Carthage. Cf. Denis le Petit: *Codex
canonum, MPL* 67, 183 s., et *Decreti* 2a pars, causa 2, qu. 6, can. 36, Friedberg 1, 479.

[64]) Un des exemples historiques cités par Eck ibid., sans doute sur la base de
l'*Historia Tripartita* livre 10, ch. 18, *MPL* 69, 1179; *CSEL* 71, 611 s.

[65]) *Ep.* 146, *ad Evangelum*, para. 1, *MPL* 22, 1194; *CSEL* 56, 310 s., souvent cité à
l'époque, d'ordinaire d'après *Decreti* la pars, dist. 93, can. 24, Friedberg 1, 328 s.
Cf. Fraenkel: «Quelques observations», et De la Brosse: *Le pape*, 261.

[66]) Cf. Eph 5, 21 et la *Glose marginale*, ad loc.

[67]) Recours au pape Léon durant la querelle des patriarcats, à l'époque du concile
de Chalcédoine. Cf. Hefele-Leclercq: *Conciles* 2:2, 735-741, en part. 739 s.; Jalland:
Papacy, 295-313.

[68]) Cf. l'esquisse de la constitution hiérarchique et du système de recours dans les
articles de Leipzig, 1538-1539, art. 7, par Witzel et Bucer, dans Cardauns: *Unions-
bestrebungen*, 100 ss. Des matériaux analogues se retrouveront dans le *Florilège
patristique* (MS Corpus Christi College, Cambridge), 293-321. BEv 1536, ad Mt 16,
18 s., *sect* 3, p. 359 A ne contient que des échos de telles idées.

Ἔνδοξον est [69]). Apparentia est ex eo quod fere iudicans habet etiam potestatem in suos gladii. Nam Camerae iudicium non habet potestatem gladii in iudicatum [70]).

Fatemur iudicat alios Romanus, dum nullus alius medetur. Non
5 habet potestatem nisi particularem, et in eos, qui iudicium non faciunt. Potestatem habere et omnem potestatem habere, aliud. A simpliciter ad [secundum] quid.

Imagines [71]) dicere nullo modo haberi posse in templo. Errat, quia libertas Christiana sic imminuitur; et «puris omnia pura» [72]). Praestat
10 tamen propter periculum non haberi in templo [73]).

m) «*Concilia plenaria*» [74]): Augustinus recte dixit; sed de suo proposito etc., vide eum De rebaptisandis.m)

«*Laici*» [75]): Ubi negotium salutis agitur omnium, ibi etiam est cuiusque consilium suum proponere. / In Concilio. / Ergo — Quia vero ministri
15 ecclesiastici gravissime lapsi, maxime interest laicorum salutem suam

---

m)-m) Inséré infra entre *repulsuro* et *Laici non habent*, mais encadré pour montrer que la phrase ne se trouve pas à la bonne place.

---

[69]) V. Aristote: *De sophisticis elenchis*, 17, *Opera* 1, 175 a.

[70]) Déjà à l'époque de Maximilien I une proposition tendant à créer des organes exécutifs ou au moins à obliger les Etats à exécuter les jugements de la Cour camérale, avait été repoussée (voir Smend: *Reichskammergericht*, 99). Lors des procès contre les Etats protestants dès 1535, l'exécution devait incomber aux Etats catholiques romains (*ibid.*, para. 5, pp. 138-154). Les Etats de la Ligue de Smalcalde rendirent toute exécution impossible en proférant simplement des menaces de représailles (*ibid.*, 145.153.170).

[71]) Bucer revient ici au ch. 2 de l'*Enchiridion*, à la réponse d'Eck à la 3e objection hérétique: Constantinople-Hieria fut aussi un conciliabule; Nicée II le condamna, et avec lui Carlstadt, Zwingli, Haetzer et Blaurer. La version allemande contient en outre un renvoi au chapitre qui traite des images.

[72]) Tit 1, 15 (Er).

[73]) Cf. la *Tétrapolitaine* art. 22, en part. la fin de la version latine et la variante «p», *BDS* 3, 161.

[74]) A la suite du passage concernant les images, Eck répond à la 4e objection hérétique (v. *supra*, note 59) en distinguant la foi unanime des conciles universels des règles pratiques édictées par tel concile et parfois modifiées par tel autre. C'est ainsi qu'il veut comprendre S. Augustin: *De baptismo contra Donatistas*, livre 2, ch. 3, para. 4, *MPL* 43, 128 s.; *CSEL* 51, 178. — La réponse de Bucer renvoie au contexte où S. Augustin subordonne les écrits des Pères à l'Ecriture. Ce passage devait être d'autant plus connu des auditeurs qu'il est cité dans le *Décret* la pars, dist. 9, can. 8, Friedberg 1, 17 s.

[75]) Eck, objection hérétique no. 5 (d'après Luther: *An den chr. Adel*, *WA* 6, 411-415; ou peut-être, d'après le mémoire et la réplique des Etats de l'Empire à la proposition du Nonce à la Diète de Nuremberg, janvier-février 1523, *DRTA* 3, 424 s., et 440): «Cum laici sint de ecclesia, et non minus agatur de salute animarum illorum, quam cleri, itaque conveniat eos interesse».

curare ubi periculum impendet. — Cuiusque [n]) [76]) est curare salutem
suam, maxime aeternam, et periculum depellere. / Agitur de salute
laicorum in conciliis. / Ergo. — Exemplum de gladio [!] sumente vim
vi repulsuro [o]).

5 «*Laici non habent vocem definitivam et statuendi in concilio*» [77]):
Probat per historiam, quod semper hoc episcopi fecerunt. Verum.
Proinde hoc episcoporum est, non laicorum. — [R.] Considera voces
«laicus», «clericus», vel «episcopus» [78]): proprie, quod munus obeunt;
abusive, quod non obeunt. — [E.] Vetus ecclesia tantum episcopis
10 definitivam sententiam concesserunt [!]; ergo et hodie. — [R.] Accidentis
est hic; ergo non semper. Instantiam da. — Laici excluduntur quatenus
imperiti. Non autem omnes sunt inepti ad religionem. Debebat maior
aptitudo esse clericorum, et sic definire; sed quia iam non sunt, et
hostes religionis omnes sunt, iure laici faciant. — Laicus, et iudicare
15 non posse: fallacia ex divisione. [445/273 r.]

«*Laici possunt*» [79]): Omnium Christianorum, etiam laicorum, est
curare negotia salutis suae, si non sunt alii, qui pro sua vocatione id
melius curent. / Qui deberent melius curare, sunt proditores ecclesiae [80]). /
Ergo. — Aliquando, qui non potest gradi pedibus, graditur manibus. Pie
20 ergo adhortamur principes et laicos, ut concilium in Domino cogatur...;
et quod alioquin eorum non est, necessitas facit, ut sit eorum. Nam
unusquisque se suosque debet defendere ab omni periculo, dum non
est, qui ex sua vocatione hoc faciat. Apodixis est.

Non solvit rationem, sed dat instantiam ex opposito Eccius: laicus
25 non debet per se curare, sed tantum praecibus; episcoporum est hoc [81]).

---

[n]) *Quisque* corrigé en *Cuisque*, MS.

[o]) *repulsuros*, peut-être corrigé, MS.

[p]) relié à l'ensemble de l'alinéa par une accolade.

[76]) [] *Apodixis.* — Pour le droit naturel, «vim vi repellere», v. Walther: *Proverbia*, 5, 723, nos. 84 b, c, d.

[77]) Eck, réponse à la 5e objection hérétique: «Laici possunt interesse conciliis ut testes, ut defensores, ut consiliarii, ut suggestores, ut executores; tamen a Christo nato nunquam habuerunt vocem diffinitivam in concilio». Suivent des exemples qui vont d'Act 15 jusqu'au 8e concile oecuménique (d'après Sedulius Scotus: *Liber de rectoribus Christianis*, MPL 103, 310, et *Decreti* Ia pars, dist. 96, can. 2 s., Friedberg 1, 338).

[78]) [] *Non eadem ratio substantiae est in «episcopo»: significat verum et falsum episcopum.*

[79]) [] *Nostra ratio* [p]). — Cf. notes 75 et 77.

[80]) D'après la *Glose ordinaire* du *Décret* (par ex. Ia pars, dist. 46, can. 3, et 2a pars, causa 11, qu. 3, can. 86, Friedberg 1, 168 et 667) est «proditor» celui qui ne dit point la vérité. Le premier de ces canons prévoit la déposition de clercs «proditores».

[81]) On pourrait aussi ponctuer «tantum precibus episcoporum est hoc». L'une ou l'autre leçon pourrait refléter la réponse d'Eck à la 5e objection hérétique, que les

[R.] Verum; sed tum ᵠ) quod aliquando non licuit, iam licet proditoribus episcopis praesentibus. — [E.] Laici non definiant, quia olim fuit ius, ut non definirent. [R.] Conceditur pro illo tempore, quo episcopi episcopi erant.

5　　*Absurdum* ⁸²): In sensu diviso esset falsum, sed in composito est verum. In quantum imperitus est, non debet definire; sed postquam multi laici sunt periti et 'docti ad regnum Dei' ⁸³), et episcopi non, praeferendi illi. Non intelligimus laicum imperitum, alias esset ὁμωνυμία. Sed alias erit in sensu composito verum, etc.

10　　Caussa per se definitionis in concilio: Cui competit? Clerico? Potest indoctus esse. Laico? Potest et iste. Timentes Deum et docti. Si rem spectes est paralogismus accidentis: ignorare est per accidens laico attributum. Hoc notetis, quaeso: Definire, docere, etc., competunt donatis Spiritu sancto. Vide apud Eusebium libro 6., capite 16 ⁸⁴).

15 Laicus adhibitus quia praecellebat doctrina, etc.

'*Statuerunt Antiochiae*' ⁸⁵): Tum erat primum discrimen inter laicos et presbyteros; postea discrimen hoc in ecclesia receptum: quod clerici essent; laici qui non essent in ordine clericali. [E.] Antiocensis ecclesia pie et sancte fecit. Ergo, quae pie et sancte, sequantur. Vos non facitis, quia

20 laicos admittetis, etc. — [R.] Paralogismus agnoia elenchi. Iam non sunt tales presbyteri. Diversi presbyteri intelliguntur ⁸⁶): ὁμωνυμία. [446/273 v.] — [E.] Ecclesia habet eandem potestatem quam olim, et quam in toto, etiam in partibus. Olim fuit penes presbyteros; ergo et hodie sint presbyteri, et habeant. — [R.] Praedicantuı per accidens

25 de illis vocatis.

ᵠ) ou *iam*, ou encore *tamen*?

----

laïcs participent «... ut suggestores, ut executores ...». La première leçon peut aussi être comprise comme un écho des discours impériaux cités par Eck à la suite, où le rôle des laïcs est celui d'une pieuse soumission.

⁸²) L'incipit est de Bucer et représente sans doute la remarque jugée par Eck comme absurde, que les laïcs se mêlent de ce qui n'est pas de leur ressort, comme le montrent les exemples historiques, supra note 77.

⁸³) Mt 13, 52.

⁸⁴) [] ☞ — Renvoi à Eusèbe: *Hist. eccl.* d'après l'éd. de Beatus Rhenanus: *Autores historiae*, où le ch. 15 (qui est visé ici) est numéroté 16 par erreur, et distingué par une note marginale disant: «An laicis liceat in ecclesia disputare praesentibus episcopis». — Numérotation moderne, ch. 19, para. 18, *GCS* 9:2, 564 (version de Rufin, p. 565).

⁸⁵) Voir note 77. Après la citation d'Act 15, 2 Eck ajoute: «Ecce ad clerum ascenderunt, non ad laycos, et nulla fit laycorum mentio in eodem concilio».

⁸⁶) Cf. la description du système des ministères dans l'Ecriture, dans l'église ancienne, et sous la papauté dans *Von der wahren Seelsorge*, BDS 7, 118-122.

CAPUT III. DE PRIMATU SEDIS APOSTOLICAE

Duplex controversia est. Una: an Petrus acceperit summam potestatem super apostolos et ecclesiam universam. [Altera:] an successor Petri in sede eadem potestate debeat pollere.

Nos dicimus: Non est Petro summa principalis potestas data, nisi
5 pro portione sua tradita; nam illa unius Christi est. Adversarius dicit: Est tradita. Probat loco Matthaei 16 [17-19] sic: Cuicumque potestas aliqua praecise et peculiariter expressa, sive personae, circumstantiis, tribuitur soli et prae aliis ... / Petro sic. / Ergo. — Patet ex textu [87]), quia fit illis vocibus praecisis quidem, et singulariter constituitur potestas
10 soli Petro. — [R.] Non sequitur semper ex ista praecisione nominis, circumstantiarum. Fere fit, tamen non semper, ut: «O mulier, fiat tibi, etc.» [88]). Ibi eciam nomina, cognomina, pronomina sunt, et tamen non praecisio est aliorum. — [E.] Ubicumque est designatio, ibi praecisio. — [R.] Est praedicatio per accidens, quia non praecise tribuitur, quod ita
15 tribuitur. Notandum bene! — Aliquo modo fuit super alios; sed non prorsus, sed non solus. Potestas principalis ministerii ecclesiae nunquam tribuitur frustra [89]). — Non dixit: trado potestatem tibi uni, soli, et omnem potestatem.

«Hanc petram» [90]): Tale argumentum ex authoritate patrum primum
20 debet infirmari, quia isti clare testantur ita, ut fides et Christus sit illa petra, de qua hic. — [S.] Patribus credendum. / Illi sic interpretantur. / Ergo — [R.] Esse secundum quid vera dupliciter, quia aliqui non patres sunt [91]), et non in omnibus illis credendum, sed in parte. Accidentis fallacia subest. — Respondetur ad loca patrum hic: per Petrum et
25 petram idem intelligunt plerique patres [92]). Gregorio facit iniuri-

---

[87]) Eck, ch. 3, au début, après avoir cité Mt 16, 18 et avant de donner des textes patristiques (tirés du *De primatu Petri*, livre 1, chs. 3-5) qui identifient «Petrus» et «petra»: «Patet quomodo signare voluit personam Petri, quia posuit nomen antiquum «Simon», nomen novum «Petrus», nomen patris «Bariona», et demonstrat proprie: «Tu es» ».

[88]) Mt 15, 28. Cf. BEv 1536 ad loc., p. 344 qui explique les expressions de Mt 15, 22 et Mc 7, 26 «Chananaea, Graeca, Syrophoenissa».

[89]) Cf. l'emploi de Mt 16, 19 dans *Von der wahren Seelsorge*, BDS 7, 108 et 110.

[90]) Cf. note 87. Dans *De primatu*, loc. cit., Eck avait lui-même discuté les textes patristiques où la «petra» est interprétée comme ici. Ce débat remonte à la dispute de Leipzig en 1519; cf. Fraenkel: «John Eck's Enchiridion», en part. 121-127.

[91]) Eck, *loc. cit.* utilise entre autres le *Libellus satisfactorius* d'Hadrien II au 8e concile oecuménique (Constantinople IV), qui l'entérina. Cf. *De primatu*, livre 1, ch. 5, fol. VIII v.; Mansi 16, 27; Hefele-Leclercq, *Conciles* 4:1, 482-490.

[92]) Eck renvoie aux explications de Mt 16, 18 données par Cyprien, Origène, Jérôme, Ambroise, Augustin, Chrysostome, Léon le Grand et Grégoire. BEv 1536, ad loc. *sect* 3, p. 355s. y répond en citant d'autres textes de Cyprien, Jérôme, Origène, Hilaire,

am ⁹³), quia multis locis condemnat universalem velle papam facere;
item illum titulum neminem voluisse agnoscere.

Sumus omnes vivi lapides in ecclesia. Alter alterum sustentat. Unde?
In Christo. Petrus primus praedicator evangelii: praerogativam illi
5 concedimus; sed «tibi» ⁹⁴) non negat aliis item datam. Sustentabatur fide
Christi; sic etiam alii. Edificavit super eum Deus ecclesiam, sed ut
prius in Christum aedificatum. [447/274 r.] Primarius lapis Petrus fuit,
quia praecessit; Paulus plures gestavit, sed post Petrum. Prima appellatio
fundamenti Christo competit; et omnibus ministris portantibus alios a
10 se 'aedificatos in vivos lapides spiritualis aedificii' ⁹⁵).

Est fundamentum. Est super eum aedificata ⁹⁶): Secundum quid;
quatenus ipse Christum praedicavit, et 'fundamentum posuit' ⁹⁷). —
Fundamentum esse, id est principaliter administrare Christum, non est
solum hoc facere. Ignorantia elenchi; quasi dicat: Utar praedicatione
15 tua, ut aliquo modo super te aedificem ecclesiam. Sed non sequitur eum
solum et unicum portare. Quatenus praedicavit Christum, eatenus
portavit. Portavit et Paulus, qui item tale fundamentum fuit, ut qui 'plus
laboravit' ⁹⁸).

Non est hic negatio inclusa. Esto, speciem eius habeat; si velis vexare
significationem, fieret accidentis fallacia.
20 *«Pasce oves meas»* ⁹⁹): [S.] Quod in scripturis alicui committitur,
huic soli committitur. / Petro committitur pastio ovium. / Ergo soli; quia
«in praesentia aliorum discipulorum», etc. — [R.] Maior non semper

---

Cyrille, Chrysostome et Augustin: ces pères auraient admis que Pierre était le fondement, mais en tant que croyant et confessant. Notre texte ici vise peut-être l'un et
l'autre de ces arguments.

⁹³) Eck: *Enchiridion*, loc. cit., renvoie d'après *De Primatu*, loc. cit., aux *Moralia*,
livre 25, ch. 8, para. 13, *MPL* 76, 757; et *Ep.* 5, 37, *MPL* 77, 745; *MGH Ep.* 1, 321 s. —
Réponse d'après BEv 1536 ad Mt 16, 18s., *sect* 3, pp. 357s. ou peut-être Mélanchthon:
Tract. de potestate papae, BKS, p. 477: *Ep.* 8, 29, *MPL* 77, 933; *MGH Ep.* 2, 31;
Decreti 1a pars, dist. 99, can. 5, Friedberg 1, 351; et *Ep.* 5, 41, *MPL* 77, 771; *MGH
Ep.* 1, 332.

⁹⁴) Mt 16, 18.

⁹⁵) Cf. supra près note 92. — 1 Cor 3, 11; Eph 2, 20ss.; 1 Pt 2, 5. — D'après
BEv 1536, ad Mt 16, 18 s., *sect* 3, p. 352: «Petrus» signifie «la pierre», «quod indubie
fidei firmitate praecipuus ex vivis lapidibus illis esse debebat, ex quibus templum Dei
... erat construend[um]». Cf. aussi Fraenkel: «Quelques observations».

⁹⁶) Eck, loc. cit. supra note 87, introduit les sentences des Pères par: «Et per illa
verba promissum Petro primatum testantur sancti patres, et super Petro aedificandam
ecclesiam».

⁹⁷) 1 Cor. 3, 11.

⁹⁸) Cf. 1 Cor 15, 10; 2 Cor 11, 23.

⁹⁹) Eck cite en deuxième lieu Io 21, 17 qu'il explique ainsi: «Hic soli Petro in praesentia aliorum commisit oves, ut principi apostolorum».

vera. Contrarium alibi. «Quod vobis dico, omnibus dico» [100]). Non sequitur: hic est hic loquendi modus; ergo singulare commissum. Fallacia est accidentis.

«*Simon, Satanas expetivit*» [101]): 'Prae caeteris rogat pro Petro Christus; 5 ergo ille primus, et potestatem accepit confirmandi alios'. — [R.] Etiam accidentis. Aliquando verum, aliquando non.

«*Mitte hamum*» [102]): [S.] Qui in solutione Domino aequatus, prae caeteris excellens. / Petrus . . . / Ergo. — [R.] Esset fallacia accidentis. Esto: praetulerit. An ideo habuit omnem potestatem super alios discipu-10 los? Non. Concedimus praerogativam et potestatem, sed non tam amplam et plenam, quam illi tribuunt praeter verbum. — [E.] Ordinem, quia oportet esse in societatibus, unus praeest [103]), etc. — [R.] Similes formas possem dare, ex quibus non singularitas et aliorum exclusio sequatur. Non tenet ubique. [448/274 v.]

15 «*Simon Petrus*» [104]): Fallacia etiam accidentis: [S.] Ex multis qui primus nominatur habet potestatem in alios. / Petrus . . . / Ergo. — [R.] Si enthymematice loquaris [105]), habet plus apparentiae; ut: primum nominari aliquid praerogativi est.

«*Chrysostomus*» [106]): Patres dant potestatem maiorem, sed tantum 20 ad aedificationem seu emendationem aliorum episcoporum. 'Alias Eugubinus episcopus tantus, quantus Romanus'. Curam suscipeɩe debuit aliorum episcoporum Romanus. Interim tamen, quia "unum corpus" [107]), praeit ut membrum corpori.

---

[100]) Mc 13, 37.

[101]) 3e argument biblique d'Eck, Lc 22, 31 s., qu'il commente ainsi: «Vide, pro Petro rogat prae caeteris, et duo petit: indefectibilitatem fidei, et potestatem confirmandi fideles».

[102]) 4e preuve scripturaire d'Eck, Mt 17, 26, qu'il commente: «Patet Christum, pluribus discipulis praesentibus, solum Petrum sibi aequasse in solutione tributi».

[103]) Cf. le 5e argument biblique d'Eck, tiré de Mt 10, 1-5, Mc 3, 13-19, Lc 6, 12-16: Pierre est toujours nommé en premier lieu.

[104]) Mt 10, 2 et parall. Cf. la note précédente.

[105]) Aristote: *Analytica priora*, livre 2, ch.27, *Opera* 1, 70 a: «ἐνθύμημα . . . συλλογισμὸς ἐξ εἰκότων ἢ σημείων». Lefèvre: *Logica*, f. CLIX r.: «syllogismus imperfectus ex [propositionibus probabilibus] et signis».

[106]) Cf. note 103: En faveur de son interprétation Eck renvoie à Jérôme: *In Matthaeum*, livre 1 (ad 10, 2 s.), *MPL* 26, 63; *CChr.* 77, 63 s.; et Chrysostome: *Hom. 32 in Matthaeum*, para. 3, *MPG* 57, 380s. Dans sa réplique Bucer fait usage du contexte chez Jérôme et surtout de l'*Ep. ad Evangelum*, citée supra, note 65. D'après BEv 1536, ad Mt 16, 18 s. *sect* 3, p. 358 D (*t*); et pp. 357 A, 358 D-359 A (quelques *i* de l'argument général suivant).

[107]) Rm 12, 4s.

«*Solus Petrus*»[108]): [S.] Credendum perito in sua arte[109]). / Bernhardus. / Ergo. — [R.] Ita in quantum peritus est suae artis, et ex Spiritu sancto loquitur.

«*Duc in altum*»[110]): Petitio principii est. Vult probare Petrum prae 5 aliis Dominum elegisse. Ignorantia elenchi. Allegoriae nihil probant. Nititur authoritate.

«*Ratio suadet*»[111]): [S.] Quicquid optimum Deus in suo populo in- dubie instituit. / Vel optimum oportet in ecclesia esse; vel monarchica potestas est optima. / Ergo. Et per consequens praestat eam esse in 10 ecclesia, quae non debet minor esse veteri ecclesiae. Synagoga fuit a monarchia recta, ergo et ecclesia bene regetur. — [R.] Praestet, si unus potest omnia praestare. Ideo non potest esse, quia non potes habere unum sufficientem huic muneri [r]).

Respondendum [112]): Non fuit monarchia absoluta, quia succenturiati 15 alii. Argumentum est a simili hic. Non debet disparilis esse populus Dei. Cur convenit tum, et nunc non? Sacerdos instituitur, ut populum doceat. Hodie non potest fieri quod olim in parva gente, et conveniente ter in anno [113]). Iam ecclesia dispersa per totum mundum. — Cur non ferremus eum, qui vellet et posset pastor omnium esse? Petitum secundum 20 quid ad simpliciter. Quod in parte bonum, vult absolute bonum facere.

«*Gregorius*» [114]): Concedimus, sed non quod unus omnia possit admittimus; neque statim aliquis 'ordine meritorum' fit summus. [449/275 r.].

«*Haereticus*» [115]): Est a non caussa ut caussa: Si caput unum non 25 summum, igitur, nullum caput. Absurdum!

---

[r]) *habere* répété par erreur.

---

[108]) Eck, *loc. cit.*, poursuit: «Ioannis 21 [7-8] s' P' supra aqua maris ad Christum pervenit. 'Signum singularis beneficii', ait Bernardus De consideratione ad Eugenium». V. *op. cit.* livre 2, ch. 8, *MPL* 182, 752. (Ici comme déjà dans les *Opera omnia*, Lyon 1514, «pontificii».)

[109]) Cf. Erasme: *Adagia*, chil. 2, cent. 2, prov. 82, *LB* 2, 477 (1182).

[110]) Eck à la suite du texte précédent: «Lucae 5 [4], 'etsi discipulis aliis imperatur, ut laxent raetia, soli tamen Petro dicitur: D' i' a'', ponderat sanctus Ambrosius» — Cf. *Expos. evang. Lucae*, livre 4, ch. 71, *MPL* 15, 1718; *CSEL* 32, 175.

[111]) Eck (entre les preuves patristiques et les objections hérétiques): La raison nous montre que la monarchie est la meilleure forme d'Etat. Il en va de même de ce que Dt 17 dit du grand-prêtre.

[112]) Cette deuxième réplique, d'après BEv 1536, ad Mt 5, *sect* 3, pp. 121 A-122 C (*i*).

[113]) Cf. Ex 23, 17; et 34, 24.

[114]) Eck, *loc. cit.*, cite Grégoire le Grand: *Moralia*, livre 21, ch. 15, para. 22, *MPL* 76, 203, concernant l'égalité naturelle des hommes et l'institution d'une hiérarchie par Dieu «ratione meritorum ordine».

[115]) Eck, *loc. cit.*: les hérétiques désirent peut-être une église sans chef, décrite dans Idc 17, 6.

Ipse ponit Petrum habere plenam potestatem in omnes ecclesias. Probatur: «Tibi dabo» [116]). Nova thesis. An Dominus dederit omnem potestatem in eo quod dixit "Tibi dabo claves"?

«*Petro non promisit*» [117]): Nos: claves pertinent ad totam ecclesiam. 5 Sic probatur: Hoc quod ecclesiae proprium, Dominus, cuicumque traddidit [!], nomine ecclesiae tradidit, ut illius nomine fungeretur. — Vel: Christus unicuique reddit suum. / Potestas et claves sunt ecclesiae, non privati. / Petrus ut privatus non habet claves, sed ut minister. Patet ex Matthaei 18 [15-20], Ioannis ultimo [118]): «Quorum remiseritis peccata», 10 etc. Fatetur esse datas ad utilitatem ecclesiae. Illud satis nobis est.

Si seorsim haec Petro dicta, mentitus Christus [119]): Probo, quia illud dictum «Portae inferorum non praevalebunt» [120]), non tenuerunt [?] in Julio [121]), etc. Ego non dico: praevaluerunt; significat enim victoriam obtinere et vincere. Demon aliquando praevalet contra Petrum, eccle- 15 siam, etc., sed non finaliter omnino praevaluit, vicit. — De malis successoribus Petri: Julio, Alexandro [122]), verum argumentum nostrum, et verissima apodixis ducens ad impossibile [123]):

«*Non praevalebunt*» [124]): Verum est in piis hominibus.

Portae inferorum [125]): Ex more gentis Iude potestas nomine portarum 20 venit, in quibus olim iudicii potestas exercebatur.

[450/276 r.] [s]) De paralogismis extra dictionem.

---

[s]) f. 275 v. (non paginé) blanc.

[116]) Mt 16, 19.

[117]) Eck, objection hérétique série 1, no. 1 (résumant Luther: *Resolutio super prop. 13*, *WA* 2, 188-194 (v. Fraenkel: «John Eck's Enchiridion», pp. 121 ss.): «P' n' p' nec dedit Christus claves pro persona sua, sed quia gerebat personam ecclesiae». — La réponse d'après BEv 1536, ad Mt 16, 18 s., *sect* 3, p. 353 B (*i*).

[118]) Plutôt Io 20, 23. D'après BEv 1536, ad Mt 16, 18 s., *sect* 3, p. 357 (*t*).

[119]) Eck, objection série 1, no. 2 (d'après Luther: *op. cit*, *WA* 2, 193): L'église ne peut être bâtie sur Pierre, puisque Mt 26, 69 s. et l'histoire des papes montrent que l'enfer peut triompher de Pierre.

[120]) Mt 16, 18. «Inferorum» NT Er et BEv.

[121]) Bucer pense ici peut-être à l'image que donne de ce pape le *Julius exclusus* d'Erasme; v. en part. le passage *Ausgew. Schriften*, 5, 92-102 (v. aussi Erasme: *Ecclesiastes*, *LB* 4, 898, et cf. Tracy: *Erasmus*, 137 s.).

[122]) Le prédécesseur de Jules II, Alexandre VI, pape de 1492 à 1503. Luther accole les deux noms dans *Resolutiones disputationum de indulgentiarum virtute*, 1518, *WA* 1, 573; il rend Alexandre responsable de l'exécution de Savonarole: *Grund und Ursach*, *WA* 7, 439.

[123]) Cf. Aristote: *Analytica priora*, livre 2, ch. 14, *Opera* 1, 62 b et la paraphrase de Lefèvre: *Logica*, f. CXLVI r.

[124]) Voir notes 119 et 120.

[125]) D'après BEv 1536, ad Mt 16, 18 s., *sect* 3, p. 353 B (*pe*). V. aussi notes 119.120, et cf. e.g. Rt 4, 1 ss.

[S.] Iohannes [126]) est homo. / Homo est genus. / Ergo Iohannes est genus. — Papa est episcopus. / Episcopus audiendus in ecclesia. / Ergo papa audiendus. — [R.] Non quicquid competit praedicato, etiam competit subiecto ipso. Si de essentia est praedicati et eam implet, valet
5 consecutio [127]). Audiendus est episcopus, quatenus episcopus est, vere docet; quatenus autem [t]) homo et errare potest, non est audiendus. — [S.] Romana ecclesia est ecclesia. / Ecclesia audienda [128]). / Igitur Romana ecclesia, etc. — [R.] Ἑπόμενον est, accidentis pars.

In Eccii Locos [u]).

---

[t]) *aut* MS.
[u]) f. 276 v. (non paginé) blanc.

---

[126]) [] *ii/a.* — Sans doute doit-on comprendre «secundo [folio, facie] a». En effet, un syllogisme semblable y est esquissé: *Fatemur ecclesiam* . . . supra près note 2.
[127]) Cf. Aristote: *Analytica priora*, livre 1, ch. 27, *Opera* 1, 43 ab.
[128]) Cf. Mt 18, 17. Eck utilise ce passage à plusieurs reprises dans l'*Enchiridion*, notamment au ch. 1 à propos de l'église visible.

BIBLIOGRAPHIE

I) SIGLES ET COLLECTIONS

A. Br. = Annales de Brant.

AGTL = Arbeiten zur Geschichte und Theologie des Luthertums.

Allen = P. S. Allen: Opus epistolarum Des. Erasmi Roterodami, Oxford, 1906 ss.

AMS = Archives de la ville de Strasbourg.

ARG = Archiv für Reformationsgeschichte, Halle etc. 1883 ss.

ASD = Opera omnia Desiderii Erasmi Roterodami, éd. par J. H. Waszink, L.-E. Halkin et alii, Amsterdam, 1969 ss.

AST = Archives du Chapitre Saint-Thomas.

B Cor. = Correspondence de Martin Bucer.

BDS = Bucer: Deutsche Schriften.

B Ev = Bucer: Enarrationes . . . in . . . Evangelia.

BGLRK = Beiträge zur Geschichte und Lehre der reformierten Kirche.

Bibl. = Stupperich: Bibliographia Bucerana.

Bi Bu = Bibliographia Bucerana IV.

Bi Mun = Séb. Münster: Biblia.

Bi Pag = S. Pagnini: Biblia.

BKS = Bekenntnisschriften.

BNUS = Bibliothèque nationale et universitaire de Strasbourg.

CA = Confession d'Augsbourg.

CCath = Corpus Catholicorum, Munster-in-Westfalen, 1919 ss.

CChr = Corpus Christianorum, Series Latina, et Continuatio Medievalis, Turnhout 1954 ss.

Cent. Schw. = Centuria epistolarum theologicarum ad Johannem Schwebelium, Ex typographia Bipontina, 1597.

CR = Corpus Reformatorum, Halle etc. 1834 ss.

CSEL = Corpus Scriptorum Ecclesiasticorum Latinorum, Wien 1866 ss.

Denzinger = H. Denzinger: Enchiridion symbolorum et definitionum.

DRTA = Deutsche Reichstagsakten.

Er = Erasme.

FS = Franziskanische Studien.

GCS = Die griechischen christlichen Schriftsteller der ersten drei Jahrhunderte, Leipzig etc. 1897 ss.

JEH = Journal of ecclesiastical history.

KLK = Katholisches Leben und Kämpfen.

LB = Erasmi Opera, Lugduni Batavorum.

L Th K = Lexikon für Theologie und Kirche, 3e éd. 1957 ss.

MGH = Monumenta Germaniae Historica, Hannover, 1826 ss.

Mirbt-Aland = Quellen zur Geschichte des Papsttums und des römischen Katholizismus, 6e éd., 1967.

MPG, MPL = Patrologiae cursus completus, acc. J. P. Migne, Series Graeca, Series Latina, Paris, 1844-1866.

Pol. Cor. = Politische Correspondenz der Stadt Straßburg.

QFRG = Quellen und Forschungen zur Reformationsgeschichte.

QGT, EI, II = Quellen zur Geschichte der Täufer, Elsass I, II.

RE = Realencyklopädie für protestantische Theologie und Kirche, 3e éd. 1896-1913.

Schottenloher = Bibliographie zur deutschen Geschichte im Zeitalter der Glaubensspaltung, éd. par K. Schottenloher, 1933-1940.

SDGSTh = Studien zur Dogmengeschichte und systematischen Theologie.

SGTK = Studien zur Geschichte der Theologie und Kirche.
SMRT = Studies in Medieval and Reformation Thought.
SVRG = Schriften des Vereins für Reformationsgeschichte, Halle etc. 1883 ss.
TB = Thesaurus Baumianus.
VIEGM = Veröffentlichungen des Instituts für europäische Geschichte, Mainz.
WA = Luthers Werke. Kritische Gesamtausgabe, Weimar, 1883 ss.
WA Br. = M. Luthers Werke. Kritische Gesamtausgabe. Briefwechsel, 1930 ss.
ZGO = Zeitschrift für die Geschichte des Oberrheins.
ZKG = Zeitschrift für Kirchengeschichte.
ZKTh. = Zeitschrift für katholische Theologie.
Zw = Zwingli.

II) SOURCES ET OUVRAGES DE REFERENCE

Adam, Jean: *Inventaire des Archives du Chapitre de St-Thomas de Strasbourg*, Stras-
    bourg, 1937.
Die älteste deutsche Gesamtauslegung der Messe (Erstausgabe ca. 1480), hrg. u. ein-
    geleitet von Franz Rudolf Reichert, (*CCath* 29, Münster i. W., 1967).
Agricola, Johannes: *Die Sprichwörtersammlungen*, éd. Sander L. Gilman, 2 vols.,
    Berlin et New York, 1971.
*Aktensammlung zur Geschichte der Basler Reformation in den Jahren 1519 bis Anfang
    1534*, t. 3, Basel, 1937.
Altenstaig, Johannes: *Lexicon theologicum, complectens vocabulorum descriptiones,
    diffinitiones, et interpretationes* . . . [1517], Anvers, 1576.
Annales de Sébastien Brant (suite et fin), publ. p. Léon Dacheux, Bulletin de la Société
    pour la Conservation des Monuments historiques d'Alsace, (Mittheilungen der
    Gesellschaft für Erhaltung der geschichtlichen Denkmäler im Elsass), 2e sér.,
    t. 19, Strasbourg, 1899.
[Aristote; Oeuvres, éd. Erasme]: Ἀριστοτέλους "Απαντα *Aristotelis . . . opera,
    quaecumque impressa hactenus extiterunt omnia, summa cum vigilantia excusa.
    Per Des. Eras. Roterodamum*, 2 vols., Bâle, 1531.
Aristote: *A' is opera ex recensione Immanuelis Bekkeri, edidit Academia regia Borussica.
    Editio altera, quam curavit Olof Gigon*, 5 vols., Berlin, 1960-1961.
Augustin: Tractatus in Iohannis Evangelium, *MPL* 35, CC 36.
*Autores historiae ecclesiasticae. Eusebii Pamphilii Caesariensis Libri IX. Ruffino Inter-
    prete. Ruffini Presbyteri Aquileiensis Libri duo. Recogniti . . . per Beatum Rhenanum
    Item . . . Libri XII . . . Tripartitae historiae . . .* Bâle, 1528.
Basler Chroniken, Herausgegeben von der Historischen und Antiquarischen Gesell-
    schaft in Basel, t. 6, 7, Leipzig, 1902 et 1915.
Die Bekenntnisschriften der evangelisch-lutherischen Kirche, 5e éd., Göttingen 1963.
Benzing, Josef: Christian Egenolff zu Strassburg und seine Drucke (1528-1530), in:
    *Das Antiquariat. Halbmonatsschrift für alle Fachgebiete des Buch- und Kunst-
    antiquariats* 10. Wien/Bad Bocklet/Zürich 1955 S. 88f. 92, 11. Wien/Bad Bocklet/
    Zürich 1955 S. 139 (Nachtrag).
[Bernard de Clairvaux]: *Ad clerum in concilio remensi congregatum sermo, MPL* 184.
[Bernard de Clairvaux]: *Ad pastores in synodo congregatos sermo, MPL* 184.
Bernard de Clairvaux: *De consideratione libri quinque ad Eugenium tertium, MPL* 182.
Bernard de Clairvaux: *Divi Bernardi Abbatis Clarevallis . . . opera omnia . . . diligenter
    recognita . . . studio atque industria F. Lamberti Campestris Theologi necnon
    Laurentii Dantisceni . . .* (Lyon, 1514).
Bernard de Clairvaux: *Sermones in Cantica canticorum, MPL* 183.
*Biblia sacra ex Santis Pagnini tralatione sed ad Hebraicae linguae amussim novissime
    ita recognita, et scholiis illustrata, ut plane nova editio videri possit*, [1528] Lyon,
    1542.

Biblie iampridem renovate pars prima [— *Sexta pars biblie . . .*] *. . . una cum glosa ordinaria et literali moralique expositione Nicolai de Lyra necnon additionibus Burgensis ac replicis Thoringi . . .* (éd. Sébastien Brant), Bâle 1501-1502.

Biel, Gabriel: *Gabrielis Biel Canonis Misse expositio*, ediderunt Heiko A. Oberman et William J. Courtenay, *VIEGM* 31-34, Wiesbaden, 1963-1967.

Brunfels, Otto: *Pro Ulricho Hutteno defuncto, ad Erasmi Roter. spongiam responsio*, Strasbourg, 1524, E. Böcking, *Ulrichi Hutteni Equitis Germani Opera* II, Leipzig, 1859.

Bucer: *Correspondance*, tome I (jusqu'en 1524), publié par Jean Rott, *SMRT* XXV, Leiden, 1979.

Bucer: *Dialogi oder Gesprech Von der gemainsame . . .*, Augsbourg, 1535.

Bucer: *In sacra quatuor Evangelia Enarrationes perpetuae, secundum recognitae . . .* Bâle 1536. [= Bibl. 28 a. Cf. 2e éd. Strasbourg 1530, Bibl. 28].

Bucer: *Metaphrases . . . in Epistolam ad Romanos . . .*, Strasbourg, 1536.

Bucer: *Martini Buceri Opera I. Deutsche Schriften*, Gütersloh et Paris, 1960 ss.

Bucer: *S. Psalmorum libri quinque . . .*, Argentorati, 1529.

[Capito] Wolfgang: *Verwarnung der diener des worts und der brüder zu Strassburg. An die Brüder von Landen und Stetten gemeiner Eidgenossenschaft . . .* Strassburg, 1524.

Cato: *Dysticha.*

Centuria epistolarum theologicarum ad Johannem Schwebelium, Ex typographia Bipontina, 1597.

Chrysostomus, Johannes: De ieiunio et eleemosyna, *MPG* 48. De sancta Pentecoste homilia, *MPG* 50. Expositio in Psalmos, *MPG* 55. Homiliae in Genesim, *MPG* 53. Homiliae in Matthaeum, *MPG* 57. Homiliae in Johannem, *MPG* 59. Homiliae in Acta apostolorum, *MPG* 60. Homiliae in Epistolam I. ad Corinthios, *MPG* 61. Homiliae in Epistolam ad Colossenses, *MPG* 62.

Cicero: *De natura deorum.*

Cicero: *De officiis.*

Conciliorum Oecumenicorum Decreta cur. J. Alberigo e.a. 3e éd. Bologna, 1973.

Corpus Iuris Canonici. Editio Lipsiensis secunda . . . Instruxit Aemilius Friedberg, 2 vols., Leipzig 1879.

Corpus Iuris Civilis. Digesta. Codex Iustiniani.

Crockaert, Pierre: *Acutissime questiones et quidem perutiles in singulos Aristotelis logicales libros . . .* Paris, 1509.

Crockaert, Pierre: *Summularium artis dialectice utilis admodum interpretatio fratris Petri de bruxelliis . . . super textum magistri Petri Hispani*, Paris (1508).

Denzinger H: *Enchiridion Symbolorum . . .*, 33e éd., Barcelone, Freiburg i. Br., Rom., 1963.

Deutsche Reichstagsakten, Jüngere Reihe, éd. Königliche [Bayerische] Akademie der Wissenschaften, 4 vols., Gotha 1893-1905.

Dictionnaire de Théologie Catholique, t. 10, 1, Paris, 1928.

Du Cange: *Glossarium mediae et infimae latinitatis . . .*, Niort, 1883-1887, 10 vol.

Eck, Johannes: *De primatu Petri adversus Ludderum libri tres*, (Paris 1521).

Eck, Johannes: *Enchiridion locorum communium adversus Ludderanos . . . Ab authore iam quinto recognitum et prioribus locis abunde locupletatis, quinque locis auctius prodit.* s.l. [Augsbourg] 1529 [= Metzler, *CCath* 16, No. 51 (21)].

Eck, Johannes: *Enchiridion* [comme Metzler 51 (21)] *Accessit insuper locus de aedificandis ecclesiis, et ornatu earum* [Augsbourg] 1529 [= Metzler, CCath 16, No. 51 (22)].

Eck, Johannes: *Enchiridion, Handbüchlinn gemayner stell un(d) Artickel der yetz schwebenden neuwen leeren . . .* [Augsbourg] 1530 [= Metzler, *CCath* 16, No. 51 (84)].

Eck, Johannes: *Enchiridion locorum communium adversus Martinum Lutherum et asseclas eius aliquot nunc adauctum materiebus. Interiecta sunt passim quaedam . . . per F. Tilmannum Sibergensem . . .* (Cologne 1532) [= Metzler, *CCath* 16, No. 51 (31)].

Eck, Johannes: *Verlegung der disputation zu Bern, mit grund götlicher geschrifft . . . An die Christenliche ordt der Eydgnosschaft.* s.l., 1528.

Egli, Emil: *Actensammlung zur Geschichte der Zürcher Reformation in den Jahren 1519-1533,* Zürich, 1879 (Reprint Aalen).

Emser, Hieronymus: *Wider das unchristenliche buch Martini Luthers . . . an den Tewtschen Adel . . .* [1521], in: *Luther und Emser. Ihre Streitschriften aus dem Jahre 1521,* éd. Ludwig Enders, 2 vols., Halle 1890-1892 (= *Flugschriften aus der Reformationszeit* fasc. 8 et 9 = *Neudrucke deutscher Litteraturwerke des XVI. und XVII. Jahrhunderts,* Nos. 83, 84, et 96-98).

Enciclopedia filosofica, 2e éd., 6 vols., Florence, 1967.

Epiphanius: *Epistola ad Hieronymum, MPG* 43.

Erasme: *Desiderii Erasmi Roterodami Opera omnia,* éd. Jean Leclerc, 10 vols., Lugduni Batavorum, 1703-1706.

Erasme: *Desiderius Erasmus Roterodamus. Ausgewählte Werke,* hsg. von Hajo Holborn.

Erasme: *Ausgewählte Schriften . . .* éd. Werner Welzig, Darmstadt, 1967 ss.

Estienne, Henri: *Thesaurus Graece linguae ab Henrico Stephano constructus,* éd. C. B. Hase, 8 vols., Paris, 1865.

Eusebius: *Ecclesiastica historia, GCS* 9, 1.

Eusebius: *Praeparatio evangelica, GCS* 8, 2.

Fabricius, Johann Albert: *Jo. A'i F'ii Bibliotheca Graeca, sive notitia scriptorum veterum Graecorum,* 14 vols., Hamburg, 1708-1728.

Felix de Prato, *Psalterium,* Haguenau, 1522.

Ficker, Johannes, et Winckelmann, Otto (éds.): *Handschriftenproben des sechzehnten Jahrhunderts nach Strassburger Originalen,* 2 vols., Strasbourg, 1902-1905.

Fisher, John: *Assertionis Lutheranae Confutatio per reverendum patrem Joannem Roffensem Episcopum academiae Cantabrigiensis Cancellarium,* s.l., 1523.

Forcellini, Egidio: *Totius Latinitatis Lexicon, opera et studio Aegidii F'i lucubratum . . . Novo ordine digestum cura et studio Doct. Vincentii De-Vit,* 6 vols., Prato, 1858-1885.

Fournier, Marcel et Engel, Charles: *Gymnase, Académie, Université de Strasbourg* (= *Les statuts et privilèges des universités françaises depuis leur fondation jusqu'en 1789,* éd. Marcel Fournier; deuxième partie: seizième siècle, t. 4: *L'Université de Strasbourg et les académies protestantes françaises,* fasc. 1), Paris, 1894.

E. Freys, H. Barge: *Verzeichnis der gedruckten Schriften des Andreas Bodenstein von Karlstadt,* in: *Zentralblatt für Bibliothekswesen,* Jhrg. 21, Leipzig 1904, S. 305-312.

Geldenhouwer, Gerard: *Collectanea van Gerardus Geldenhauer Noviomagus, gevolgd door den herdruk van eenige zijner werken,* éd. J. Prinsen J. Lz., Amsterdam, 1901.

[Glose ordinaire du Décret de Gratien par Bartholomé de Brescia et Jean le Teutonique dans l'éd. du Décret, sans titre. Colophon:] *Decretorum codex impressus singulari industria atque impensa Nicolai Jenson Gallici, Venetiis M. cccc.lxxvij. Sixto quarto pontifice maximo.*

Gussmann, Wilhelm (éd.): *Quellen und Forschungen zur Geschichte des Augsburgischen Glaubensbekenntnisses,* 2 vols., Leipzig et Berlin, 1911-1930.

Henri VIII: *Assertio septem sacramentorum adversus Martinum Lutherum . . .,* s.l., 1523.

Herminjard, A. L.: *Correspondance des réformateurs dans les pays de langue française.* Genève, 1866 ss.

Hieronymus: *Epistolae, CSEL* 54.

Hofmann, Johann Baptist: *Lateinische Syntax und Stilistik,* neubearbeitet von Anton Szantyr, München, 1965.

Homère: *Iliade*, «Les belles Lettres», Paris, 1937, 4 vol.

Horace: *De arte poetica liber, Q. Horati Flacii Opera t. II, Corpus scriptorum Latinorum paravianum* [19, 2], 1959.

Horawitz, Adalbert-Hartfelder, Karl: *Briefwechsel des Beatus Rhenanus*, Leipzig, 1886.

Hubert, Friedrich: *Die Straßburger liturgischen Ordnungen im Zeitalter der Reformation nebst einer Bibliographie der Straßburger Gesangbücher*, Göttingen, 1900.

Imlin'sche Chronik Strassburg im sechzehnten Jahrhundert (1500-1591). *Auszug aus der Imlin'schen Familienchronik*, éd. Rodolphe Reuss, *Alsatia* 10. (1873-1874), 363-476.

Jud Leo: *Des Hochgelerten Erasmi von Roterdam, vnd Doctor Luthers maynung vom Nachtmal*, o.O., 1526.

Julianus Apostata (voir le suivant) *Epistolae*.

Julien l'apostat, Empereur romain. Oeuvres complètes, t. 1, 2e p., J. Bidez, Paris. 1960.

Karlstadt, Andreas: *Erklärung wie Karlstadt seine Lehre von dem hochwürdigen Sakrament und undere achtet und geachtet haben will* (1525), in: *WA* 18, 455-466.

Lactantius: *Divinae institutiones, MPL* 6, *CSEL* 19.

Latham, R. E.: *Revised Medieval Latin Word-List from British and Irish Sources*, London, 1965.

Lefèvre d'Etaples, Jacques (éd.): *Logica Aristotelis. Libri logicorum ad archetypos recogniti, cum novis ad literam commentariis* ... [1503], Paris, 1536.

Lehr, Paul-Ernest: *L'Alsace noble, suivie du livre d'or du patriarcat de Strasbourg*. 3 vols., Paris-Strasbourg, 1870.

Livius: *Ab urbe condita*.

Macrobius: *Commentarii in somnium Scipionis*.

Mansi, Johannes Dominicus (éd.): *Sacrorum conciliorum nova et amplissima collectio* ... 31 vols., Florence et Venise, 1759-1792.

Mentz, Friedrich: *Bibliographische Zusammenstellung der gedruckten Schriften Butzer's*, Strasbourg, 1891.

Metzler, Johannes (éd.): *Tres orationes funebres in exequiis Ioannis Eckii habitae* ... *mit* ... *einem Verzeichnis seiner Schriften*, (= CCath 16).

Minucius Felix: *Octavius, MPL* 3, *CSEL* 2.

Mittellateinisches Wörterbuch bis zum ausgehenden 13. Jahrhundert, München, 1967 ss.

Murner, Thomas: *Ein christliche und briederliche ermanung zu dem hochgelerten doctor Martino luter* ..., in: W. Pfeiffer-Belli, *Thomas Murners Deutsche Schriften* VI, Berlin-Leipzig, 1927-28, p. 21-87.

Murner, Thomas: *Die gots heylige mess von gott allein erstifft, ein städt und lebendigs opffer für die lebendigen und die dodten*, réed. par W. Pfeiffer-Belli, in: *Flugschriften aus der Reformationszeit XIX*, Neudr. deutscher Literaturwerke des XVI.u. XVII. Jrhdts, 1928.

Murner, Thomas: *Ob der Künig uss engelland ein lügner sey oder der Luther* ..., Strassburg, 1522.

Murner, Thomas, *Von dem grossen Lutherischen Narren wie in doctor Murner beschworen hat*, Straßburg 19. Dezember 1522, in: P. Merker, *Thomas Murners Deutsche Schriften*, IX, Strasbourg, 1918.

Murner, Thomas: *Von dem bapstentum das ist von der höchsten oberkeyt christlichs glauben wyder doctor Martinum Luther, Thomas Murners Deutsche Schriften VII*, Berlin-Leipzig, 1928.

Murner, Thomas: *Von Doctor Martinus luters leren und predigen*, in: W. Pfeiffer-Belli, *Thomas Murners Deutsche Schriften* VI, Berlin-Leipzig, 1927/28, 88-122.

Origène: *Commentaria in Evangelium secundum Mattheum, MPG* 13.

Paetzold, Alfred (éd.): *Die Konfutation des Vierstädtebekenntnisses. Ihre Entstehung und ihr Original*, Leipzig, 1900.

Pegg, M. A.: *A Catalogue of German Reformation Pamphlets (1516-1546) in Libraries of Great Britain and Ireland, Bibliotheca Bibliographica Aureliana* 45, Baden-Baden, 1973.

Persius: *Saturae.*

Pierre d'Ailly: *Quaestiones super I, III et IV librum sententiarum,* Argentorati, 1490.

[Pierre d'Espagne]: Peter of Spain (Petrus Hispanus Portugalensis): *Tractatus, called afterwards Summule logicales,* éd. L. M. de Rijk (= *Philosophical Texts and Studies,* 22) Assen, 1972.

Platon: *Epistolae.*

Plinius Maior: *Naturalis historia.*

Plinius Minor: *Epistolae.*

Poetae latini minores, ed. Ae. Baehrens, vol. 3, Lipsiae, 1881.

Politische Correspondenz der Stadt Strassburg im Zeitalter der Reformation, bearb. v. Hans Virck, Otto Winckelmann, J. Bernays, Harry Gerber, W. Friedensburg, Strassburg, Heidelberg, 1882-1933, 5 t. en 6 vols.

Politisches Archiv des Landgrafen Philipp des Großmütigen von Hessen. Inventar der Bestände, Bd 1, 2 herausg. von Friedrich Küch, (Leipzig, 1904, 1910); Bd. 3, bearbeitet von Walter Heinemeyer, Marburg, 1954; Bd. 4, Marburg, 1959.

Pollet, J. V.: *Martin Bucer. Etudes sur la Correspondance avec de nombreux textes inédits,* 2 vols., Paris, 1958-1962.

Quellen zur Geschichte der Täufer, t. VII, *Elsass,* I. Teil, *Stadt Straßburg, 1522-1532* (= *QFRG* 26), Gütersloh, 1959.

Ritter, François: *Répertoire bibliographique des livres du XVIe siecle qui se trouvent à la Bibliothèque Nationale et Universitaire de Strasbourg* 2, Strasbourg, 1939.

Schiess, Traugott (éd.): *Briefwechsel der Brüder Ambrosius und Thomas Blaurer,* 3 vols., Freiburg i. Breisgau, 1908-1912.

Schmidt, Charles: *Répertoire bibliographique Strasbourgeois,* Strasbourg, 1893-1896, 6 vols.

Socrates: *Historia ecclesiastica, MPG* 67.

Staehelin, Ernst: *Briefe und Akten zum Leben Oekolampads,* 2 vols., Leipzig, 1927 et 1934, *QFRG* 10 et 19.

Stupperich, Robert: *Bibliographia Bucerana* (= *SVRG* 169), Gütersloh 1952.

Sturm, Jean: *De literarum ludis recte aperiendis,* 1539 [dédicace de 1538], éd. Reinhold Vormbaum in: *Die evangelischen Schulordnungen des sechzehnten Jahrhunderts,* Gütersloh 1860 (= t. 1 de: *Evangelische Schulordnungen,* éd. R'V', 3 vols., Gütersloh, 1858-1904), pp. 653-677.

Suetonius: *De vita caesarum.*

Tacitus: *Annales.*

Tertullianus: *Apologeticum, CSEL* 69.

Thomas d'Aquin: *Opuscula philosophica,* éd. Raymundus M. Spiazzi, Turin et Rome, 1954.

Thomas d'Aquin: *Summa theologica,* éd. P. Caramello, Turin, 1952.

Valla, Laurentius: *Opera,* Basel, 1540.

Vocht, H. de: *Literae virorum eruditorum ad Franciscum Craneveldium 1522-1528. A collection of original letters edited from the manuscripts and illustrated with notes and commentaries,* Louvain, 1928.

Walther, Hans (éd.): *Proverbia sententiaeque latinitatis medii aevi* (= *Carmina medii aevi posterioris latina,* série 2), 5 vols., Göttingen, 1963-1967.

Wencker, Jean: *La Chronique,* publ. par Léon Dacheux, *Bulletin de la Soc. pour la Conservation des monuments hist. d'Alsace,* N.S. 15 (1892).

Wittmer Charles, Meyer, Jean Charles: *Le livre de bourgeoisie de la ville de Strasbourg 1440-1530,* Texte 2, Strasbourg, 1954.

Zwingli: *Sämtliche Werke,* hsg. von Emil Egli u. Georg Finsler, t. II, Leipzig, 1908 (= *CR* LXXXIX).

III) TRAVAUX

Adam, Johann: *Evangelische Kirchengeschichte der Stadt Strassburg bis zur französischen Revolution*, Strasbourg, 1922.

Apell, F. v.: *Geschichte der Befestigung von Strassburg i.E. vom Wiederaufbau der Stadt nach der Völkerwanderung bis zum Jahre 1681*, Strasbourg, 1902.

Augustijn, Cornelis: *Erasmus en de Reformatie. Een onderzoek naar de houding die Erasmus ten opzichte van de Reformatie heeft aangenomen*, Amsterdam, 1962.

Augustijn, Cornelis: *De godsdienstgesprekken tussen rooms-katholieken en protestanten van 1538 tot 1541*, Haarlem, 1967.

Augustijn, Cornelis: Gerard Geldenhouwer und die religiöse Toleranz, *ARG* 69 (1978), 132-156.

Augustijn, Cornelis: Érasme et Strasbourg 1524, in: *Horizons européens de la Réforme en Alsace. Mélanges Jean Rott. Société Sav. d'Alsace et des rég. de l'Est, Coll. Grandes Publ.*, 17), Strasbourg, 1980, pp. 63-68.

Bäumer, Remigius: Die Bedeutung des Konzils von Konstanz für die Geschichte der Kirche, in: *Annuarium Historiae Conciliorum 4*, Paderborn 1972, pp. 26-45.

Bäumer, Remigius: «Luthers Ansichten über die Irrtumsfähigkeit des Konzils und ihre theologie-geschichtlichen Grundlagen», in: *Wahrheit und Verkündigung, Michael Schmaus zum 70. Geburtstag*, München, 1967, pp. 987-1003.

Bäumer, Remigius: *Nachwirkungen des Konziliaren Gedankens in der Theologie und Kanonistik des frühen 16. Jahrhunderts* (= *Reformationsgeschichtliche Studien und Texte*, fasc. 100), Münster-in-Westfalen, 1971.

Barge, H.: Zur Chronologie und Drucklegung der Abensmahlstraktate Karlstadts, in: *Zentralblatt für Bibliothekswesen*, Jhrg. 21, Leipzig 1904, S. 323-331.

Barge, Hermann: *Andreas Bodenstein von Karlstadt*, 2 t., 2e éd., Nieuwkoop, 1968.

Bataillon, Marcel: *Erasmo y España. Estudios sobre la historia espiritual del siglo xvi*, 2e éd., Mexico, 1966.

Baum, Adolf: *Magistrat und Reformation in Straßburg bis 1529*, Strasbourg, 1887.

Baum, Johann Wilhelm: *Capito und Butzer, Straßburgs Reformatoren*. Elberfeld, 1860.

Bellabriga, F. P.: *De doctrina beati Joannis Fisher in operibus adversus Lutherum*, Rome, 1934.

Benrath, Gustav Adolf, Die Universität der Reformationszeit, *ARG* 57 (1966), 32-51.

Beumer, Johannes: Der Minorit Thomas Murner und seine Polemik gegen die deutsche Messe Luthers, *FS* 54 (1972), 192-196.

Bidez, J.: *La Vie de l'Empereur Julien*, Paris, 1965².

Birkner, J.: *Augustinus Marius, Weihbischof von Freising, Basel und Würzburg (1485-1543)*, Münster i W., 1930 (*RSt T*, H. 54).

Bludau, August: *Die beiden ersten Erasmus-Ausgaben des Neuen Testaments und ihre Gegner, Biblische Studien t. 7*, Heft 5, Freiburg i. Br. 1902.

Bonjour, Emil: *Die Universität Basel von den Anfängen bis zur Gegenwart 1460-1960*, Basel, 1960.

Bornert, René: Le catholicisme à Strasbourg: les résistances, in: *Strasbourg au coeur religieux du XVIe siecle, Société Savante d'Alsace et des rég. de l'Est, Coll. Gr. Publ. t. XII*, Strasbourg, 1977, pp. 445-456.

Bornert, René: *La Réforme Protestante du Culte à Strasbourg au XVIe siècle (1523-1508)- Approche sociologique et interprétation théologique*, SMRT XXVIII, Leiden, 1981.

Bornkamm, Heinrich: *Martin Bucers Bedeutung für die europäische Reformationsgeschichte* (= *SVRG* 169), Gütersloh, 1952.

Brady, Thomas A., h.: *Ruling class, Regime and Reformation at Strasbourg, 1520-1555*, SMRT XXII, Leiden, 1978.

Brecht, Martin: Der theologische Hintergrund der Zwölf Artikel der Bauernschaft in Schwaben von 1525. Christoph Schappelers und Sebastian Lotzers Beitrag zum Bauernkrieg, in: *ZKG* 85 (1974), 174-208.

Bridgett, T. E.: *Life of blessed John Fisher*, London, 1888, 1922[4].

Brown, Peter: *Augustine of Hippo. A Biography*, London, 1967.

Buchner, Frauke: *Thomas Murner. Sein Kampf um die Kontinuität der kirchlichen Lehre und die Identität des Christenmenschen in den Jahren 1511-1522*; Berlin, 1974.

Cardauns, Ludwig: *Zur Geschichte der kirchlichen Unions- und Reformbestrebungen von 1538 bis 1542* (= *Bibliothek des kgl. preussischen Historischen Instituts in Rom*, t. 5), Rome, 1910.

Chrisman, Miriam Usher: *Strasbourg and the Reform*; *a Study in the Process of Change. Yale Historical Publications, Miscellany*, 87, New Haven-London, 1967.

Corrodi-Sulzer, Adrien: Zwinglis Vermögensverhältnisse, in: *Zwingliana* 4 (1921-1928), 174-188.

De la Brosse, Olivier: *Le pape et le concile. La comparaison de leurs pouvoirs à la veille de la Réforme* (= *Unam Sanctam*, t. 58), Paris, 1965.

Demandt, Karl E.: *Geschichte des Landes Hessen*, Kassel- Basel, 1959.

Diestelmann, Jürgen: *Konsekration, Luthers Abendmahlsglaube in dogmatisch-liturgischer Sicht, Luthertum*, Heft 22, Berlin, 1960.

Dülfer, Kurt: *Die Packschen Händel. Darstellung und Quellen* (= *Veröffentlichungen der Historischen Kommission für Hessen und Waldeck* 24, 3), Marburg, 1958.

Eells, Hastings: *Martin Bucer*, New Haven, 1931.

Enders, Ludwig: *Luther und Emser. Ihre Streitschriften aus dem Jahre 1521*, 2 tomes, Halle, 1890/91.

Farel, Guillaume: 1489-1565: *Biographie nouvelle écrite d'après les documents originaux par un groupe d'historiens, professeurs et pasteurs de Suisse, de France et d'Italie*, Neuchâtel-Paris, 1930.

Farner, Oskar: *Huldrych Zwingli. Seine Entwicklung zum Reformator 1506-1520*, Zürich, 1946.

Farner, Oskar: *Huldrych Zwingli. Reformatorische Erneuerung von Kirche und Volk in Zürich und in der Eidgenossenschaft 1525-1531*, Zürich, 1960.

Feld, Helmut: Der Humanisten-Streit um Hebräer 2, 7 (Psalm 8, 6), in: *ARG* 61 (1970), 5-35.

Ficker, Johannes: *Die Anfänge der akademischen Studien in Strassburg*. Rede gehalten am 1. Mai 1912 (= *Rektoratsreden der Universität Strassburg* 1912), Strasbourg, 1912.

Fraenkel, Pierre: John Eck's Enchiridion of 1525 and Luther's Earliest Arguments against Papal Primacy, in: *Studia Theologica* 21, 1967, 110-163.

Fraenkel, Pierre: Konrad Lykosthenes als Kritiker von Johannes Ecks Enchiridion anlässlich des Regensburger Religionsgespräches von 1541, in: *Reformation und Humanismus, Robert Stupperich zum 65. Geburtstag*, éd. M. Greschat, Witten, 1969, pp. 158-175.

Fraenkel, Pierre: Quelques observations sur le «Tu es Petrus» chez Calvin, au colloque de Worms en 1540 et dans l'«Institution» de 1543, in: *Bibliothèque d'Humanisme et Renaissance*, 27, 1965, 607-628.

Franz, Adolph: *Die Messe im deutschen Mittelalter*, Freiburg i. Br., 1902, repr. Darmstadt, 1963.

Franz, Günther: *Der deutsche Bauernkrieg*, 10e éd., Darmstadt, 1975.

Fuchs, François-Joseph: Les catholiques strasbourgeois de 1529 à 1601, *Archives de l'Eglise d'Alsace*, t. 38 (N.S. 22), 1975, 141-170.

Geiger, Ludwig: *Johan Reuchlin. Sein Leben und seine Werke*, Nieuwkoop, 1964 (Reprint of the edition Leipzig 1871).

Gerig, Georg: *Reisläufer und Pensionenherren in Zürich 1519-1532. Ein Beitrag zur Kenntnis der Kräfte, welche der Reformation widerstrebten, Schweizer Studien zur Geschichtswissenschaft*, N.F. 12, Zürich, 1947.

Greschat, Martin: Martin Bucers Bücherverzeichnis von 1518, in: *Archiv für Kulturgeschichte*, 57, 1975, 162-185.

Gryson, Roger: *Les origines du célibat ecclésiastique du premier au septième siècle, Recherches et synthèses, section d'histoire* 2, Gembloux, 1970.

Haas, Martin: *Zwingli und der erste Kappelerkrieg*, Zürich, 1965.

Halkin, Léon E.: Adrien VI et la Réforme de l'Eglise in: *Ephemerides Theologicae Lovanienses* 35, Lovanii-Gembloux 1959, pp. 534-542.

Hazlett, Jan: *The development of Martin Bucer's thinking on the sacrament of the lord's supper in its historical and theological context.* 1523-1534, Thèse théol., Münster i. W. (1975), 1977.

Hefele, Charles Joseph, et Leclercq, Henri: *Histoire des conciles d'après les documents originaux* . . . 11 vols., Paris, 1907-1949.

Helbling, Leo: *Johannes Fabri*, Munster, 1941.

Hendriks, O. A. A.: Gerardus Geldenhouwer Noviomagus (1482-1542), in: *Studia Catholica* 31 (1956), pp. 129-149. 176-196.

Hermelink, Heinrich, Kaehler, Siegfried: *Die Philipps Universität zu Marburg 1527 bis 1927*, Marburg, 1927.

Hilgenfeld, Hartmut: *Mittelalterlich- traditionelle Elemente in Luthers Abendmahls- schriften*, SDGS Th 29, Zürich, 1971.

Höhne, Wolfgang: *Luthers Anschauungen über die Kontinuität der Kirche, AGTL XII*, Berlin-Hamburg, 1963.

Iserloh, Erwin: *Der Kampf um die Messe in den ersten Jahren der Auseinandersetzung mit Luther, KLK* 10, Münster i.W., 1952.

Iserloh, Erwin: Der Wert der Messe in der Diskussion der Theologen vom Mittelalter bis zum 16. Jahrhundert, *ZKTh* 83 (1961), 44-79.

Jalland, Trevor Gervase: *The Church and the Papacy*, London, 1944.

Jedin, Hubert: *Geschichte des Konzils von Trient*, t. 1, ²Freiburg, 1951.

Jedin, Hubert: *Handbuch der Kirchengeschichte*, t. II, 2, Freiburg-Basel-Wien, 1975.

Jenny, Markus: *Die Einheit des Abendmahlsgottesdienstes bei den elsässischen und schweizerischen Reformatoren, SDGSTh* 23, Zürich, 1968.

Jung, Andreas: *Geschichte der Reformation der Kirche in Straßburg und der Ausbreitung derselben in den Gemeinden des Elsasses*, Strassburg-Leipzig, 1830.

Junghans Helmar: *Wittenberg als Lutherstadt*, Berlin, (1979).

Jungmann, Josef Andreas: *Missarum sollemnia. Eine genetische Erklärung der römi- schen Messe*, t. 1, 4e éd., Wien, 1958.

Kawerau, Gustav: *Hieronymus Emser*, Halle, 1890.

Kawerau, Waldemar: *Thomas Murner und die deutsche Reformation*, Halle, 1891.

Kittelson, James M.: *Wolfgang Capito, from Humanist to Reformer, SMRT* XVII, Leiden, 1975.

Koch, Karl: *Studium pietatis. Martin Bucer als Ethiker, BGLRK* 14, Neukirchen, 1962.

Köhler, Walther: *Zwingli und Luther: ihr Streit über das Abendmahl nach seinen politischen und religiösen Beziehungen*, t. I, Leipzig, 1924 (*QFRG* 6), t. 2, Gütersloh, 1953 (*QFRG* 7).

Köhler, Walther: *Zürcher Ehegericht und Genfer Konsistorium*, t. I-II, *Quellen und Abhandlungen zur Schweizerischen Reformationsgeschichte* (II. Serie der *Quellen zur Schweizerischen Reformationsgeschichte*) 7+10, Leipzig, 1932+1942.

Kohls, Ernst-Wilhelm: Konrad Hubert (1507-1577) als Schreiber der von Martin Bucer verfassten Gutachten für die Ulmer Kirchenordnung von 1531, in: *Ulm und Oberschwaben*, 39, 1970, 81-88.

Kohls, Ernst-Wilhelm: *Die Schule bei Martin Bucer in ihrem Verhältnis zu Kirche und Obrigkeit, Pädagogische Forschungen. Veröffentlichungen des Comenius-Instituts* 22, Heidelberg, 1963.

Kohls, Ernst-Wilhelm: *Die theologische Lebensaufgabe des Erasmus und die ober- rheinischen Reformatoren. Zur Durchdringung von Humanismus und Reformation, Arbeiten zur Theologie*, Reihe 1, Heft 39, Stuttgart, 1969.

Kooiman, Willem Jan: *Luther en de Bijbel* [série *Bibliotheek van boeken bij de Bijbel*], Baarn s.d. [env. 1960].

Kosch, Wilhelm: Murner, in: *Deutsches Literaturlexikon*², t. III, 1965, . . . 1822-1825.

Krüger, Friedhelm: *Bucer und Erasmus. Eine Untersuchung zum Einfluss des Erasmus auf die Theologie Martin Bucers (bis zum Evangelien-Kommentar von 1530)*, *VIEGM* 57, Wiesbaden, 1970.

Laemmer, Hugo: *Die vortridentinisch-katholische Theologie des Reformationszeitalters aus den Quellen dargestellt*, Berlin, 1958.

Lang, August: *Der Evangelienkommentar Martin Butzers und die Grundzüge seiner Theologie*, *SGTK* II, 2, Leipzig, 1900.

Lea, Henry Charles: *A history of the Inquisition of Spain*, vol. 2, New York-London, 1906.

Lefftz, Joseph: Murner, in: *LTK*², t. 7, 1962, col. 695-697.

Levresse, Pierre: La survie du catholicisme à Strasbourg au XVIe siècle, in: *Strasbourg au coeur religieux du XVIe siecle*, Strasbourg, 1977, pp. 457-467.

Liebenau, Theodor von: Aus dem Diarium des Johannes Rütiner von St. Gallen aus den Jahren 1529-1539, *Basler Zeitschrift für Geschichte und Alterthumskunde*, t. 4, 45-73, Basel, 1905.

Liebenau, Theodor von: *Der Franziskaner Dr. Thomas Murner*, Freiburg i. Br., 1905.

Lienhard, Marc-Rott, Jean: Die Anfänge der evangelischen Predigt in Straßburg und ihr erstes Manifest: der Aufruf des Karmeliterlesemeisters Tilmann von Lyn (Anfang 22), in: *Bucer und seine Zeit*, *VIEGM* 80, Wiesbaden, 1976, pp. 54-73.

Lienhard, Marc: Les autorités civiles et les anabaptistes: Attitudes du magistrat de Strasbourg (1526-1532), in: *The origins and characteristics of anabaptism. Les débuts et les caractéristiques de l'anabaptisme*, The Hague 1977, (*Archives internat. d'Hist. des idées*, 87), pp. 196-215.

Lienhard, Marc: La Réforme à Strasbourg, in: *Histoire de Strasbourg*, t. I, Strasbourg, 1981, pp. 365-540.

Lienhard, Marc: Les épicuriens à Strasbourg entre 1530 et 1550 et le problème de l'épicurisme au XVIe siècle, in: *Croyants et sceptiques au XVIe siecle. Le dossier des «épicuriens»*, Strasbourg,1981 pp. 17-45.

Lindeboom, Johannes: *Het Bijbelsch Humanisme in Nederland*, Leiden, 1913.

Locher, Gottfried Wilhelm: *Die Zwinglische Reformation im Rahmen der europäischen Kirchengeschichte*, Göttingen, 1979.

Lucke, Peter: *Gewalt und Gegengewalt in den Flugschriften der Reformation*, *Göppinger Arbeiten zur Germanistik*, N° 149, Göppingen, 1974.

Maurer, Wilhelm: «Geschichte von Firmung und Konfirmation bis zum Ausgang der lutherischen Orthodoxie», in: Kurt Frör (éd.): *Confirmatio. Forschungen zur Geschichte und Praxis der Konfirmation*, München, 1959, pp. 9-38.

Maurer, Wilhelm: *Der junge Melanchthon zwischen Humanismus und Reformation*, t. 2, Göttingen, 1969.

Mertz, Georg: *Das Schulwesen der deutschen Reformation im 16. Jahrhundert*, Heidelberg, 1902.

Meyer, C. S.: Henri VIII burns Luther's Books, 12 May 1521, *JEH* 9 (1958), 173-187.

Moeller, Bernd: L'édit strasbourgeois sur la prédication du 1.12. 1523 dans son contexte historique, in: *Strasbourg au coeur religieux du XVIe siècle*, Strasbourg, 1977, pp. 51-61.

Moeller, Bernd: *Johannes Zwick und die Reformation in Konstanz*, *QFRG* 28, Gütersloh, 1961.

Moeller, Bernd: Kleriker als Bürger, in: *Festschrift für Hermann Heimpel* t. II, pp. 195-224, Göttingen, 1972.

Mosen, Paul: *Hieronymus Emser, Der Vorkämpfer Roms gegen die Reformation*, Halle, 1890.

Müller Johannes: *Martin Bucers Hermeneutik, QFRG* 32, Gütersloh, 1965.

Muralt, Leonhart, von: *Die Badener Disputation 1526, Quellen und Abhandlungen zur schweizerischen Reformationsgeschichte 3*, Leipqig. 1926.

Nijenhuis, Willem: *Ecclesia Reformata, Studies on the Reformation* = *Kerkhistorische Bijdragen*, deel 3), Leiden, 1972.

Oberman, Heiko Augustinus: *Werden und Wertung der Reformation, Vom Wegestreit zum Glaubenskampf*, (= *Spätscholastik und Reformation*, t. II), Tübingen, 1977.

Paulsen, Friedrich: *Geschichte des gelehrten Unterrichts auf den deutschen Schulen und Universitäten vom Ausgang des Mittelalters bis zur Gegenwart*, t. 1, 3e éd., Leipzig, 1919.

Paulus, Nikolaus: *Die deutschen Dominikaner im Kampfe gegen Luther (1518-1563)*. (= *Erläuterungen und Ergänzungen zu Janssens Geschichte des deutschen Volkes*, ed. L. Pastor, t. 4, fasc. 1-2), Freiburg i. Br., 1903.

Peremans, Nicole: *Erasme et Bucer d'après leur correspondance, Bibliothèque de la Faculté de Philosophie et Lettres de l'Université de Liège*, Fasc. 194, Paris, 1970.

Pfleger, Luzian: *Kirchengeschichte der Stadt Strassburg im Mittelalter, Forschungen zur Kirchengeschichte des Elsass*, t. 6, Colmar, 1941.

Plöchl, Willibald M.: *Geschichte des Kirchenrechts*, t. 2, Wien, 1962².

Polman, Pontien: *L'Elément Historique dans la controverse religieuse du XVIe siècle*, Universitas, Cath. Lovaniensis, Diss. ad gradum magistri in Fac. Theol. consequendum conscriptae, Series II, Tomus 23, Gembloux, 1932.

Preuss, Hans: *Die Vorstellungen vom Antichrist im späteren Mittelalter, bei Luther und in der konfessionellen Polemik*, Leipzig, 1906.

Prinsen, J.: *Gerardus Geldenhauer Noviomagus. Bijdrage tot de kennis van zijn Leven en Werken*, 's Gravenhage, 1898.

Quervain, Theodor de: *Kirchliche und soziale Zustände in Bern unmittelbar nach der Einführung der Reformation (1528-1536)*, Bern, 1906.

Rapp, Francis: *Réformes et réformation à Strasbourg. Eglise et société dans le diocèse de Strasbourg (1450-1525)*, (*Coll. Inst. Hautes Et. alsac.*, t. *XXIII*), Paris, [1974].

Renaudet, Augustin: *Erasme et l'Italie, Travaux d'Humanisme et Renaissance 15*, Genève, 1954.

Renaudet, Augustin: *Etudes Erasmiennes (1521-1529)*, Paris, 1939.

Renaudet, Augustin: *Préréforme et humanisme à Paris pendant les premières guerres d'Italie (1494-1517)*, 2e éd., Paris, 1953.

Risse, Wilhelm: *Die Logik der Neuzeit*, t. 1, 1500-1640, Stuttgart-Bad Cannstatt, 1964.

Ritter, François: *Histoire de l'imprimerie alsacienne aux XVe et XVIe siècles, Publications de l'Institut des hautes études alsaciennes*, t. 14, Strasbourg-Paris, 1955.

Ritter, François: La police de l'imprimerie et de la librairie à Strasbourg depuis les origines jusqu'à la Révolution française, *Revue des Bibliothèques* 32, 161-163, Paris, 1922.

Röhrich, Timotheus Wilhelm: *Geschichte der Reformation im Elsass und besonders in Strassburg*, Strasbourg, 1830-1832, 3 vols.

— *Mitteilungen aus der Geschichte der evangelischen Kirche des Elsasses*. 3 vols. Paris-Strasbourg, 1855.

Rommel, Christoph von: *Philipp der Großmütige, Landgraf von Hessen. Ein Beitrag zur genaueren Kunde der Reformation und des sechszehnten Jahrhunderts*, 2 Bde, Gießen, 1830.

Roth, Paul: *Durchbruch und Festsetzung der Reformation in Basel, Basler Beiträge zur Geschichtswissenschaft*, t. 8, Basel, 1942.

Rott, Jean: La guerre des paysans et la ville de Strasbourg, in: *La guerre des paysans, Soc. d'Hist. et d'Archéologie de Saverne et env.*, N° suppl. 93, décembre 1975, 23-32.

Rott, Jean: Le Magistrat face à l'épicurisme terre à terre des Strasbourgeois: Note sur les règlements disciplinaires municipaux de 1440 à 1599, in: *Croyants et sceptiques au XVIe siècle. Le dossier des «épicuriens»*, Strasbourg, 1981, pp. 57-71.

Rouschausse, Jean-Baptiste: *La polémique antiluthérienne de John Fisher*, Thèse 3e cycle, Lettres, Orléans-Tours, 1968.

Rublack, Hans-Christoph.: *Die Einführung der Reformation in Konstanz von den Anfängen bis zum Abschluss 1531, QFRG 40 = Veröffentlichungen des Vereins für Kirchengeschichte in der evang. Landeskirche in Baden*, t. 27, Heidelberg/ Karlsruhe, 1971.

Schelp, Robert: *Die Reformationsprozesse der Stadt Strassburg am Reichskammergericht zur Zeit des Schmalkaldischen Bundes* (1524)/1531-1541/(1555), Kaiserslautern, 1965.

Schindling, Anton: *Humanistische Hochschule und freie Reichsstadt-Gymnasium und Akademie in Strassburg 1538 bis 1621. VIEGM 77*, Wiesbaden, 1976.

Schweizer, Paul: Die Behandlung der Zürcherischen Klostergüter in der Reformationszeit, in: *Theologische Zeitschrift aus der Schweiz*, Jahrg. 2, 1885, 161-182.

Semler, Alfons: Die Seelsorger der Pfarrei Überlingen, in: *Freiburger Diözesan-Archiv* 77 (3.F.9), 1957.

Smend, Julius: *Die evangelischen deutschen Messen bis zu Luthers Deutscher Messe*, Göttingen, 1896.

Smend, Rudolf: *Das Reichskammergericht. 1. Teil: Geschichte und Verfassung.* (= *Quellen und Studien zur Verfassungsgeschichte des Deutschen Reiches in Mittelalter und Neuzeit*, éd. Karl Zeumer, t. 4, fasc. 3), Weimar, 1911.

Sohm, Walter: *Territorium und Reformation in der hessischen Reformationsgeschichte 1526-1555*, 2. Aufl. hsg. v. Günther Franz (*Urkundliche Quellen zur hessischen Reformationsgeschichte*, 1. Bd.), Marburg, 1957.

Specker, H.: *Die Reformationswirren im Berner Oberland 1528. Ihre Geschichte und ihre Folgen*, Fribourg en Suisse, 1951.

Staehelin, Ernst: Die beruflichen Stellungen Oekolampads während seiner vier Basler Aufenthalte, *Basler Zeitschrift für Geschichte und Altertumskunde*, t. 16, 367-392, Basel, 1917.

Staehelin, Ernst: Erasmus und Ökolampad in ihrem Ringen um die Kirche Jesu Christi, in: *Gedenkschrift zum 400. Todestage des Erasmus von Rotterdam*, Herausgegeben von der Historischen und Antiquarischen Gesellschaft zu Basel, Basel, 1936.

Staehelin, Ernst: *Das Theologische Lebenswerk Johannes Oekolampads*, Leipzig, 1939 (*QFRG* 21).

Steidle, Wolf: *Sueton und die antike Biographie, Zetemata; Monographien zur klassischen Altertumswissenschaft*, Heft 7, München, 1963[2].

Stenzel, Karl: Die geistlichen Gerichte zu Strassburg im 15. Jahrhundert (Schluss), in: *ZGO* 69 (NF30, 1915), 343-383.

Stephens, W. Peter: *The Holy Spirit in the Theology of Martin Bucer*, Cambridge, 1970.

Stirm, Margarita: *Die Bilderfrage in der Reformation, QFRG* 45, Gütersloh, 1977.

Strobel, Adam Gauthier: *Histoire du Gymnase Protestant de Strasbourg*, Strasbourg, 1838.

Stumpf, Johannes: *Schweizer- und Reformationschronik*, II. Teil, hg. von Ernst Gagliarti, Hans Müller und Fritz Büsser, Basel, 1955 (*Quellen zur Schweizer Geschichte*, N.F. I. Abt. *Chroniken*, Bd. VI, 2. Teil).

Stupperich, Robert: *Erasmus von Rotterdam und seine Welt*, Berlin-New York, 1977.

Stupperich, Robert: *Der Humanismus und die Wiedervereinigung der Konfessionen* (= *SVRG* 160), Leipzig, 1936.

Telle, Emile V.: *Érasme de Rotterdam et le septième sacrement. Étude d'Évangélisme matrimonial au XVIe siècle et contribution à la biographie intellectuelle d'Érasme*, Genève, 1954.

Tracy, James D.: *Erasmus, The Growth of a Mind* (= *Travaux d'Humanisme et Renaissance* 126), Genève, 1972.

Vajta, Vilmos: *Die Theologie des Gottesdienstes bei Luther, FKDG* 1, Göttingen[3], 1957.

Vasoli, Cesare: *La dialettica e la retorica dell' Umanesimo. «Invenzione» e «Metodo» nella cultura del XV e XVI secolo*, Milan, 1968.

Vermeulen, Adeodatus: *Der Augustiner Konrad Treger*, Roma, 1962.

450 Jahre Martin-Luther-Universität Halle-Wittenberg, t. I: Wittenberg 1502-1817, Halle, 1952.

Vierordt, Karl Friedrich: *Geschichte der evangelischen Kirche in dem Großherzogthum Baden*, Karlsruhe, 1847.

Vögeli, Jörg: *Schriften zur Reformation in Konstanz 1519-1538*, hsg. von Alfred Vögeli, (*Schriften zur Kirchen- und Rechtsgeschichte*, 39-41), Basel, 1972-1973.

Waas, Adolf: *Die Bauern im Kampf um Gerechtigkeit 1300-1525*, München 1964[2] 1976.

Wackernagel, Rudolf: *Humanismus und Reformation in Basel*, Basel, 1924.

Walz, Angelus: *Saint Thomas d'Aquin*, Adaptation française par Paul Novarina (= *Philosophes médiévaux* 5), Louvain-Paris, 1962.

Wendel, François: *L'Eglise de Strasbourg. Sa constitution et son organisation 1502-1535* (= *Etudes d'histoire et de philosophie religieuses* 38), Paris, 1942.

Winckelmann, Otto: *Das Fürsorgwesen der Stadt Straßburg vor und nach der Reformation bis zum Ausgang des 16. Jahrhunderts*, Leipzig, 1922 (*QFRG* 5).

Wyss, Karl-Heinz: *Leo Jud. Seine Entwicklung zum Reformator 1519-1523* (= *Europäische Hochschulschriften*, III, 61), Bern/Frankfurt M., 1976.

Zippert, Christian: *Der Gottesdienst in der Theologie des jungen Bucer*, Thèse théol., Marburg, 1969.

INDEX DES CITATIONS BIBLIQUES

INDEX DES NOMS DE PERSONNES ET DE LIEUX

Les noms d'auteurs modernes sont en *italiques*,
les noms de lieux en PETITES CAPITALES.

INDEX DES MOTS MATIÈRES

SOURCES ET REFERENCES

Ambroise: De fide IV, X, 124; *MPL* 16, 667   34
- De myst. IX, 52; *MPL* 16, 423-424   34
- De sacramentis IV, 14; *MPL* 16, 458   34
- Expositio evang. Lucae IV, 7; *MPL* 15, 1718; *CSEL* 32, 175   254

Aristote: Analytica priora I, 11 ss.; *Opera* 1, 31 ss   240
- - I, 26; *Opera* 1, 43a   246
- - I, 27; *Opera* 1, 43b   243
- - II, 14; *Opera* 1, 62b   255
- De soph. elenchis VIII; *Opera* 1, 169b   243
- - XVII; *Opera* 1, 175a   248

Augustin: Contra epist. Manichaei V, 6; *MPL* 42, 176   30
- De baptismo contra Donatistas I, 18, 28; *MPL* 43, 124; *CSEL* 51, 171   245
- - II, 3, 4; *MPL* 43, 128; *CSEL* 51, 178   248
- - VII, 53   245
- Epistolae   244
- Retractationes; *CSEL* 36   138
- Tractatus in Iohannis Evangelium XXX, 1; *MPL* 35, 1632; *CC* 36, 398, 17 ss.   95

Beatus Rhenanus: Autores historiae (Eusèbe XV)   250

Bernard de Clairvaux: De consideratione ad Eugenium II, 8; *MPL* 182, 752   254
- - passim; *MPL* 182, 727-808   102
- Sermones in Cantica canticorum XXXIII, 15; *MPL* 183, 959A   102

(Bernard de Clairvaux): Ad pastores in synodo congregatos sermo; *MPL* 184, 1092B
   et 1092D-1093A   102
- Sermo ad clerum in concilio remensi congregatum: *MPL* 184, 1084C, 1084D et
   1085A   102

Biel Gabriel: Canonis Misse expositio lec. 16 A   23
- - lec. 21 K   23
- - lec. 26 H   23
- - lec. 41 I   34
- - lec. 43 E ss.   52
- - lec. 50 L   36
- - lec. 53 N   20, 36
- - lec. 53 O   24
- - lec. 53 Q   31
- - lec. 53 U   23
- - lec. 85 K   29

Brunfels Otto: Pro Ulricho Hutteno defuncto, ad Erasmi Roter. spongiam responsio; E. Böcking, *Ulrichi Hutteni Equitis Germani Opera*, II, 325-251   172

Bucer Martin: Correspondance, à Beatus Rhenanus, novembre (1525); A. Horawitz
   et K. Hartfelder, *Briefwechsel des Beatus Rhenanus*, n° 248, 348 ss.   176
- - à Blaurer, 26 janvier (1530); T. Schiess, *Briefwechsel der Brüder Blaurer* I, n° 158,
   204   128
- - à Capiton, 27 août (1521); *B. Cor.* I, n° 37, 170, 4 ss.   50

– – *BDS* I, 117   36, 45, 46, 47
– – *BDS* I, 119   47
– – *BDS* I, 120-124   20
– – *BDS* I, 140 ss.   18
– Verantwortung; *BDS* I, 173   17
– Vergleichung D. Luthers und seins gegentheils; *BDS* II, 320, 5-7   189
– – *BDS* II, 349, 26-32   177
– – *BDS* II, 373, 12-16   95
– Von der waren seelsorge; *BDS* VII, 108 et 110   251
– – *BDS* VII, 118-122   250
– – *BDS* VII, 200   134
– – *BDS* VII, 218   245
– Ziegenhainer Zuchtordnung; *BDS* VII, 264 et 310-314   245

Capiton Wolfgang: Correspondance à Zwingli, 13 janvier (1530); *Zw Br* IV (*CR* 97),
       n° 957, 398, 1-4   112

Cassiodore-Epiphane: Historia Tripartita IV, 9 et V, 34; *MPL* 69, 960 ss. et 1011-1015;
       CSEL 71, 164 ss. et 267-275   243
– – X, 18; *MPL* 69, 1179; *CSEL* 71, 611 ss.   247

Caton: Disticha I, 1 (cf. *Poetae latini minores*, 3, 216)   133

Chrysostome: De ieiunio et elemosyna; *MPG* 48, 1059-1062   146
– De sancta Pentecoste homilia I, 4; *MPG* 50, 459   90
– Expositio in Psalmum CXLII 5; *MPG* 55, 454   90
– Homiliae in Acta apostolorum X; *MPG* 60, 92 ss.   90
– Homiliae in Epistolam ad Colossenses VIII; *MPG* 62, 358 ss.   90
– Homiliae in Epistolam ad Corinthos VI; *MPG* 61, 50   90
– Homiliae in Epistolam ad Hebraeos passim; *MPG* 63   20, 26
– Homiliae in Genesim I; *MPG* 53, 82 ss.   118
– – X; *MPG* 53, 21-26   146
– Homiliae in Iohannem XXIV; *MPG* 59, 143 ss.   90
– Homiliae in Matthaeum XXXII; *MPG* 57, 380   253
– – – *MPG* 57, 386   90

Cicéron: De natura deorum III   82, 83
– – XXV   82
– – LXIII   82
– De officiis I   160
– – VII   160
– – XX   160

Concorde de Wittenberg; *CR* 3, 78   245

Confession d'Augsbourg, art. 25; *BKS* 98 ss.   245

Corpus Iuris civilis: Digesta XLVII, 10, 5, 9   127
– Codex Iustinianus I, 22, 6   115
– – Decr. Grat. D. IX, c. 8; Friedberg, I, 170   248
– – D. XII, c. 11; Friedberg I, 29   244
– – D. XV, c. 1; Friedberg I, 34   243
– – D. XXVI-XXXIII; Friedberg I, 95-124   137
– – D. XXVII, c. 15; Friedberg I, 105   137
– – D. XXXI, c. 24; Friedberg I, 114   137
– – D. XXXII, c. 7; Friedberg I, 119 ss.   137

– – D. XCII, c. 2; Friedberg I, 317 ss.   161
– – D. XCIII, c. 24; Friedberg I, 327 ss.   98, 247
– – D. XCVI, c. 2 s; Friedberg I, 338   249
– – D. XCIX, c. 5; Friedberg I, 351   252
– – C. II. qu.VI, c. 36; Friedberg I, 479   247
– – C. XVII, qu.IV, c. 29; Friedberg I, 822   184
– – C. XXI, qu.IV, passim; Friedberg I, 857-859   153
– – D.II de cons., c. 44; Friedberg I, 1330   95

– Decretales Gregorii IX c. 15 X, III, 1; Friedberg II, 453   153
– Glose ordinaire du Décret   249

Diète de Nuremberg; *DRTA* 3, 424 ss. et 440   248
Eck Jean: De primatu II, 18, f. XX v°   247,; I, 3-5 251-252
– Enchiridion   229-256 passim
– Enchiridion-Handbüchlein   240

Epiphane de Salamine: Epistola ad Hieronymum; *MPG* 43, 391   150

Erasme de Rotterdam: Adages; *LB* II, 131 A-C (I, 3, 46)   33
– – *LB* II, 142 A (281)   101
– – *LB* II, 164B-165A (335)   51
– – *LB* II, 210 B-211 C (474)   185
– – *LB* II, 215 E-216 B (488)   100
– – *LB* II, 256 E-266 C (613)   187, 190
– – *LB* II, 280 D-E (645)   204
– – *LB* II, 309 E-310 D (730)   224
– – *LB* II, 392 D-F (986)   192
– – *LB* II, 300 E-3100 (730)   224
– – *LB* II, 427 F-428 C (1054)   37
– – *LB* II, 477 (1182)   254
– – *LB* II, 485 E-486 B (1205)   135
– – *LB* II, 501 F (1248)   57
– – *LB* II, 533 E-F (II, 3, 33)   27
– – *LB* II, 535 E-F (1333)   216
– – *LB* II, 570 C-D (1461)   198
– – *LB* II, 574 C (1476)   42
– – *LB* II, 590 F-591 C (1527)   168
– – *LB* II, 631 B (1670)   58
– Annotationes in Novum Testamentum; *LB* VI, 205, 16   29
– – *LB* VI, 328 F   34
– – *LB* VI, 366 F   35
– – *LB* VI, 731 C-732 C   118
– – *LB* VI passim   129
– Apologia adversus monachos quosdam hispanos; *LB* IX, 1015-1094   128, 129
– Apologia de loco omnes quidem resurgemus; *LB* IX, 442 A   155
– Colloquia familiaria; *ASD* I, 3, 257, 787-790   109
– – *ASD* I, 3, 473, 82-86, 104 ss.   103
– Correspondance, à Servais Rogier, 8 juillet (1514);   Allen   n° 296,   I,   568,   101-
    106   188
– – à Guillaume Budé, 22 février (1518); Allen n° 778, III, 229, 304 ss.   222
– – à Erard de la Marck, 5 février (1519); Allen n° 916, III, 480-491   212
– – à Pierre Mosellanus, 22 avril (1519); Allen n° 948, III, 545, 136-156 et 547 ss.,
    198-233   154
– – à Alexandre Schweiss, 13 mars (1521): Allen n° 1192, IV, 454, 29-40   154
– – à Josse Jonas, 10 mai (1521); Allen n° 1202, IV, 493, 281 ss. et 292-294   178

– Contra Henricum Regem Angliae; *WA* 10, II, 175-222   27
– – *WA* 10, II, 187, 18-19   49
– – *WA* 10, II, 193, 2-19   19
– – *WA* 10, II, 202-208   33
– – *WA* 10, II, 202-220   34
– – *WA* 10, II, 207 ss.   52
– – *WA* 10, II, 208, 35-214   45
– – *WA* 10, II, 209, 23-210, 14   49
– – *WA* 10, II, 211   24
– – *WA* 10, II, 213, 7-14   48
– – *WA* 10, II, 213, 15-22   23
– – *WA* 10, II, 214, 33-215, 8   19
– – *WA* 10, II, 217-219   19
– – *WA* 10, II, 217, 15   53
– – *WA* 10, II, 236 ss.   24
– – *WA* 10, II, 245-249   33
– – *WA* 10, II, 249 ss.   45
– – *WA* 10, II, 256   23
– De abroganda missa privata; *WA* 8, 415   47
– – *WA* 8, 421   45
– – *WA* 8, 432   45
– – *WA* 8, 443   50
– – *WA* 8, 444 ss   20
– – *WA* 8, 486   47
– – *WA* 8, 493   45
– De captivitate Babylonica; *WA* 6, 502, 13   29
– – *WA* 6, 504, 11-14   27
– – *WA* 6, 508, 11-22   34
– – *WA* 6, 511, 7-12   33
– – *WA* 6, 511, 18-21   52
– – *WA* 6, 511, 34-512, 2   34
– – *WA* 6, 512, 26-513, 13   22
– – *WA* 6, 512, 32   24
– – *WA* 6, 512, 37-513, 5   22
– – *WA* 6, 513, 14 ss.   20
– – *WA* 6, 513, 14-33   46
– – *WA* 6, 513, 29-31   27
– – *WA* 6, 515, 20 ss.   24
– – *WA* 6, 518, 12-13   44
– – *WA* 6, 517, 13   24
– – *WA* 6, 517, 17 ss.   22
– – *WA* 6, 518, 29   49
– – *WA* 6, 523-526
– – *WA* 6, 524, 4 ss.   23
– – *WA* 6, 526 ss.   44
– – *WA* 6, 530   44
– – *WA* 6, 536   19
– – *WA* 6, 537   17
– – *WA* 6, 557, 17-18   53
– – *WA* 6, 558, 4   53
– – *WA* 6, 564 ss.   52
– De libertate; *WA* 7, 56-57   52
– De servo arbitrio; *WA* 18, 551-787   188

– Ein päpstlich Breve dem Rat zu Bamberg gesandt wider den Luther; *WA* 11, 355, 23, 19
– Formula missae et communionis pro ecclesia; *WA* 12, 207, 17   49
– Resolutio super prop. 13; *WA* 2, 188-194   255
– – *WA* 2, 208   239
– – *WA* 2, 238   246
– Resolutiones disputationum de indulgentiarum virtute; *WA* 1, 573   255
– Resolutiones super prop. Lipsiae disputatis; *WA* 2, 399 ss. et 404 ss.   246
– – *WA* 2, 430, 12-23   30
– Vom Anbeten des Sakraments; *WA* 11, 441, 22 ss.   34
– – *WA* 11, 447, 5 ss.   37
– – *WA* 11, 448, 3 ss.   37
– Vom Missbrauch der Messe; *WA* 8, 491-492   30
– – *WA* 8, 516-517   24
– – *WA* 8, 520   50
– – *WA* 8, 521, 5 ss.   46
– – *WA* 8, 524, 22-24   40
– – *WA* 8, 525, 32   40
– – *WA* 8, 526, 25-527, 13   23
– – *WA* 8, 533   18
– Vom Greuel der Stillmese; *WA* 18, 22-36   23
– Von dem Neuen Testament; *WA* 6, 355, 24-356, 19   22
– – *WA* 6, 357, 10-360, 2   20
– – *WA* 6, 357, 14 ss.   26
– – *WA* 6, 357, 14-27   46
– – *WA* 6, 358, 14 ss.   27
– – *WA* 6, 358, 14-360, 2   24
– – *WA* 6, 358, 35   24
– – *WA* 6, 358, 35 ss.   36
– – *WA* 6, 358, 37   24
– – *WA* 6, 359, 29-260, 2   25
– – *WA* 6, 362   50
– – *WA* 6, 363, 6-19   22
– – *WA* 6, 363, 20 ss.   49
– – *WA* 6, 373, 16   23
– – *WA* 6, 375-376, 16   20
– Von dem Papstum zu Rom *WA* 6, 292   239
– Von Menschenlehre zu meiden; *WA* 10, II, 61-92   18
– – *WA* 10, II, 76-77   18
– Vorlesung über den Hebräerbrief, *WA* 57, III, passim
– *WA* 57, III   20

Macrobe: Commentarii in Somnium Scipionis I, 2, 14   205

Mélanchthon Philippe: Tractatus de potestate papae; *BKS*, 477   252

Minucius Felix: Octavius IX, 5-7; *MPL* III, 272 ss.; *CSEL* 2, 13, 16-14, 7   76

Murner Thomas: Ermanung, 43-45   49
– – 46   50
– – 53 ss.   50
– – 56-58   38
– – 57   42
– – 59-60   52
– – 62   45, 47

– – 63 29
– – 100 19
– – 109 50
– Ob der künig uss engelland, J r°-V° 49
– – J 4 r°-v° 48
– – K v° 48
– – M 2 v°-M 3 r° 46
– – N iii 57
– – N 4 r° 48
– Von dem bapstenthum, 19 55

Oecolampade Jean: Ad . . . Pykraimerum . . . responsio posterior, 1527; Staehelin,
  Briefe, 2, n° 465, 24 197
– Quid de eucharistia veteres . . . senterint dialogus, 1530 96

Origène: Commentaria in Evangelium secundum Matthaeum IX, XII et XIV, *MPG* 13,
  1612A-1613C, 1616A-D et 1619B-1620B 101

Pellican Conrad: Correspondance, à Erasme, octobre (1525); Allen n° 1638, IV,
  212-214 et n° 1639, VI, 214-220 125

Perse: Satirae II, 71-75 133

Pierre d'Ailly: Sententiae IV, qu. 6F 34

Pierre Lombard: Sententiarum lib. IV, dist. 12, 7; *MPL* 192, 866 23

Platon: Epistolae VI, 323D 208

Pline l'Ancien: Naturalis Historia II, 5, 14-27 83
– – II, 5, 16 82

Pline le Jeune: Epistolae VII, 20 82
– – VII, 33, 1 82
– – VIII, 2, 2 81
– – X, 96 (97), 3 83
– – X, 96 (97), 3-8 81

Roussel Gérard: Correspondance, à l'évêque de Meaux, décembre (1525); A. L.
  Herminjard, *Correspondance des réformateurs dans les pays de langue francaise*,
  I, n° 167, 406 ss. 214
– – à Nicolas Le Sueur, décembre (1525); Herminjard, I, n° 168, 411 ss. 214

Sedulius Scotus: Liber de rectoribus Christianis; *MPL* 103, 310 249

Socrate: Historia ecclesiastica I, 11; *MPG* 67, 101 ss. (= Mirbt-Aland n° 267) 137

Suétone: De vita caesarum VI, 16, 2 81

Tacite: Annales XV, 44 81, 84

Tertullien: Apologeticum V, 1; *CSEL* 69, 14 83

Tétrapolitaine (Confession); *BDS* 3, 69-79, 143 ss. et 151-161 244
– *BDS* 3, 161 248

Thomas d'Aquin: Summa theologica Ia, 73, 1 38
– – IIa, 83, 1 23
– – IIa, 85, 3 38

– – IIIa, 73-78   34
– – IIIa, 75, 1   95
– – IIIa, 76   52
– – IIIa, 78, 2   36

Tite-Live: Ab urbe condita I, prol. 9   103
– – IV, 3, 6   101

Valla Laurent: Elegantiae latinae linguae; *Opera*, 3 ss.   176

Zwingli Ulrich: Akten d. 2. Disp.; *CR* 89, 682 s.   239
– De canone missae epichiresis; *CR* 89, 552-608   23
– – *CR* 89, 585   47
– – *CR* 89, 593, 26   50
– Kurze christliche einleitung; *CR* 89, 626-663   177
– Vom dem predigamt; *CR* 91, 402-408   197